Dr. K. Gustav Kries

Die englische Armenpflege

Dr. K. Gustav Kries

Die englische Armenpflege

ISBN/EAN: 9783742808462

Hergestellt in Europa, USA, Kanada, Australien, Japan

Cover: Foto ©Suzi / pixelio.de

Manufactured and distributed by brebook publishing software
(www.brebook.com)

Dr. K. Gustav Kries

Die englische Armenpflege

Vorwort des Herausgebers.

Im Frühjahre 1856 erhielt ich in Berlin die mich tief erschütternde
Nachricht von dem plötzlichen Tode meines lieben Freundes und Schwa-
gers Gustav Kries. Nach einer kurzen Krankheit von wenigen Tagen
war er, mitten in wissenschaftlichen Arbeiten begriffen, zu Marienwerder in seinem vier und vierzigsten Lebensjahre gestorben. Im Sommer
1857 hatte er, um seine mehrjährigen Studien über englische Verhält-
niße zu fördern, zum drittenmal England, Schottland und Irland bereist, und einen längeren Aufenthalt an manchen Orten der Vereinigten
Königreiche genommen. Im Herbst 1857 über Berlin nach Marienwerder zurückkehrend, sah ich ihn das letztemal, und wir besprachen eingehend eine Reihe von uns beiderseits beschäftigenden Fragen, wie wir
das früher, als wir Beide in Berlin wohnten, fast täglich gethan hatten. Insbesondere drehte sich unsere Unterhaltung um das, was ihm
soeben in England nahe getreten war, und er theilte mir mit, daß er
sofort an die Vollendung seines Buches über englisches Gemeinbewesen
gehen wolle, welches ihn seit Jahren beschäftigt hatte, und glaubte er
es im Laufe des Winters soweit fördern zu können, daß es ihm möglich
sein werde, im Frühjahr den Druck desselben beginnen zu lassen. Aus
Marienwerder schrieb er mir dann in den folgenden Monaten mehrmals
über verschiedene Punkte, die ihm bei der Ausarbeitung einzelner Abschnitte aufstießen; noch in den letzten Tagen vor seiner Erkrankung hat

er mich in einem längeren Briefe um einige Mittheilungen aus ihm unzugänglichen Büchern der Berliner Bibliothek.

So hoffte ich denn, daß das in der Ausarbeitung begriffene Buch
ziemlich druckfertig sein werde, und ließ mich aus Liebe zu Kries gern
bereit finden, die Herausgabe desselben zu übernehmen; mußte ich doch,
daß er mit keinem Anderen ausführlicher, als mit mir, über dessen Inhalt verhandelt hatte, und kannte ich die Ansichten, die er in ihm darlegen wollte, und wie er in edelster Absicht dadurch zur Förderung und
Verbesserung unserer deutschen Zustände beizutragen hoffte.

Ich hatte, indem ich mich zur Herausgabe entschloß, vorausgesetzt,
einen im Wesentlichen unveränderten Abdruck der von Kries hinterlassenen Aufzeichnungen liefern zu können, und ging mit der Absicht ans
Werk, dies durchweg zu thun. Zu meinem größten Leidwesen mußte
ich mich indessen gar bald überzeugen, daß dies völlig unausführbar
sei. Ein zusammenhängendes ineinander greifendes Manuscript war
nicht vorhanden. Ueber manche Gegenstände, die in dem Buche eine
Erörterung finden sollten, wie z. B. die englische Städteordnung, waren die gesammelten Materialien noch gar nicht verarbeitet; bei anderen, wie bei der Polizei, den Wegebauten, den Gemeindesteuern, beschränkte sich das Vorhandene auf Zusätze zu Kries seinem Aufsatze über
englische Gemeindesteuern, der im Jahre 1853 in der Zeitschrift für
Staatswissenschaft erschienen war. Am weitesten in der Ausarbeitung
vorgeschritten und am ausführlichsten behandelt zeigten sich die Abschnitte
über die Armenpflege, und hierfür waren auch nach meinem Urtheil die
werthvollsten Materialien gesammelt. Da ich nun keine irgend vollständige Darstellung des gesammten englischen Gemeindewesens aus den
mir zu Gebote stehenden Papieren geben konnte, beschloß ich, mich auf
eine Mittheilung von Kries seinen Aufzeichnungen über Armenpflege in
den Vereinigten Königreichen zu beschränken, die eine Hauptstelle in dem
beabsichtigten Buche über das Gemeindewesen in England einnehmen
sollten, indem ich hoffte, dadurch ein in sich zusammenhängendes in ge-

wisser Weise abgerundetes Ganzes liefern zu können, und es so möglich wurde, den Wiederabbruck von dem in dem angeführten Aries'schen Aufsatz bereits Gedruckten zu vermeiden.

Sollte aber das von Aries über englische Armenpflege Hinterlassene, das unleugbar vielen treuen Fleiß in sich schließt, und dessen Beachtung, wie ich überzeugt bin, für Deutschland wahrhaft Segen bringen kann, für die Mehrzahl der Leser nicht verloren gehen —, so mußte ich es, mit Ausnahme einiger Paragraphen, umschreiben und an nicht wenigen Stellen völlig neu ausarbeiten. Die einzelnen von Aries über den Gegenstand ausgearbeiteten Stücke rührten aus verschiedenen Zeiten her, und das in ihnen Gegebene widersprach sich daher im Einzelnen nicht selten. Bedeutende Theile derselben waren von Aries vor seinem letzten längeren Aufenthalte in England niedergeschrieben; die Belehrungen, die er im Jahre 1857 in England gewonnen hatte und die sich in seinen täglichen Aufzeichnungen kundgaben, waren vielfach noch nicht in dieselben verarbeitet; die erforderlichen statistischen Angaben waren nur unvollständig aus den officiellen Mittheilungen der englischen, schottischen und irischen Armenbehörden excerpirt, in manchen Abschnitten fanden sich sogar die in ihnen darzustellenden Gegenstände nur mit einigen Worten angedeutet. Solche Stellen konnten nicht unverändert abgedruckt werden, ich mußte durchgreifen und die Stelle des Herausgebers verlassend an die des Verfassers treten; daß mir dies oft schwer wurde, will ich offen bekennen. Es ist natürlich, daß es Jedem, der eine eigene Ansicht hat, leichter und angenehmer ist, sie darzulegen, als die eines Anderen, und meistens wird es ihm auch besser gelingen. Stets habe ich gesucht die von Aries niedergeschriebenen Sätze unverändert aufzunehmen, wo es irgend möglich schien; es im Einzelnen anzugeben, was von mir hinzugefügt oder abgeändert ist, war völlig unthunlich. Wo einzelne Ungleichheiten im Buche hervortreten, muß ich den Tadel, der etwa deswegen ausgesprochen werden dürfte, auf mich nehmen; dem Einen werde ich wahrscheinlich zu viel, dem Anderen zu

wenig geändert und hinzugefügt zu haben scheinen; ich mußte hier nach
eigenem Ermessen handeln, und bin mir bewußt, daß ich es nach be-
stem Wissen und Gewissen gethan habe, nicht selten mit Selbstverläug-
nung aus Liebe für den Verstorbenen und überall mit warmem Interesse an der von ihm hinterlassenen Arbeit.

Einen Punkt muß ich hier aber noch sehr bestimmt hervorheben,
da er wesentlich zur richtigen Beurtheilung des ganzen Buches beitragen
dürfte. Der Zweck desselben ist in keiner Weise die Mittheilung von
statistischen Angaben über die Armenpflege in England, Schottland und
Irland, sondern die Darlegung der in jenen Ländern auf dem Gebiete
der Armenpflege gemachten Erfahrungen; ausgehend von der Ueberzeugung, daß diese für alle Länder allgemein hochwichtig sind, und daß
speciell für die Einrichtung und Verbesserung der Armenpflege in den
meisten Orten Deutschlands aus ihnen sehr Wesentliches zu lernen ist.
Die Zahlen der Unterstützten, die Summen der in Folge dessen verwendeten Gelder müssen naturgemäß in den einzelnen Jahren schwanken,
werden zum Beispiel in Folge der fehlenden Zufuhr von Baumwolle
aus Amerika und des dadurch entstandenen Mangels an Arbeit in großen Fabrikdistrikten Englands, im laufenden Jahre eine bedeutende
Steigerung erfahren, ohne daß dies wesentlich die in den früheren Jahren gemachten Erfahrungen beeinträchtigen dürfte, wenn es auch nicht
entfernt in Abrede gestellt werden kann und soll, daß jedes fernere Jahr
des Bestehens der gesetzlichen Armenpflege in den Vereinigten Königreichen, eine Ergänzung und Berichtigung der über Armenpflege gewonnenen Erfahrungen mit sich führen kann und in gewisser Weise muß,
und daß dies namentlich bei großen Unglücksfällen, zu denen der gegenwärtige Arbeitsmangel in jenen Fabrikdistrikten in traurigster Weise
zu zählen ist, in erhöhtem Maße der Fall sein wird*). Ich habe mich
bemüht, die statistischen Angaben im Buche nach den neuesten mir zu-

*) Vgl. über die zur Linderung jener Arbeitsnoth in den neuesten Tagen er-
griffenen Maßregeln der englischen Gesetzgebung einen Zusatz auf S. 350 fl. des Buchs.

gänglichen amtlichen Mittheilungen der letzten Jahre zu liefern, weil ich es für angemessener hielt, die geltenden Grundsätze der englischen, schottischen und irischen Armenpflege durch ihre Ergebnisse in den letzten Jahren, als durch die in früheren zu veranschaulichen; es kam aber im Wesentlichen nach dem Zweck des Buches nur auf die Veranschaulichung der aufgestellten Grundsätze an; hätte ich diese Ueberzeugung nicht gehegt, so würde ich die Arbeit von Aries aus dem Jahre 1858 nicht noch im Jahre 1862 veröffentlicht haben. Mögen sich immerhin die Zahlenverhältnisse bei der Armenpflege im laufenden Jahre in England wesentlich ungünstiger stellen, — und sie werden wahrscheinlich schon im nächstfolgenden Jahre, nachdem genügende Massen von Baumwolle, sei es aus Indien oder Amerika, eingeführt sind, wieder günstiger auftreten, — solange die auf dem Gebiete der Armenpflege in den Vereinigten Königreichen gewonnenen Erfahrungen nicht erschüttert sind, wird aus Aries seiner Darstellung derselben zu lernen sein, und diese also eine dauerndere Bedeutung in Anspruch nehmen können, als es bei rein statistischen Darlegungen der Fall zu sein pflegt. Allerdings hätte ich gewünscht, daß das vierte Kapitel des Buches, „Die Hauptgesichtspunkte der Armengesetzgebung", weiter ausgeführt wäre, als es der Fall ist. Ich fand aber gerade die §§. 73—76, die das vierte Kapitel bilden, wie ich auf Seite 316 in der Anmerkung angeführt habe, druckfertig, und mußte sie daher so abdrucken lassen, wie sie vom Verfasser niedergeschrieben waren. Aries hat es für zweckmäßig gehalten, daß sich die Ansichten der Leser unmittelbar aus dem Studium seiner Darstellung der englischen, schottischen und irischen Armenpflege entwickeln. Er hat absichtlich seine individuellen Ansichten möglichst zurücktreten lassen und gemeint, sich bei der Darlegung „der Hauptgesichtspunkte der Armengesetzgebung", die ich der Darstellung der englischen, schottischen und irischen Armenpflege habe folgen lassen, so daß sie den Schluß des Buches bilden, nur über einige ihm besonders am Herzen liegende Punkte ausführlicher aussprechen zu müssen. Daß eine solche Behandlung der

Sache auch eigenthümliche Vortheile gewährt, wird sich nicht in Abrede stellen lassen. Ueber manche Punkte, deren nähere Erörterung man hier vielleicht erwarten würde, hat Kries seine Ansichten ausgeführt in einer von ihm im Jahre 1853 in der Zeitschrift für Staatswissenschaft Seite 1 bis 78 und Seite 313 bis 370 veröffentlichten Abhandlung, welche die Ueberschrift führt: „Betrachtungen über Armenpflege und Heimathsrecht mit besonderer Beziehung auf den preußischen Staat".

Zum Schluß erwähne ich noch, daß der durch äußere Gründe, die ich nicht beseitigen konnte, verzögerte Druck, nachdem er kaum begonnen hatte, im Frühjahr 1861 durch meine Theilnahme an den Sitzungen des preußischen Abgeordnetenhauses und eine längere Krankheit, die mich später betraf, unterbrochen und in Folge dessen erst jetzt zu Ende geführt ist.

Damsdorf bei Striegau in Schlesien, den 10. August 1862.

Dr. Karl Freiherr von Richthofen.

Inhalt.

Einleitung.

§. 1.

Eine der wichtigsten und schwierigsten Aufgaben, deren Lösung der Staatsverwaltung obliegt, ist die Regelung der Armenpflege. Wichtig ist diese Aufgabe, weil ein großer Theil der Staatsangehörigen in der Armenpflege die letzte Zuflucht in ihrer Bedrängniß, und oft die einzige Stütze für ihre Existenz findet, und weil die übrigen Staatsbürger wohl nur durch sie zu voller Sicherheit der Person und des Eigenthums gelangen können, jedenfalls aber als Beisteuernde dabei sehr nahe betheiligt sind. Schwierig ist sie, sowohl wegen der Gefahren, welche aus Fehlgriffen in der Gesetzgebung und Verwaltung hier nur zu leicht erwachsen, als insbesondere weil die tiefgreifende und in Wahrheit noch ungelöste Principienfrage über die richtige Grenze der Gebiete von Staat und Kirche, die eigentliche Wurzel aller dabei sich erhebenden Bedenken und Zweifel ist.

Die Betrachtung der englischen Armenpflege erweckt nun aus zwei Gründen ein hohes Interesse. Erstens hat die englische Gesetzgebung unter allen europäischen diese Frage am längsten, zusammenhängendsten und schließlich auch am energischsten behandelt, so daß man bei dem Studium derselben Gelegenheit hat, alle Seiten und Entwickelungen dieses sich uns aufdrängenden Problems kennen zu lernen; und ist es zuletzt der englischen Staatsverwaltung gelungen, zwar nicht die Frage definitiv, und am wenigsten theoretisch zu lösen, aber doch praktisch große Erfolge zu erreichen, und durch ihre Leistungen auf diesem Gebiete wohlthätige Früchte für die Gesammtheit der Bevölkerung zu ernten. Zweitens hat die Gesetzgebung, in den drei vereinigten Königreichen England, Schottland und Irland, sehr verschiedene Ver-

1

hältnisse zu behandeln gehabt, und wir begegnen hier einem für die Beurtheilung des englischen Parlaments sehr lehrreichen Beispiele, wie dieses seine Maßregeln mit großer Einsicht den jedesmaligen Umständen anzupassen weiß, und ebensowohl die schonendste Rücksicht zu beobachten versteht, wenn mit ihr das gegebene Ziel zu erreichen ist, als auch die größte Energie zu entfalten, wenn die vorhandenen Schwierigkeiten nur auf diesem Wege überwunden werden können.

Ein hochstehender Beamte der irischen Centralarmenbehörde charakterisirte die Verschiedenheit der Verhältnisse, unter welchen die neuere Armengesetzgebung in England, Schottland und Irland durchgeführt ist, kurz und treffend folgendermaßen:

In England ist die Reform der Armenpflege durchgeführt, um zu verhüten, daß die Landwirthe fernerhin ihren Arbeitslohn theilweise aus der Armenkasse bezahlen.

In Schottland, um die Grundbesitzer zu veranlassen, es mit ihren Verpflichtungen gegen die Armen strenger zu nehmen.

In Irland ist die Armenpflege ganz neu eingeführt, um den ersten Grundstein zur Wiederaufrichtung der fast zerstörten öffentlichen Ordnung zu legen.

Capitel I.
Die Armenpflege in England *).

§. 2. I. Die geschichtliche Entwickelung der Armen-pflege in England.

Die Grundlage der gesetzlichen Armenpflege in England bildet noch

---

*) Die Hauptquellen für die nachfolgende Darstellung sind, abgesehen von den einschlagenden Gesetzen, die inhaltsreichen jährlichen Berichte (Reports), die die Londoner Centralarmenbehörde (Poor-Law-Board) dem Parlament erstattet. Der Verfasser benutzte noch vollständig den „Eighth annual Report of the Poor Law Board pro 1855. Presented to both Houses of Parliament by Command of Her Majesty. London printed by George Edward Eyre and William Spottiswoode. 1856. 170 pag.", und in einzelnen Punkten den während seines letzten Aufenthalts in London im Mai 1857 noch nicht ausgegebenen „Ninth annual Report etc. pro 1856. London 1857. 131 pag." ; der Herausgeber konnte außer dem oben angeführten 9ten Report, noch benutzen den „Tenth annual Report etc. pro 1857 — 1858. London 1859. 248 pag." (Der 11te Report war ihm nicht zugänglich, er suchte ihn noch Ende September 1860 vergeblich auf der königlichen Berliner Bibliothek). Außerdem schöpfte der Verfasser wesentlich seine Kenntniß, und ein wirkliches Verständniß des englischen Armenwesens, aus den ausführlichen und eingehenden wiederholten mündlichen Mittheilungen vieler kundiger Männer; die Namen einiger von ihnen, sollen bei den einzelnen Paragraphen mit gebührendem Dank genannt werden. Unter den wichtigen Schriften über englisches Armenwesen, verdienen vorzüglich angeführt zu werden: Robert Pashley Pauperism and Poor Laws. London: Longman, Brown, Green and Longman. 1852. 8.; vergl. darüber die Anzeige des Verfassers in den Göttingschen Gelehrten Anzeigen 1854. S. 498—517; und vor Allem: „Sir George Nicholls, late Poor Law Commissioner, and secretary to the Poor Law Board: a History of the English Poor Law, in connexion with the legislation and other circumstances affecting the condition of the people, in two volumes. London: John Murray, Albemarle Street, 1854." Mit dieser Schrift des um die Armenpflege Englands, Schottlands und Irlands hochverdienten Nicholls (vgl. unten §. 3 Note 2, §. 10 Note 1. 2. 6), sind nicht zu verwechseln die unten §. 34 und §. 49 angeführten Schriften desselben Verfassers über Schottische und Irische Armenpflege.

1 *

heute eine im 43ften Jahre der Königin Elisabeth, d. i. im Jahre 1601, erlassene Akte über die Unterstützung der Armen [1]).

In Beziehung auf die dabei zu beobachtenden Grundsätze enthält sie bereits die beiden wesentlichen Bestimmungen, welche noch gegenwärtig die Fundamente der gesetzlichen Armenpflege bilden: arbeitsfähige Arme sollen zur Thätigkeit angehalten, arbeitsunfähige dagegen aus öffentlichen Mitteln unterstützt werden.

Die Erfüllung dieser Vorschriften macht das Gesetz zu einer Aufgabe der Kirchspiele, und überträgt deren Wahrnehmung in jedem derselben den Kirchenvorstehern (Churchwardens) unter Beihülfe von zwei bis vier Einsassen, welche mit Rücksicht auf ihr Amt „Overseers of the poor" (Armenaufseher), d. i. Armenväter, genannt werden. Diesen Armenvätern wird zugleich die Befugniß eingeräumt, die zur Vollziehung des Gesetzes nöthigen Mittel durch Besteuerung der Kirchspielseinsassen aufzubringen. Ihre jährliche Ernennung, sowie ihre Beaufsichtigung, wird den Friedensrichtern zur Pflicht gemacht.

Wir bemerken in der Akte zwei mit einander in naher Verbindung stehende, jedoch ihrer Natur nach von einander wesentlich verschiedene Momente. Zuerst und vornehmlich bekundet sie die Absicht, dem Müssiggange Arbeitsfähiger entgegen zu treten, und ist insofern eine polizeiliche Maßregel. Zugleich macht sie aber auch die Unterstützung Arbeitsunfähiger zu einer öffentlichen Angelegenheit, stempelt die religiöse Pflicht der Mildthätigkeit zu einer gesetzlichen, und greift hiermit in das Gebiet der Kirche hinüber. In beiden Beziehungen bildet das Gesetz Elisabeths nur den Abschluß einer über hundert Jahre dauernden allmählichen Entwickelung, deren erste Anfänge wir, dem Charakter des Staats entsprechend, auf dem polizeilichen Gebiete finden.

Schon im Mittelalter nämlich, insbesondere aber gegen das Ende des 15ten, und im Anfange des 16ten Jahrhunderts, sind Verordnungen gegen das Umhertreiben arbeitsfähiger Personen (vagrancy) erlassen, und Versuche gemacht, das Erbitten milder Gaben in eine gewisse Ordnung zu bringen. Wir heben in dieser Beziehung ein Statut Heinrichs VII aus dem Jahre 1503—4 hervor, des Inhalts, daß die arbeitsfähigen Bettler bestraft, die arbeitsunfähigen aber an-

---

1) 43. Elizabeth c. II. An Act for the Relief of the Poor.

gewiesen werden sollen, in ihrem Geburtsorte, oder dem Orte, in welchem sie sich die letzten drei Jahre aufgehalten haben, zu bleiben, und nicht außerhalb desselben zu betteln²).

Unter Heinrich VIII ging man noch einen Schritt weiter. Ein Statut des Jahres 1531 befahl den Friedensrichtern, die Verhältnisse aller Armen zu untersuchen. Die wirklich Hülfsbedürftigen sollten eine schriftliche Erlaubniß erhalten, innerhalb eines in derselben angegebenen Bezirks um Almosen zu bitten; wer dagegen ohne Erlaubniß, oder außerhalb des ihm eingeräumten Bezirks bettelte, sollte streng bestraft werden³).

Die Veranlassung zu diesen Maßregeln lag nahe. Im Mittelalter war die Sorge für die Armen, der Kirche und der Privatwohlthätigkeit allein überlassen. Die Art der Ausübung dieser Sorge hatte das Unwesen des Bettelns und müssigen Umhertreibens auch Arbeitsfähiger wesentlich gefördert. Mit dem Verfall der Kirche und der Abnahme des kirchlichen Sinnes gingen die Gaben spärlicher ein, und bei der Verwendung der vorhandenen Mittel wurde die Rücksicht auf den moralischen Zustand der Armen noch mehr als früher vernachlässigt. Gleichzeitig steigerte der Umschwung der wirthschaftlichen Verhältnisse die Zahl derer, welche im Fall der Noth auf die Mildthätigkeit ihrer Brüder angewiesen waren; denn er schuf, oder vermehrte in bedeutendem Maße, die Klasse von Arbeitern, welche mit ihren Kräften nicht für die Zeit ihres Lebens an einen und denselben Brotherrn gebunden sind, deswegen aber auch im Falle der Hülfsbedürftigkeit keinen durch das Herkommen geheiligten Anspruch auf dessen Unterstützung haben. Selbst die hergestellte Ordnung des Staatswesens trug dazu bei, die Schaaren der Bettler zu verstärken, indem Viele sich ihnen zugesellten, welche vorher der Krieg und Raub ernährt hatte. Daß nun der erstarkende, und seiner Aufgabe sich bewußt werdende Staat das müssige Umhertreiben von Bettlerbanden, welche die Sicherheit der Person und des Eigenthums gefährdeten, nicht dulden konnte, bedarf keiner Erläuterung.

Die Sorge des Staats denen gegenüber, welche die Mildthätigkeit ihrer Mitbürger in Anspruch nahmen, erhielt jedoch bald noch einen andern Charakter. An und für sich leuchtet ein, daß dem Unwesen des Bettelns nicht wirksam begegnet werden kann, wenn nicht für Abhülfe

---

2) 19. Henry VII c. 12; vgl. Pashley Pauperism and Poorlaws p. 167.
3) 22. Henry VIII c. 22; vgl. Pashley l. c. p. 172.

der wirklichen Noth Vorsorge getroffen ist. Der Staat hätte sich schon
aus diesem Grunde nicht länger mit bloßen polizeilichen Maßregeln gegen das Betteln begnügen können, sobald er wahrnahm, daß die
Kirche dieser Sorge nicht mehr zu genügen vermochte; unmöglich wurde
die Beschränkung auf dieses ihm allerdings unzweifelhafter zukommende
Gebiet, nachdem er die Kirche der Mittel zur Erfüllung ihrer Aufgabe
und zugleich ihrer Selbständigkeit beraubt hatte. Durch Aufhebung
der Klöster und Einziehung der Kirchengüter verstopfte der Staat nicht
nur die Quellen, aus denen die Armen bisher großentheils unterhalten waren, sondern gab überdies noch eine große Zahl der Beschäftigung ungewohnter Personen dem Mangel preis. Der Staat sah
sich daher nach der Kirchenveränderung genöthigt, der Kirche bei der
Sorge für die Armen zu Hülfe zu kommen. Er versuchte dies zunächst,
indem er sich dem bisher befolgten Wege anschloß und die Kirche bei
ihrer Thätigkeit mit seinem Ansehn unterstützte; doch machte er dabei
zugleich seine polizeilichen Gesichtspunkte geltend. Eine Akte des Jahres 1536[4]) befiehlt den Ortsobrigkeiten, die wirklich Hülfsbedürftigen im Wege freiwilliger und milder Gaben so zu unterstützen, daß sie nicht genöthigt wären zu betteln. Die Geistlichen sollten
bei jeder passenden Gelegenheit zur Spendung milder Gaben ermahnen;
die Kirchenvorsteher (Churchwardens) und zwei andere Einsassen jeden
Kirchspiels sollten dieselben einsammeln, Büchsen in den Kirchen für die
Armen aufstellen u. s. w.; das Betteln dagegen, sowie Darreichung von
Almosen, wurde untersagt. Arbeitsfähige Bettler und Vagabunden
sollten zur Arbeit angehalten und im Wiederholungsfalle auf das
strengste bestraft werden.

Statuten ähnlichen Inhalts, zum Theil voll blutiger Strenge gegen das Betteln und müssige Umhertreiben, wurden auch unter der folgenden Regierung, der Eduards VI, erlassen[5]).

Ein Fortschritt zu dem Ziele einer gesetzlichen Armenpflege ist die
1551 ergangene Bestimmung, daß die zum Einsammeln der milden Gaben bestellten Personen, am Sonntage nach Pfingsten, alle Einwohner des Kirchspiels „freundlich" auffordern und ermahnen sollten,
einen wöchentlichen Beitrag zur Unterstützung der Armen zu bewilligen[6]). Als hierauf die „freundlichen" Aufforderungen und Er-

4) 27. Henry VIII c. 25; vgl. Nicholls history I p. 121.

5) Vergl. Nicholls I p. 134 folg.

6) 5 et 6. Edward VI c. 2; vgl. Pashley p. 186, Nicholls I p. 135 et 193.

mahnungen nicht zum Ziele führten, wurde schon 1563 der Bischof der Diöcese ermächtigt, solche „widerwillige" Personen vor den Friedensrichter zu laden, damit sie dieselben zuerst in Güte zur Bewilligung eines wöchentlichen Beitrages zu bewegen suchen, bei beharrlicher Weigerung dagegen nach Maßgabe ihrer Kräfte besteuern sollten[7]). Nicht lange darauf, im Jahre 1572, wurde den Friedensrichtern die Befugniß eingeräumt, ohne die Dazwischenkunft des Bischofs den von widerwilligen Personen wöchentlich zu zahlenden milden Beitrag festzusetzen[8]).

Die im Eingange dieses §. ihrem Inhalte nach kurz skizzirte Akte Elisabeths aus dem Jahre 1601 ist, wie die angeführten älteren Gesetze zeigen und bereits oben bemerkt wurde, nur der Abschluß einer lange dauernden allmählichen Entwickelung, indem durch sie die Beschaffung der für die Armen erforderlichen Mittel den Kirchspielsbeamten aufgetragen, und ihnen zu dem Ende die Macht zur Erhebung einer regelmäßigen Steuer ertheilt wurde[9]).

Bei den Bestimmungen der Akte Elisabeths ist es bis auf die im Jahre 1834 durchgeführte Reform der Armengesetzgebung im Wesentlichen geblieben; nur in einem Punkte fand man nach einem halben Jahrhundert eine Ergänzung derselben für erforderlich. Im Jahre 1662 wurde nämlich durch eine Akte Karls II[10]) (welche mit dem Namen „The Settlement Act" bezeichnet zu werden pflegt) näher festgesetzt, welche Arme als die Angehörigen (settled) eines Kirchspiels angesehen werden sollten, zu deren Unterhaltung es in Gemäßheit der Akte Elisabeths verpflichtet sei. Zugleich wurden die Kirchspiele ermächtigt, die Armen, welche nach der Akte nicht ihre Angehörigen waren, in ihren Heimathsort zurückzuschicken (to remove). Die Verbesserung dieser Bestimmungen über die Heimath der Armen und über das Recht sie auszuweisen (settlement and removal), hat die englische Gesetzgebung vielfach beschäftigt und bildet noch eine ihrer schwierigsten Aufgaben, wie wir unten im §. 22 folg. dies näher erörtern wollen.

Im Übrigen bewegte sich der Fortschritt der Staatsarmenpflege vorzugsweise auf dem Gebiet der Anwendung der bestehenden Gesetze.

7) 5. Elisab. c. 3. vgl. Pashley p. 169.
8) 14. Elisab. c. 5. vgl. Pashley p. 194.
9) Vgl. Nicholls I p. 197.
10) 14. Charles II c. 12.

In den ersten Decennien nach dem Erlaß der Akte Elisabeths hören wir wenig von deren Wirkung. Die Ausführung derselben war offenbar sehr mangelhaft; noch 1622, und selbst 1646, wird berichtet, daß in vielen Kirchspielen keine Armensteuer erhoben wurde, daß keine Materialien zur Beschäftigung der arbeitsfähigen Armen angeschafft waren und in noch mehreren die dazu nöthigen Lokale fehlten [11]. Erst gegen das Ende des 17ten Jahrhunderts stieg die Armenlast auf die doch schon erhebliche Summe von 6 bis 900,000 L. [12], und Wilhelm III sah sich oft veranlaßt, die Aufmerksamkeit des Parlaments auf diesen Gegenstand zu lenken. Eine fernere und bedeutende Steigerung der Armenlast fand erst seit der zweiten Hälfte des 18ten Jahrhunderts, und besonders in den ersten Decennien des gegenwärtigen Jahrhunderts statt. Um die Zeit des siebenjährigen Krieges wird der Betrag der Armensteuer zu 1,250,000 L., um die Zeit des amerikanischen Freiheitskrieges zu 2,004,238 L., und im Jahre 1803 bereits zu 4,077,891 L. angegeben. Im Jahre 1813 belief sich die Armenlast sogar auf nicht weniger als 6,656,106 L. [13].

Eine der wichtigsten Ursachen dieses Anwachsens der Armensteuer ist in der schnellen Zunahme der Bevölkerung und der damit in Verbindung stehenden fortschreitenden Umgestaltung der wirthschaftlichen Verhältnisse zu suchen, wodurch nicht nur die neue Klasse der Fabrikarbeiter geschaffen, sondern auch die Lage der ländlichen Arbeiter jener ähnlicher gemacht wurde [14]. Auch bei der Landwirthschaft kam es nämlich mehr und mehr auf, gewisse Arbeiter nur auf kürzere Zeit in Dienst zu nehmen, und es treten dadurch auch für ländliche Arbeiter Perioden eines Mangels an Beschäftigung und Verdienst ein.

In dem letzten Jahrzehnt des vorigen, und in den ersten beiden des gegenwärtigen Jahrhunderts muß ferner der in Folge der Kontinentalkriege und mehrjähriger Mißernten so sehr gestiegene Preis

11) Pashley p. 221.

12) Im Jahre 1650 wird sie von Coode auf 188,811 L., im Jahre 1698 auf 819,000 L. geschätzt, vgl. unten §. 23 Note 5. Nicholls II p. 463 schätzt sie im Jahre 1644 gegen 700,000 L., im Jahre 1701 gegen 900,000 L.

13) Cf. 10th Report pro 1837 p. 57 u. Nicholls II p. 463 Appendix nr. I et II; sowie für die Zeit nach 1813 unten §. 6 (Text zu Note 26).

14) Die Bevölkerung von England und Wales, die im Beginne des letzten Jahrhunderts 5½ Millionen betrug, stieg bis zum Jahre 1760 auf 7 Millionen; bis 1801 auf 9,172,980; bis 1813 auf 10,503,400; bis 1818 auf 11,876,200 Einwohner; vgl. Nicholls II p. 463 Appendix I et II.

des Getreides, und der durch die Bankrestriction noch künstlich herabgedrückte Werth des Geldes, als ein allgemeiner und tief greifender Grund der gesteigerten Ansprüche an die öffentliche Armenpflege hervorgehoben werden[16]).

Neben diesen, in allgemeinen volkswirthschaftlichen Verhältnissen begründeten Ursachen, trugen, wie die Erfahrung später gelehrt hat, auch die Ansichten, und selbst die Mißgriffe derer, welche die Armenpflege handhabten, in hohem Grade zur Vermehrung der Ausgaben, und folglich zur Erhöhung der Steuern bei. Die dem 18ten Jahrhundert eigenthümlichen Grundsätze der Humanität mußten ihre Wirkung besonders bei der Armenpflege geltend machen. Wenn man meinte, von Seiten des Staats für die Vermehrung der Bevölkerung, und die Beschäftigung der arbeitenden Klassen Sorge tragen zu müssen, so konnten solche Ansichten nicht ohne Einfluß auf die Uebung der Armenpflege bleiben. Man kann, um die dabei sich geltend machende Richtung im

16) Während der Durchschnittspreis eines Quarters Weizen für das 18te Jahrhundert sich auf 34 Schill. 7 Den. berechnete, und noch in dem Jahrzehent von 1785 bis 1794 nicht mehr als 49 Schill. 4 Den. betrug, stieg derselbe in den folgenden 7 Jahren von 1794 bis 1801 auf 87 Schill., vgl. Nicholls II p. 135. (Der Quarter entspricht 5,29 preußischen Scheffeln; der Durchschnittspreis eines preuß. Scheffels Weizen betrug darnach von 1794 bis 1801 ungefähr 5 Thlr. 18 Sgr.) Dabei schwankten die Preise in den einzelnen Jahren bedeutend: Im Frühjahr 1796 stieg der Quarter Weizen bis auf 100 Schill., im Juni 1800 auf 134 Schill., im Frühjahr 1801 auf 156 Schill. 2 Den. vgl. Nicholls II p. 135. Auch in den ersten Jahrzehnten des 19ten Jahrhunderts blieben die Getreidepreise ungewöhnlich hoch: der Quarter Weizen kam durchschnittlich im Jahre 1803 auf 64 Schill. 8 Den., und 1813 sogar auf 108 Schill. 9 Den.; 1814 auf 73 Sch. 11 Den., 1815 auf 64 Sch. 4 D., 1816 auf 75 Schill. 10 Den., 1817 auf 94 Sch. 9 D., 1818 auf 84 Sch. 1 D., 1819 auf 73 Sch. In den Jahren 1820 bis 1834 sind die höchsten jährlichen Durchschnittspreise 67 Sch. 8 D., die niedrigsten 43 Sch. 3 D., vgl. Nicholls II p. 302 und 466. Dabei schwankten auch in diesen Jahren die Preise sehr bedeutend: im Anfang des Jahres 1801 stand der Quarter Weizen 129 Sch. 8 D., am Schlusse 75 Sch. 6 D.; im August 1812 stieg er auf 155 Sch., im December 1812 fiel er auf 121 Sch., im Dec. 1813 auf 74 Sch. 11 D., vgl. Nicholls II p. 174. Von 1834 bis 1857 sind die höchsten Durchschnittspreise: die des Jahres 1839 mit 69 Sch. 4 D., des Jahres 1855 mit 70 Sch., und 1856 mit 75 Sch. 4 D.; die niedrigsten dagegen: die des Jahres 1852 mit 39 Sch. 4 D., 1836 mit 39 Sch. 5 D., 1851 mit 39 Sch. 11 D., für den Quarter Weizen; f. Nicholls II p. 466 und 10th Report p. 60. 137. 138.

Allgemeinen zu bezeichnen, sagen, daß bei der Armenpflege in diesem
Zeitraume nicht mehr wie früher der polizeiliche, sondern der wohlthätige
Gesichtspunkt vorherrschte.

In diesem Sinne wurden außer den Armenvätern (d. i. Kirchspielsbeamten) auch die Friedensrichter (d. i. Grafschaftsbeamten) ermächtigt,
die Gewährung von Unterstützungen, und nach Befinden auch die Verabreichung derselben in der Wohnung der Armen, anzuordnen; in diesem Sinne hielt man es für nöthig, auf Kosten des Kirchspiels Wegebauten, Feldarbeiten und dergleichen vorzunehmen, nicht sowohl um
den Bedürfnissen des Verkehrs zu genügen, als um den Arbeitern Beschäftigung zu geben; in diesem Sinne beschloß man, als die Getreidepreise in Folge der anhaltenden Kriege und wiederholten Mißernten eine
außerordentliche Höhe erreichten, ohne daß der Tagelohn in entsprechen-
dem Verhältniß stieg, den Arbeitern je nach der Höhe der Getreidepreise,
und mit Rücksicht auf die Stärke ihrer Familie, aus der Armenkasse
solche Zuschüsse (allowances) zu ihrem Lohne zu bewilligen, daß sie
dadurch in Stand gesetzt würden, ihre Familien zu erhalten 16).

16) Das später so verrufene, und in seiner fortschreitenden Entwicklung allerdings sehr verderbliche System der Lohnzuschüsse (Allowance-system),
hat seinen Ursprung in einem Beschlusse der versammelten Friedensrichter der Grafschaft
Berkshire vom Jahre 1795, der damals allgemeinen Beifall und die ausgebreitetste
Nachahmung fand. Die Getreidepreise hatten zu jener Zeit eine vorher unbekannte
Höhe erreicht (vgl. Note 15), und die Löhne waren nicht dem entsprechend gestiegen; die Friedensrichter erkannten nun zunächst an, daß unter diesen Umständen
mehr als bisher für die Armen, d. h. für die arbeitenden Klassen, geschehen müsse.
Sie erklärten ferner, daß es nicht rathsam wäre, den Arbeitern durch eine Regelung der Lohnsätze nach Maßgabe der alten Statuten aus der Zeit Elisabeths und
Jakobs, helfen zu wollen. Dagegen empfahlen sie den Landwirthen dringend, aus
freien Stücken die Löhne zu erhöhen, und beschlossen, gleichsam um einen Anhalt
für das zu geben die Reihe der Zeit reichische, jedem Arbeiter, der sich nach
ihrem Ermessen redlich um seinen Unterhalt bemüht habe, einen bestimmten nach
der Höhe der Brotpreise abgemessenen Verdienst, sowohl für sich als für seine
Familienglieder, zuzusichern. Insofern also der Arbeiter nicht im Stande war, die
für erforderlich gehaltene Summe durch eigene Anstrengung, sowie durch die Thätigkeit seiner Familienglieder zu erwerben, sollte er das Fehlende als
Zuschuß aus dem Armenfonds erhalten. Es war dies ein Versuch,
den Arbeitslohn, ohne einen directen Eingriff in die Rechte der Arbeitgeber, auf
eine angemessene Höhe zu bringen, und man wollte auf diese Weise die Landwirthe
zu einer Steigerung der Lohnsätze zu veranlassen. Die Erfahrung hat gelehrt, daß
der gethane Schritt im Laufe der Zeit die völlig entgegengesetzten Wirkungen gehabt
hat: ein Herabdrücken des Lohnes unter den natürlichen Marktpreis! Um indessen

Bei dieser Richtung der Zeit verlor man den polizeilichen Gesichtspunkt bei der Armenpflege fast ganz aus den Augen, und vergaß bei
der Verabreichung von Unterstützungen, die so wesentliche Verschiedenheit
der Verhältnisse arbeitsfähiger und arbeitsunfähiger Armen mit der
nöthigen Sorgfalt zu beachten.

Die Folgen einer solchen, lediglich durch Wohlwollen geleiteten Armenpflege, machten sich zunächst durch ein fortgesetztes Steigen der
Armensteuer geltend, welche bald eine Höhe erreichte, die mit Recht
die lebhaftesten Klagen hervorrief, und die begründetsten Besorgnisse
erregte.

Die für die Armenpflege verausgabte Summe erreichte im
Jahre 1818 die ungeheure Summe von 7,870,801 £., d. h. von mehr
als 51 Millionen Thalern, was bei der damaligen Bevölkerung
von 11,876,200 Einwohnern eine Armensteuer von 13 Schillingen
3 Denaren, oder 4 Thlr. 12½ Sgr., auf den Kopf erforderlich machte.

Als nach der Befestigung des Friedens, und nach dem Eintritt
günstiger Ernten, die Getreidepreise sanken, und man gleichzeitig mindestens theilweise Versuche machte, dem wachsenden Strome Dämme
entgegenzustellen, gelang es zwar, die Ausgaben etwas (im Jahre 1824
bis auf 5,736,900 £.) zu ermäßigen, doch stiegen sie bald von Neuem,
und waren im Jahre 1832 bereits wieder auf 7,036,069 £. angewachsen [17]).

---

den viel getadelten Schritt der Friedensrichter nicht ungerecht zu beurtheilen, muß
man bedenken, daß außerordentliche Nothstände stets und überall zu Maßregeln
gezwungen haben, deren Unangemessenheit für gewöhnliche Verhältnisse unschwer
nachzuweisen ist. Für den Augenblick wurde damals den arbeitenden Klassen eine
große Wohlthat erwiesen, ihr Hunger gestillt und vielleicht dem Aufruhr vorgebeugt. Jedenfalls zeigt der Beifall und die Nachahmung, welche der Beschluß der
Friedensrichter von Berkshire fand, daß es aus der allgemeinen Richtung der Zeit
entsprungen ein treuer Ausdruck ihrer innersten Gedanken war; sonnte doch selbst
ein Pitt sich dem Einfluß derselben nicht entziehen; auch er befürwortete das System der Zuschüsse, und war geneigt jedem Armen gewissermaßen den Anspruch zu-
zugestehen, daß man es ihm in seinem Hause behaglich mache, und ihn mit einer
Kuh, oder doch mit einem Schweine, oder einem anderen nützlichen Hausthiere
versorge; vgl. Nicholls II p. 137—140. 279 und 283.

17) Vgl. die von der Centralarmenbehörde aufgestellte Tabelle über die Armenunterstützungen (gedruckt im 10ten Report p. 57) unter §. 6 N. 25, sowie Nicholls II p. 456. Über die früheren Versuche und Vorschläge, die Armenpflege zu
verbessern, und ihre Last zu vermindern, f. Nicholls II p. 59 (Erlaß der s. g.
Gilbert's Act a. 1782, 22. Georg III cap. 83), p. 178 f. (a. 1817); vgl.

Neben der erdrückenden Höhe der Steuern, die allerdings die am
meisten in die Augen springende üble Wirkung der in allzu nachsichtiger
Weise geübten Wohlthätigkeit war, machten sich allmählich auch andere,
und zum Theil noch tiefer greifende und gefährlichere Folgen derselben
bemerklich. Jahre lang nahmen diese Erscheinungen die allgemeine Aufmerksamkeit auf das lebhafteste in Anspruch; die Presse beschäftigte sich
vielfach mit ihnen; zuletzt sah sich das englische Parlament bewogen, der
Sache eine nähere Aufmerksamkeit zuzuwenden. Im Jahre 1533 wurde
eine Kommission niedergesetzt, welche dem Gegenstande eine ebenso umfassende als eingehende Untersuchung widmete [1a]).

§. 3.   II.   Mängel und Nachtheile der älteren englischen Armenpflege.

Die von dem Parlament eingeleitete Untersuchung, sowie spätere
Erfahrungen haben gezeigt, daß die besorgliche Steigerung der Ausgaben im Wesentlichen auf zwei ihrer Natur nach verschiedene, wenn auch
in naher Verbindung mit einander stehende Ursachen zurückzuführen ist:
auf fehlerhafte Grundsätze bei der Gewährung von Unterstützung, und mangelhafte Zusammensetzung der Behörden.

In erster Beziehung ist bereits hervorgehoben, daß man nach der
herrschenden Zeitrichtung, sowohl sich selbst, als auch die arbeitenden
Klassen, daran gewöhnt hatte, in der Armenkasse eine stets bereite Zufluchtsstätte für die Arbeiter zu sehen, ohne die Art der zu verabreichen-
den Unterstützung nach den Verhältnissen der Arbeiter, und der Veranlassung ihrer Hülfsbedürftigkeit, näher zu bestimmen. Dieser schon an
und für sich bedeutende Mißgriff wurde durch die mangelhafte Organisation der Behörden noch folgenreicher. Man hatte dafür Sorge getra-

---

ferner das. p. 240 f. 303 f.) Sie waren ohne dauernden Erfolg, und steigerten sogar
in manchen Gegenden die vorhandenen Uebelstände. Im Kirchspiel Cholesbury
in Buckinghamshire wurde im Jahre 1832 die Einwirkung so unerträglich, daß die
Besitzer ihr Eigenthum, die Pächter ihre Pacht aufgaben! Allerdings war dies
das einzige Beispiel der Art, in vielen Kirchspielen fiel aber der Werth des Grundeigenthums in Folge der Steuer bis unter die Hälfte; s. Nicholls II p. 253 nach
dem Berichte der Untersuchungskommissionen.

[b) Der Bericht der Kommission datirt vom 20. Febr. 1834, er ist unterzeichnet von dem Bischof von London, dem Bischof von Chester, Sturges Bourne,
Nassau W. Senior, Henry Bishop, Henry Gawler, W. Coulson, James Traill
und Edwin Chadwick. Vgl. Nicholls II p. 239.

gen, daß kein Bedürftiger ohne die nöthige Unterstützung bleibe, nicht aber daß ein in Wahrheit nicht Bedürftiger keine Gaben aus der Armenkasse empfange [1]).

Die Armenväter waren persönlich und mit ihrem Vermögen dafür verantwortlich, daß die zur Unterstützung der Armen nöthigen Summen stets vorhanden seien, und daß kein Hülfsbedürftiger ohne Unterstützung bleibe. Sie hatten dem entsprechend das unbeschränkte Recht, Steuern nach dem Bedürfnisse auszuschreiben. Obenein waren noch die Friedensrichter ermächtigt, nicht nur in ihren Bezirkssitzungen über abgewiesene Beschwerden von Armen zu entscheiden, sondern auch unmittelbar und sogar einzeln. Gesuche um Unterstützung, wenn auch nur vorläufig und auf einen Monat, zu bewilligen, und selbst Verabreichung von Unterstützung an die Armen in ihren Wohnungen anzuordnen. Dieß mußte zu Mißbräuchen führen, da der Arme nach freier Wahl sich an denjenigen unter den Friedensrichtern seines Bezirks wenden konnte, von dem er am ehesten eine Berücksichtigung seines Gesuchs hoffte, und keinerlei Nachtheile bei einem abschläglichen Bescheide zu besorgen hatte. Außerdem war es für die Lokalbehörden (die Armenväter) schwierig, bei einer förmlichen Appellation an die Bezirkssitzungen der Friedensrichter, gegenüber von einer nachsichtigeren Auffassung letzterer, die Richtbedürftigkeit des Hülfesuchenden zu erweisen, da es an einem sichern Prüfstein hierzu fehlte. Jede strengere Praxis der Lokalbehörden wurde leicht durch eine mildere Auffassung der Friedensrichter wirkungslos gemacht, und nebenbei in das Licht einer zu mißbilligenden Härte gestellt [2]).

Hinderte somit die obere Aufsicht der Friedensrichter in

---

1) Vgl. Nicholls II, 232.

2) Die einzelnen Bezirke, in welche die Grafschaften getheilt sind, um die Verwaltung der Friedensrichter zu erleichtern und abzugrenzen, umfassen viele Kirchspiele. Ein Armer, der von dem Armenvater seines Kirchspiels abgewiesen zu werden besorgte, und sich deswegen unmittelbar an einen Friedensrichter wandte, konnte nach seinem Belieben jeden Friedensrichter des Bezirks dazu auswählen; und ging, wenn es ihm auf Erschleichung einer Gabe ankam, zu dem, welcher seine Verhältnisse am wenigsten kannte, und am ehesten geneigt war seinen Klagen Gehör zu schenken. Über die nachtheiligen Folgen dieser Zwischenkunft der Friedensrichter vgl. Nicholls II p. 233. Das Bedürfniß der Kirchspielsbehörden den Friedensrichtern gegenüber, ein Mittel zu haben, um ihre Unterstützungsverweigerungen begründen zu können, führte zuerst zu dem Gedanken, das Arbeitshaus als Prüfstein der Hülfsbedürftigkeit zu benutzen, s. Nicholls II p. 241 f. und bes. p. 244 f., vgl. unten §. 4.

nicht wenigen Fällen eine strengere Praxis der Lokalbehörden, so gewährte sie anderseits keine oder nur geringe Hülfe, wenn diese, wie das nur zu häufig der Fall war, zu unvorsichtigen oder selbst mißbräuchlichen Unterstützungsbewilligungen hinneiglen. Allerdings lag den Friedensrichtern ob, die ausgeschriebenen Steuern zu genehmigen und die Ausgaben zu prüfen, allein die Genehmigung der Steuer mußte eine bloße Form werden, wo das Bedürfniß nicht bestritten werden konnte; die Prüfung der Ausgaben dagegen hätte, um wirksam zu sein, auf die Untersuchung jedes einzelnen Falles ausgedehnt werden müssen, wozu die ohnehin schon sehr in Anspruch genommenen Friedensrichter außer Stande waren.

Zur Kontrole der Lokalverwaltung war überhaupt ein dem verpflichteten Lokalverband (dem Kirchspiel) so fern stehendes Collegium, wie das der Friedensrichter des Bezirks und in noch höherem Grade das der Grafschaft nicht geeignet. Und selbst hiervon abgesehen konnte eine solche Kontrole keinen Erfolg haben, so lange es an bindenden und durchgreifenden Grundsätzen über die Bewilligung von Unterstützungen fehlte, und lediglich das subjective Urtheil maßgebend war.

Bei dem Mangel einer wirksamen Kontrole mußte aber nothwendig eine Menge von Interessen und Nebeneinflüssen auf Vermehrung der Zuschüsse aus der öffentlichen Kasse hindrängen. Viele und verschiedenartige Beispiele werden uns berichtet. Hier bezogen die Besitzer verfallener Häuser durch die Armenkasse noch eine Rente von Wohnungen, die sie sonst schwerlich hätten vermiethen können; dort hing die Kundschaft einer Schankstätte von den Zuschüssen ab, welche Arbeiter zu ihrem Lohn aus der Armenkasse erhielten. Nur zu allgemein gewöhnten sich Landwirthe daran, daß Arbeiter, deren sie nicht immer, wohl aber zeitweise sehr dringend bedurften, in der Zwischenzeit auf öffentliche Kosten, gleichsam zu ihrem Gebrauch bereit gehalten wurden, ja selbst während sie bei ihnen beschäftigt waren, Zuschüsse zu ihrem Lohn aus der Armenkasse empfingen, und daher wohlfeiler zu dingen waren. Auch an unmittelbaren Veruntreuungen und Unterschleifen fehlte es, in Folge der ungenügenden Kontrole, natürlich nicht [3]).

3) Über die Mißbräuche bei der Verwaltung der Armenpflege durch die Kirchspielsbeamten, und insbesondere über die nachtheiligen Folgen der Lohnzuschüsse (des Allowance-System) handelt sehr ausführlich der Bericht der Untersuchungskommission, und begründet seine Ansichten durch die Aussagen der von der Kommission vernommenen Zeugen. Eine übersichtliche Zusammenstellung der dadurch konstatirten

Schlimmer noch als die Höhe der Ausgaben für die Armenpflege, welche ohne eine durchgreifende Aenderung des befolgten Systems ganz unerträglich zu werden drohte[4]), war der verderbliche
Einfluß, den dasselbe auf die Begriffe, Sitten und die ganze
geistige Existenz der arbeitenden Klassen ausübte. Diese
wurden daran gewöhnt, die Unterstützung aus öffentlichen Mitteln in
jedem vorkommenden Nothfall; die Beschäftigung von Seiten des Kirchspiels, wenn es ihnen an Arbeit fehlte; Zuschüsse zu ihrem Lohn, wenn
dieser unter die für normalmäßig angesehene Höhe herabsank —, als
ihnen zustehende Rechte anzusehen, deren Verkürzung sie widerwillig er-
trugen, und die sie zur Selbsthülfe geneigt machte. In Bezirken, in
welchen das System der Lohnzuschüsse besonders ausgebildet war, zeigten sich die Arbeiter wenig beflissen, die Zufriedenheit und das Wohlwollen ihrer Brotherren durch Fleiß, Gehorsam und anständiges Betragen zu erwerben[5]). Dadurch, daß Familienväter reichlicher unterstützt wurden, als einzeln stehende Arbeiter, und insbesondere diejenigen
bevorzugt wurden, welche viele Kinder hatten, verleitete man zu unzei-
tigen Ehen, und beförderte die Vermehrung der Bevölkerung ohne Rücksicht auf die Mittel zu ihrem Unterhalt. Bei Mädchen steigerte sich das
Unwesen so weit, daß selbst Unkeuschheit ein Mittel für sie wurde, um
Unterstützung zu erhalten; und in Fällen, wo durchaus gar kein Grund
zu Unterstützungen vorlag, wurden dieselben bei dem vorhandenen Mangel an Umsicht und Aufmerksamkeit in deren Bewilligung, oft schamlos
erbeten und erschlichen.

Besonders nachtheilig war es, daß thätige und unabhängige, d. h.
nur vom Erwerb ihrer Hände lebende Arbeiter, sich entmuthigt fühlen
mußten, wenn sie sahen, daß der Trägheit und Sorglosigkeit ein gleicher,
oft sogar ein höherer Lohn zu Theil wurde, als dem Fleiß und der Sparsamkeit. Ja sie fanden sich durch das herrschend gewordene System der
Armenpflege vielfach unmittelbar auf das empfindlichste benachtheiligt.

Thatsachen, giebt Edwin Chadwick: The Parish and the Union. London 1837
p. 6—17.
4) Bgl. Nicholls II p. 183, 246b, 286 f..
5) Eine lebendige Schilderung von den nachtheiligen Folgen der bisherigen Armenpflege, gab Lord Brougham in seiner Rede zur Befürwortung der eingebrachten
neuen Armengesetzentwürfe am 21. Juli 1834, die Nicholls II p. 262 f. im Auszuge mittheilt. Eine zwar kurze aber noch ergreifendere Darstellung von dem Zustande des Landes vor der Durchführung des neuen Systems liefert Nicholls selbst
l. c. II p. 300 f.

Wurde doch dadurch, daß eine Anzahl Arbeiter Zuschüsse zu ihrem Lohn aus öffentlichen Mitteln erhielt, und viele bei öffentlichen Unternehmungen beschäftigt wurden, sobald die Landwirthe ihrer nicht bedurften, der Lohn überhaupt künstlich herabgedrückt; und kam es vor, daß in Zeiten mangelhafter Arbeit Pächter zunächst Personen beschäftigten, von denen sie besorgten, daß sie sonst der Armenkasse zur Last fallen würden. Sogar dafür werden Beispiele angeführt, daß Arbeiter sich scheuten, Grundeigenthum zu pachten, oder ihre Kuh und ihr Schwein verkauften, weil deren Besitz, als Zeichen von noch vorhandenen Hülfsmitteln, für sie hinderlich war, Beschäftigung zu finden [6]).

Einleuchtend ist, daß die Fortdauer solcher Mißverhältnisse nicht länger geduldet werden konnte; ihnen wirksam entgegen zu treten war der Hauptzweck der im Jahr 1834 bei der Armengesetzgebung vorgenommenen Reformen.

§. 4. III. Die leitenden Grundsätze bei der Reform der englischen Armengesetzgebung seit 1834.

Die im Jahre 1834 bei der Reform der Armengesetzgebung befolgten Grundsätze sind bis jetzt der Hauptsache nach festgehalten, und nur weiter entwickelt worden. Ausnahmsweise haben in einigen Punkten die seitdem gemachten Erfahrungen zu Modificationen geführt; bei der nachfolgenden Darstellung haben wir daher nicht nur die im Jahre 1834 erlassene Akte vor Augen, sondern die Gesetzgebung, wie sie gegenwärtig ausgebildet und in Kraft ist.

Zunächst ist hervorzuheben, daß unerachtet der allseitigen Anerkennung der bei der gesetzlichen Armenpflege eingeschlichenen Mißbräuche und der bedenklichen aus ihr hervorgehenden Folgen, kein englischer Staatsmann von Bedeutung den Vorschlag gemacht hat, sie aufzuheben! Man war darüber einig, daß es eine Pflicht des Staates sei, dafür zu sorgen, daß kein Hülfsbedürftiger ohne Unterstützung bleibe; man wollte diese Aufgabe nicht weniger gewissenhaft erfüllen, als zuvor.

Die Akte Elisabeths blieb daher in ihren desfallsigen Bestimmungen unangetastet; dagegen war es durch langjährige herbe Erfahrungen und deren gründliche Erörterung zum allgemeinen Bewußtsein gekommen, daß sie nicht allein, ja sogar nicht vorzugsweise aus Rücksichten der Mildthätigkeit hervorgegangen war, sondern in erster

6) Über weitere Einzelheiten der hier angedeuteten übeln Folgen der älteren englischen Armenverwaltung, s. Chadwick: The Parish and the Union p. 29—96.

Reihe auf Erwägungen des öffentlichen Wohles, insbesondere der Sicherheit und Ordnung beruhte, wie dies dem Wesen des Staats entspricht.

Die ersten Bestimmungen der Akte geben dahin, daß arbeitsfähige
Arme zur Arbeit angehalten, und müssige Umhertreiber bestraft werden
sollen; die Verpflichtung, für Arbeitsunfähige zu sorgen, ist an diese
Hauptbestimmungen gleichsam nur angeknüpft. Hatte man im Gegensatz hiermit im 18ten Jahrhundert und in den ersten Decennien des 19ten,
nach der Richtung der Zeit, vorzugsweise dem Geiste der Mildthätigkeit
Rechnung getragen, so kam es nun darauf an, den politischen Charakter
des Gesetzes wieder ins Auge zu fassen, und ihn den Verhältnissen der
Gegenwart entsprechend zu entwickeln.

Vor allen Dingen war es klar geworden, daß bei arbeitsunfähigen Armen ohne Gefahr die Gesichtspunkte der Mildthätigkeit die leitenden bleiben konnten; bei der Sorge für arbeitsfähige dagegen mußten die polizeilichen Rücksichten in erster
Reihe maßgebend werden.

Man hatte die arbeitsfähigen Armen nur vor augenblick-
lichem Mangel zu schützen, und ihnen das durchaus Rothwendige zu
gewähren; man mußte aber Alles vermeiden, was ihren Eifer oder ihre
Fähigkeit, selbst für sich zu sorgen, vermindern, oder gar ihre Lage,
unabhängigen Armen gegenüber, als eine günstigere und daher wün-
schenswerthe erscheinen lassen konnte. Man mußte ferner beachten, daß
nicht durch die Sorge für die der Armenkasse zur Last fallenden Armen,
den unabhängigen Arbeitern die Gelegenheit zum Verdienst geschmälert,
und ihnen ihr Lohn herabgedrückt werde.

Um nun beide Gesichtspunkte, den der Mildthätigkeit und
den der öffentlichen Wohlfahrt, gleichzeitig verfolgen zu können,
um keinen wirklich Nothleidenden ohne Hülfe zu lassen, jedoch auch keinem mehr oder etwas Anderes zu gewähren, als er dringend bedarf,
und dies obendrein in einer für die unabhängigen Arbeiter mit keinen
Nachtheilen verknüpften Weise zu thun, erschien als das einzige
Mittel die Errichtung von Arbeitshäusern (workhouses), in
welchen zwar alle Hülfsbedürftigen jederzeit Zuflucht und Aufnahme finden könnten und sollten, in denen sie aber auch einer genauen Prüfung ihrer Verhältnisse, einer so strengen Aufsicht und Behandlung unterworfen werden konnten (dem workhouse test, d. i. der Arbeitshaus-
Probe), daß dadurch jede Gefahr eines Mißbrauchs der öffentlichen
Wohlthätigkeit ausgeschlossen ist.

2

Die Errichtung von Gebäuden zur Aufnahme und Beschäftigung von Armen war keineswegs ein neuer Gedanke, schon die Zeit Elisabeths zeigt dies; da man nach ihr gewisser Räume bedurfte, um Arme durch Spinnen, Weben, Seiledrehen u. s. w., in allen Jahreszeiten und bei allen Witterungsverhältnissen beschäftigen zu können. Im Jahre 1722 ist sodann eine Akte erlassen, welche die Kirchspiele ausdrücklich ermächtigt, Arbeitshäuser zu kaufen oder zu miethen, und ihnen gestattet, sich zu dem Zweck zu verbinden, ja sogar bestimmt, daß Arme, welche sich weigern in das Arbeitshaus zu gehen, jeden Anspruch auf Unterstützung verlieren sollen [1]).

Der Gedanke, sich der Arbeitshäuser als Prüfungsmittel der Hülfsbedürftigkeit zu bedienen, ist also schon hundert Jahre vor der Einführung der neueren Verbesserungen der Armengesetzgebung in den englischen Gesetzen niedergelegt; es fehlte aber an einer durchgreifenden und folgerichtigen Anwendung desselben, und durch mangelhafte Verwaltung waren die Arbeitshäuser geradezu die Hauptsitze der Mißbräuche geworden, so daß sie den schädlichsten Einfluß auf die ganze Gesittung der arbeitenden Klassen übten. Bei der richtigen und energischen Durchführung des alten Gedankens wurden dagegen die Arbeitshäuser in Wahrheit die Eckpfeine der Reform der Armenpflege [2]). Man ging hierbei von der unbedingt richtigen

---

1) Pashley p. 246; Nicholls II p. 14 f.

2) Von unberechenbarem Vortheil war es bei der Reform der Armengesetzgebung, daß bereits vorher in mehreren Kirchspielen durch den gemeinnützigen Sinn, die Einsicht und Energie einiger Privatmänner, welche in ihnen die Armenverwaltung geleitet hatten, eine verbesserte Armenpflege in ähnlicher Weise, wie man sie jetzt allgemein einführen wollte, vollständig und mit dem günstigsten Erfolge ins Leben gerufen war. So hatte man namentlich in den Kirchspielen Southwell und Bingham in der Grafschaft Nottingham, seit dem Jahre 1821 die Arbeitshäuser einer verbesserten Verwaltung unterworfen, und als Prüfstein der Hülfsbedürftigkeit benutzt, ja allmählich alle Unterstützung außerhalb derselben aufhören lassen; und es war in Folge dessen in Southwell gelungen, daselbst die Ausgaben bis auf den vierten Theil zu ermäßigen, den moralischen Charakter der arbeitenden Klassen zu heben, und sogar ihren Dank sich zu verdienen. Vgl. über Southwell in dieser Abhandlung vielfach benutzte Buch von George Nicholls II p. 240—251, und namentlich die Note auf p. 249. Der hochverdiente Sir George Nicholls, der früher Schiffscapitän gewesen war, und zu Southwell (als country-gentleman) lebte, unternahm 1821 daselbst als Armenvater (Overseer of the Poor), mit seinem Amtsgenossen und den zwei dortigen Kirchenvätern (Churchwardens), die Reform des 1808 zu Southwell erbauten Arbeitshauses. Das Kirch-

Ansicht aus, daß die aus öffentlichen Mitteln unterstützten Armen in
eine weniger günstige Lage kommen müßten, als die der unabhängigen
Arbeiter ist; Personen, für die man übernommen hat zu sorgen, kann
man nun aber nicht weniger gewähren, als zu ihrer Erhaltung erforderlich ist. Ja man kann aus einleuchtenden Gründen der Menschlichkeit,
bei Gewährung von Nahrung, Kleidung und Wohnung, nicht auf das
Minimum heruntergehen, mit welchem viele Arbeiter sich begnügen, deren ehrenwerther Unabhängigkeitssinn sie abhält, fremde Unterstützung
nachzusuchen. Wollte man dennoch die Lage der unterstützten Armen
weniger angenehm machen, als die von unabhängigen Arbeitern, die
sich mit dem Kärglichsten behelfen, so blieb nichts übrig, als sie in Beziehung auf die Freiheit zu beschränken. Daß Personen, welche
genöthigt sind die Hülfe Anderer in Anspruch zu nehmen, gezwungen
werden, in Beziehung auf ihre Lebensweise, und die Benutzung ihrer
Kräfte, den Anordnungen derer sich zu fügen, von denen sie ihren Unterhalt empfangen, widerspricht nicht den Anforderungen der Menschlichkeit. Vielmehr ist eine Beaufsichtigung, und wenn man will, eine Be-
vormundung derselben in der Regel, sowohl im Interesse der allgemeinen Wohlfahrt, wie in dem der einzelnen Hülfsbedürftigen geboten; und
zwar schon deswegen, weil sie in der überwiegenden Mehrzahl durch sitt-
liche Schwäche in ihre abhängige Lage gerathen sind, und daher der
ernsten Zucht einer folgerichtigen Behandlung nicht entbehren können.
Von dieser Ansicht aus wollte man anfänglich sogar überhaupt
nur innerhalb des Arbeitshauses Unterstützungen gewähren (nur „in-door relief" d. i. Unterstützung im Arbeitshause, nicht
aber „out-door relief" gestatten), und selbst die Arbeitsunfähigen mit
ihrer ganzen Familie ins Arbeitshaus aufnehmen, sobald sie einer Unterstützung bedurften; doch gab man bei näherer Erwägung diesen Plan
als unausführbar in England auf [3]).

[viel zählte 3051 Einwohner, und im Jahre 1820/21 betrugen die Ausgaben für die
Armen 2006 £.) so verminderten sich 1821/22 auf 1425 £., 1822/23 auf 589 £.,
1823/24 auf 517 £., und blieben in den folgenden Jahren mit geringen Schwankungen auf dieser Höhe.

3) Vgl. Nicholls II p. 332 und 418 f. Im Mai 1857 äußerte sich selbst
Sir George Nicholls dem Verfasser gegenüber dahin, daß die gänzliche
Abschaffung des Outdoor-relief in England gegen die Ansichten und Sitten der
Bevölkerung unausführbar sei; man dürfe nicht zu viel auf die Arbeitshäuser werfen
(d. h. dieselben nicht bei der gesammten Bevölkerung verhaßt machen) weil sie die Ge-

2 *

Für die Behandlung der Armen in den Arbeitshäusern sind nach Maßgabe der von uns erörterten Gesichtspunkte folgende Grundsätze aufgestellt[4]):

In Beziehung auf Wohnung, Kost und Kleidung wird den Aufgenommenen Alles gewährt, was die Rücksicht auf Gesundheit und Erhaltung voller Körperkraft erfordert; dagegen sind ihnen alle entbehrlichen Genüsse, insbesondere von geistigen oder gegorenen Getränken, von Tabak u. dergl. untersagt. Nur bei Kranken werden hiervon allgemein nach Anordnung der Ärzte Ausnahmen gemacht und dürfen altersschwache Personen Bier erhalten[5]).

Alle in das Arbeitshaus Aufgenommenen werden nach Geschlecht und Alter getrennt, und wird hiervon auch bei der Aufnahme von ganzen Familien keine Ausnahme gemacht; nur kleine der mütterlichen Pflege noch bedürftige Kinder werden in der Obhut ihrer Mutter gelassen.

Für alle Bewohner des Arbeitshauses ist die Benutzung der Zeit streng vorgeschrieben; Keiner darf das Arbeitshaus ohne Erlaubniß verlassen[6]); kein Fremder dasselbe ohne Erlaubniß besuchen. Jeder Inwohner wird, soweit seine Kräfte es gestatten, zur Arbeit angehalten. Bei der Auswahl der Arbeit werden aber zwei Gesichtspunkte besonders im Auge behalten. Erstens vermeidet man

---

Reihe des ganzen Systems der Armenverwaltung bildeten. Man müsse in minder wesentlichen Dingen nachgeben, um die Hauptsache zu erreichen.

4) Diese Grundsätze sind niedergelegt in der von der Centralarmenbehörde unterm 24. Juli 1847 erlassenen Generalinstruktion („the general consolidated order"); sie ist hier benutzt nach: „The general consolidated and other orders issued by the Poorlaw Commissioners (artic. 88 sq.) published by William C. Glen. London: Shaw and Sons, Fetter Lane, 3d edition 1855."

5) Der Arzt kann dem Kranken im Arbeitshause „beef and bread" (Fleisch und Brot) verschreiben, altersschwachen Leuten „Bier und Tabak verordnen", was in jedem einzelnen Falle erst von der Centralarmenbehörde genehmigt werden muß, oder stets genehmigt wird, wie H. Garrard Barnall, Inspektor der Centralarmenbehörde, dem Verfasser im Mai 1857 versicherte.

6) Zu den Bestimmungen, die in vielen Kreisen Anstoß erregt haben, gehört die, daß es den Bewohnern des Arbeitshauses untersagt ist, nach Belieben Sonntags eine Kirche zu besuchen. Es zeigte sich diese Beschränkung aber als unvermeidlich, damit sich die Bewohner des Arbeitshauses nicht unter dem Vorwande des Kirchenbesuches umhertreiben können; in jedem Arbeitshause wird übrigens Gottesdienst gehalten, und ist ein Geistlicher für dasselbe angestellt; vgl. Nicholls II p. 330.

und den Arbeitserzeugnissen des Arbeitshauses der Privatindustrie
Konkurrenz zu machen; man läßt daher die Erzeugnisse des Arbeitshauses in keiner Weise auf den Markt kommen, sucht vorzüglich die
eigenen Bedürfnisse der Armen und des Arbeitshauses durch sie zu befriedigen, oder Arbeiten für öffentliche Zwecke und Anstalten zu liefern.
Zweitens hält man für nothwendig, daß alle Arbeiten, namentlich
aber diejenigen, zu denen die arbeitsfähigen Armen verwendet werden,
nicht solche sein dürfen, die an und für sich den Arbeitern angenehm sind. Von dieser Ansicht aus hat man sogar mehrfach bei
den Arbeitshäusern Grundeigenthum wieder veräußert, das erworben
worden war, um durch Anbau von Lebensmitteln auf demselben die
Einsassen in gesunder und nützlicher Weise zu beschäftigen; man fand,
daß die Ackerarbeit eine zu leichte und zusagende Beschäftigung für die
Arbeiter war und ihnen den Aufenthalt im Arbeitshause zu angenehm
machte [7]. Kräftige Arbeiter beschäftigt man vorzüglich mit Steinklopfen,
Holzspalten und dergl.; alte Arme mit Ausdrehen und Zerzupfen alter
Schiffstaue (wodurch Material zur Papierfabrikation gewonnen wird) [8],
und dergl. Durch diese Beschränkungen wird die Beschaffung von Arbeit allerdings oft schwierig [9], doch hält man sie für so wichtig, daß
man lieber ganz fruchtlose Arbeiten vornehmen läßt, ehe man sie vernachlässigt. Ebenso hat man diesen wichtigeren Rücksichten gegenüber
den nahe liegenden Gesichtspunkt aufgegeben, durch die Armenarbeit
möglichst erhebliche Einnahmen zu erzielen.

Die strenge Handhabung der entwickelten Grundsätze
läßt die Arbeiter in den Arbeitshäusern kaum etwas Anderes,
als Gefängnisse erblicken; wie sie denn dieselben nicht selten „Ba-

7) Nach mündlicher Auskunft des Mr. Alfred Austin, früheren Assistent-
commissioner (b. L Inspektor) bei der Centralarmenbehörde.

8) So pflegen nach Mr. Barrerd Farralls mündlicher Mittheilung,
Verträge über das Zerzupfen von Schiffstauen mit Sträflingen abgeschlossen zu wer-
den; sie liefern die zu zerzupfenden Taue, und nehmen gegen einen in verabredeter
Weise erhöhten Preis das gleiche Quantum zerzupften Taues zurück.

9) In vielen Arbeitshäusern wurden eine Zeit lang die Armen mit dem Zer-
stampfen von Knochen beschäftigt. Ein ärgerlicher Vorfall dabei, der 1845 viel
Aufsehen erregte, gab Veranlassung dies zu untersagen, vgl. Nicholls II p. 394.
Im Jahre 1857 hielt Mr. Barrerd Farrell dem Verfasser gegenüber dies
Verbot für bedauernswerth; es sei erlassen, weil man im Jahre 1845 geglaubt habe
der aufgeregten öffentlichen Meinung gegenüber nachgeben zu müssen.

stillen" nennen, und im Allgemeinen nur mit äußerstem Widerstreben sich dazu entschließen, in ihnen eine Zuflucht zu suchen [10]).

Gerade dieß zu erreichen, ist aber eine wesentliche Forderung bei der Errichtung von Arbeitshäusern, wenn sie als Prüfsteine für das Vorhandensein der Hülfsbedürftigkeit sollen benutzt werden können! So weit es mit den Rücksichten der Menschlichkeit irgend vereinbar ist, müssen die stärksten Triebfedern in Bewegung gesetzt werden, um die aufgenommenen Arbeiter zu veranlassen, das Arbeitshaus, sobald sie können, wieder zu verlassen, d. h. durch eigene Kräfte, statt durch fremde Unterstützung, ihren Unterhalt wieder zu gewinnen [11]).

Mit Rücksicht auf den zu erwartenden heftigen Widerstand der öffentlichen Meinung machte man beim Erlaß des neuen Armengesetzes nicht den Versuch, auch bei Arbeitsunfähigen die Bewilligung der Almosen außerhalb des Arbeitshauses (outdoor-relief) zu untersagen [12]). Im Gegentheil blieb dieß für Arbeitsunfähige die Regel, und man ist auch jetzt noch ziemlich allgemein überzeugt, daß eine entgegengesetzte Behandlung in England unausführbar sein würde. Man macht dafür geltend, daß es nicht nur zu kostbar sein würde, die erforderlichen Räumlichkeiten zur Aufnahme aller solcher hülfsbedürftiger Personen zu beschaffen, sondern daß es bei einem großen Theile derselben für die Personen, wie für die Gesellschaft angemessener ist, sie in ihren gewöhnlichen Verhältnissen zu belassen, indem sie in diesen ihre noch etwa übrigen Kräfte leichter nützlich verwenden und mindestens doch noch Etwas selbst erwerben können [13]).

---

10) Vgl. Nicholls II p. 330.

11) So groß ist Allgemeinen die Abneigung gegen die Arbeitshäuser in England ist, so hält es doch schwer, das erstrebte Ziel überall zu erreichen. Mr. Burrard Farnall setzte im Jahre 1857 dem Verfasser ans einander, daß Arme, welche Outdoor-relief empfangen, sich in der Regel sehr fürchten, in ein Arbeitshaus aufgenommen zu werden; daß dagegen Arme, welche einmal längere Zeit im Arbeitshause geblieben sind, dasselbe oftmals nicht wieder verlassen wollen; ihr Gefühl gegen das Arbeitshaus stumpft sich ab, sie finden den sichern Unterhalt im Arbeitshaus bequem, und es erscheint ihnen dem gegenüber jedes Outdoor-relief als angenagend.

12) Man hielt es sogar für nöthig, den Friedensrichtern das Recht einzuräumen, daß sie befehlen können, arbeitsunfähigen Armen außerhalb des Arbeitshauses Almosen zu reichen: 4 et 5. William IV cap 76 §. 27.

13) George Coode Esq. führte 1857 dem Verfasser gegenüber aus, daß

Die Entscheidung darüber, ob ein arbeitsunfähiger Armer in das Arbeitshaus aufgenommen werden solle, überließ man nach Befinden der Umstände den Lokalbehörden. Nur erneuerte man eine schon früher erlassene, später wieder zurückgenommene Bestimmung, daß ein Armer durch Ablehnung der ihm im Arbeitshause angebotenen Unterstützung jeden weiteren Anspruch auf Hülfe verliert [14].

Werden demnach auch sehr viele Arbeitsunfähige nicht in die Arbeitshäuser aufgenommen, so sind sie doch für alle da, um, wenn es erforderlich erscheint, als Prüfsteine ihrer Hülfsbedürftigkeit zu dienen. Sehr beachtenswerth aber ist es, daß in England keineswegs alle arbeitsfähigen Hülfsbedürftigen in ihnen Platz finden.

Zunächst läßt es sich nicht in Abrede stellen, daß in gewissen Fällen dies geradezu unausführbar sein würde. Der neuere fabrikmäßige Gewerbebetrieb nimmt zu Zeiten einen fieberhaften Aufschwung, stockt dann wieder plötzlich; daher kann zeitweise die Nachfrage nach Arbeitskräften nicht befriedigt werden, bald darauf dagegen eine große Anzahl von Händen sich ohne Beschäftigung und Verdienst befinden. Niemand vermag vorauszusehen, wann und in welchem Umfange Krisen der letzten Art eintreten werden, und welche Schaaren von Arbeitsfähigen in die Nothwendigkeit versetzt werden können, plötzlich zur Fristung ihres Lebens eine öffentliche Unterstützung in Anspruch zu nehmen. Es ist in Folge dessen ganz unausführbar, Arbeitshäuser von der Ausdehnung zu errichten, daß in ihnen alle unbeschäftigten Arbeiter jeder Zeit Aufnahme finden können. Der Versuch für solche, zum Glück doch nur selten eintretende Krisen, die Anstalten in dem dann erforderlichen Umfange herzustellen, würde für die gewöhnlichen Verhältnisse eine zwecklose Vergeudung der vorhandenen Mittel in sich schließen [15].

er eine völlige Abschaffung des Outdoor-relief weder für nöthig noch für angemessen halte. Alte, und überhaupt wirklich arbeitsunfähige Personen, in Beziehung auf deren Dürftigkeit kein Zweifel obwalte, gehörten nicht in das Arbeitshaus; sie könnten mit geringeren Kosten und weniger Härte außerhalb desselben unterstützt werden; es komme bei ihnen nur darauf an zu prüfen, ob sie noch einige Mittel verborgen hätten.

14) Über die Befugnisse der Lokalbehörden, außerhalb des Arbeitshauses Unterstützung zu bewilligen und zu verweigern, vgl. Archbold Justices of the Peace. Vol. III p. 315 und 372 (7th edition) artikel: relief out of the workhouse.

15) Der Verfasser verdankt es Mr. Alfred Aslin (s. oben Note 7) die ihn überzeugende Darlegung der angeführten Gründe, welche es nämlich machen. Er

Mit Rücksicht auf diese, schon beim Erlasse des Reformgesetzes geltend gewordten Schwierigkeiten, verbot man nicht unter allen
Umständen, arbeitsfähige Personen* außerhalb des Arbeitshauses zu unterstützen, räumte indessen die Befugniß, Abweichungen von der allgemeinen Regel zu gestatten, nicht
den Lolalbehörden, sondern nur der Centralarmenbehörde zu
London ein. Zu diese haben sich die Lolalbehörden zu wenden mit
dem Gesuche, Arbeitsfähige außerhalb des Arbeitshauses unterstützen
zu dürfen, und sind gehalten, die ihnen in Betreff darauf ertheilte Anweisung unweigerlich zu befolgen[16]).

Indem man diese Bestimmungen traf, hatte man geglaubt,
die als Regel hingestellte Aufnahme der unterstützten Armen ins Arbeitshaus, würde sich wenigstens im Laufe der Zeit
allgemein durchführen lassen; und viele mit den Verhältnissen genauer Vertraute sind noch jetzt der Ansicht, daß dies nicht sowohl aus
Schwierigkeiten unterblieben sei, die in der Natur der Sache liegen, als
wegen des zwar an sich unbegründeten Widerstandes der öffentlichen
Meinung in England, der sich aber auf langjährige Vorstellungen des
Volkes stütze und daher als sehr erklärlich gelten müsse[17]). — Wie

---

beitsfähige Reis nur in Arbeitshäusern zu unterstützen. Austin fügte hinzu, daß die
in den Fabrikbezirken eintretenden Arbeitsstockungen in der Regel nur bei einzelnen
bestimmten Industriezweigen verkämen, wo dann die plötzlich massenhaft aus einer
Art von Arbeit entlassenen Arbeiter meistens zu andern Arbeiten nicht geschickt wären, und dadurch erwerblos würden. In diesem am häufigsten vorkommenden Falle,
den man leicht von andern unterscheiden könne, sei die Bewilligung von Unterstützungen außerhalb des Arbeitshauses nicht mit derselben Gefahr verbunden, wie bei ländlichen Arbeitern, bei denen vorzugsweise das alle verderbliche System der Lohnzuschüsse (allowance - system) angewendet worden wäre.
16) 4 et 5. William IV c. 76 §.52, und vgl. Archbold Justice of the Peace,
Artic.: Relief out of the workhouse. Die Centralarmenkommission hat über die
Umstände, unter denen Unterstützungen an Arbeitsfähige verabreicht werden können,
sowie über die Art, wie dies dann geschehen soll, unter m 14. December 1852
nähere Vorschriften erlassen; sie sind vollständig gedruckt in der oben Note 4
citirten Sammlung von Glen p. 723; einen Auszug liefert der ebirie Artikel von
Archbold.
17) Im Allgemeinen findet die Überzeugung von der Unentbehrlichkeit der Arbeitshäuser als Prüfungsmittel der Hülfsbedürftigkeit, und der absoluten Nothwendigkeit ihrer strengen Behandlung, in England immer allgemeinere Verbreitung.
Die verschiedensten mit der englischen Armenverwaltung auf das genaueste vertrauten Männer erkannten dies im Jahre 1857 dem Verfasser gegenüber auf das un-

dem aber auch sei, es ist Thatsache, daß man den anfänglichen Plan bei der Ausführung des Gesetzes bedeutend modificirt hat, und daß noch jetzt der bei weitem größere Theil von den Unterstü-pungen, welche arbeitsfähige Personen erhalten, ihnen außerhalb des Arbeitshauses verabreicht wird [10]).

umwundene aus j. B. äußerte George Coode Cøq.) Für Arbeitsfähige sei das Arbeitshaus durchaus unentbehrlich, und finde dessen strengere Anwendung in England immer mehr Anerkennung. Der Unterschied zwischen Irland und England sei, daß dort, wo kein Armengesetz existire, jede wenn auch beschränkte Fürsorge für die Armen, als ein Geschenk und als eine Wohlthat erscheinen sei, während in England jede Beschränkung, an welche man eine Gewährung der Unterstützung knüpfte, als eine Verkürzung der Armen, und als eine Hartherzigkeit einen Wider-stand finde. Mr. Hugh Owen (vgl. §. 10 Note 1 und 7) erklärte: Die Ar-beitshäuser seien unentbehrlich als Prüfsteine für das Vorhandensein von Dürftigkeit; allein sie seien nicht in der Ausdehnung nöthig, um alle Armen aufnehmen zu kön-nen; dies würde zu große Kosten verursachen, und allzu sehr den Sitten des engli-schen Volkes widerstreben. — Allerdings haben sich die Hoffnungen, die namentlich George Nicholls bei Einführung des neuen Armengesetzes über allmähliches Aufhören des Outdoor-relief hegte, nicht verwirklicht; die Zeitverhältnisse waren dem nicht günstig, und die Opposition gegen die Arbeitshäuser eine zu heftige, s. Nicholls II p. 418 und seine in Note 3 angeführte Äußerung aus dem Jahre 1857. Es fragt sich nun allerdings, ob man nicht, wie Nicholls behauptet, bei Gewäh-rung von Unterstützungen außerhalb des Arbeitshauses, in der Berücksichtigung man-cher Verhältnisse weiter gegangen ist, als nothwendig und heilsam sein dürfte. Ni-cholls erkennt an, daß es unter außerordentlichen Umständen nicht immer möglich sei, die Unterstützung Arbeitsfähiger an die Bedingung der Aufnahme in das Ar-beitshaus zu knüpfen, indeß müsse dieser Fall als Ausnahme behandelt, und nach vorübergegangener Krisis die Regel wieder hergestellt werden. Daß dies möglich sei, habe das Beispiel einiger energischer Armenräthe in den gewerbreichsten Gegenden Englands unter den schwierigsten Umständen bewiesen, und zeige die Verwaltung der Armenpflege in Irland in noch größerem Maßstabe. In Irland habe man von vornherein die Bewilligung von Unterstützungen außerhalb des Arbeitshauses nur als Ausnahme gestattet; in England habe eine hundertjährige Gewohnheit ein gleich energisches und folgerichtiges Verfahren unmöglich gemacht. Man würde dadurch nicht nur die Personen der Verwaltung, sondern das ganze Gesetz in Mißtrauen ge-bracht und dessen Bestand gefährdet haben; vgl. Nicholls II p. 345 — 358 und p. 417—419. Darüber, wie in Irland auch bei Arbeitsunfähigern die Unterstützung auf das Arbeitshaus beschränkt ist, vgl. unten §. 56.

[10]) Über das Verhältniß der innerhalb und außerhalb des Arbeitshauses unter-stützten Armen, vgl. die Zahlenangaben in §. 6.

§. 5.
Organisationen zur Durchführung der Reform der Armen- gesetzgebung.

Um die Armenpflege nach den im vorigen Paragraphen angedeu- teten Grundsätzen zu verwalten, war die Erfüllung von zwei Bedin- gungen nöthig: man mußte ohne Erhöhung der bereits kaum noch er- träglichen Steuerlast Mittel zur Errichtung und Erhaltung kost- barer Anstalten beschaffen; und mußte Behörden organisiren, von welchen zugleich eine kräftige und folgerichtige Durchführung allge- meiner Grundsätze und eine sorgfältige Prüfung jedes einzelnen Falles erwartet werden konnte. Beides war mit großen Schwierigkeiten ver- bunden.

Die überwiegende Mehrzahl der englischen Kirchspiele war viel zu klein, um Arbeitshäuser von der zur Ausführung des gefaß- ten Planes erforderlichen Beschaffenheit und Größe herstellen zu kön- nen [1]). Hätte man aber die Pflicht der Unterhaltung der Armen den Kirchspielen abnehmen und sie auf größere Verbände übertragen wol- len, so hätte das aufs tiefste in die bestehenden Verhältnisse eingegrif- fen und würde mit den nachtheiligsten Folgen verbunden gewesen sein. Auch ist es ein Erfahrungssatz, den wir später näher besprechen werden, daß mit einem größeren Umfange der Armenverbände die Gefahren ei- ner mangelhaften Sorgfalt bei Prüfung der zu bewilligenden Unterstü- tzungen wachsen, welches dann leicht zu einer verderblichen Entartung der gesammten Armenpflege führt. Man fand den glücklichen Aus- weg, die Kräfte mehrerer Kirchspiele zur Herstellung ge- meinsam zu benutzender Anstalten und zur Besoldung ge-

---

1) In England und Wales sind 15,535 Kirchspiele vorhanden; bei einer auf rund 19 Millionen angenommenen Bevölkerung, ergiebt sich danach für ein Kirchspiel im Durchschnitt eine Bevölkerung von 1223 Einwohnern. In- dessen ist die wirkliche Bevölkerung der einzelnen Kirchspiele eine sehr verschiedene: 737 Kirchspiele haben unter 50 Einwohner; 1907 unter 100; 6641 unter 300; 5333 unter 800; einzelne städtische Kirchspiele zählen über 20,000 und selbst bis 100,000 Einwohner; s. Coode's Report p. 63 und 90, Pashley Pauperism. p. 300, 397 und Nicholls II p. 263. Die Flächenausdehnung von England und Wales auf 2744 geographische Quadratmeilen gerechnet, umfaßt durchschnittlich die Quadratmeile 5½ Kirchspiele; im Einzelnen herrscht aber auch hier die größte Ungleichheit; so existirt in der Grafschaft Durham ein Kirchspiel, welches 55,000 Acres, in Northumberland eins welches nur 5 Acres umfaßt, s. Nicholls II p. 461.

meinsamer Beamten zu vereinigen, dagegen die Unterhaltung der in ihnen einheimischen Armen nach wie vor jedem
Kirchspiele zu belassen. In welcher Weise hiernach die Gesammtkosten der Armenpflege auf verschiedene Verbände vertheilt sind, soll
später im Einzelnen erörtert werden, hier bemerken wir nur, daß es auf
diesem Wege in erfreulicher Weise gelungen ist, die für die Arbeitshäuser u. s. w. zunächst zu leistenden Ausgaben durch Verbesserung der Verwaltung zu vermindern.

Bei der zweiten Aufgabe, auf deren glückliche Lösung es für das
Gelingen der Reformen ankam, der zweckmäßigen Organisation
der Behörden, waren, wie angedeutet, zwei verschiedene Gesichtspunkte festzuhalten: erstens mußte man die Beobachtung allgemeiner
Grundsätze, und eine möglichst gleichförmige Behandlung der Armen,
insbesondere der arbeitsfähigen, in den Arbeitshäusern durchsetzen;
zweitens sich aller der Vortheile versichern, welche aus der Kenntniß
der lokalen und persönlichen Verhältnisse, und aus einer durch die eigene
Theilnahme an der Last geförderten Rücksicht auf die Interessen der
Steuerpflichtigen entspringen.

Der erste Punkt war nur zu erreichen, wenn die obere Aufsicht über
die gesammte Armenpflege, mit der Macht, die Beachtung der vorgeschriebenen allgemeinen Grundsätze zu erzwingen, einer Centralbehörde übertragen wurde; denn nur so konnte die Gleichförmigkeit der
Behandlung der Armen durch verschiedene Lokalbehörden, und unabhängig von den Einflüssen örtlicher Interessen sowie individueller Ansichten, sicher gestellt werden. Nur auf diesem Wege konnte man auch eine
Gesammtübersicht über die Thatsachen und Erfolge der versuchten Mittel erlangen, und sonach genügende Beweismittel gewinnen zur Bestätigung oder Berichtigung der gefaßten Ansichten. Dagegen konnte die
sorgfältige Prüfung aller örtlichen und persönlichen Verhältnisse, und die
erforderliche Rücksicht auf die Interessen der Steuerpflichtigen, nur von
einer achtbaren und in ihrer Sphäre selbstständigen Lokalbehörde erwartet werden.

Von dieser Ansicht ausgehend, wurde in London eine Centralbehörde, oder wie man bei uns sagen würde, eine Ministerial-
verwaltung für das gesammte Armenwesen in England und Wales, eingesetzt. Es geschah dies zuerst provisorisch (Poorlaw-Commissioners), dann definitiv (Poorlaw-Board). Diese Behörde, die
wir die Centralarmenbehörde nennen wollen, ist ermächtigt, die

Kirchspiele zum Zweck gemeinsamer Arbeitshäuser und gemeinsamer Beamten in Sammtgemeinden zu vereinigen; die Anstellung und angemessene Besoldung der zur Ausführung des Gesetzes erforderlichen Beamten anzuordnen; die allgemeinen Grundsätze für Behandlung der Armen, die Errichtung der Arbeitshäuser, die Art und Weise der den Armen zu gewährenden Unterstützung u. s. w. vorzuschreiben, und die Beobachtung ihrer Anordnungen durch besondere Beamten (Beigeordnete, später Inspektoren genannt) beaufsichtigen zu lassen.

Den Lokalbehörden blieb die Entscheidung über den einzelnen Fall, darüber also, ob und in wie weit eine Unterstützung erforderlich sei, sowie die Beschaffung der erforderlichen Mittel, vorbehalten; doch fand man es nach den gemachten Erfahrungen für nothwendig, die bisherige Verfassung der Lokalbehörden zu modificiren und eine Trennung der ihr belassenen Obliegenheiten vorzunehmen; so daß die Bewilligung der Unterstützungen und die Beschaffung der für sie erforderlichen Mittel verschiedenen Händen übertragen wurde. Die Entscheidung über die Unterstützungsgesuche sollte fortan nicht mehr einzeln stehenden Personen, sondern einem achtbaren, aus einem nicht zu engen Bezirke hervorgegangenen Kollegium steuerpflichtiger Einsassen (Board of Guardians) zustehen. Weder die Armenväter, noch die Friedensrichter als einzelne, sollten künftig, abgesehen von besonders dringlichen Fällen, Unterstützungen bewilligen können. Auf diese Weise hoffte man dem Einflusse subjectiver Ansichten, und örtlicher sowie persönlicher Interessen zu begegnen, und die Befolgung der vorgeschriebenen Grundsätze neben richtiger Würdigung der besonderen Verhältnisse des vorliegenden Falles zu sichern. Ueber die Art und Weise, wie das Kollegium gebildet wird und thätig ist, liefert unten §. 13 das Nähere.

Den Armenvätern (Overseers) blieb die Pflicht, für die Beschaffung der nöthigen Mittel Sorge zu tragen; über die Verwendung derselben haben sie nichts mehr zu bestimmen.

Die wichtige und mühevolle Arbeit endlich, die Ausgaben und Rechnungen zu prüfen, und zugleich zu sehen, ob die Bücher überall vorschriftsmäßig geführt sind, wurde besonderen Beamten, den Auditors, übertragen.

IV. Gegenwärtiger Zustand der Armenpflege in England und Wales.

§. 6.

1. Umfang der Fürsorge für die Armen.

Die Bestimmung der englischen Gesetze, welche die Einwohner von England und Wales verpflichtet, ihren hülflosen Mitbürgern das zur Erhaltung des Lebens Nothwendige zu gewähren, läßt sich auch in den Gesetzen anderer Staaten Europas, z. B. in denen Preußens, aufweisen; England allein aber hat, soweit uns bekannt, auf wirksame Weise für die Ausführung dieser gewichtigen Bestimmung Sorge getragen.

In England steht thatsächlich Jedem, der aus irgend welchen Gründen sein Leben nicht zu fristen weiß, die Zuflucht zur öffentlichen Mildthätigkeit offen. Es sind nicht nur in den größeren Städten, sondern auch auf dem Lande, Behörden vorhanden, an welche der Arme sich wenden kann; und diese Behörden sind dafür verantwortlich, daß begründete Gesuche nicht abgewiesen werden, stehen unter einer strengen Aufsicht, haben die nöthige Macht, um sich die für Erfüllung ihrer Pflicht erforderlichen Mittel zu verschaffen.

Den Arbeitsfähigen wird der Regel nach in den Arbeitshäusern nicht nur das Nothdürftige an Kost, Kleidung und Wohnung gewährt, sondern reichlich Alles, was zur Erhaltung der Kräfte und Gesundheit erforderlich ist, mehr als sie sich durchschnittlich unter gewöhnlichen Verhältnissen in dieser Beziehung selbst zu verschaffen im Stande sind. Dagegen wird über ihre Kräfte nach dem Ermessen der Armenverwaltung verfügt und auf das sorgfältigste darauf Bedacht genommen, sie zur selbstständigen Gewinnung ihres Unterhaltes anzuspornen.

Durch die neue Akte zur Verbesserung der Armenpflege vom Jahre 1834 wurden ferner die Kirchspiele ermächtigt, Armen unter Genehmigung der Centralarmenbehörde die Mittel zur Auswanderung nach den britischen Kolonien zu gewähren [1]. Eine spätere Akte hat die Bedingungen, unter denen diese Mittel bewilligt werden können, noch erleichtert. Unter Vorbehalt der Genehmigung der Londoner Centralarmenbehörde ist demnach der Armenrath jeder Sammtgemeinde ermächtigt, die Mittel zur Auswanderung zu bewilligen, wenn das an

[1] 4 et 5. William IV c. 76 §. 62.

ihm theilnehmende Mitglied des Kirchspiels, welchem der Arme angehört, zustimmt und die bewilligte Summe nicht über 10 L. für die erwachsene Person beträgt.

Die für Auswanderungen erforderlichen Geldmittel können durch eine Anleihe aufgebracht werden, jedoch darf diese den halben Betrag der im Durchschnitt der drei letzten Jahre verausgabten Armengelder nicht übersteigen und muß binnen fünf Jahren zurückgezahlt werden [2]).

Nach den Zeitverhältnissen ist von der Befugniß, die Auswanderung zu unterstützen, mehr oder weniger Gebrauch gemacht worden. In den Jahren 1849 bis 1853 sind im Durchschnitt jährlich 1826 Arme mit einem Kostenaufwande von 10,352 L. bei ihrer Auswanderung nach den Kolonien unterstützt worden. Im Jahre 1855 sind von Seiten der Kirchspiele 153 Arme mit 707 L., und von Seiten des Staates 5 Arme mit 31 L. bei der Auswanderung unterstützt worden; im Jahre 1856 ist es von Seiten der Kirchspiele bei 202 Armen mit 954 L., von Seiten des Staates bei 9 Armen mit 41 L. geschehen; im Jahre 1857 von Seiten der Kirchspiele bei 326 Armen mit 1230 L., von Seiten des Staates bei 44 Armen mit 130 L. [3]).

In den ersten Jahren der Durchführung der Reform der Armenverwaltung versuchte man auch die Übersiedelung von Arbeiterfamilien aus den Bezirken, in welchen ein Überschuß von Arbeitskräften statt fand, nach solchen, wo sich ein Mangel daran fühlbar machte. Jenes war damals in vielen ländlichen Kirchspielen, dieses in den Fabrikbezirken der Fall. Da diese Übersiedelungen mit geringen Kosten bewirkt werden konnten, so geschahen sie eine Zeit lang unter Vermittelung und Beihülfe der Centralarmenbehörde in erheblichem Umfange, und in sehr vielen Fällen mit günstigem Erfolge [4]).

---

2) 11 et 13. Victoria cap. 103 §. 102.

3) Im Jahre 1849 wurden 1576 Personen unterstützt mit 11,973 L.; im J. 1850 wurden 1962, mit 9231 L.; im J. 1851 wurden 1840, mit 12,609 L.; im J. 1852 wurden 3271, mit 15,453 L.; im J. 1853 wurden 483, mit 2493 L.; vgl. diese Angaben bei Nicholls II p. 447. Die Angaben über 1855 sind aus dem 6th Report p. 170, über 1856 aus 5th Report p. 119, über 1857 aus 10th Rep. p. 234, genommen.

4) Die Beihülfe des Armenrathes beschränkte sich größtentheils auf Ertheilung von Rathschlägen, sowie auf Führung der Correspondenz mit denjenigen Fabrikherren, die den Arbeiterfamilien Beschäftigung geben wollten. Die Kosten trug das Kirchspiel; sie werden in einem Falle bei 113 Personen auf je 1 L. angegeben; Zählen

Die durch die Entdeckung der Goldgruben in Kalifornien und Australien mächtig geförderte freiwillige Auswanderung, sowie der seit Aufhebung der Korngesetze in ungeahnter Weise eingetretene Aufschwung der Industrie haben eine solche Nachfrage nach Arbeitskräften und eine derartige Erhöhung des Lohnes herbeigeführt, daß seit einer Reihe von Jahren Übersiedelungen Arbeitsfähiger nicht mehr. Auswanderungsunterstützungen aber nur vereinzelt und unter besonderen Umständen als zweckmäßig erschienen sind.

Treten wir nun der Behandlung der Arbeitsunfähigen näher, so ist bei ihnen eine nach ihren verschiedenen Verhältnissen verschiedene Behandlung nothwendig. Die Arbeitsunfähigen zerfallen im Allgemeinen in drei Hauptklassen:

1) Kinder, die noch der Pflege und Erziehung bedürftig sind;
2) Kranke;
3) Altersschwache und körperlich Gebrechliche.

Die Arbeitshäuser dienen theilweise auch zur Aufnahme aller dieser Hülfsbedürftigen und sind also zugleich Erziehungsanstalten, Krankenhäuser und Hospitäler. Eine Trennung dieser Anstalten nach ihren verschiedenen Zwecken wird angestrebt, doch erschwert die damit verbundene Steigerung der Kosten die Durchführung dieses unbedingt in hohem Grade gerechtfertigten Wunsches*).

Zunächst ist man bemüht gewesen, besondere Anstalten zur Erziehung armer Kinder zu errichten. Zu diesem Zweck hat man gesetzlich die Centralarmenbehörde (Poorlaw-board) ermächtigt, Armenschulbezirke zur Errichtung gemeinsamer Anstalten für die Aufnahme und Erziehung armer Kinder (District-schools) zu bilden*). Die Centralarmenbehörde hat indessen von der ihr ertheilten Befugniß nur in den wenigen Fällen Gebrauch gemacht, wo sie die Localbehörden zu freier Zustimmung zu bewegen vermochte. Die Abneigung der Localbehörden erklärt sich aber aus dem nahe liegenden Wunsche, die schon so hohe Armensteuer der Steuerpflichtigen durch die größeren

_____

über die in dieser Weise Übergesiedelten sind nicht gesammelt, angeführt wird, daß die übergesiedelten Familien in ihren neuen Verhältnissen oft den dreifachen Lohn der dienten, und daß die Kirchspiele, welche dadurch von dem Überschusse an Arbeitskräften befreit wurden, sich reichlich entschädigt sahen für ihre in diesem Zweck gemachten Verwendungen; vgl. Nicholls II p. 323.

b) Vgl. Kries über Gemeindesteuern in Engl. S. 35.

c) 7 et 8. Victoria c. 101 §. 40.

Kosten solcher Anstalten nicht noch mehr zu steigern, sowie daraus, daß vielfach Zweifel herrschen, ob wirklich die Jugend auf diesem Wege zu einer genügenden Arbeitstüchtigkeit erzogen werden dürfte. Gewiß ist im Allgemeinen die Vorsicht der Centralarmenbehörde, mit der sie von der ihr gegebenen Befugniß Gebrauch gemacht hat, zu billigen, da nicht nur die Kräfte der Steuerpflichtigen, sondern auch ihre Ansichten, die schonendste Rücksicht verdienen, und ohne die bereitwillige Mitwirkung der Lokalbehörden von solchen Anstalten schwerlich ein dauernder Erfolg zu hoffen sein dürfte. Allerdings ist aber auf dem eingeschlagenen Wege seit einer Reihe von Jahren kein weiterer Fortschritt erreicht worden, es sind vom Jahre 1844 an überhaupt nur sechs solche Schulbezirke errichtet worden, und zwar von Armenverbänden im Umkreis von London, in deren Anstalten im Jahre 1857 zusammen 2671 Kinder erzogen wurden[1]).

---

7) Vgl. 10th Report p. 232; über die einzelnen 6 Bezirke s. 9th Report p. 116 und 117 (im Jahre 1856 wurden in den 6 Bezirken 2732 Kinder erzogen). Gegen die Zweckmäßigkeit der Anstalten in den Armenschulbezirken machen mit den Verhältnissen genau bekannte Männer, wie Sir George Nicolls und Mr. Hugh Owen geltend, daß die armen Kinder in ihnen leicht eine Erziehung über ihre Verhältnisse erhalten; dies mache auf sie unabhängigern Arbeiter einen übeln Eindruck, und sei auch für die Kinder selbst nachtheilig, indem sie an Ansprüche gewöhnt würden, denen ihr späteres Leben keine Erfüllung gewähre. Ferner heben sie hervor, daß in jedem Arbeitshaus sehr viele zugleich mit ihren Eltern aufgenommene Kinder zu finden sind, die von ihren Eltern zu trennen eine unbillige Härte wäre. Auch würde es an sich unzweckmäßig sein, Kinder, die nur wenige Wochen der öffentlichen Fürsorge anheimfallen, nach entfernten Anstalten zu schicken. Da man doch einmal für die auf kurze Zeit in den Arbeitshäusern aufgenommenen Kinder, Lehrer anstellt, und Unterrichtsmittel beschafft werden müssen, so liege auch hierin ein Grund, daß die Armenräthe abgeneigt seien, außerdem noch zu anderen kostbaren Anstalten für die Erziehung elternloser Kinder beizusteuern. Endlich führen die Armenräthe der Sammtgemeinden an, daß sie auf die Leistung solcher für mehrere Sammtgemeinden gemeinsam zu errichtende Anstalten einen geringeren Einfluß üben würden, als auf die unmittelbar unter ihnen stehenden Schulen in den Arbeitshäusern. — Enthalten aber auch alle diese Bedenken richtige Momente, so ist doch auch nicht zu leugnen, daß in einer nur der Erziehung gewidmeten Anstalt, in welcher der Unterricht der Zöglinge nicht durch eine beträchtliche Anzahl wechselnder Schüler gehemmt wird, mehr geleistet werden kann, als in den Schulen der Arbeitshäuser. In einer solchen Anstalt wird unbedingt der eigentliche Unterricht selbst besser sein, und man außerdem leicht Einrichtungen treffen können, um Knaben in Handwerken, Feld- und Gartenarbeiten und dergleichen zu üben. Erwägt man nun, daß die Gefahr einer zu weit getriebenen Bildung sich doch vermeiden

Die bei weitem größere Anzahl armer Kinder wird gegenwärtig in den Schulen der Arbeitshäuser unterrichtet; sie belief sich im Jahre 1557 auf 34,369. Für die nothwendige Verbesserung dieser Schulen wird fortdauernd Sorge getragen. Als nützlich hat es sich dabei erwiesen, daß kleinere Sammtgemeinden oder Kirchspiele mit größeren über die Aufnahme ihrer armen Kinder Verträge schließen können. Der Staat befördert diese Anstalten dadurch, daß er die Besoldung der an ihnen angestellten Lehrer und Lehrerinnen übernommen hat; sie betrug im Jahre 1857 bei den Schulen der Arbeitshäuser 26,839 L., bei den Distriktsschulen 2558 L. [a]).

Die älteren Knaben giebt man bei Handwerksmeistern oder Fabrikherrn in die Lehre. Es werden dann mit den Lehrherrn Lehrverträge in vorgeschriebener Weise unter gesetzlicher Autorität geschlossen, und werden die Knaben von den Armenbeamten von Zeit zu Zeit besucht, um ihre Behandlung zu controliren. Das bei uns in Preußen so häufig befolgte System, arme Kinder, gegen Gewährung eines Kostgeldes, Familien zur Erziehung zu übergeben, wird in England nicht in Anwendung gebracht[9]).

Die armen Kranken werden, soweit ihr Zustand dies fordert und die Räumlichkeit es gestattet, in das Arbeitshaus aufge-

läßt, so kann man nur bedauern, daß nicht mehr Bezirksschulen eingerichtet werden sind, so sehr man begreift, daß die Armenräthe nicht gern dazu die Hand geboten haben. Die in den sechs Bezirksschulen erreichten Resultate werden sehr gelobt. Bal. Nicholls II p. 365. 432 und 446. Die seit 1844 zur Errichtung dieser Anstalten verausgabte Summe betrug im Jahre 1857 im Ganzen 157,665 L., s. den 10th Report p. 236.

b) Bgl. 10th Report p. 232. Darüber, daß der Staat die Besoldung der Lehrer und Lehrerinnen ganz übernommen hat, während er früher nur Zuschüsse leistete, verdankt der Verfasser dem Mr. Hugh Owen nähere Erläuterungen.

9) In Schottland ist dies Verfahren das gewöhnliche, s. unten §. 41; früher ist es auch in England vielfach befolgt worden, und soll nach dem Verf. geweihten Mittheilungen auch gute Früchte getragen haben; nicht selten hätten Familien aus Mitleid verlassene Kinder zu sich genommen, und einen Lehrvertrag mir geschlossen, um bestimmte Rechte über sie zu erlangen. In Folge der englischen Heimathsgesetze habe sich aber das Bestreben eingeschlichen, auf diese Weise gegen eine geringe Zahlung Kinder in andere Kirchspiele zu bringen, und dadurch sich ihrer zu entledigen; namentlich habe man sie zu Schornsteinfegern gegeben und bei ihnen geradezu Noth leiden lassen. Derartige Mißbräuche seien die Veranlassung gewesen, daß das Gesetz die Armenräthe nicht ermächtigt habe, arme Kinder Familien zur Erziehung zu übergeben.

3

nommen; ein besonderer Arzt ist für dasselbe angestellt. Auch für den Besuch der armen Kranken außerhalb des Arbeitshauses werden nicht nur in den Städten, sondern auch auf dem Lande, Ärzte remuneritt, und den Kranken die Medizin, sowie die von den Ärzten ihnen vorgeschriebene Kost unentgeltlich verabreicht [10]).

Für arme Irre bestehen in den einzelnen Grafschaften besondere Anstalten, und ist man beflissen dieselben zu vermehren und zu erweitern; bisher sind jedoch nur etwa zwei Viertheile aller Irren in dieselben aufgenommen, während sich ungefähr das dritte Viertel derselben noch in den Arbeitshäusern befindet, und das vierte Viertel in Privatanstalten untergebracht ist, oder bei seinen Angehörigen unterstützt wird [11]).

Von armen altersschwachen und gebrechlichen Personen werden diejenigen in die Arbeitshäuser aufgenommen, welche keine Zuflucht in Familien finden. Solchen dagegen, welche noch ein Unterkommen haben und ihre noch übrigen Kräfte nutzbar zu machen wissen, wird, nach sorgfältiger Prüfung ihrer Verhältnisse, der zu ihrem Unterhalte erforderliche Zuschuß auch außerhalb des Arbeitshauses gewährt. In einigen großen Städten hatte man den Versuch gemacht, Zu-

---

10) Vgl. oben §. 4 N. 5. Die Ausgaben für ärztliche Hülfe beliefen sich 1853 auf rund 215,000 £., vgl. den Report für 1853 p. 91; im Jahre 1856 betrugen sie 234,572 £., 1857 aber 231,623 £., vgl. den 14h Report p. 27 und 10th Report p. 67. Zur Besoldung der Ärzte trägt der Staat die Hälfte bei, und hatte zu dem Ende 86,500 £. für 1856, und 90,000 £. für 1857 bewilligt; vgl. die Estimates pro 1857/8 II p. 17.

11) Im Jahre 1843 belief sich die Zahl der armen Irren in England auf 13,615; von denen 3449 in den Anstalten der Grafschaften, 7257 in Privatanstalten, 3973 in den Arbeitshäusern der Sammtgemeinden sich befanden, und noch 3496 bei Verwandten sich aufhielten; in Wales waren von 1177 Irren nur 36 in den Anstalten der Grafschaften untergebracht, 41 in Privatanstalten, 90 in den Arbeitshäusern und 1010 bei ihren Verwandten; vgl. Nicholls II p. 378. Die neuern Angaben zeigen unverkennbare Fortschritte in der Fürsorge für die Irren: am 1sten Januar 1857 betrug die Gesammtzahl der in England und Wales unterstützten armen Irren 27,694; von ihnen befanden sich 13,488 in den Anstalten der Grafschaften und Städte ("in county or borough lunatic asylums"), 1908 in Privatanstalten ("in licensed houses"), 6800 in den Arbeitshäusern der Sammtgemeinden ("in union workhouses"), 5497 bei ihren Angehörigen ("with their friends or elsewhere"). Die Gesammtkosten ihres Unterhaltes wurden auf 440,280 £. veranschlagt. Vgl. den 9th Report pro 1856 p. 8. Am 1sten Januar 1858 wurden von den 627 Sammtgemeinden in England und Wales 19,703 Irre unterstützt; von ihnen befanden sich 6947 in den Arbeitshäusern, 12,756 außerhalb derselben; vgl. den 10th Report p. 197 u. 199 (s. auch unten §. 6 Note 26).

Nachtstätten ("Asylums") für Personen zu errichten, die augenblicklich ohne Obdach sind, und es konnten zu diesem Zweck auch mehrere Kirchspiele vereinigt, s. g. "District-asylums" gebildet werden, doch hat man dies wegen der großen Kosten und Gefahren, die sich dabei herausstellten, wieder aufgegeben[12]).

Die Zahl der Armen, die auf diesen verschiedenen Wegen im Laufe eines Jahres Unterstüßung erhalten, läßt sich nur annähernd ermitteln. Allerdings werden die Namen aller Unterstüßten in Listen eingetragen; allein derselbe Name kommt oft im Laufe eines Jahres mehrmals in den Listen vor, da nur die geringere Zahl der Armen fortlaufende Unterstüßungen erhält, die größere sie zwar nur für kürzere Zeit, aber mehr als einmal im Jahre nöthig hat; aus diesem Grunde ist die Zahl der in einem Jahre eingetragenen Namen viel größer, als die der darin wirklich unterstüßten Personen. Die englische Armenverwaltung hat es nun nicht für zweckmäßig gehalten, die Summe der im Laufe des Jahres als unterstüßt in den Listen eingetragenen Namen angeben zu lassen, sondern fordert regelmäßig zweimal im Jahre, am 1ten Januar und am 1ten Juli, eine Angabe über die Zahl der Personen, welche an diesen Tagen Unterstüßung erhalten[13]). Wie nun aber die Summe der im Jahre eingetragenen Namen eine größere sein würde, als die der im Jahre wirklich unterstüßten Armen, so ist die Zahl der an einem Tage unterstüßten Armen unbedingt eine viel geringere, da doch nur die wenigsten Armen das ganze Jahr über Unterstüßung erhalten. Nach mehrfach angestellten Schäßungen wird man als wahrscheinlich annehmen können, daß ein Armer durchschnittlich 3 bis 4 Monate Unterstüßung erhält, daß also die Zahl der im Laufe des Jahres Unterstüßten 3- bis 4mal so groß ist, als die der durchschnittlich

<hr>

12) 7 et 8. Victoria cap. 101 §. 41. 48. Die Kosten der Asylums zeigten sich als sehr bedeutend, und erregten Unzufriedenheit über ihre Gründung. Die wohlhabenderen Kirchspiele wollten nicht mit den ärmeren zu einem Asylumdistrict verbunden sein; ärmere Kirchspiele allein konnten die für ein Asylum erforderlichen Kosten nicht aufbringen. Auch fürchtete Viele, daß, indem den Vagabonden (Vagrants) in den Asylums ein bequemer Aufenthalt bereitet würde, dies im Allgemeinen das verderbliche Umhertreiben vermehren dürfte.

13) Ob nicht eine Angabe der im Laufe des ganzen Jahres unterstüßten Armen ausführbar und zweckmäßiger wäre, steht dahin. Keiner Widerlegung bedarf die vom Verfasser mehrfach gehörte Bemerkung: "daß es so angemessener sei, in ähnlicher Weise wie auch ein Arzt nicht sagen würde, wie viel Kranke er im Laufe eines Jahres, sondern nur wie viele er gleichzeitig behandele."

3 *

an einem Tage Unterstützten, und wir demnach die von der
englischen Centralarmenbehörde für den 1ten Januar jedes Jahres mitgetheilten Zahlen verdreifachen oder vervierfachen müssen, um annähernd die Zahl der im Laufe
des Jahres Unterstützten zu erhalten [14]).

Die Zahl der an einem Tage unterstützten Armen betrug durchschnittlich im Jahre 1819 [15]) mit Einschluß der Kinder
1,088,659, wenn man die Orte hinzurechnet, welche noch nicht in das
verbesserte System der Armenverwaltung getreten sind, indem man die
Zahl ihrer Armen, unter Zugrundelegung des in den übrigen Bezirken

---

[14]) Nicholls II p. 451 erläutert die Natur der gesammelten statistischen Angaben über die Zahl der Unterstützten; er bemerkt, daß nach der üblichen Art der Zählung, auch da nur eine Person im Jahre gezählt werde, wo täglich eine andere Unterstützung erhält, also bis im ganzen Jahre unterstützt werden. Um die Summe der im ganzen Jahre Unterstützten zu ermitteln, könnte man geneigt sein, die Summe der an einem Tage Unterstützten zu verdreifachen, wenn man bedenkt, daß die der dem Jahre 1–39 gesammelten statistischen Angaben, in welchen die im Laufe der drei letzten Monate eines jeden mit Mariä Verkündigung („Ladyday") b. i. den 25sten März schließenden englischen Armenjahres unterstützten Armen gezählt sind, beinahe noch einmal so viel Unterstützte nachweisen, als nach 1839 an einem Tage gezählt sind, während die für die Armenpflege veranschlagten Summen vor dem Jahre 1839 nicht bedeutend größer sind, als die nach demselben. Pashley Pauper. p. 10. II schätzt aber nach Untersuchungen, die er privatim in einer Anzahl von Sammelgemeinden über das Verhältniß der an einem Tage, und der im Laufe des Jahres Unterstützten, angestellt hat, die Zahl der letzten auf das Dreifache der ersten, weil nach im Durchschnitt jeder Arme etwa 4 Monate lang Unterstützung empfangen haben mußte. Wahrscheinlich dürfte indessen diese Angabe noch etwas hinter der Wahrheit zurückbleiben. In Irland nämlich, wo fast die sämmtlichen Armen in den Arbeitshäusern Unterstützung erhalten, und es daher leichter ist genaue statistische Angaben über die Zahl der unterstützten Armen zu sammeln, wird sowohl die Zahl der an einem Tage, als die der im Laufe eines halben Jahres unterstützten Armen angemerkt. Hierbei stellt sich nun heraus, daß im Jahre 1855 jeder Arme durchschnittlich etwa 60 Tage im Arbeitshause blieb und Unterstützung erhielt, vgl. den 5th Report der Irischen Armencommissarien, 1856 p. 97 und 144. Die Zahl der in Irland im Laufe eines halben Jahres Unterstützten, war demnach mehr als noch einmal so groß, die Zahl der während eines ganzen Jahres Unterstützten also mehr als 4mal so groß, als die der an einem Tage Unterstützten. Ein Grund für eine Verschiedenheit des Verhältnisses in Irland und England ist nicht abzusehen.

[15]) Es sind hier die mit Mariä Verkündigung, d. i. den 25sten März, schließenden Rechnungsjahre der englischen Armenverwaltung gemeint, und die Durchschnitte in der unten S. 40 besprochenen Weise berechnet.

gefundenen Maßstabes, nach Verhältniß der Bevölkerung schätzt[16]). Vom Jahre 1849 bis zum Jahre 1854 hatte, wenn auch langsam, so doch ziemlich stetig die Zahl der Unterstützten abgenommen, so daß sie sich im Jahre 1854 noch auf 864,617 Personen belief[17]). In den Jahren 1855 bis 1857 war wiederum eine geringe Vermehrung der unterstützten Armen bis auf 885,010 eingetreten[18]). Berücksichtigt man aber, daß die Bevölkerung von England und Wales in dem Zeitraume von 1849 bis 1857 von 17,534,000 auf 19,207,000 gewachsen ist, so ergiebt sich seit 1849 eine beträchtliche Abnahme der relativen Armenzahl: von 6,2 Procent der Bevölkerung auf 4,6 Procent[19]).

16) Das neue System der Armenpflege ist noch nicht auf alle Orte in England und Wales ausgedehnt, indem bisher manche Plätze und Bezirke ganz außerhalb der Kirchspielsverbände lagen, und in Folge dessen die Armengesetze auf sie noch keine Anwendung fanden. Andere Orte haben noch auf Grund alter Privilegien und der Lokalgesetze ihre besondere Armenpflege, und stehen bis jetzt nicht unter der Aufsicht der Centralarmenbehörde. Die Bevölkerung dieser dem Einfluß der verbesserten Armengesetzgebung noch nicht unterworfenen Bezirke, belief sich im Jahre 1857 nach dem Census von 1851 auf 1,397,711 Einwohner, während die Gesammtbevölkerung von ganz England und Wales nach demselben Census 17,927,609 Einwohner beträgt; wie dies im 5th Report of Poorlaw Board p. 96 und im 10th Report p. 59 näher angegeben ist, s. unten §. 9 Note 7. Mit Rücksicht hierauf berechnet der 5th Report p. 7 und 10th Report p. 13 die Gesammtzahl der an je einem Tage der Jahre 1849 bis 1857 Unterstützten. Bei Nicholls II p. 417 und 450 findet sich eine etwas abweichende Berechnung für die Jahre 1840 bis 1854; nach ihm würden unterstützt werden im Jahre 1849 zusammen 1,099,529 Personen; a. 1841: 1,299,048; a. 1842: 1,427,187; a. 1843: 1,539,490; a. 1844: 1,477,561; a. 1845: 1,470,970; a. 1846: 1,332,089; a. 1847: 1,721,350; a. 1848: 1,876,541 Personen; in der folg. Note sind die Nicholls'schen Summen für die Jahre 1849 bis 1854 denen des Report zur Seite gestellt.

17) In dem 10th Report p. 13 ist die Gesammtzahl der von 1849 bis 1854 an je einem Tage unterstützten Armen berechnet für 1849 auf 1,088,659 Personen (von Nicholls History of the English Poor Law. London 1854. II p. 450 auf 1,013,886 Personen), für 1850 auf 1,004,700 (Nicholls auf 975,373), für 1851 auf 941,315 (N. auf 930,933), für 1852 auf 915,675 (N. auf 905,313), für 1853 auf 886,362 (N. auf 875,035), für 1854 auf 864,617 Personen.

18) Der 10th Report p. 13 berechnet für 1855 zu 897,686 Personen, für 1856 zu 917,034, und für 1857 zu 885,010 Personen.

19) Den Procentsatz berechnet der 10th Report p. 13 von 1849 bis 1857 so: für 1849 zu 6,2 Procent (Nicholls II p. 450 zu 6,0 Procent); für 1850 zu 5,7 Proc. (N. zu 5,5 Proc.); für 1851 zu 5,3 Proc. (N. zu 5,2 Proc.); für 1852 zu 5,0 Proc. (N. zu 5,1 Proc.); für 1853 zu 4,8 Proc. (N. zu 4,7 Proc.); für 1854

Um ein möglichst deutliches Bild von dem Zustande des Armenwesens in England zu gewinnen, ist es lehrreich, nicht nur die Gesammtzahl der an einem Tage Unterstützten zu kennen, sondern auch zu wissen, welcher Theil dieser Zahl einer jeden der verschiedenen Klassen der
Armen angehört, d. h. also, ob sie innerhalb oder außerhalb des Arbeitshauses unterstützt, arbeitsfähig oder zur Arbeit untüchtig sind, ferner
von welchem Alter, Geschlecht u. s. w. sie sind.

Wir theilen zu diesem Zweck eine speciellere Uebersicht [20]) dieser
Verhältnisse für ein Jahr mit:

Am 1ten Januar 1859 wurden in den damals vorhandenen
627 Sammtgemeinden, mit einer Bevölkerung von 18,075,000
Einwohnern, überhaupt 908,166 Arme unterstützt. Unter
diesen befanden sich:

A. Arme in den Arbeitshäusern (In-door Paupers) im Ganzen: 120,451.

und zwar:

1. Erwachsene Arbeitsfähige (Able-bodied Adults): 23,281.
   a. Verheirathete Männer: 957
   b. Verheirathete Frauen: 957
   c. Andere Männer: 6,505
   d. Andere Frauen: 14,662
                         Zus. 23,281.

2. Erwachsene Nicht-Arbeitsfähige (Not-able-
   bodied Adults); . . . . 44,214.
   a. Verheirathete Männer: 1,123
   b. Verheirathete Frauen: 1,123
   c. Andere Männer: 24,075
   d. Andere Frauen: 17,693
                         Zus. 44,214.

                              Uebertrag 67,495

---

zu 4,6 Proc.; für 1855 zu 4,8 Proc.; für 1856 zu 4,8 Proc.; für 1857 zu 4,6
Procent. — Für die Jahre 1840 bis 1848 liefert Nicholls II p. 417 folgende Berechnung: für 1840 zu 7,7 Procent; für 1841 zu 8,2 Proc.; für 1842 zu 8,9
Proc.; für 1843 zu 9,5 Proc.; für 1844 zu 9,0 Proc.; für 1845 zu 8,8 Proc.;
für 1846 zu 7,9 Proc.; für 1847 zu 10,1 Proc.; für 1848 zu 10,8 Procent.

20) Die nachfolgende Uebersicht ist entworfen aus den umfangreichen Zusammenstellungen im 11.ten Report pro 1857 p. 171 — 199; auf p. 196 — 199 ist dort
auch eine derartige Zusammenstellung für jeden 1sten Januar und 1sten Juli von 1849
bis 1858 gegeben.

Übertrag 67,495
3. Kinder unter 16 Jahren: . . . . 50,535.
   a. Mit ihren arbeitsfähigen Eltern: . 19,308
   b. Mit ihren nichtarbeitsfähigen Eltern: 3,704
   c. Waisenkinder oder Kinder von nicht
      aufgenommenen Eltern: . . . 27,523
                              Zuf. 50,535.
4. Vagabunden („Vagrants relieved in the workhouse“): . . . . 1,504.
5. Irre („Lunatics, Insane persons, and Idiots“): 6,947.
   a. Männer: 2,815
   b. Frauen: 3,831
   c. Kinder unter 16 Jahren: 301
                              Zuf. 6,947.   Zuf. 126,481.
B. Arme außerhalb der Arbeitshäuser unterstützt (Out-
   door Paupers) im Ganzen: 761,705.
und zwar:
   1. Erwachsene Arbeitsfähige: . . . . . . 143,323.
      a. Männer: 39,262
      b. Frauen: 104,061
                              Zuf. 143,323.
   2. Erwachsene Nicht-Arbeitsfähige: . . . 323,385.
      a. Männer: 98,936
      b. Frauen: 224,449
                              Zuf. 323,385.
   3. Kinder unter 16 Jahren: . . . . 301,466.
   4. Vagabunden („Vagrants relieved out of the
      workhouse“): . . . . 775.
   5. Irre: . . . . 12,756.
      a. Männer: 5,613
      b. Frauen: 6,907
      c. Kinder: 236
                              Zuf. 12,756.
                              Zusammen 761,705.

Oder aber, wenn wir davon absehen, ob die Armen innerhalb oder
außerhalb der Armenhäuser unterstützt wurden, so betrug am 1ten Januar 1856 in den 625 Gesammtgemeinden:
   1. Die Gesammtzahl aller arbeitsfähigen er-

wachſenen Armen (mit Ausſchluß der Vagabunden): 166,604
2. Die Geſammtzahl aller nicht-arbeitsfähi-
gen erwachſenen Armen (mit Einſchluß der
Irren und Vagabunden): 389,345
3. Die Geſammtzahl aller unterſtützten Kinder unter 16 Jahren: 352,237
Zuſammen: 908,158.

Weſentlich geringer als die hier angeführten Zahlen der am 1ᵗᵉⁿ
Januar 1858 Unterſtützten, ſind die ebenfalls von der Centralarmenbehörde mitgetheilten Zahlen der am 1ᵗᵉⁿ Juli 1857 Unterſtützten; während an jenem Tage im Ganzen 908,158 Perſonen Unterſtützung erhielten, war es an dieſem nur bei 790,059 der Fall; den Durchſchnitt beider Zahlen ſtellt die Centralarmenbehörde auf als die Durchſchnitts-
ſumme der unterſtützten Armen in dem mit Mariä Verkündigung, d. i.
den 25ᵗᵉⁿ März, ſchließenden engliſchen Armenjahre. Der 1ᵗᵉ Januar
und 1ᵗᵉ Juli ſind ſeit 1649 bei Aufſtellung der Armenliſten in England
als diejenigen Termine im Jahre gewählt, an denen ſich im Allgemeinen die größte und die geringſte Anzahl von Unterſtützungsbedürftigen
zeige [21]; daß dies indeſſen doch nur annähernd richtig iſt, beweiſt eine
von der Centralarmenbehörde 1858 veröffentlichte Liſte über die am
Schluſſe jeder Woche im October, November, December und Januar
in den Wintern 1856 und 1857 Unterſtützten: bis Ende Januar ſtei-
gerte ſich in beiden Jahren mit jeder Woche die Zahl der Unterſtützten [22].

<hr/>

21) Vgl. Nicholls II p. 450.

22) Im 10ten Report p. 202—219 ſind für die angeführten Wochen die Zahlen der in den 647 Sammtgemeinden unterſtützten Armen (mit Ausſchluß der Vagabunden und der Irren in den Irrenhäuſern) für alle einzelnen Sprengel mitgetheilt, die Geſammtzahlen ſind folgende:

Am Schluſſe der 1ſten Woche des Oct. 1856 807,906; des Oct. 1857 804,578.
»   »   » 2ten   »   »   »   » 813,310; »   »   » 809,175.
»   »   » 3ten   »   »   »   » 819,355; »   »   » 817,721.
»   »   » 4ten   »   »   »   » 822,771; »   »   » 822,985.
»   »   » 1ſten »   » Nov. » 826,558; » Nov. » 828,759.
»   »   » 2t.n   »   »   »   » 830,541; »   »   » 835,424.
»   »   » 3ten   »   »   »   » 836,348; »   »   » 845,365.
»   »   » 4ten   »   »   »   » 843,634; »   »   » 857,054.
»   »   » 1ſten »   » Dec. » 852,173; » Dec. » 880,457.

Am wichtigsten ist für unsern Zweck die Zahl der arbeitsfähigen erwachsenen Armen; diese betrug, mit Aus-
schließung der Vagabunden, unter Hinzurechnung einer verhältnißmäßig
gleich großen Summe von arbeitsfähigen Armen für die der neuern Armenverwaltung noch nicht untergeordneten Einwohner von England und
Wales, nach den Durchschnittsberechnungen der Centralarmenbehörde[22]) für einen Tag des mit dem 25sten März schließenden englischen Armenjahres:

1849 zusammen 226,823 Personen.

1850	"	191,910	"
1851	"	163,124	"
1852	"	149,160	"
1853	"	139,575	"
1854	"	135,191	"
1855	"	146,631	"
1856	"	154,228	"
1857	"	140,075	"

Vor dem Jahre 1849 war die Zahl der arbeitsfähigen Arbeiter beträchtlich größer; sie wird im Jahre 1847 auf 480,584, im Jahre 1848
sogar auf 577,443 berechnet[24]). Der Aufschwung der Industrie seit
Aufhebung der Korngesetze, und der wachsende Strom der Auswanderung seit 1850, haben eine erhebliche Verminderung der unbeschäftigten
arbeitsfähigen Hände herbeigeführt; indeß beruht die Abnahme der Zahlen seit 1849 zum Theil auch auf der Verschiedenheit in der Art und
Weise, nach welcher sie aufgestellt werden. Vor 1849 wurde die Summe der im Laufe eines Vierteljahres Unterstützten, seit 1849 wird die
Summe der an einem bestimmten Tage Unterstützten angegeben[25]).

Die Gesammtkosten der Armenpflege haben nach den sehr

Am Schlusse der 2ten Woche des Dec. 1856 864,465; des Dec. 1857 697,627.
" " " 3ten " " " " 873,079; " " " 914,355.
" " " 4ten " " " " 878,377; " " " 926,521.
" " " 5ten " " " " 881,216; " " " 936,815.
" " " 1sten " " Jan. 1857 884,795; " Jan. 1858 934,468.
" " " 2ten " " " " 890,432; " " " 955,821.
" " " 3ten " " " " 900,455; " " " 965,890.
" " " 4ten " " " " 906,510; " " " 973,818.
" " " 5ten " " " " 920,604; " " " 976,773.

23) Im 10ten Report p. 13.   24) Vgl. Nicholls II p. 417.
25) Vgl. Nicholls II p. 450.

speciellen Listen der Centralarmenbehörde im Jahre 1856 6.004.244 £., im Jahre 1857 5.898,756 £. betragen.

Diese Summen vertheilen sich in folgender Weise:

	a. 1856.	a. 1857.
1. Für Unterstützung innerhalb der Arbeitshäuser: . . . . . ("in maintenance")	1,139,902 £.	1,088,557 £.
2. Für Unterstützung außerhalb der Arbeitshäuser: . . . . . ("out-relief")	3,239,534 £.	3.152,278 £.
3. Für Unterstützung Irrer in Irrenhäusern und Privatanstalten: . . . . ("maintenance of lunatics in asylums and licensed houses")	. . . . .	377,858 £. ²⁴).
4. Für Tilgung und Verzinsung der zum Bau der Arbeitshäuser aufgenommenen Darlehne: ("workhouse loans repaid, and interest thereon")	208,576 £	217,196 £.
5. Für Besoldung von Beamten: ("salaries and rations of officers")	633,147 £.	637,629 £.
6. Für andere mit der Armenpflege unmittelbar verbundene Gegenstände: . . . . ("other expenses of, or immediately connected with relief")	783,084 £.	425,436 £. ²⁴).
Zusammen:	6,004,244 £.	5,898,756 £.

---

26) Vgl. 9th annual report of the Poor Law Board p. 26, 27, und 10th annual report p. 64—67 und 72—134. Unter der 6ten Rubrik sind 1856 nach 9th Report p. 8 begriffen: Ausgaben zur Unterstützung der Auswanderung, für ärztlichen Beistand (a. 1856 mit 231,572 £., a. 1857 mit 231,623 £. angestellt, für das Begräbniß von Armen, und den Unterhalt armer Irren in Irrenhäusern ("for the maintenance of lunatics in asylums")) dagegen sind 1857 nach 10th Report p. 8 und p. 60 unter der 6ten Rubrik die Ausgaben "for the maintenance of lunatics in asylums" übergangen und in die 1856 fehlende Rubrik 3 übertragen. Für 1856 werden im 9ten Report p. 8 für Irre zusammen 450,269 £. berechnet, vgl. oben Note 11.

Im Allgemeinen haben die Kosten der Armenpflege seit 1613 betragen:

Im Jahre	1613	6,656,106 L.
"	1614	6,294,581 L.
"	1615	5,416,846 L.
"	1616	5,724,639 L.
"	1617	6,910,925 L.
"	1618	7,870,601 L.
"	1619	7,516,704 L.
"	1620	7,330,254 L.
"	1621	6,959,251 L.
"	1622	6,356,704 L.
"	1623	5,772,962 L.
"	1624	5,736,900 L.
"	1625	5,766,989 L.
"	1626	5,926,502 L.
"	1627	6,411,068 L.
"	1628	8,296,000 L.
"	1629	8,332,410 L.
"	1630	6,829,042 L.
"	1631	6,796,669 L.
"	1632	7,036,969 L.
"	1633	6,790,600 L.
"	1634	6,317,255 L.
"	1635	5,526,418 L.
"	1636	4,717,630 L.
"	1637	4,044,741 L.
"	1638	4,123,604 L.
"	1639	4,406,907 L.
"	1640	4,576,965 L.
"	1641	4,760,929 L.
"	1642	4,911,498 L.
"	1643	5,206,027 L.
"	1644	4,976,093 L.
"	1645	5,039,703 L.
"	1646	4,954,204 L.
"	1647	5,296,787 L.
"	1648	6,160,764 L.

Im Jahre 1849   5,792,963 L.
,,   ,,   1850   5,395,022 L.
,,   ,,   1851   4,062,704 L.
,,   ,,   1852   4,697,685 L.
,,   ,,   1853   4,939,064 L.
,,   ,,   1854   5,282,553 L.
,,   ,,   1855   5,890,041 L.
,,   ,,   1856   6,004,244 L.
,,   ,,   1857   5,595,756 L.

Man ersieht aus dieser von der Centralarmenbehörde gelieferten Zusammenstellung [27]), daß die Ausgabe für die Armenpflege in den ersten Jahren nach Erlaß der neuen Armengesetze, um mehr als 2 Millionen, d. i. über ein Drittheil, vermindert wurde, und im Jahre 1837 den geringsten Betrag erreichte; ein Resultat, das ohne Widerspruch den durchgeführten Reformen beizumessen ist.

Nach dem Jahre 1837 sehen wir die Ausgaben wieder steigen; Anfangs langsam, dann mit schnelleren Schritten, bis sie im Jahre 1848 von Neuem die Summe von 6 Millionen überſteigen. Der Grund dieses Steigens der Armenlaſt iſt zum Theil in den seit 1837 eingetretenen Handelskriſen und der etwas später auftretenden Kartoffelkrankheit zu suchen, zum Theil aber auch in dem in der Maſſe der Bevölkerung stets vorhandenen, und bei eintretender Minderung der Armenlaſt stärker sich kundgebenden Widerwillen gegen das Arbeitshausſyſtem, der eine gleich energiſche Durchführung deſſelben mehr und mehr erschwerte.

Die von 1849 bis 1853 erreichte Ermäßigung der Armenausgaben iſt beſonders der Aufhebung der Korngeſetze und sonstigen Handelsbefreiungen, sowie dem damit verbundenen Herabgehen der Getreidepreiſe, und der Vermehrung der Induſtrie beizumeſſen; indeſſen iſt dabei auch von nicht unerheblichem Einfluß geweſen, daß man gleichzeitig neue Anstrengungen gemacht hat, die Principien der Armengeſetze folgerechter durchzuführen, und darin in der durch die Erfahrung belehrten öffentlichen Meinung weniger Widerstand gefunden hat als früher.

Das abermalige Steigen der Armenausgaben in den Jahren 1854

---

27) Vgl. den 10ten Report des Poorlaw-Board p. 9. 57 und 136. Die mitgetheilten Zahlen beziehen sich auf das engliſche Armenjahr, welches mit Maria Verkündigung, d. i. den 25ten März schließt, somit in Wahrheit zum größeren Theil auf die Verhältniſſe des vorhergehenden Kalenderjahres, ſ. den 10ten Report p. 9.

bis 1636, scheint hauptsächlich der Ausbruch des orientalischen Krieges, und die mit ihm verbundene Erhöhung der Getreidepreise verursacht zu haben.

Im Übrigen ist zu berücksichtigen, daß seit dem Jahre 1534 bis zum Jahre 1857 die Bevölkerung von England und Wales von 14,372,000 auf 19,207,000 Einwohner angewachsen ist. Vertheilt man die Armensteuer auf den Kopf der Bevölkerung, so ist sie von ihrem geringsten Betrage im Jahre 1837 bis zum Jahre 1857, nur von 5 Schilling 5 Denaren auf 6 Schilling 1½ Denare, also nur unbedeutend gestiegen**).

§. 7.
Bestimmungen gegen müssiges Umhertreiben und Betteln.

Der mit so großen Opfern durchgeführten Sorge für die wirklich Hülfsbedürftigen stehen strenge Bestimmungen gegen müßiges Umhertreiben und Betteln zur Seite.

Das Gesetz unterscheidet in dieser Beziehung drei Klassen von strafbaren Personen:

1) Arbeitsscheue und Unordentliche (idle and disorderly persons);

2) Gesindel und Vagabunden (rogues and vagabonds); und

3) Unverbesserliches Gesindel (incorrigible rogues)¹).

Für arbeitsscheu und unordentlich gelten diejenigen, die im Stande sind ihren und der Ihrigen Unterhalt ganz oder theilweise durch Arbeit zu erwerben, sich aber weigern zu arbeiten, und in Folge

---

²⁺) Vgl. den IClen Report für 1857 p. 9 und 60. Es wird daselbst die auf den Kopf fallende Armensteuer für die einzelnen Jahre so berechnet: 1834 zu 8 Sch. 9½ D. ; 1835 zu 7 Sch. 7 D.; 36 zu 6 Sch. 4½ D.; 37 zu 5 Sch. 5 D.; 38 zu 5 Sch. 5½ D.; 39 zu 5 Sch. 5½ D.; 40 zu 5 Sch. 10½ D.; 41 zu 6 Sch. ½ D.; 42 zu 6 Sch. 1½ D.; 43 zu 6 Sch. 5½ D.; 44 zu 6 Sch. ½ D.; 45 zu 6 Sch. ½ D.; 46 zu 5 Sch. 10½ D.; 47 zu 6 Sch. 2½ D.; 48 zu 7 Sch. 1½ D.; 49 zu 6 Sch. 6½ D.; 50 zu 6 Sch. 1 D.; 51 zu 5 Sch. 6½ D.; 52 zu 5 Sch. 4½ D.; 53 zu 5 Sch. 4½ D.; 54 zu 5 Sch. 8 D.; 55 zu 6 Sch. 8 D.; 56 zu 6 Sch. 3½ D.; 57 zu 6 Sch. 1½ D. Oder im Durchschnitt der angeführten 24 Jahre von 1834 bis 1857 zu 6 Schill. und 2 Denaren.

1) 5. George IV cap. 83 §. 1 et 2; 2. Victoria cap. 38; und 11 et 12. Victoria cap. 110 §. 10. Vgl. Archbold Justice of the peace. Artikel Vagrants.

deſſen der Armenpflege zur Laſt fallen. Ferner Perſonen, die Almoſen in Anſpruch nehmen, und bei näherer Unterſuchung im Beſitz von verheimlichtem Geld oder ſonſtigem Eigenthum befunden werden; desgleichen ſolche, die in ein Kirchſpiel zurückkehren, aus dem ſie geſetzlich ausgewieſen ſind, und daſelbſt hülfsbedürftig werden; ſodann Hauſirer oder Krämer, die ohne geſetzliche Erlaubniß umherziehen; und öffentliche Dirnen, die ſich zubringlich oder unanſtändig betragen; ſowie Bettler, die vagabundiren, oder an öffentlichen Orten, auf Straßen u. ſ. w., um Almoſen anſprechen.

Wegen Vergehen dieſer Art kann jeder Friedensrichter den Übertreter, auf Grund eigener Wahrnehmung, eines Geſtändniſſes, oder auf den Eid eines glaubwürdigen Zeugen, mit Gefängniß im Korrektionshauſe bis zu einem Monate, und nach Ermeſſen ſogar bei harter Arbeit, beſtrafen.

Für Geſindel und Vagabunden erklärt das Geſetz Alle, die bereits einmal als arbeitsſcheu und unordentlich beſtraft ſind, und ſich zum zweitenmal der nämlichen Übertretung ſchuldig machen; ferner diejenigen, die ohne Subſiſtenzmittel und ohne genügende Auskunft über ſich geben zu können, vagabundirend auf freiem Felde oder in einem unbewohnten Hauſe gefunden werden; ſodann betrügeriſche Wahrſager und Zeichendeuter; Perſonen, die unter falſchen Vorwänden Beiträge oder Almoſen ſammeln; Solche, welche ohne Erlaubniß auf Straßen und öffentlichen Plätzen Spiele aufführen; ferner Männer, die ihre Frau oder Kinder hülflos verlaſſen; ſowie diejenigen, die ſich Polizeibeamten gewaltſam widerſetzen, die ſie wegen Arbeitsſcheu verhaften wollen.

Übertreter dieſer zweiten Klaſſe können von jedem Friedensrichter auf Grund ihres Geſtändniſſes, oder auf den Eid eines glaubwürdigen Zeugen, bis zu drei Monaten Gefängniß im Korrektionshauſe bei harter Arbeit verurtheilt werden.

Als unverbeſſerliches Geſindel (incorrigible Rogues) werden endlich diejenigen behandelt, die wiederholentlich als Geſindel und Vagabunden (Rogues and Vagabonds) verurtheilt ſind; ferner die, welche aus einem Korrektionshauſe ausbrechen; ſowie Solche, die ſich bei ihrer Verhaftung als Vagabunden den Beamten gewaltſam widerſetzen.

Perſonen dieſer dritten Klaſſe kann jeder Friedensrichter im Korrektionshauſe bis zur nächſten Vierteljahrsſitzung der Friedensrichter gefangen halten; und die Vierteljahrsſitzung kann ſie bis zu einem Jahre

Gefängniß bei harter Arbeit, und nach Befinden sogar zu Peitschen-hieben verurtheilen.

Bei der Schwierigkeit, das Vorhandensein wirklicher Hülfsbedürf-tigkeit richtig zu beurtheilen, hat es sich als sehr nützlich bewährt, daß man jede verabreichte Unterstützung nur als ein Darlehen betrachtet, wel-ches zurückgefordert werden kann, sobald der Unterstützte zahlungsfähig ist. Hierdurch kann nicht nur ein begangener Irrthum wieder gut ge-macht, sondern auch eine wirklich nothwendig gewesene Gabe bei Ver-besserung der Verhältnisse des Unterstützten wieder eingezogen werden[2]).

Die Schwierigkeit, wirkliche Noth von scheinbarer zu unterscheiden, steigert sich bei umherziehenden Armen. Arbeiter, welche in anderen Gegenden Beschäftigung suchen, können unterweges in Noth gerathen, ohne daß sie deswegen ein anderer Tadel trifft, als der des Mangels an Umsicht. Auf der anderen Seite ist für den Müssiggänger nichts beque-mer, als in jedem Arbeitshause einen gedeckten Tisch und ein Nachtlager zu finden. Um nun in dieser Beziehung Mißbräuchen vorzubeugen, hat man die Armenbehörden ermächtigt, Jedem, der von ihnen Kost oder Nachtlager in Anspruch nimmt, die Verrichtung einer Arbeit aufzuerlegen. Doch darf Niemand gegen seinen Willen bei einer solchen Arbeit länger zurückgehalten werden, als 4 Stunden nach dem Frühstücke am Morgen nach seiner Aufnahme im Arbeitshause[3]). Diese Bestimmung erwies sich bei umsichtiger Anwendung als sehr förderlich; überhaupt aber be-darf es, um das müssige Umhertreiben zu hindern, der regsten Aufmerk-samkeit und Umsicht der Localarmenbehörden; die Centralarmenbe-hörde hat, um den Eifer der Localbehörden anzuregen, geglaubt, sie mehrfach auf die große Bedeutung dieser Angelegenheit aufmerksam machen zu müssen[4]). Zur Unterdrückung des Bettelns und müssigen Umhertreibens hat die in den letzten Jahren auf dem platten Lande und in den kleinen Städten durchgeführte Verbesserung der Polizei sehr wesentlich beigetragen. Insbesondere hat es sich auch als wirksam

2) Auf Antrag des Armenraths oder der Armenwärter sind die Friedensrichter ermächtigt, die Rückzahlung der verabreichten Unterstützung (oder der Kosten dersel-ben) anzuordnen, auch Behufs derselben auf den Lohn des Arbeiters bei seinem Meister, oder sonstigen Lohnherrn, Beschlag zu legen: 4 et 5. William IV c. 76 §. 58. 59.

3) 5 et 6. Victoria cap. 57 §. 5. vgl. Nicholls II, 377.

4) In Folge eindringlicher Ermahnungen der Centralbehörde an die Armen-räthe nahm die Zahl der Vagranten von 1848 bis 1850 von 13,714 bis auf 2904 ab; vgl. Nicholls II, 245 f. und 437, auch 269 f.

gezeigt, daß man die Constables, die bereits durch ihre Amtsthätigkeit
die unordentlichen und arbeitsscheuen Personen zu kennen pflegen, als
Unterstützungsbeamte (Relieving-officers) für umherziehende Arme benutzt hat.

§. 8.

2. Armenverbände.

Zur Bestreitung der beträchtlichen Kosten der Armenpflege concurriren: 1) das Kirchspiel, 2) die Sammtgemeinde (union), 3) verschiedene zu besondern Zwecken gebildete Verbände, 4) die Grafschaft, endlich 5) der Staat.

1. Das Kirchspiel ist zuerst, und gleich bei der Begründung der
gesetzlichen Armenpflege durch die oft erwähnte Akte der Königin Elisabeth (43. Elisab. c. 2), für den verpflichteten Armenverband erklärt
worden, wie dies der allmähliche Übergang der Armenpflege aus einer
kirchlichen Aufgabe in eine gesetzliche Pflicht natürlich mit sich brachte.

Ursprünglich hatte das Kirchspiel die Armenlast allein zu tragen,
nur waren die Friedensrichter ermächtigt, im Falle des Unvermögens
desselben, die benachbarten Kirchspiele zu einer Hülfssteuer (rate in aid)
heranzuziehen [1]. Unerachtet diese Bestimmung gesetzlich nicht aufgehoben ist, so ist sie doch eigentlich völlig unpraktisch; in den wenigen Fällen, wo sie angewendet wurde, hielten sich die herangezogenen Kirchspiele für willkührlich besteuert; was sehr erklärlich ist, da in der betreffenden Stelle der Akte Elisabeths weder gesagt ist, welche und wie viele
benachbarte Kirchspiele zur Hülfssteuer herangezogen werden sollen, noch
auch wie hoch die Belastung des zunächst verpflichteten Kirchspiels steigen
muß, ehe es Anspruch auf eine solche Beihülfe hat [2].

Noch gegenwärtig ist das Kirchspiel verpflichtet, alle aus der gesetzlichen Armenpflicht entspringenden Kosten zu tragen, die nicht durch
ausdrückliche Bestimmung späterer Gesetze auf andere Verbände übertragen sind. Geblieben ist dem Kirchspiel die Pflicht, alle Arme, die in
ihm heimathberechtigt (settled) sind, zu unterstützen, in sofern diese
nicht durch fünfjährigen ununterbrochenen Aufenthalt an einem andern
Orte das Recht erworben haben, in ihm ungestört zu bleiben. Geblieben ist ihm ferner die Pflicht, auch die in anderen Kirchspielen Heimath-
berechtigten, welche innerhalb seiner Grenzen hülfsbedürftig werden, so

1) 43. Elisab. c. 2 §. 2.
2) Vgl. den Report on Parochial Assessments 1850. Evidence Q. 312—317.

lange auf eigene Kosten zu unterhalten, bis es dieselben auf dem gesetzlich angeordneten Wege nach ihrem Heimathsorte geschafft hat (remo-
ved), oder bis der Heimathsort, um diese Überweisung zu vermeiden,
sich bereit erklärt hat, die Unterhaltungskosten für sie zu übernehmen.
Ausgeschlossen hiervon sind nach den Bestimmungen einer neuern Akte
vom Jahre 1847 und 1849 nur die Kosten für Unterstützung der Findlinge,
sowie für Arme, welche nach der gegenwärtigen Gesetzgebung nicht mehr
ausgewiesen werden können, obwohl sie in dem Kirchspiele nicht heimathsberechtigt sind (irremovable Paupers), und solche, die auf der Wanderung hülfsbedürftig werden; in diesen drei Fällen hat nämlich die
Sammtgemeinde die Kosten zu tragen [3]).

2. Um den Sammtgemeinden näher zu treten, müssen wir
uns vergegenwärtigen, daß die Mehrzahl der englischen Kirchspiele eine
sehr geringe Ausdehnung hat [4]). Indem man nun die Errichtung kost-
barer Anstalten für die unerläßliche Bedingung einer wohlgeordneten
Armenpflege erkannte, sah man sich genöthigt, manche der dadurch entstehenden Ausgaben auf größere Verbände zu übertragen. Die erste
Stelle nehmen hierbei die Sammtgemeinden (Unions) ein, welche
abgesehen von dem Bedürfniß, einsichtigere Behörden zu organisiren,
vornehmlich gebildet wurden, um die Arbeitshäuser errichten,
und überhaupt gemeinsame Zwecke mit vereinten Kräften verfolgen zu
können. Diese Sammtgemeinden tragen zunächst die Kosten des Baues
und der Unterhaltung der Arbeitshäuser, mit Einschluß der Besoldungen
der dabei nöthigen Beamten (die sogenannten Establishment-charges,
d. i. Einrichtungskosten). Die Unterhaltungskosten der in dem Arbeitshause befindlichen Armen trägt dagegen das Kirchspiel, in welchem dieselben heimathsberechtigt sind. Nur diejenigen Armen, welche in keinem
Kirchspiele der Sammtgemeinde heimathsberechtigt sind, jedoch wegen
eines fünfjährigen ununterbrochenen Aufenthaltes in einem Kirchspiele
der Sammtgemeinde in Gemäßheit der Akte 9 et 10. Victoria cap. 66
(vom Jahre 1846) nicht mehr ausgewiesen werden können (irremovable Paupers sind), empfangen ihre Unterstützung nach einer im Jahre
1847 ergangenen Bestimmung von Seiten der Sammtgemeinde. · Ingleichen hat die Sammtgemeinde, wie schon bei Besprechung des Kirchspieles erwähnt wurde, die an Reisende oder auf der Wanderung be-

3) 10. 11 et 12. Victoria c. 110 §. 1—4. Über die Fälle, in denen nicht Sei-
mathsberechtigte unausweisbar sind, vergl. unten §. 26.
4) S. oben §. 5 Note 1.

4

griffene Personen verabreichten Unterstützungen, sowie den Unterhalt von
Findlingen zu tragen ⁸).

Die von den Sammtgemeinden zu bestreitenden Ausgaben werden auf die einzelnen verbundenen Kirchspiele vertheilt, und zwar nach
Verhältniß der Ausgaben, die jedes derselben für seine Armenpflege im
Durchschnitt der drei letzten Jahre gehabt hat. Die zu diesem Zweck nöthigen Berechnungen werden jährlich angestellt ⁶).

Der leitende Gedanke bei Annahme dieses, zunächst für die Unterhaltungskosten der Arbeitshäuser aufgestellten Grundsatzes ist gewesen,
daß jedes Kirchspiel nach Verhältniß seiner Armenlast von den gemeinsamen Anstalten Vortheil ziehe, und daß die Größe der Armenlast in jedem
Kirchspiele im Ganzen von der Umsicht und Energie der eigenen Verwaltung abhänge; doch mag auch die ursprüngliche Absicht, alle Armen
ins Arbeitshaus aufzunehmen, einen Einfluß hierbei geübt haben. Dafür, daß auch die Unterhaltungskosten der in keinem Kirchspiele heimathsberechtigten, aber nicht ausweisbaren Armen, nach demselben Maßstabe
vertheilt werden, ist kein innerer Grund ersichtlich; es scheint sich dies
nur aus der lokalen Entwickelung der Verhältnisse zu erklären, und hat
auch bereits zu Beschwerden geführt, vgl. unten §. 27.

Bis zum 1ᵗᵉⁿ Januar 1858 waren in England und Wales
629 Sammtgemeinden (Unions) vorhanden, mit Einschluß
einiger größerer gleich den Sammtgemeinden mit Armenräthen (Boards
of Guardians) ausgestatteter Kirchspiele, deren Einwohnerzahl
nach dem Census von 1851 zusammen 16,628,399 betrug,
während sich außerhalb derselben in den beiden Ländern, ebenfalls
nach dem Census von 1851, eine Bevölkerung von 1,289,210 Seelen
befand ⁷). Im Durchschnitt kommen hiernach auf die Sammtgemeinde

5) 11 et 12. Victoria c. 110 §. 1—3; vgl. Nicholls II p. 399 und 426.

6) 4 et 5. William IV cap. 76 §. 28; und Consolidated Order of the Poor-law Commissioners on the 24th July 1847 §. 81.

7) Vgl. den 10ten Report für das Jahr 1857 auf 1858. London 1858 p. 165.
Am 1ten Januar 1856 wurden von der Centralarmenbehörde 624 Sammtgemeinden mit einer Bevölkerung von 16,529,865 Seelen nach dem Census von 1851, und
einer Bevölkerung von 1,397,744 Seelen außerhalb derselben berechnet; vgl. den
9ten Report für 1856 p. 85 folg. und p. 96, und 10ten Report p 139. Durch
Theilung einzelner allzubevölkerter Verbände hat sich im Jahre 1857 die Zahl der
Sammtgemeinden interessüße vermehrt, vgl. 10th Report p. 16 und 243. Der 10te
Report giebt p. 59 verglichen mit p. 12 für das Jahr 1857 die Vertheilung von
England und Wales in Betreff der Armenverwaltung (vgl. oben §. 6 Note 16) so an:

26- bis 27,000 Einwohner, doch sind die einzelnen Sammtgemeinden von sehr verschiedenem Umfange.

Für Erbauung und Erweiterung der Arbeitshäuser in den Sammtgemeinden waren bis zum 1ten Januar 1858 im Ganzen 4,861,531 L. verwendet *). In manchen Sammtgemeinden finden sich mehrere Arbeitshäuser, indem manche Kirchspiele vor ihrem Eintritt in die Sammtgemeinde schon Arbeitshäuser hatten, und diese nicht aufgeben wollten; im Allgemeinen gilt dies aber nicht für zweckmäßig, indem größere Arbeitshäuser viele Vortheile vor kleineren darbieten *).

3. In ähnlicher Weise, wie man aus einzelnen Kirchspielen Sammt-

a) 585 Unions (Sammtgemeinden) mit Boards of
Guardians (Armenräthen) gebildet nach dem Armen-
gesetz; sie umfassen . . . . 13,964 Kirchspiele
b) 20 größere einzelne Kirchspiele mit Boards
of Guardians, die nach dem Armengesetz gebildet sind   20   »
c) 21 Unions nach verschiedenen Lokalakten,
sie umfassen 320   »
Die a) b) c) zusammen 626 Verbände umfassen . . . . 14,304 Kirchspiele
mit 16,529,965 Einwohnern nach dem Census von 1851. Ferner:
d) 15 einzelne Kirchspiele nach verschiedenen Lokalakten . . . . 15 Kirchspiele
e) 17 Unions und 2 Kirchspiele nach der Akte 22.
Georg III c. 83 (d. i. der f. g. Gilbert's act) . . . 202 »
f) 89 einzelne Kirchspiele nach nach: 43. Elisabeth c. 2 89 »
Diese d) e) f) zusammen 118 Verbände umfassen . . . . . 306 Kirchspiele
mit 1,375,362 Einwohnern.

Die in den 626 Verbänden lebenden Einwohner, nebst denen in den 306 Kirchspielen und 72,342 Einwohnern in einzelnen Orten, die bisher keinen Kirchspielen zuge-
schlagen waren (vgl. §. 14 Note 3), ergeben 17,927,609 Einwohner nach dem Census
von 1851, wie oben im Text, nur daß dort in die 619 Sammtgemeinden 94,534
Seelen mehr eingerechnet sind, als hier in die 626 Sammtgemeinden.

8) Nach dem 10th Report p. 235 betragen im Jahre 1857 die Kosten für Neubauten von Arbeitshäusern 171,769 L., für Erweiterung und Reparatur älterer Arbeitshäuser 19,668 L.; von diesen Summen kam aber nur ein Theil auf den Ausgabe-
etat des Jahres 1857, indem die größern Bauten an den Arbeitshäusern auf 5
Jahre vertheilt werden. Die Gesammtausgaben bei den Arbeitshäusern bis Ende
1857 betragen 4,168,759 L. für Neubauten, 792,772 L. für Erweiterungen.

9) Vgl. den (unten §. 10 Note 1 angeführten) Bericht der Centralarmencom-
mission vom Jahre 1846 bei Nicholls II p. 404; nach ihm waren im J. 1846 bereits 707 Arbeitshäuser, welche 190,000 Bewohner aufnehmen konnten, in den damals gegründeten Sammtgemeinden und einigen anderweitig organisirten Armenverbänden vorhanden.

4 *

gemeinden für Errichtung von Arbeitshäusern bildete, hatte man sich
seit 1844 bemüht, Armenschulbezirke zu gründen, um besondere
Schulgebäude herzustellen für die Aufnahme und Erziehung von Kindern, die der öffentlichen Armenpflege anheimgefallen sind [10]). Schon
oben (in §. 6 Note G) wurde aber erwähnt, daß diese Bemühungen nur
einen geringen Erfolg gehabt haben, indem nur 6 solcher Armenschulbezirke zu Stande gekommen sind. Die Kosten für Errichtung und Unterhaltung der Schulgebäude in den Armenschulbistrikten werden, ähnlich
wie die der Arbeitshäuser, auf die verbundenen Kirchspiele nach Maßgabe
ihrer durchschnittlichen Ausgaben für die Armenpflege im Laufe der drei
letzten Jahre vertheilt.

Eine weitere Vereinigung von Kirchspielen und auch von Sammtgemeinden zum Zweck der Besoldung gemeinsamer Bezirks-
Rechnungsrevisoren (District-Auditors) zu veranlassen, wurde im
Jahre 1844 die Centralarmenbehörde ermächtigt; es sind in Folge dessen 49 solcher Rechnungsrevisions-Distrikte gebildet worden.
Den von jedem Kirchspiel zur Besoldung zu zahlenden Beitrag hat, nach
dem Gesetz von 1844, die Centralbehörde zu bestimmen. Seit 1857
ist indeß diese Besoldung auf die Staatskasse übernommen worden [11]).

4. Außer den Kirchspielen und den durch Vereinigung mehrerer
derselben gebildeten Verbänden, kann auch die Grafschaft als ein Armenverband angesehen werden, insofern als ihr die Errichtung von
Irrenhäusern obliegt. Die dabei entstehenden Kosten werden aus
der Grafschaftskasse bestritten, und die Mittel dazu durch die Grafschaftssteuer aufgebracht; doch ist die Unterhaltung der in sie aufgenommenen
armen Irren eine Sache der Kirchspiele.

5. Der Staat endlich trägt die Kosten für die Besoldung der Centralarmenbehörde und gewährt außerdem nach jährlicher Bewilligung des
Parlaments eine bestimmte Summe zur Remuneration der Lehrer an
den Armenschulen, der Ärzte und Bezirksrechnungsrevisoren, sowie zu
sonstigen außerordentlichen Verwendungen.

Um zu veranschaulichen, in welchem Verhältniß die genannten Verbände jährlich zur Armenlast beitragen, rücken wir
hier die Zahlen ein, in denen sich im Jahre 1857 die Armenlast auf sie vertheilt hat:

10) 7 et 8. Victoria cap. 101 §. 40 und 47.

11) Nach Auskunft des Mr. Hugh Owen, womit Nicholls II p. 438 und
die Estimates für das Jahr 1857 II. Civil Servis p. 17 zu vergleichen sind. Nach
diesen Voranschlägen waren 15,500 £. für diese Beamte ausgesetzt.

1. Die Kirchspiele trugen unmittelbar die Kosten:

a) für den persönlichen Unterhalt der Armen, mit Ausnahme derer, welche nicht ausgewiesen werden können ohne doch heimathsberechtigt zu sein (d. i. der irremovable Paupers), im Betrage von	3,303,619 L. [12]
b) Die Kosten für Unterstützung der Auswanderung, für ärztliche Hülfe (abgesehen von der regelmäßigen Besoldung der Armenärzte), für das Begräbniß der Armen, und für den Unterhalt armer Irren; zusammen:	803,095 L. [13]
In Summa	4,106,714 L.

2. Die Sammtgemeinden bestritten die Kosten:

a) für den persönlichen Unterhalt derjenigen Armen, die nicht ausgewiesen werden können ohne doch heimathsberechtigt zu sein (d. i. für die irremovable Paupers):	937,216 L. [12]
b) für die Besoldung der Beamten der Sammtgemeinden:	637,629 L. [14]
c) für die Verzinsung und Tilgung der zum Bau von Arbeitshäusern aufgenommenen Capitalien:	217,196 L. [15]
In Summa:	1,792,041 L.

---

12) Die Ausgaben für den persönlichen Unterhalt der Armen betrugen im Jahre 1857 nach dem 10ten Report p. 66 für die Armen im Arbeitshause 1,088,557 L., außerhalb des Arbeitshauses 3,152,278 L., zusammen also 4,240,835 L. Von dieser Summe ist die für die irremovable Paupers abzuziehen; diese ist aber nur schätzungsweise anzugeben. Früher haben die Sammtgemeinden diese Kosten nicht specificirt; im Jahre 1856 war es von einem Theile derselben geschehen, und sie beliefen sich in ihnen auf $21\frac{3}{10}$ Procent der Gesammtkosten, s. 9th Report p. 4. Im Jahre 1857 haben mehr Gemeinden derartige Mittheilungen gemacht, von 1,793,025 L. für den persönlichen Unterhalt der Armen, waren 396,517 L. für die irremovable Paupers verwendet, s. 10th Report p. 144. d. h. also $22\frac{1}{10}$ Procent; oder aber, wenn wir diese Procente von den nachgewiesenen 4,240,835 L. berechnen, 937,216 L. für irremovable Paupers und 3,303,619 L. für andere Arme. (Im 10th Report p. 145 werden ohne nähere Begründung $28\frac{4}{10}$ Procent statt $22\frac{1}{10}$ Procent für die irremovable Paupers angenommen.)

13) Nach 10th Report p. 60. 66. wo die hier aufgeführten Ausgaben als „other Expenses etc.“ zusammengefaßt sind.

14) Vgl. 10th Report p. 60. 66.

15) Vgl. 10th Report p. 60. 66. Die zu größeren Bauten bei den Arbeits-

3. Der Staat trug die Ausgaben:

a) für die Centralbehörde nebst deren Bureau, und
nebst der Besoldung der Inspektoren: . . .   36,600 L.

b) für die Gehalte der Bezirks-Rechnungsrevisoren
(District-Auditors): . . . .   15,500 C.

c) für die Gehalte der Lehrer und Lehrerinnen: .   29,399 L.

d) die Hälfte der Remuneration für die Armenärzte: 90,000 C.
                          In Summa: 171,499 L.[16]).

4. Die Ausgaben der Grafschaften für die Irrenanstalten
können in dieser Übersicht keine Aufnahme finden, weil diese Anstalten
keineswegs ausschließlich, ja nicht einmal vorzugsweise für arme Irre
errichtet sind, und ein großer Theil der armen Irren zur Zeit noch in
den Arbeitshäusern, oder bei ihren Angehörigen verbleibt[17]).

---

häusern erforderlichen Summen werden durch Anlehen aufgebracht, und pflegen in
einem Zeitraum von 5 Jahren zurückgezahlt zu werden; unter den hier angeführten
217,196 L. ist nur die 1857 zurückgezahlte Quote begriffen.

16) Diese Summe ist ungenau. Über die zweite der sie bildenden Zahlen
vgl. oben Note 11, über die dritte vgl. 16th Report p. 232, über die vierte oben
§. 6 Note 10.   Die erste Zahl findet der Herausgeber von Aries für das Jahr 1856
(nicht 1857) ohne Angabe seiner Quelle notirt; in den Reports of the Poorlaw
Board suchte er vergebens nach Auskunft, andere Parlamentspapiere sind ihm gegenwärtig nicht zur Hand.   Der 10te Report für 1857 führt p. 66 als Einnahmen
für die 624 Sammtgemeinden in England und Wales an: 8,139,003 L. aus der
Armensteuer ("from Poor Rates") und 301,986 L. als "Receipts in Aid of Poor
Rates, inclusive of any Repayments by Her Majesty's Treasury".   Es ist aber die
Verwendung dieser letzten Summe nicht angegeben; von der ganzen als Einnahme
aufgeführten Summe von 8,440,990 L., in der sie eingerechnet ist, wurde der Rest
von 5,804,755 L., die oben unter Nr. 1 und 2 specificirt sind, für andere im Report p. 67 aufgeführte Zwecke verausgabt z. B. für Prozeßkosten der Kirchspiele
und Sammtgemeinden 59,163 L., desgleichen für allerlei Kosten, die sich nicht auf
die Armenunterstützung beziehen ("expended for Purposes unconnected with Relief
to the Poor").

17) Vgl. oben §. 6 Note 11.   Die Kosten der Irrenhäuser mit Einschluß der
Unterhaltungskosten für arme Irre, werden im Jahre 1850 auf 176,000 L. ange-
geben; hierzu hatten die Kirchspiele 136,000 L. zuzuschießen, und blieben daher den
Grafschaften nur 40,000 L. zu decken; vgl. (Lewes) Finance and Trade p. 36.
Für die späteren Jahre stehen uns hierüber keine Angaben zu Gebote.

§. 9.
3. Behörden.

Der Organismus der Behörden, welche in England bei der Verwaltung der Armenpflege zusammenwirken, ist für uns ganz besonders lehrreich, weil es bei ihm gelungen ist, die im Interesse der Staatseinheit erforderliche Centralisation mit der für ein kräftiges Gemeindeleben unerläßlichen Selbstständigkeit der Lokalverwaltung auf das glücklichste zu verbinden.

Die Centralverwaltung hat in England neben einer Gewalt, die tiefer eingreift, wirksamere Mittel, die Lokalverwaltung zu überwachen und die Befolgung der von ihr aufgestellten allgemeinen Grundsätze sicher zu stellen, als die alles Mögliche an sich ziehende, in alle Verhältnisse sich einmischende Bureaukratie des Continents; und dennoch bleibt der englischen Lokalverwaltung ein Gebiet der selbstständigen Wirksamkeit, welches alle ihre Kräfte in Anspruch nimmt und zur größten Anspannung derselben anregt. — Nebenbei können wir hier, wie bei andern Administrationszweigen in England, die Bedingungen kennen lernen, unter denen eine nachhaltige und wirksame Betheiligung unabhängiger Bürger an der Verwaltung, durch Übernahme unbesoldeter Ehrenämter, möglich ist.

Die Grundzüge des im Detail durchgebildeten Systems sind folgende:

Die Centralbehörde begnügt sich mit der Aufstellung der allgemeinen Grundsätze, nach denen die Verwaltung zu führen ist; sie besitzt dabei die nöthige Macht, um deren Befolgung zu erzwingen, und überzeugt sich, ob dies wirklich geschieht, nicht durch die getrübten Berichte der Lokalbehörden, sondern durch eigene Organe; diese überwachen fortwährend die Verwaltung der Lokalbehörden an Ort und Stelle durch persönliche Theilnahme an ihren Verhandlungen, sowie durch Besichtigung aller Anstalten, und bringen die Ergebnisse ihrer Beobachtungen durch mündliche und schriftliche Berichte zur Kenntniß der Centralbehörde.

Während in dieser Weise die Centralbehörde besteht, ist die Anwendung der von ihr vorgeschriebenen Grundsätze auf den einzelnen Fall, eine selbstständige Aufgabe der Lokalverwaltung. Beschwerden über ungerechtfertigte Entscheidungen der Lo-

Lokalbehörden in einzelnen Fällen, geben nicht an die Centralbehörde, sondern an die Gerichtshöfe; diesen dient das Gesetz zur alleinigen Richtschnur, und sie haben dabei, ohne dadurch dem Ansehen der Verwaltungsbehörde Eintrag zu thun, oder in ihre Sphäre einzugreifen, indirekt auch zu entscheiden, ob die von der Centralbehörde aufgestellten allgemeinen Grundsätze dem Gesetze gemäß sind. Die Entscheidungen der Gerichte über die einzelnen Fälle (cases), sind aber dann unweigerlich auch für die Centralbehörde maßgebend in Betreff der Abänderung oder Ergänzung ihrer Erlasse. Erscheinen der Centralbehörde die Gesetze, wie sie durch die Entscheidungen der Gerichte näher festgestellt oder weiter entwickelt sind, ungenügend oder gar unzweckmäßig, so haben sie das Recht wie die Pflicht, die Vervollständigung oder Verbesserung derselben durch das Parlament zu beantragen. Dagegen hat die Centralbehörde in keiner Weise das Recht, in ihren Erlassen über das Gesetz hinauszugehen, oder die Auffassung desselben für den einzelnen Fall in bindender Weise zu bestimmen. Die Stelle deutscher Ministerialreskripte über den Sinn von Verwaltungsgesetzen, vertreten in England allgemein die von den Gerichten über einzelne vor sie gebrachte Fälle ergangenen Entscheidungen; aus Sammlungen derartiger Entscheidungen erholen sich die Lokalbehörden ihre Belehrung, und die Centralbehörde selbst macht, wo bei verschiedenen Lokalbehörden eine verschiedene oder aber eine ihrer Ansicht nach irrige Auffassung des Gesetzes hervortritt, es sich lediglich zur Aufgabe, gerichtliche Entscheidungen zu provociren, und sie dann den nicht im Einklang mit ihnen handelnden Lokalbehörden mitzutheilen.

In Folge dieser Einrichtung erscheint die Centralbehörde überall nur als eine Rathgeberin, oder ein Beistand der Lokalbehörden für die richtige Auffassung und Anwendung der Gesetze, ohne deren Selbstständigkeit in den ihnen überlassenen Gebieten der Wirksamkeit zu beeinträchtigen, oder sich als der alleinige Inhaber der Staatsweisheit zu benehmen.

Bei den unbesoldeten Ehrenämtern tritt hier, wie überhaupt in England, der Gesichtspunkt hervor, den unabhängigen Staatsbürgern vorzugsweise die Entscheidung über die Lokalangelegenheiten vorzubehalten, sowie ihnen die Überwachung und großentheils auch die Ernennung der Subalternbeamten zu überlassen. Das unvermeidliche durch die neueren Armeneinrichtungen allerdings wesentlich vermehrte Schreiberwerk, sowie alle lästigen und zeitraubenden Geschäfte werden

der Regel nach von besoldeten Subalternbeamten versehen, oder können ihnen mindestens überlassen werden.

Überblicken wir nun die Behörden, welche bei der Verwaltung der
Armenpflege zusammenwirken, so scheiden sie sich in zwei Hauptklassen:
A. Die Centralbehörde; und
B. Die Lokalbehörden.

Bei den letzteren finden wir sowohl besoldete, als auch unbesoldete Beamten thätig. Wir betrachten zuerst den Beruf und die Zusammensetzung der Centralbehörde.

A. Centralbehörde.

§. 10.

1. Die Centralarmenbehörde (Poorlaw-Board) im Allgemeinen[1]).

Zur oberen Leitung der gesammten Armenpflege wurde im
Jahre 1834 eine Kommission von 3 Mitgliedern (3 Poorlaw-Commissioners) zunächst auf 5 Jahre bestellt; sie erfuhr dann
successive Verlängerungen, bis man ihr im Jahre 1847 eine etwas andere festere Gestalt gab.

Im Jahre 1834 war die Reform der Armengesetze überhaupt als
ein Versuch behandelt worden. Man hatte das ganze neue Gesetz in
Folge dessen nur für eine bestimmte Zeit erlassen; insbesondere aber die
Einsetzung einer Centralbehörde mit ungewöhnlicher und ausgedehnter
Macht, als eine außerordentliche Maßregel zur Durchführung der um-

---

1) Die Hauptgesetze, welche für die Centralbehörde die Macht und den
Wirkungskreis festsetzen, sind 4 et 5. William IV cap. 76, und 10 et 11. Victoria
c. 109; vgl. Archbold Justice of the Peace, art. Poorlaw-Board. — Im Jahre
1846 haben die Kommissarien, denen die obere Leitung der Armenverwaltung zunächst übertragen war, kurz vor ihrem Ausscheiden aus dem Amte, und der Umgestaltung desselben, einen ausführlichen sehr klaren Bericht an den Minister des Innern
über ihre Stellung und Wirksamkeit erstattet. Diesen Bericht hat Nicholls II p.
402—404 ziemlich vollständig mitgetheilt, und zugleich die Gründe für die Umgestaltung der Behörde im Jahre 1847 angegeben. Der Verfasser hat sich außerdem
noch specieller mündlicher Erläuterungen und Vervollständigungen dieser Nachrichten
durch Sir George Nicholls, früheres Mitglied der Armenkommission und
späteren Sekretär der neuen Centralbehörde (,,late Poorlaw-Commissioner, and Secretary to the Poorlaw-Board''), sowie durch Mr. Hugh Owen (,,Chief Clerk of
the Poorlaw Board for Office of Management'') zu erfreuen gehabt.

faffenden Reform betrachtet. Über das Bedürfniß ihrer späteren Beibehaltung, und über die ihr dann zu gebende Gestalt sollte erst die
Erfahrung entscheiden.

Nachdem die Kommissarien für das Armenwesen ihr mühevolles
Werk 13 Jahre, wenn auch unter vielfachen und heftigen Angriffen,
so doch im Ganzen mit glücklichem Erfolge durchgeführt hatten, waren
genügende Erfahrungen gewonnen, um die Zweckmäßigkeit des neuen
Systems der Armenpflege im Ganzen, und das dauernde Bedürfniß
einer Centralbehörde insbesondere, für erwiesen anzusehen. In Betreff der Verfassung und Stellung der Centralbehörde
erschienen indeß einige Abänderungen als wünschenswerth.

Die zuerst eingesetzten Kommissarien hatte man absichtlich außerhalb des Kreises der parlamentarischen Regierung,- im engeren Sinne
des Wortes, gestellt. Die Mitglieder der 1534 eingesetzten Armenkommission (die Poorlaw-Commissioners) durften nicht Mitglieder des
Parlaments sein, und die Beibehaltung ihrer Stellung hing hiernach
auch nicht von dem Schicksal des Ministeriums ab, unter dessen Auspi-
cien sie in das Amt eingetreten waren. Einer der zuerst ernannten
Kommissarien ist bis zur Umgestaltung der Centralbehörde im Jahre
1847 im Amte geblieben *). Der Zweck dieser Bestimmung war, die
Behörde außerhalb des Bereichs der Parteikämpfe zu stellen, und ihr
dadurch die für die Durchführung einer so tief eingreifenden und um-
fassenden Maßregel nöthige Dauer, verbunden mit Einheit und Folge-
richtigkeit des Verfahrens, zu sichern.

Die neuen Armengesetze waren im Wesentlichen mit Zustimmung
aller Parteien erlassen; die von dem Whigministerium eingebrachte Bill
hatte im Oberhause der Herzog von Wellington selbst unterstützt, und
den neu ernannten Kommissarien war beim Beginn ihrer Amtsthätigkeit
allgemeines Vertrauen entgegen gekommen; allein im Laufe der Zeit
hatte die Durchführung der Gesetze, welche die Beseitigung weit ver-

---

*) Die im Jahre 1834 mit der Armenpflege beauftragten Kommissarien waren:
Thomas Franklin Lewis, John George Shaw Lefebre und Sir George
Nicholls. Die beiden ersten schieden in den Jahren 1839 und 1840 aus und
wurden durch Cornewall Lewis und Edmund Head ersetzt; Sir George
Nicholls dagegen behielt seine Stellung bis zum Jahre 1847, in welchem er als
beständiger Sekretär ("permanent secretary") an der umgebildeten Centralarmenbehörde angestellt wurde.

zweigter und lange eingewurzelter Mißbräuche bezweckte, eine sehr leb-
hafte Opposition hervorgerufen [3]). Viele kaum zu vermeidende Härten,
eine nicht erwartete neue Steigerung der Armenlast, die nach einer anfänglich gelungenen bedeutenden Ermäßigung derselben, wenn auch aus
erklärlichen Gründen, erfolgt war, endlich auch wohl manche Mißgriffe
im Einzelnen, die der neuen für allmächtig gehaltenen Centralbehörde
ohne nähere Prüfung zur Last gelegt wurden, hatten das den Kommissarien zuerst allgemein geschenkte Vertrauen erschüttert, mindestens ihre
Popularität sehr untergraben [4]). So schien ein Wechsel der Personen,
zugleich aber auch die Einfügung der neuen Behörde in den allgemeinen
Organismus des englischen Verwaltungssystems geboten. Man erkannte für nothwendig der Centralbehörde zu gestatten, daß einige ihrer
Mitglieder im Parlament säßen, um die Armenverwaltung gegen die
häufigen Angriffe zu vertheidigen, welche in der Presse und im Parlament die von ihnen befolgten Grundsätze im Allgemeinen, sowie ihre
Anwendung im Einzelnen erfuhren. Hierin lag nach englischen Verhältnissen für die Centralarmenbehörde das einzig ausreichende Mittel
der Vertheidigung. Nur so konnte das Verfahren der Behörde genügend erläutert, auf jede Frage sofort Auskunft ertheilt, und jede unbegründete Behauptung oder Anklage auf der Stelle berichtigt und
zurückgewiesen werden. Dem entsprechend wurde im Jahre 1847 eine
ihrem Wesen nach beständige, obwohl der Form nach auch jetzt nur
kraft eines besonderen Auftrags von Seiten der Königin (Commission)
und für einen Zeitraum von je 5 Jahren neu zu ernennende Behörde
angeordnet, welche officiell „die Kommissarien für Verwaltung der Armengesetze in England" („Commissioners for
administering the laws for the relief of the poor in England")
heißt, gewöhnlich aber das Poorlaw-Board (d. i. wörtlich die
Armengesetz-Behörde) genannt wird. Der Vorsitzende dieser Behörde,

---

3) Vgl. Nicholls II p. 411.

4) Es wirkten auch persönliche Reibungen innerhalb der Centralbehörde mit,
so insbesondere zwischen dem an die Stelle seines Vaters Francis Lewis getretenen
Cornewall Lewis, späterem Kanzler der Schatzkammer, und dem damaligen
ersten Secretär (secretary) Edwin Chadwick, der sich durch große Thätigkeit
und Geschicklichkeit wesentliche Verdienste um die Durchführung der Armengesetze erworben hat; Beides sehr fähige und energische Männer, die indeß von Neuem den
alten Ausspruch bestätigten, „daß zwei Sterne nicht in einer Sphäre kreisen können"
(„Two kings, that wont do").

das jedesmal in der Bestallung zuerst genannte Mitglied derselben, führt den Titel Präsident („President") [5]).

Nach dem Wortlaut des Gesetzes kann die Königin eine beliebige Anzahl von Personen in die Kommission berufen, von denen aber nur der Vorsitzende eine Besoldung zu erhalten hat, und sollen außer ihnen der Lord Präsident des Geheimenrraths, der Lord Siegelbewahrer, der Staatssekretär für das Departement des Inneren, und der Schatzkanzler, jedesmal als solche (ex officio) Mitglieder der Armenkommission sein, auch ohne daß sie dazu in ihrer Bestallung ausdrücklich ernannt sind [6]). In der Praxis hat sich die Sache aber so entwickelt, daß außer diesen ex officio Mitgliedern und dem Präsidenten, keine andern Kommissarien (Poorlaw-Commissioners) ernannt werden; und selbst die Betheiligung der ex officio Mitglieder ist im Grunde nur eine bloße Förmlichkeit, oder höchstens eine Vorsichtsmaßregel für außerordentliche Fälle. Allerdings haben die ex officio Mitglieder das Recht, sich zu einer Sitzung zu versammeln, in der dann der Präsident den Vorsitz führen soll, und es muß sogar jeder Erlaß von Generalinstruktionen (General-orders), d. h. von solchen, die für mehr als eine Sammtgemeinde bindend sind, außer vom Präsidenten noch von 2 Kommissarien (Poorlaw-Commissioners) unterzeichnet sein, ist auch für laufende Geschäfte in Verhinderungsfällen des Präsidenten die Unterschrift zweier anderer Kommissarien erforderlich [7]); in der That nehmen aber die ex officio Kommissarien, wie man schon aus ihren anderweitigen Stellungen schließen wird, keinen wirklichen Theil an den Geschäften. Diese werden vielmehr von dem Präsidenten allein, und in dessen Abwesenheit oder anderweitiger Verhinderung unter seiner Verantwortlichkeit von den Sekretären (Secretaries) besorgt, und den ex officio Kommissarien nur formell zur Mitunterzeichnung vorgelegt, soweit das Gesetz dies fordert [8]).

5) Die Stelle des Präsidenten bekleidete früher Charles Buller, dann Matthew Talbot Baines und John Trollope, in den letztern Jahren Edward Pleydell Bouverie.

6) 10 et 11. Victoria cap. 109 §. 2 und 8.

7) 10 et 11. Victoria cap. 109 §. 14 et 16 und §. 7.

8) Ein George Nicholls, hierfür gewiß der competenteste Zeuge (vgl. Note 1 und 2), äußerte lächelnd im Mai 1857 auf eine deswegen an ihn gerichtete Frage des Verfassers: er habe nie einen der ex officio Kommissarien auf dem Poorlaw-Board gesehen! In ähnlicher Weise sprach sich Mr. Hugh Owen (vgl. Note 1)

Zu ihrer Unterstützung sind die Kommiffarien (Poorlaw-Commissioners) berechtigt, zwei befoldete Sekretäre (Secretaries),
ferner zwei Hülfsfekretäre (Assistent secretaries) für die-
felben, und außerdem fo viele Schreiber (Clerks) und fonstige
Subalternbeamten zu ernennen, als ihnen das Finanzministerium
gestattet [9]).

Außer diesen Hülfsbeamten zur Erledigung der Geschäfte, die der
Centralarmenbehörde in London unmittelbar obliegen, können die Kommiffarien Infpektoren ernennen, welche in der im §. 12 näher an-
zugebenden Weife, die Organe der Centralarmenbehörde zur Kontrole
der Lokalarmenverwaltung find; ihre Anzahl wird im Einvernehmen mit
dem Finanzministerium bestimmt, und ist im Jahre 1857 auf 12 fest-
gefetzt worden [10]).

Der Präsident und einer der beiden Sekretäre dürfen in das Parlament gewählt werden, d. h. fie müssen sich,
um ihre Stellen behaupten zu können, einen Sitz im Parlament verschaffen, damit fie dort in üblicher Weife über die Führung der Geschäfte der Armenverwaltung Auskunft geben, und dieselbe vertheidigen können [11]).

Obwohl hiernach der Präsident der Centralarmenbehörde praktisch eine fehr unabhängige und höchst wichtige Stellung einnimmt, fo
hat er doch nicht den Rang eines wirklichen Ministers, auch keinen Sitz
im Kabinet, steht vielmehr der Form nach unter dem Minister des
Innern [12]).

darüber aus. — Die Mehrzahl der laufenden Geschäfte zeichnet nur der Präsident
und einer der Sekretäre: 11 et 12. Victoria cap. 109 §. 7.

9) 11 et 12. Victoria c. 109 §. 6. Die Ernennung der Sekretäre pflegt von
den andern Kommiffarien nach erfolgtem Vorschlägen des Präsidenten zu geschehen;
während ihm die Anstellung der übrigen Beamten des Bureaus ganz überlassen wird.

10) 10 et 11. Victoria c. 109 §. 19.

11) Die Sekretäre (Secretaries) haben eine Stellung, wie wir fie in
Preußen als die eines Vortragenden Raths im Ministerium bezeichnen würden. Nach
die Schreiber (Clerks) haben zum Theil eine weit einflußreichere und angesehenere Stellung als unsere Subalternbeamten; insbesondere gilt dies von den Chief-
clerks (Bureauvorstehern). Die Besoldung des Präsidenten der Centralbehörde beträgt 2000 £., die der beiden Sekretäre 1500 und 1000 £.;
ihrer dritten Gehülfen (Assistent secretaries) 1200 und 900 £.; die der
beiden Chief-clerks 680 £. (das etatsmäßige Minimum ihres Gehaltes ist 500
£., das Marimum 700 £., mit die jährliche Zulage 20 £.)

12) Die Angabe von Gneist Engl. Verf. 1 p. 477 und 2 p. 717, daß der Präfi-

§. 11.
Stellung der Centralarmenbehörde.

Der Centralarmenbehörde (dem Poorlaw-Board) sind im Wesentlichen dieselben Rechte eingeräumt, mit welchen die im Jahre 1834 eingesetzte Kommission ausgestattet war.

Außer der bereits erwähnten Befugniß, die nöthigen Hülfsbeamten zu ernennen, hat die Centralarmenbehörde das Recht,
die allgemeinen Grundsätze vorzuschreiben, die zur Anwendung kommen sollen bei der Bewilligung von Unterstützungen, bei der Behandlung der Armen, bei der Errichtung und Verwaltung der Arbeitshäuser, sowie beim Abschließen von Lehrverträgen für arme Kinder.
Demgemäß versieht die Centralarmenbehörde die Lokalbehörden, insbesondere die Armenräthe (Boards of Guardians), die Kirchspielsbeamten und Kirchspielsversammlungen, mit Anweisungen hierüber, und
schreibt auch vor, wie Lieferungskontrakte abgeschlossen, wie die Rechnungen geführt und abgenommen werden sollen [1]).

Die Generalerlasse (General Orders), oder wie man
sie bei uns nennen dürfte, die Cirkularreskripte der Centralarmenbehörde, welche nicht bloß an einzelne, sondern an mehrere oder alle
Lokalbehörden gerichtet sind, treten erst 40 Tage, nachdem eine Abschrift
derselben dem Ministerium des Innern eingereicht ist, in Kraft. Sie
können in dieser Zwischenzeit, sowie auch später, von der Königin in
ihrem Geheimenrath ganz oder theilweise aufgehoben werden; dies hat
die praktische Folge, daß solche Erlasse als Akte des Kabinets, und als
unter dessen Mitverantwortlichkeit ergangen, angesehen werden [2]).

Ein besonders wichtiger Zweig der Befugnisse der Centralarmenbehörde ist das Recht, Kirchspiele zu Sammtgemeinden zu
vereinigen [3]). Anfänglich war die Ausübung dieses Rechtes dahin
beschränkt, daß die einmal gebildeten Sammtgemeinden nicht ohne Einwilligung von mindestens zwei Drittheilen der Mitglieder ihres Armenrathes (Board of Guardians) verändert werden sollten [4]); es zeigte

---

dem ein verantwortlicher Minister sei, mit einem Sitz im Kabinet und Parlament,
beruht auf einem Irrthum.

1) 4 et 5. William IV cap. 71 §. 15.
2) 4 et 5. William IV cap. 76 §. 16.
3) 4 et 5. William IV cap. 76 §. 26.
4) 4 et 5. William IV cap. 76 §. 32.

sich diese Beschränkung aber als hemmend für die Durchführung einer möglichst zweckmäßigen Gestaltung der Sammtgemeinden, und wurde deswegen im Jahre 1641 aufgehoben. Nur Kirchspiele, welche für sich allein mehr als 20,000 Einwohner zählen, und auf Grund eines Localstatutes einen eigenen Armenrath haben, dürfen nicht ohne dessen Zustimmung zu einer Sammtgemeinde geschlagen werden [5]).

Ferner kann die Centralarmenbehörde unter schriftlicher Einwilligung der Mehrheit des Armenraths, die Errichtung von Arbeits-häusern anordnen; die bloße Umänderung oder Erweiterung vorhandener aber auch ohne Zustimmung des Armenraths veranlassen, insofern die entstehenden Kosten nicht die Summe von 50 L., oder von einem Zehntel des Betrages der jährlichen Armensteuer übersteigen [6]).

Um die strenge Beobachtung der aufgestellten Grundsätze bei der Armenpflege durchführen zu können, ist der Centralarmenbehörde die sehr bemerkenswerthe Befugniß eingeräumt, dem Armenrath einer Sammtgemeinde, sowie den Armenvätern eines Kirchspiels, die Anstellung be-soldeter Beamten anzubefehlen, soweit ihr dies zur Ausführung der Gesetze erforderlich scheint. Gemeint sind hier beispielsweise Beamte zur Verabreichung von Unterstützungen (Relieving-officers), zur Beaufsichtigung eines Arbeitshauses oder von Armen bei denselben aufgegebenen Arbeiten; Beamten zur Prüfung und Abnahme der Rechnungen (Auditors); Einnehmer, Rendanten, Schreiber, Lehrer, Geistliche, Ärzte u. s. w. Die Centralarmenbehörde bestimmt in solchen Fällen die Eigenschaften, die von dem Anzustellenden gefordert werden, seine Berufspflichten, sowie die Höhe des mit der Stellung verbundenen Gehaltes, und der etwa von ihm zu bestellenden Kaution, u. s. w. Wie die Ernennung, so steht der Centralarmenbehörde die Entlassung dieser Beamten zu, und zwar ohne eine vorausgehende Kündigung oder Angabe von Gründen; die Anstellung geschieht nur „auf Belieben" (durante beneplacito).

Endlich kann die Centralarmenbehörde auch mehrere Sammtgemeinden oder Kirchspiele zur gemeinsamen Besoldung von Beamten (insbesondere zur Prüfung von Rechnungen) vereinigen [7]). Die Auswahl der von ihnen Anzustellenden bleibt dann

5) 7 et 8. Victoria cap. 101 §§. 64 und 66.
6) 4 et 5. William IV cap. 76 §§. 23—25.
7) 4 et 5. William IV cap. 76 §§. 46 und 48; 2 et 3. Victoria c. 84 §. 2. Cf. Archbold Justice of the Peace III Artkl. Paid officers.

den Lokalbehörden überlassen, und verfügt die Centralarmenbehörde niemals ohne die Lokalbehörden gehört zu haben, und der Regel nach in Übereinstimmung mit ihnen, ja auf ihren eigenen Antrag.

Ausgedehntere Befugnisse einzuschreiten hat die Centralarmenbehörde, wenn die Lokalbehörden ihre Pflicht verabsäumt haben. Wenn z. B. ein Armenrath es unterlassen hat, eine Kommission zur Visitation des Arbeitshauses zu ernennen, oder die von ihm dazu ernannte Kommission die Revision des Arbeitshauses unterlassen hat, kann die Centralarmenbehörde Jemand gegen Remuneration so lange mit der Revision des Arbeitshauses beauftragen, bis der Armenrath seine Schuldigkeit erfüllt hat[8]). Auch mag hier noch der Befugniß der Centralarmenbehörde gedacht werden, auf Antrag der Lokalbehörden eine neue Abschätzung des Grundeigenthums behufs der gleichmäßigen Veranlagung der Armensteuer anzuordnen[9]).

Damit die Centralarmenbehörde die genaueste Kenntniß aller thatsächlichen Verhältnisse gewinnt, ist sie, abgesehen von Einsendung von Berichten durch ihre Inspektoren, ermächtigt, alle Personen, die an der Verwaltung der Armenpflege Theil nehmen, vorzuladen, und von ihnen über die Verhältnisse derselben eidliche Auskunft zu verlangen. Ingleichen kann die Centralarmenbehörde die Verhältnisse des zu milden Zwecken bestimmten Kirchspielsvermögens, sowie das von milden Stiftungen untersuchen lassen, endlich auch, nach Ermessen und mit Genehmigung des Finanzministers, eine ihr geeignet scheinende Person mit einer Specialuntersuchung über einen besonderen Vorfall, oder über bestimmte Verhältnisse beauftragen, und ihr alle erforderlichen (der Centralarmenbehörde selbst zustehenden) Befugnisse, behufs der Vorladung und Vernehmung von Zeugen, übertragen. Eine solche Specialuntersuchung darf jedoch nicht über 30 Tage dauern[10]).

---

8) 10 et 11. Victoria c. 109 §. 24. Cf. Archbold III Art. Visitors of workhouses.

9) 6 et 7. William IV c. 96 §. 3.

10) 10 et 11. Victoria c. 109 §§. 11 et 12; 4 et 5. William IV c. 76 §. 85. Zwischen der Centralbehörde und den Armenräthen (Boards of Guardians) besteht, wie dem Verfasser von den verschiedensten Seiten bezeugt wurde, in der Regel ein sehr gutes Vernehmen; Eifersucht oder Zerwürfnisse zwischen beiden Behörden hätten sich selten oder gar nicht geltend gemacht. Allerdings komme es bei dem Einfluß der Centralbehörde auf die Anstellung von Beamten, auf den Bau von Arbeitshäusern u. f. w. sehr auf das Benehmen der Inspektoren gegen die Armenräthe an, allein die letzte

§. 12

Die Inspektoren [1]).

Die wichtigsten Hülfsorgane der Centralarmenhörde (des Poorlaw-Board) zur Ausführung ihrer umfangreichen Aufgabe, sind die
Inspektoren (Inspectors); im Wesentlichen dieselben Beamten,
welche der Centralbehörde bei ihrer ersten Einsetzung (wo sie den Namen
Poorlaw-Commissioners führte) unter dem Namen von Hülfskommis-
sarien (Assistant-Commissioners) beigegeben waren.

Die Inspektoren sind besoldete Beamte, denen die
specielle Aufsicht über die Armenpflege in bestimmten Bezirken von England und Wales übertragen ist. Während
der Präsident der Centralarmenbehörde und die Sekretäre derselben der
Regel nach nicht in die Provinzen kommen, haben die Inspektoren ihre
regelmäßigen Wohnsitze an den Hauptorten der ihnen überwiesenen Bezirke. Darüber, wie oft sie nach London kommen sollen, besteht keine
Vorschrift; die Kosten der Reise üben hier ihren natürlichen Einfluß;
die näher wohnenden Inspektoren pflegen alle Monate zu kommen, die
entfernteren ein bis zweimal im Jahre, oder wenn eine besondere Veranlassung dazu eintritt. Versammlungen der Inspektoren finden nicht
statt [2]).

Die Centralbehörde bestimmt den Umfang der Amtspflichten der
Inspektoren; wir stellen ihre regelmäßigen Dienstgeschäfte
unter folgende vier Hauptgesichtspunkte zusammen:

1. Die Inspektoren haben zunächst die Arbeitshäuser
zu revidiren; es geschieht dies von ihnen jährlich mindestens zweimal, oft viel häufiger. Sie haben ferner den Sitzungen der
Armenräthe (Boards of Guardians) beizuwohnen, um sich zu
überzeugen, daß die Verwaltung derselben den Gesetzen entspricht, und

ten Fällen auch oft Veranlassung, der Centralbehörde verpflichtet zu sein, namentlich
wegen Nachrichten über Persönlichkeiten, die sie ihnen geben könnte.

1) Über die Stellung und Amtsgeschäfte der Inspektoren hat dem Verfasser an-
ster den früher angeführten Herrn, Mr. H. Burrard Farnall, Inspector of
Poorlaws for the Metropolitan District, auf die zuvorkommendste Weise Auskunft ertheilt.
Ihm verdankt er auch vielfache Belehrung über die Verhältnisse der Lokalbehörden
der Armenverwaltung, von denen die §§. 13—19 handeln.

2) Nach den Sir George Nicolls und Mr. Hugh Owen im Jahre
1857 dem Verfasser gemachten Mittheilungen.

zu veranlassen, daß vorkommende Irrthümer und Mißbräuche beseitigt
werden. Eine entscheidende Stimme im Armenrath haben die Inspektoren nicht; sie pflegen mindestens einmal im Jahre in jeder Sammtgemeinde (Union) an einer Sitzung des Armenrathes Theil zu nehmen.
Die Zahl der einem Inspektor übergebenen Sammtgemeinden ist verschieden nach der Ausdehnung, Bevölkerung und sonstiger Bedeutung
derselben; durchschnittlich hatte im Jahre 1857 jeder Inspektor etwa 60
Sammtgemeinden zu beaufsichtigen [3]).

Über das Ergebniß jeder Revision wird von dem Inspektor an
die Centralarmenbehörde ein Bericht eingeschickt, welcher im Wesentlichen in der Beantwortung von bestimmten, ein für allemal aufgestellten Fragen besteht [4]); am Schluß des Jahres hat er ihr außerdem noch
einen zusammenfassenden Bericht über den Zustand seines Bezirkes
einzureichen.

Bei der Centralarmenbehörde werden zur Kontrole der Inspektoren

---

3) Im Jahre 1857 waren nach einer gedruckten Liste die Unions unter 11 Inspektoren so vertheilt, daß für die einzelnen Inspektoren Bezirke gebildet waren von
41 Unions (zu denen London gehörte), 67 Unions, 67, 75, 63, 54, 63, 67, 64,
50 und 45 Unions (zu den beiden letzten Bezirken gehörten die Grafschaften Lan-
caster, York, Westriding).

4) Ein gedrucktes Formular stellt im Jahre 1857 die folgenden fünfzehn
Fragen auf, die zu beantworten sind: 1. Unter welchem Datum erfolgte der letzte
Besuch des Inspektors im Arbeitshause? 2. Entspricht das Arbeitshaus im Allgemeinen in Beziehung auf Größe und innere Einrichtung den Bedürfnissen der Union?
3. Genügen die Anstalten für die Kranken; befinden sich insbesondere die Kranken-
zimmer in gutem Zustande? 4. Wird die Armenschule gut geleitet? 5. Genügen die
Räume für die Vagabunden (Vagrants), und sind hinreichende Anstalten zu ihrer Beschäftigung vorhanden? 6. Besucht das Visiting Committee das Arbeitshaus regelmäßig, und gibt einzelne Bemerkungen desselben Veranlassung zu weiteren Maßnahmen? 7. Wurde das Maximum der in das Arbeitshaus aufzunehmenden Personen
stets beachtet? 8. Sind im Arbeitshause in vorgeschriebener Weise Auszüge aus den
betreffenden Gesetzen und Regulativen angeschlagen? 9. Wurde der Centralarmenbehörde über alle Veränderungen in Betreff der Anstellung und Besoldung von Beamten Bericht erstattet? 10. Ist einer der Beamten nur provisorisch angestellt?
Zeigt er sich als tüchtig? 11. Werden die Bücher und Rechnungen vorschriftsmäßig
geführt? 12. Bemerkte der Inspektor irgend etwas Ungesetzliches oder Vorschrifts-
widriges bei der Verwaltung? 13. Wurden die Bestimmungen über Impfen beobachtet? 14. Hat seit dem letzten Besuch des Arbeitshauses durch den Inspektor irgend eine bemerkenswerthe Veränderung in demselben Statt gefunden? 15. Sind
irgend welche specielle Formalfragen vorhanden zu Verfügungen des Poorlaw-Board
an das Board of Guardians?

Liſten geführt, wann und wie oft von ihnen jede Sammtgemeinde beſucht worden iſt.

2. Die zweite Aufgabe der Inſpektoren iſt, die Durchſchnitte zu berechnen, nach welchen die einzelnen Kirchſpiele zu den gemeinſamen Ausgaben der Sammtgemeinde (Union), zu der ſie geſchlagen ſind, beizutragen haben*).

Der Regel nach ſind dieſe Durchſchnitte alle drei Jahre neu zu ziehen, doch werden nicht ſelten Reviſionen vor Ablauf dieſer Zeit durch eingegangene Beſchwerden erforderlich. Da nun bei ihnen jeder einzelne Ausgabepoſten ſowohl des Kirchſpieles als der Sammtgemeinde, mit Berückſichtigung der Kaſſe, welcher er zur Laſt fällt, geprüft werden muß, und die Kirchſpiele obendrein vielfach durch allerlei Kunſtgriffe geringere Ausgaben für ſich herauszurechnen ſuchen, als ſie in Wahrheit gemacht haben, ſo iſt dieſe Reviſionsarbeit mit einem nicht unerheblichen Aufwand von Zeit und Mühe verbunden.

3. Den Inſpektoren liegt drittens ob, bei allen Beſchwerden über Vergehen oder Dienſtvernachläſſigungen der beſoldeten Lokalbeamten, z. B. der Direktoren der Arbeitshäuſer, der Unterſtützungsbeamten (Relieving-officers), der Armenärzte u. ſ. w., die Unterſuchung an Ort und Stelle im Auftrage der Centralarmenbehörde zu führen, Zeugen über die einzelnen in Frage kommenden Punkte zu vernehmen, und die gepflogenen Verhandlungen, unter Beifügung eines eigenen Gutachtens, der Centralarmenbehörde einzuſchicken, die dann in Folge deſſen den angeſchuldigten Beamten freiſpricht, oder ſeines Amtes entſetzt.

Solche Beſchwerden, verbunden mit Anträgen auf Entfernung der betreffenden Beamten, laufen maſſenhaft von Lokalbehörden wie von einzelnen Armen ein, und die Centralbehörde hat dann nicht ſelten die Beamten gegen unbegründete Angriffe in Schutz zu nehmen. Es erweiſt ſich hierbei als ſehr wohlthätig, daß das Recht, die beſoldeten Lokalbeamten zu entfernen, der Centralarmenbehörde und nicht den Lokalbehörden eingeräumt iſt. Die Lokalbehörden würden durch ihre lokalen Beziehungen nicht ſelten geneigt ſein, Vergehen der Lokalbeamten ungeahndet zu laſſen, oder aber ihre Handlungsweiſe von einem falſchen Geſichtspunkte aus ungerecht zu beurtheilen. Der entfernter ſtehenden

*) Die Centralarmenbehörde hat Formulare aufgeſtellt, deren ſich die Inſpektoren bei der Berechnung zu bedienen haben; über die den Kirchſpielen zur Laſt fallenden Ausgaben vgl. oben §. K.

5 *

Centralbehörde kommt ein freierer Standpunkt zu Gute, und während sie durch die ihr gegebene Befugniß in der Lage ist den Amtseifer der Beamten anzuspornen, gewinnen diese zugleich das Gefühl einer mehr gesicherten Stellung. Daß es nun aber für die wirksame und angemessene Ausübung dieses Rechtes der Centralbehörde vorzugsweise auf die Umsicht und Thätigkeit der Inspektoren ankommt, liegt auf der Hand.

4. Der Inspektor hat viertens über alle aus seinem Bezirk an die Centralarmenbehörde eingehenden Schreiben „Bericht" zu erstatten. Auf keines dieser Schreiben wird von der Centralarmenbehörde ein Bescheid ertheilt, ohne den Inspektor über dasselbe gehört zu haben. Bei der Einforderung des Berichtes werden die das bezügliche Schreiben betreffenden Vorlagen und Aktenstücke dem Inspektor stets sogleich mit zugeschickt. Derselbe hat hiernach Kenntniß von jedem Schreiben, welches aus seinem Bezirk an die Centralarmenbehörde gelangt.

Ihrem Inhalte nach sind diese Schreiben natürlich sehr verschieden. Es sind Beschwerden von Armen über Vernachlässigung oder üble Behandlung; Beschwerden über Unregelmäßigkeiten bei den Wahlen der Armenräthe (der Guardians); Eingaben, die sich auf die Anstellung von Beamten beziehen; Beschwerden der Beamten über Schmälerung ihres Gehaltes; u. s. w.

Abgesehen von diesen eigentlichen Amtsgeschäften, werden den Inspektoren häufig noch specielle Aufträge von der Staatsregierung ertheilt, die keine nähere Beziehung zu der Armenverwaltung haben, weil sie vermöge der genauen Bekanntschaft mit ihrem Bezirk, und ihrer vielfachen Verbindungen in demselben, ganz besonders befähigt und im Stande sind, dieselben auszuführen, und es der Regierung an andern dazu geeigneten Organen fehlt. So erhielt z. B. ein Inspektor den Auftrag, im Interesse der Admiralität die von Privathedern an ihre Arbeiter gezahlten Lohnsätze zu ermitteln; ein anderer den Auftrag, über den Ausfall der Ernte Erkundigungen einzuziehen, u. s. w.[6]).

---

6) Die Inspektoren senden wöchentlich einen kurzen Bericht über das ein, was sie an jedem Tage vorgenommen haben; dadurch sind sie gegen Überbürdung sicher gestellt. Ein Inspektor äußerte: sie hätten dadurch die Beruhigung und Gewähr, daß ihre Vorgesetzten wüßten, sie wären mit der Erfüllung eines Auftrages beschäftigt, und könnten somit gleichzeitig nicht einen zweiten ausführen!

Aus allem Angeführten geht hervor, daß die Inspektoren eine sehr wichtige, einflußreiche, und in Folge dessen natürlich auch angesehene Stellung einnehmen; sie vertreten in ihrem Bezirk in ähnlicher Weise die Centralarmenbehörde, wie die preußischen Landräthe in ihren Kreisen die Regierung, nur daß die Bezirke der englischen Inspektoren von weit größerem Umfange sind.

Die Inspektoren erhalten ihren Verhältnissen entsprechend eine gute Besoldung[7], und es werden Männer Inspektoren, welche bereits eine hervortretende Stellung in der bürgerlichen Gesellschaft einnehmen: angesehene Rechtskundige, Friedensrichter, die längere Zeit den Vorsitz in den Vierteljahrssitzungen geführt haben, Parlamentsmitglieder, und dergleichen.

Die Zahl der Inspektoren wird nach den Umständen im Einvernehmen mit dem Finanzministerium bestimmt. Die anfänglich, im Jahre 1834, angenommene Normalzahl für die Assistant-Commissioners war 9, doch häuften sich bei der ersten Durchführung der Armengesetze ihre Geschäfte in dem Grade, daß eine Zeit lang 21 angestellt werden mußten. Später beschränkte man die Zahl wieder auf 9, mußte dieselbe jedoch bald von Neuem vermehren[8]. Im Jahre 1857 waren 12 Inspektoren angestellt, von denen einer in London bei der Centralarmenbehörde selbst mit der Kontrole der Bezirksrechnungsrevisoren (der Auditors) beschäftigt war, während jedem der elf andern ein Theil von England und Wales, als sein Bezirk, in der bezeichneten Weise untergeben war[9].

B. Lokalbehörden.

§. 13.

1. Der Armenrath (Board of Guardians)[1].

Die wichtigste unter den Lokalarmenbehörden ist der seit 1834 organisirte Board of Guardians (d. i. wörtlich die Behörde der

7) Die Besoldung eines Inspektors besteht in einem ordentlichen Gehalt von 700 £., und 300 bis 370 £. fixirten Diäten zur Bestreitung der Reisekosten. Jeder Inspektor muß sich aber auf eigene Kosten zu seiner Unterstützung einen Privatsekretär halten.
8) Vgl. Nicholls II p. 324. 377 und 423.
9) Vgl. oben Note 3.
1) Die Gesetzesstellen über den Armenrath vgl. bei Archbold Justice of the Peace. Art. Board of Guardians.

Wärter, Aufseher) oder der Armenrath, worunter ein Kollegium steuerpflichtiger Einsassen verstanden ist, dem die Bewilligung von Armenunterstützungen zusteht.

1. Zusammensetzung des Armenrathes. Der Regel nach wird ein Armenrath für mehrere zu einer Sammtgemeinde (Union) vereinigte Kirchspiele gebildet, und besteht theils aus gewählten Mitgliedern (Guardians), theils aus solchen, die kraft ihrer anderweitigen Amtsstellung (ex officio) dazu gehören.

Gewählt wird aus jedem der verbundenen Kirchspiele mindestens ein Mitglied (Guardian)[2]), doch kann mit Rücksicht auf die Bevölkerungsverhältnisse und andere Umstände, einem Kirchspiele auch die Wahl mehrerer Mitglieder (Guardians) eingeräumt werden. Die nähere Bestimmung hierüber steht der Centralarmenbehörde zu[3]).

Zu der Theilnahme an der Wahl sind alle Einwohner des Kirchspiels berechtigt, welche im Laufe des letztverflossenen Jahres Armensteuern gezahlt haben. Den Höherbesteuerten ist dabei eine Mehrzahl von Stimmen beigelegt, die bis zu 6 Stimmen steigen kann[4]). Auch die Eigenthümer von verpachteten besteuerten Grundstücken sind stimmberechtigt, obwohl nicht sie, sondern die Pächter die Steuer zu entrichten haben. Die Stimmen werden schriftlich abgegeben, und die relative Stimmenmehrheit entscheidet. Die getroffene Wahl gilt für die Dauer eines Jahres[5]).

Wählbar sind nur höher besteuerte Einsassen; nach dem Gesetze alle, welche von einer Grundrente von 40 £. besteuert werden; die Centralarmenbehörde hat aber das Recht, diese Bedingung der Wählbarkeit unter Berücksichtigung der Verhältnisse herabzusetzen[6]). Personen, welche ein besoldetes Amt bei der Armenpflege bekleiden, sind nicht wählbar[7]).

Neben den gewählten Mitgliedern des Armenrathes sind kraft ih-

---

2) 4 et 5. William IV c. 76 §. 38.

3) 7 et 8. Victoria c. 101 §. 8.

4) Bei einer Grundrente unter 50 £. ist eine Stimme gewährt, bei einer Grundrente unter 100 £. sind es 2 Stimmen, bei unter 150 £. 3 Stimmen, bei unter 200 £. 4, bei unter 250 £. 5 Stimmen, bei über 250 £. Grundrente 6 Stimmen.

5) 4 et 5. William IV c. 76 §. 3-; 7 et 8. Victoria c. 101 §. 14 — 16.

6) 4 et 5. William IV c. 76 §. 38.

7) 5 et 6. Victoria c. 57 §. 44.

tes Amtes (ex officio) Mitglieder desselben, die innerhalb der Grenzen der Sammtgemeinde wohnenden aktiven Friedensrichter*). Diese führen die Verwaltung für den Armenrath, wenn derselbe wegen Verzögerung seiner Wahl, oder wegen in ihm vorgekommener Unordnungen nicht konstituirt ist °).

In den ländlichen Gemeinden sind die Friedensrichter zwar nicht der Zahl, wohl aber dem Einflusse nach, die bedeutendsten Mitglieder des Armenrathes; die gewählten Mitglieder sind hier meistens Pächter (Farmer). In den größeren Städten stellt sich dies anders; in ihnen sind die Friedensrichter nicht ex officio Mitglieder des Armenrathes, und es lassen sich wohlhabendere und angesehenere Bürger vielfach in den Armenrath wählen, indem sie, abgesehen von ihrem Interesse an der Sache, mit der Wahl in den Armenrath den ersten Schritt zu höheren Ehrenämtern zu thun hoffen ¹°).

---

8) Über die Zahlenverhältnisse der gewählten und ex officio Mitglieder in den einzelnen Armenräthen giebt specielle Auskunft der Parish and Board of Guardians Almanack.

9) 4 et 5. William IV c. 76 §. 38. und 7 et 8. Victoria c. 101 §. 24.

10) Die Stellung des Guardian führt in den Städten leicht zu der einer Magistralsperson, diese kann zu der eines Mayor (Bürgermeisters), und selbst ins Parlament führen. In den ländlichen Gemeinden finden sich weit weniger zu Guardians geeignete Personen, die abtretenden Guardians werden daher meistens wieder gewählt, und die Wahl zum Guardian ist minder erstrebt, und wird nicht leicht, wie so oft in den Städten, Gegenstand des Parteikampfes. Doch fehlt es meistens auch auf dem Lande nicht an Solchen, die das Amt übernehmen wollen, und besteht keine Basis auf Ablehnung desselben. Den manchen Ersten hörte der Verfasser darüber klagen, daß in vielen ländlichen Boards of Guardians die Friedensrichter nicht den Einfluß übten, der ihnen von selbst zufalle, wo sie sich den Geschäften des Boards mit Eifer unterzögen; in gar manchen Boards erschienen sie nur, wenn es sich um die Wahl des Vorsitzenden und seiner Stellvertreter handele (wozu in der Regel Friedensrichter genommen würden), sowie wenn Beamten angestellt werden sollten, fehlten dagegen, wenn Unterstützungsgesuche zu erledigen wären; dies rühre dann die Farmers, und verleite sie zu einer Opposition gegen die Friedensrichter. Im Allgemeinen gehen aber, wie dem Verfasser von den verschiedensten Personen versichert wurde, die Geschäfte in den ländlichen Armenräthen einen ruhigeren, stetigeren Gang als in den städtischen, und werden mit weniger Streit, Debatten und Zeitverlust erledigt; es erklärt sich das, abgesehen von dem größeren Wechsel in den Personen der Guardians und dem bedeutenderen Einfluß der Parteien in den Städten, daraus, daß auf dem Lande eine größere Personenvertraulichkeit besteht, ein geringerer Gegensatz der Interessen vorhanden ist, und obendrein für den Armenrath in der Regel weit weniger Geschäfte zu erledigen sind.

2. **Geschäfte des Armenrathes.** Die Berufsgeschäfte des Armenraths sind: die Bewilligung von Unterstützungsgesuchen, die nachträgliche Genehmigung der in dringenden Fällen von den Unterbeamten nach eigenem Ermessen verabreichten Unterstützungen, und die Verwaltung der Arbeitshäuser[11]).

Der Armenrath hat die Rechte einer Korporation, und kann als solche Grundeigenthum für die Zwecke der Armenpflege erwerben, Lieferungsverträge abschließen, Prozesse führen, u. f. w.[12]).

Er hat ferner eine **Mitbeschließung bei Einrichtung von Arbeitshäusern.** Wie bereits im §. 11 erwähnt, kann ohne die Einwilligung von der Mehrheit des Armenraths, die Errichtung eines neuen Arbeitshauses von der Centralarmenbehörde nicht anbefohlen, und können in einem bestehenden Arbeitshause für Erweiterungen und Änderungen keine Ausgaben über 50 L. gemacht werden[13]).

Dem Armenrath steht ferner die **Anstellung** (nicht die Absetzung) der besoldeten Beamten der Sammtgemeinde zu, jedoch, wie im §. 11 erwähnt, nach Maßgabe der Vorschriften, welche darüber von der Centralarmenbehörde erlassen sind[14]). Als solche anzustellende Beamten nennen wir: den Sekretär, den Rentamten, den Unterstützungsbeamten (Relieving-officer), und die Beamten des Arbeitshauses; über Stellung und Wirkungskreis dieser Beamten ist unten in den §§. 15—19 Näheres zusammengestellt.

3. **Geschäftsführung des Armenrathes.** Die Verhandlungen des Armenrathes sind kollegialisch, und er kann nur in einer vorher anberaumten Sitzung Geschäfte vornehmen[15]).

Zur speciellen Beaufsichtigung des Arbeitshauses wird aus dem Armenrath allgemein ein besonderer Ausschuß (Visiting-Committee) niedergesetzt[16]). In den besonders volkreichen Städten können außerdem mit Genehmigung der Centralar-

11) 4 et 5. William IV c. 76 §. 34 und 54.

12) 5 et 6. William IV c. 69 §. 57.

13) 4 et 5. William IV c. 76 §. 23 und 25. Wenn das Gesetz neben der Einwilligung des Armenraths der der Steuerzahler (Ratepayers) erwähnt, so bezieht sich dies auf den Fall, wo es an einem beschlußfähigen Board of Guardians fehlt.

14) 4 et 5 William IV c. 76 §. 46 und Consolidated Order of the Poorlaw-Commissioners 24. July 1847 §. 153 folg.

15) 4 et 5 William IV c. 76 §. 34.

16) Vgl. General Consolidated Order 24. July 1847 §. 145; und 10 et 11. Victoria c. 109 §. 24.

menbehörde, aus dem Armenrath noch besondere Ausschüsse
(Committees) zur Prüfung der Unterstützungsgesuche gebildet werden, die dann gewöhnlich aus drei Mitgliedern bestehen, und
denen ein besonderer Bezirk zugewiesen wird; doch muß das Plenum
des Armenrathes alle Beschlüsse der Ausschüsse genehmigen [17]). Hiervon abgesehen pflegt, entsprechend der Natur der Verhältnisse, der Ab-
geordnete (Guardian) eines jeden Kirchspieles auf die demselben angehörenden Armen besonders zu achten.

Die Beschlüsse des Armenrathes werden nach Stimmenmehrheit gefaßt; für eine gültige Beschlußfassung ist die Anwesenheit
und Übereinstimmung von mindestens drei Mitgliedern erforderlich. Zur
Leitung der Berathungen des Armenrathes wird ein Vorsitzender
(Chairman), und werden ein oder zwei Stellvertreter desselben gewählt.

Der Armenrath hält in seinem Amtszimmer [18]) der
Regel nach wöchentlich eine ordentliche Sitzung, und zwar
an einem ein für allemal dazu festgesetzten Tage. Außerordentliche
Sitzungen können außerdem nach dem Ermessen des Vorsitzenden, oder
auf den Antrag zweier Mitglieder anberaumt werden. Bei den Sitzungen führt der Sekretär der Sammtgemeinde das Protokoll, und sind
die Unterstützungsbeamten (Relieving-officers) anwesend.

Nach der Vorlesung des Protokolls über die letzte Sitzung und der
Festsetzung der Tagesordnung, wird, was die laufenden Geschäfte
betrifft, zuerst über neue Unterstützungsgesuche, dann über die Fortbe-
willigung von früher genehmigten, Beschluß gefaßt. Sodann wird der
Bericht über den Zustand des Arbeitshauses verlesen, und das Erforderliche über die Disciplin der Armen, ihre Beschäftigung, die Beschaffung der nöthigen Vorräthe u. s. w., verfügt. Endlich wird der Bericht des Rendanten verlesen, und werden den Armenvätern (Overseers)

17) Wie Nr. Barrard Farnall (vgl. §. 12 N. 1) dem Verfasser versicherte,
ist die Ertheilung dieser Genehmigung aber in der Regel nur eine bloße Formalität.
Am selben Tage, an dem die Plenarversammlungen gehalten werden, pflegen die
Ausschüsse in einem Nebenzimmer zu beschließen, und dann sofort nach erfolgter Mittheilung ihrer Beschlüsse von dem Plenum die erforderliche Genehmigung zu erhalten.

18) Das Amtszimmer der Guardians befindet sich in der Regel im
Arbeitshause; ist das Arbeitshaus wegen Kostspieligkeit des Bauplatzes außerhalb
der Stadt erbaut, so pflegt das Geschäftslokal der Guardians in der Stadt zu liegen, denn muß aber das Visiting-Committee des Armenrathes wöchentlich mindestens einmal das Arbeitshaus besuchen.

die nöthigen Anweisungen zur Beschaffung der erforderlichen Summen
ertheilt. — Alle Bewilligungen von Unterstützungen, sowohl innerhalb
als außerhalb des Arbeitshauses, müssen schriftlich verfügt, und dabei
die näheren Umstände angegeben werden, welche den Beschluß motivirt
haben[19]).

In größeren Kirchspielen, welche durch ihren Umfang
für sich allein der Aufgabe der Armenpflege zu genügen vermögen,
kann mit Genehmigung der Centralarmenbehörde, ein besonderer
Armenrath (Board of Guardians) bestellt werden; ein
solcher hat dann dieselben Rechte und Pflichten, wie der Armenrath einer Sammtgemeinde[20]). Zählen Kirchspiele über 20,000 Einwohner, so daß sie als ungetheilte Sprengel für die Zwecke der Armenpflege zu umfangreich sind, so sollen sie in mehrere Bezirke
(Wards) getheilt, und diese im Sinne des Armengesetzes als Kirchspiele behandelt werden, doch muß jeder solcher Bezirk mindestens 200
Häuser umfassen[21]).

In denjenigen Kirchspielen, die aus früherer Zeit her, sei es
einzeln oder mit andern verbunden, auf Grund von älteren Lokalstatuten eine selbstständige Armenverwaltung besitzen,
ist die Organisation derselben neuerdings mit der der Sammtgemeinden
in den wesentlichen Stücken in Übereinstimmung gebracht worden[22]).

§. 14.
2. Die Armenväter (Overseers).

Die durch die Akte der Königin Elisabeth eingeführten „Overseers of the Poor" (Armenaufseher) oder Armenväter sind
unbesoldete Kirchspielsbeamten, in deren Händen bis zum Jahre
1834 die gesammte Armenpflege lag, deren Einfluß aber seitdem wesentlich beschränkt worden ist.

Zunächst sind die zwei bis drei in jedem Kirchspiele
von dem Pfarrer und der Kirchspielsversammlung (Vestry) zu Kirchenvorstehern (Churchwardens) gewählten Kirchspiels-

---

19) Die Geschäftsordnung der Armenräthe ist geregelt durch das
General reskript der Armencommissarien (die Consolidated Order of the Poorlaw-
Commissioners) v. 24sten Juli 1847 §. 24—43; vgl. Archbold III Art. Guardians.
   20) 4 et 5. William IV c. 76 s. 39.
   21) 7 et 8. Victoria c. 101 §. 12.
   22) 7 et 8. Victoria c. 101 §. 64.

Insassen als solche (ex officio) Armenväter in dem Kirchspiele [1]). Außer ihnen aber werden jährlich durch die Friedensrichter in bestimmten, jedes Frühjahr zu diesem Zweck abgehaltenen
Bezirkssitzungen (Special-sessions), für jedes Kirchspiel, oder für jeden in dieser Beziehung selbstständig abgegrenzten Bezirk (Township) [2]),
nach dessen Größe uud Bevölkerung, 2 bis 4 anderweitige Kirchspielsinsassen zu Armenvätern ernannt [3]). Auch die städtischen Friedensrichter haben dieses Recht. Die Art, in der sie die Armenväter ernennen, ist aber, daß zu diesem Behuf die Constables mit
Hülfe der Kirchspielsversammlung (Vestry) eine Liste aller zur Übernahme des Amtes befähigten und verpflichteten Einsassen entwerfen, und
die Friedensrichter, indem sie aus ihr die Kirchenväter auswählen, in
der Weise die Wünsche der Kirchspielsversammlung berücksichtigen, daß
sie in der Regel die in der Liste Vorangestellten berufen [4]).

Die Übernahme des Amtes als Armenvater ist eine
gesetzliche Pflicht, der sich der Einzelne bei schwerer Strafe nicht
entziehen kann.

Friedensrichter, die es versäumen Armenväter zu ernennen, wer-

---

1) 43. Elisabeth c. 2 §. 1.

2) Weil die Kirchspiele in den nördlichen Grafschaften vielfach als zu groß für
eine zweckmäßige Beaufsichtigung der Armen erscheinen, wurde durch eine Akte I.
Karls II (13 et 14. Charles II c. 12 §. 21) eine Theilung derselben in Bezirke
(Townships) gestattet, deren jeder seine besonderen Armenväter bestellen durfte. Von
dieser Befugniß machten unter Zulassung der Gerichte auch Kirchspiele anderer Grafschaften Gebrauch, bis neuerdings eine weitere Theilung der Kirchspiele verboten
wurde, vgl. 7 et 8. Victoria c. 102 §. 72 und Archbold III Artic. Overseers
for townships.

3) Nach 20. Victoria c. 19 sollen mit dem 1sten Januar 1858 alle kleinen Kirchspiel einverleibten Orte (extraparochial Places) für Kirchspiele zum Zwecke
der Besteuerung gelten, und die Friedensrichter in ihnen Armenväter ernennen. Sind
in solchen Orten nicht genug Hausbewohner vorhanden, um 2 Armenväter zu
ernennen, so soll einer genügen; fehlt es an jeder dazu geeigneten Persönlichkeit, so kann Jemand aus einem benachbarten Kirchspiele, der sich dazu bereit finden
läßt, mit oder ohne Remuneration ernannt werden. Vgl. §. 33.

4) Zur Übernahme des Amtes als Armenvater ist in jedem Kirchspiele
jeder Insasse befähigt und verpflichtet, der ein Haus besitzt (der ein
"substantial householder" ist) und Armensteuer zahlt. Ausgenommen sind:
Peers, Mitglieder des Unterhauses, Friedensrichter, Rechtsanwälte, Ärzte, Apotheker, und höhere Staatsbeamten, s. Archbold III Artic. overseers.

ben straffällig, und können von ben höheren Gerichten bazu burch ein Mandamus angehalten werben [5])

Nach ber Afte ber Königin Elifabeth hatten bie Ar- menväter (Overseers) eine breifache Aufgabe:

1. Es lag ihnen ob für bie Unterstützung ber hülfsbebürf- tigen Armen Sorge zu tragen. Die Reform ber Armengeseß- gebung hat biese Aufgabe ber Armenväter auf bie neu organisir- ten Armenrälhe (Boards of Guardians) übertragen; inbef- sen haben bie Armenväter noch gegenwärtig bas Recht unb bie Pflicht, Hülfsbebürftigen in bringenben Fällen (Cases of emergency) bas Un- entbehrliche zu verabreichen, müssen babei aber bie von ber Centralar- menbehörbe bafür aufgestellten Grunbfäße befolgen, unb jebesmal fo- fort über ben einzelnen Fall bem Armenrath Bericht erstatten, ber bann bie fernere Behanblung bes Hülfsbebürftigen zu bestimmen hat [6]).

2. Die zweite Aufgabe ber Armenväter war: bie Ausweifung (Removal) von Armen, bie bem Kirchspiel nicht ange- hören.

3. Die britte: bie Beschaffung ber zur Armenpflege er- forberlichen Mittel burch Besteuerung ber Kirchspielsin- faffen (to make the poorrate).

Die zweite unb britte ber angeführten Aufgaben ist ben Armenvä- tern verblieben, allerbings aber unter wesentlicher Abänberung ber bar- auf bezüglichen Geseße feit ber Zeit Elifabeths unb Karls II. Wir werben unten im §. 22 folg. bie gesetzlichen Bestimmungen über bie Hei- mathsrechte unb bie Ausweifung ber Armen barlegen, unb im §. 33 über bie Armensteuer hanbeln. Hier fei nur bemerkt, baß bie Ar- menväter gegenwärtig einer mehrfachen Kontrole bei Ver- anlagung ber Steuer unb ber Verwenbung ber erhobenen Gelber un- terworfen finb, unb bie Steuerrollen fowie bie Bücher über ihre Einnahmen unb Ausgaben nach ber speciellen Anweisung ber Central- armenbehörbe zu führen haben.

Die Erhebung jeber Armensteuer burch einen Armenvater grünbet fich auf einen von zwei Friebensrichtern genehmigten schriftlichen Befehl bes Armenrathes, ober ber fonst competenten Behörbe, eine bestimmte Summe zu erheben; unb muß hierbei zugleich angegeben fein, in welche Hänbe bie Armenväter bie erhobene Summe zu zahlen haben.

5) Vgl. Archbold III Art. Overseers.
6) 4 et 5. William IV cap. 76 §. 54.

Die Bücher der Armenväter werden von dem Rechnungsbeamten der Sammtgemeinde (dem Auditor) geprüft, und sind letzterem zu diesem Zweck einzureichen[7]).

Während der Dauer ihres Amtes werden die Armenväter wie Eigenthümer des Kirchspielsvermögens behandelt ("the property of the parish is vested in them"), und können auf dasselbe bezügliche Prozesse führen; für ihre Handlungen sind sie mit ihrem Vermögen verantwortlich, namentlich auch dafür, daß die zur Armenpflege erforderlichen Summen stets bereit liegen; ist das nicht der Fall, so können die fehlenden Summen von ihnen selbst beigetrieben werden[8]).

Bei der Lieferung von Waaren für Arme dürfen Armenväter nicht betheiligt sein.

In den Kirchspielen und Ortschaften, für welche bisher kein Armenrath (Board of Guardians) bestellt ist, ruht noch gegenwärtig die ganze Armenpflege nach Maßgabe der Akte der Königin Elisabeth in den Händen der Armenväter[9]).

Zur Unterstützung der Armenväter sind in neuerer Zeit in sehr vielen, ja in den meisten volkreicheren Kirchspielen, wo die Geschäfte zu umfassend wurden, um als unbesoldetes Ehrenamt verwaltet zu werden, besoldete Hülfsarmenväter (Assistant-Overseers) angestellt, denen insbesondere die Erhebung der Steuern und die Führung der Bücher obliegt, und die, wenn jenes der Fall ist, Einnehmer (Collectors) genannt werden. Die Centralarmenbehörde kann die Anstellung solcher besoldeter Hülfsarmenväter anordnen[10]).

§. 15.
3. Besoldete Gemeindebeamte.

Die Centralarmenbehörde (Poorlaw-Board) ist, wie bereits der §. 11 anführte, befugt, dem Armenrath (Board of Guardians), zur wirksamen Durchführung der in den Gesetzen über die Armenpflege enthaltenen Bestimmungen, die Anstellung besoldeter Beamten anzubefehlen.

Die Centralbehörde bestimmt dann, welche Eigenschaften der Anzustellende nachweisen muß, bestimmt dessen Geschäftskreis, sowie die Höhe seiner Besoldung, und einer etwa von ihm zu leistenden Caution. Nach ihrem Ermessen kann sie mehrere Kirchspiele und selbst Sammtgemeinden zum Zweck gemeinsamer Besoldung derartiger Beamten vereinigen; und es steht ihr auch die Entlassung dieser Beamten ohne vorausgehende Kündigung und ohne Angabe von Gründen zu, da dieselben nur auf Belieben (during pleasure) angestellt sind.

Die Anstellung der besoldeten Beamten, d. h. die Auswahl der anzustellenden Personen, dagegen, ist dem Armenrath überlassen[1]).

Der Gesichtspunkt bei dieser Abgrenzung der Befugnisse zwischen der Centralbehörde und den Lokalbehörden ist gewesen, jener unter allen Umständen die Mittel zu gewähren, für eine tüchtige Besetzung der Stellen Sorge tragen zu können, und dabei einer zu weit gehenden Abhängigkeit der besoldeten Beamten von den Lokalbehörden vorzubeugen, gleichzeitig aber doch auch wieder den Eifer und die Personalkenntniß der letztern bei der Auswahl der anzustellenden Personen zu benutzen.

Die Centralbehörde verfügt bei allen ihren Anordnungen, sowohl bei der Bestimmung, daß ein Beamter angestellt werden soll, als bei der Festsetzung seines Gehaltes, sowie auch bei seiner Entlassung, in der Regel nur auf einen Antrag der Lokalbehörden und nach ihren Wünschen, niemals aber, ohne dieselben vorher um ihre Ansichten befragt zu haben. In Folge dessen hat die Anstellung der Beamten nur selten zu Meinungsverschiedenheiten zwischen der Centralbehörde und den Lokalbehörden geführt, und noch seltener haben Mißgriffe der Centralbehörde zu begründetem Tadel Anlaß gegeben[2]).

Nach dem ausführlichen, bereits mehrfach angeführten General-restript (Consolidated Order) der Centralarmenkommission vom 24ten

<hr>

1) 4 et 5. William IV cap. 76 §. 46.

2) Vgl. den Bericht der abtretenden Poorlaw-Commissioners aus dem Jahre 1846 bei Nicholls II p. 402—405, sowie Nicholls II p. 361 folg. und 404. Angaben, mit denen die Erörterungen vollkommen übereinstimmen, welche dem Verfasser von verschiedenen Beamten des Poorlaw-Board und von einer Reihe von Guardians gemacht wurden.

Juli 1847 sind die Armenräthe (Boards of Guardians) zur Anstellung folgender Beamten berechtigt und verpflichtet:

a. Eines Sekretärs für die Sammtgemeinde (Clerk of union).

b. Eines Renbanten (Treasurer) für dieselbe.

c. Eines Geistlichen (Chaplain) für das Arbeitshaus.

d. Eines Arztes für das Arbeitshaus.

e. Eines oder mehrerer Ärzte zum Besuch der nicht im Arbeitshause befindlichen kranken Armen.

f. Eines Direktors (Master) für das Arbeitshaus.

g. Einer Vorsteherin (Matron) für dasselbe.

h. und i. Eines Lehrers und einer Lehrerin für die im Arbeitshause befindlichen Kinder.

k. und l. Eines oder mehrerer Hausdiener, sowie einer oder mehrerer Wärterinnen für das Arbeitshaus.

m. Eines oder mehrerer Unterstützungsbeamten (Relieving-officers).

n. Eines oder mehrerer Aufseher für die außerhalb des Arbeitshauses beschäftigten Arbeiter [3]).

[3) Nicholls II p. 434 liefert für das Jahr 1850 eine Zusammenstellung der besoldeten Beamten in den damals bereits gebildeten 604 Sammtgemeinden und Kirchspielen unter neuorganisirten Armenräthen (Boards of Guardians), mit Einschluß von 40 Gemeinden unter einer Armenverwaltung nach Lokalstatuten. Es waren angestellt: 12,453 Beamten mit einem Gehalte von 544,640 £. ; und zwar erhalten:

	In Summa.	Durch-schnittlich ein jeder.
634 Sekretäre (Clerks)	68,941 £.	110 £.
466 Geistliche (Chaplains)	21,896 £.	47 £.
3156 Ärzte (Medical officers)	156,494 £.	50 £.
1377 Unterstützungsbeamten (Relieving officers)	113,110 £.	82 £.
1359 Direktoren und Vorsteherinnen der Arbeitshäuser (Masters and Matrons)	60,770 £.	37 £.
363 Schulmeister (Schoolmasters)	11,687 £.	31 £.
501 Lehrerinnen (Schoolmistresses)	10,473 £.	21 £.
442 Pförtner (Porters)	7,971 £.	18 £.
718 Wärterinnen (Nurses)	8,451 £.	14 £.
69 Arbeitsaufseher (Superintendents of labour)	8,773 £.	89 £.
3072 Hülfsarmenräthe oder Einnehmer (Collectors or Assistant overseers)	72,410 £.	84 £.
672 Renbanten (Treasurers)	1,664 £.	8 £.
505 Andere Beamten (other officers)	12,500 £.	26 £.
49 Bezirksrevisoren (District-Auditors)	12,143 £.	248 £.
12,853 Beamten	für zusammen 544,640 £.	

Der Armenrath (Board of Guardians) entscheidet über die Anstellung dieser Beamten in einer mehrere Tage vorher dazu anzuberau-
menden Sitzung, in der mindestens drei Mitglieder anwesend sein müssen. Auch können noch besondere Gehülfen für alle diese Beamten,
wenn ein Bedürfniß dazu sich herausstellt, mit Genehmigung der Centralbehörde ernannt werden. Hausdiener, Wärterinnen und Hülfsbeamten kann der Armenrath ohne vorausgegangene Genehmigung der
Centralarmenbehörde entlassen, muß aber dann derselben darüber Bericht erstatten. Arbeitshaus-Direktoren, Schulmeister und Ärzte können
von dem Armenrath nur vorläufig suspendirt werden, und hat derselbe
sofort darüber an die Centralarmenbehörde zu berichten, die sodann über
ihre definitive Entlassung oder Wiedereinsetzung ins Amt entscheidet.

Über die Stellung und die Geschäfte der wichtigeren von diesen
Beamten müssen hier einige nähere Angaben folgen *).

§. 16.
a. Der Sekretär der Sammtgemeinde.

Der Sekretär der Sammtgemeinde (the Clerk of the
Union) führt das Protokoll bei den Versammlungen des Armenrathes, die Rechnungen und Korrespondenz desselben, und fer-
tigt die einzureichenden statistischen Nachweisungen an. Er lei-
tet ferner die Wahlen der Armenräthe (Guardians), d. h. er
führt die Listen der Stimmberechtigten, sammelt die Stimmzettel ein,
und stellt fest, wer nach ihnen durch relative Stimmenmehrheit gewählt ist.

Durch die von der Centralbehörde erlassene Instruktion ist dem
Sekretär vorgeschrieben, welche Bücher er führen, und in welcher Weise
er dies thun soll. Es ist verlangt: erstens ein allgemeines Hauptbuch
über alle Einnahmen und Ausgaben der Sammtgemeinde (General-
ledger); neben ihm her geht ein besonderes Buch für jedes zur Sammtgemeinde gehörende Kirchspiel (Parochial-ledger), und ein Buch, worin
die Ausgaben für die in der Sammtgemeinde nicht heimathsberechtigten
Armen eingetragen werden (Nonsettledpoor-ledger). Der Sekretär hat
zweitens in dem s. g. Relieforder-book (d. i. Unterstützungsordre-Buch)

*) Die Pflichten der besoldeten Beamten sind durch Instruktionen der Armen-
kommissarien, insbesondere durch das Generaltreskript vom 24sten Juli 1847 genau
bestimmt; vgl. Archbold III Art. Paid-officers, woselbst die hierher gehörenden
Bestimmungen der Gesetze und Erlasse zusammengestellt sind.

die Namen aller Unterstützten, nebst dem Betrag der ihnen verabreichten Unterstützung, und der darauf bezüglichen Orbre des Armenrathes, auf= zuführen. In einem dritten Hauptbuche (Order-check-book) sind alle Ausgabeordres des Armenrathes für angekaufte Vorräthe, Reparaturen u. s. w. einzutragen, unter Beifügung der Quittung. In einem vierten Hauptbuche müssen alle Armen nach einem vorgeschriebenen Schema (nach Alter, Geschlecht, Arbeitsfähigkeit, empfangener Unterstützung in ober außerhalb des Arbeitshauses u. s. w.) klassificirt werden.

Dem Sekretär liegt sodann ob, der Centralarmenbehörde eine Anzahl von Listen und Angaben in vorgeschriebener Weise ein= zureichen, unter denen wir den statistischen Nachweis (statistical statement) über die unterstützten Armen, und den Rechnungsaus= zug (financial statement) über gehabte Einnahmen und Ausgaben, hervorheben. Beide müssen vorher von dem Rechnungsbeamten (Au= ditor) geprüft und mitunterzeichnet sein. Es wird davon eine Abschrift zu den Akten der Sammtgemeinde genommen.

Endlich hat der Sekretär sämmtliche Bücher und Rechnungen be= reit zu halten zu der alle halbe Jahre stattfindenden Abnahme durch den Rechnungsbeamten (Auditor). Sie müssen zu dem Ende einige Tage vor dem von diesem angesetzten Termine abgeschlossen, und in dem Ge= schäftszimmer des Armenrathes (oder einem andern von diesem dazu bezeichneten Raume) niedergelegt sein, woselbst sie von allen Steuer= pflichtigen eingesehen werden können.

Der durchschnittliche Gehalt eines Sekretärs betrug im Jahre 1850, bei überhaupt 634 angestellten Sekretären, 110 £ [1]).

§. 17.
b. Der Unterstützungsbeamte.

Nächst dem Sekretär sind die Unterstützungsbeamten (Re= lieving-officers) die wichtigsten unter den besoldeten Beamten der Sammtgemeinden.

Es sind dies die Beamten, denen nach Anweisung und unter Aufsicht des Armenrathes zunächst die Verabreichung der Unter= stützungen an die Hülfsbedürftigen, sowie die Untersu= chung ihrer Verhältnisse obliegt.

Sie müssen allen regelmäßigen und außerordentlichen Sitzungen

---

1) Vgl. §. 15 Note 2.

des Armenrathes beiwohnen. Sie nehmen alle Unterstützungsgesuche entgegen, begeben sich nach deren Empfang
in die Wohnung des Bittstellers, und untersuchen daselbst genau dessen Verhältnisse, wobei sie auf Gesundheits-
zustand, Arbeitsfähigkeit, Dürftigkeit, Familienverhältnisse u. s. w. zu
achten haben. In dringenden Fällen sind sie berechtigt, dem Dürftigen sofort das Nöthige, der Regel nach indessen nicht in Geld, sondern nur in Naturalien, zu verabreichen, oder ihn in das Arbeitshaus
zu schicken, auch erforderlichen Falles den Armenarzt zum Besuche desselben zu veranlassen. Stets tragen sie bei der nächsten Sitzung des
Armenrathes demselben die eingegangenen Unterstützungsgesuche vor,
und machen ihm Mittheilungen über alle von ihnen in Folge derselben
vorläufig gethanen Schritte.

Ferner muß der Unterstützungsbeamte die Armen, die außerhalb des Arbeitshauses Unterstützung empfangen, sowie
die armen Kinder, welche bei einem Meister in die Lehre gegeben sind, regelmäßig besuchen. Bei den Lehrlingen hat er sich
genau nach ihrem Betragen, sowie nach der Art ihrer Behandlung von
Seiten der Meister zu erkundigen, wie ihm dies in einer Instruktion
speciell vorgeschrieben ist.

Um der Armenverwaltung eine strenge und wirksame Kontrole
möglich zu machen, hat der Unterstützungsbeamte eine Reihe von
Büchern zu führen. Zunächst eins, in welchem die Unterstützungsgesuche, die Verhältnisse der Armen wie sie an den Armenrath berichtet
sind, und die darauf erfolgten Entscheidungen des Armenrathes eingetragen werden; sodann eine Liste, welche die jedem Armen außerhalb
des Arbeitshauses bewilligten Unterstützungen aufführt. Ferner eine
zweite Liste, in welcher der von einem jeden Kirchspiele gezahlte Beitrag
besonders angegeben ist; endlich ein allgemeines Ausgabe- und Ein-
nahmebuch. — Diese Bücher und Rechnungen hat der Unterstützungsbeamte wöchentlich vor der Sitzung des Armenrathes dem Sekretär zu
übergeben, damit derselbe sie prüfen, unterzeichnen und dem Armenrath
zur Genehmigung einreichen kann; zu dem halbjährlich von der Centralarmenbehörde angesetzten Termine hat er sie dann noch außerdem in
vorgeschriebener Weise dem Rechnungsbeamten zur Durchsicht und
Decharge einzureichen.

Der Unterstützungsbeamte hat ferner von Zeit zu Zeit das vom
Direktor des Arbeitshauses geführte Buch durchzusehen, und anzumer-

len, welche von den in ihm aufgeführten Armen nunmehr außerhalb des Arbeitshauses Unterstützung empfangen. In
ähnlicher Weise hat er das von dem Armenarzt geführte Buch durchzusehen, und anzumerken, welche von den in ihm aufgeführten Personen
nur freie Medizin erhalten.

Endlich muß er halbjährlich zusammenstellen, welche und
wie viele Arme in jedem Kirchspiel außerhalb des Arbeitshauses in
Geld und Naturalien Unterstützung empfangen haben. Der
Sekretär hat auch diese Liste zu prüfen und zu unterzeichnen. Eine Abschrift von ihr wird den Armenvätern eines jeden Kirchspieles geschickt.

Daß außerdem der Unterstützungsbeamte verpflichtet ist, alle ihm
ertheilten gesetzlichen Befehle des Armenrathes auszuführen, bedarf keiner
weiteren Erörterung. Bei den Wahlen des Armenrathes leistet er speciell dem Sekretär Beistand.

Nach Umfang und Bevölkerung der Sammtgemeinden werden für
jede derselben ein oder mehrere Unterstützungsbeamten angestellt. Im
Jahre 1650 waren in den damals gebildeten 604 Sammtgemeinden
(einschließlich der mit einem Armenrathe versehenen Kirchspiele) und in
den 30 unter Lokalstatuten verwalteten Bezirken, zusammen 1377 Unterstützungsbeamten angestellt, also durchschnittlich zwei für jede Sammtgemeinde. Die Besoldung eines von ihnen betrug im Durchschnitt
62 L. [1]).

§. 18.

c. Der Arbeitshausdirektor.

Der Direktor über das Arbeitshaus (Master of the
workhouse) ist im Allgemeinen dafür verantwortlich, daß die
im Arbeitshause befindlichen Armen nach den dafür erlassenen ausführlichen Instruktionen behandelt werden.

Bei der Aufnahme der Armen muß er sie vom Arzte untersuchen, reinigen und einkleiden lassen; sodann hat er dafür zu sorgen,
daß keiner von ihnen müssig geht, der noch einigermaßen arbeitsfähig
ist. Täglich hält er mit sämmtlichen Zuwohnern des Arbeitshauses
das Morgen- und Abendgebet, beaufsichtigt die Räume des Arbeitshauses in Beziehung auf Ordnung und Reinlichkeit, und revidirt sie
regelmäßig Morgens und Abends. Wöchentlich legt er dem Armenrath bei seiner regelmäßigen Sitzung eine Liste der sämmtlichen in Ar-

1) Vgl. §. 15 Note 2.

6 *

beitshause befindlichen Armen vor, sowie einen Überschlag dessen, was er in der nächsten Woche für das Arbeitshaus zu bedürfen glaubt. Wollen einzelne Arme an den Armenrath eine Beschwerde oder ein Ansuchen stellen, so bringt er sie zu diesem Zwecke selbst vor den Armenrath.

Dringende Fälle ausgenommen, soll der Direktor keine Einkäufe ohne Genehmigung des Armenrathes machen, und sich bei allen Verwendungen nach dessen Vorschriften richten.

Ähnlich wie der Unterstützungsbeamte hat der Direktor gewisse Bücher und Listen zu führen. Er hat in dieselben die Zahl der im Arbeitshause befindlichen Armen einzutragen, ihr Alter, Geschlecht, die Dauer ihres Aufenthaltes, das Kirchspiel, dem sie angehören, u. s. w. Ferner hat er Bücher zu führen über den Verbrauch von Lebensmitteln u. dergl.; Inventarien über die der Anstalt gehörenden Meubeln, Hausgeräthe, Betten, Kleider u. s. w.; endlich ein Journal über Einnahme und Ausgabe; wobei er die Beiträge zu berechnen hat, die von jedem einzelnen Kirchspiel zu den Kosten der Anstalt zu leisten sind. Das Einnahme- und Ausgabejournal muß wöchentlich von dem Sekretär unter Vergleichung der Belege geprüft werden; bei den übrigen Büchern und Listen soll sich derselbe in jeder Woche wenigstens davon überzeugen, daß sie vorschriftsmäßig geführt werden.

Ähnliche Obliegenheiten wie der Direktor bei den männlichen Armen im Arbeitshause hat die Haushälterin des Arbeitshauses (Matron) in Betreff der in ihm befindlichen weiblichen Armen wahrzunehmen; doch muß sie außerdem noch für die Pflege der Kinder und Kranken im Arbeitshause, sowie im Allgemeinen für Kleidung und Wäsche Sorge tragen.

Der Portier des Arbeitshauses hindert, daß Jemand ohne Erlaubniß das Arbeitshaus besucht oder verläßt, daß Spirituosen, Bier, Tabak oder sonst verbotene Genußmittel in das Haus gebracht werden, sowie daß irgend etwas in demselben entwendet wird. Er nimmt zugleich die sich meldenden Armen an, und registrirt Alle, die das Arbeitshaus besuchen.

Der Hülfsarmenvater oder Einnehmer (Assistant overseer oder Collector). Zur Unterstützung der Armenväter, um ihnen ihr mühevolles und durch die mit ihm verbundene große Verantwortlichkeit lästiges Amt zu erleichtern, können die Steuerpflichtigen eines Kirchspieles beschließen, einen besoldeten Hülfsarmenvater anzustellen, und für ihn ein Gehalt und einen bestimmten Geschäftskreis

feſtſetzen. Die Ernennung deſſelben erfolgt dann, wie die der Armenväter ſelbſt, durch die Friedensrichter. Hat bereits der Armenrath der
Sammtgemeinde, zu welcher das fragliche Kirchſpiel gehört, die Anſtellung eines Einnehmers für die Sammtgemeinde beſchloſſen, ſo kann das
Kirchſpiel nicht noch außerdem einen Hülfsarmenvater anſtellen; anderer-
ſeits liegt es in der Macht der Centralarmenbehörde, einem Kirchſpiele
die Anſtellung eines beſoldeten Hülfsarmenvaters zu befehlen, doch ge-
ſchieht dies in der Regel nur auf den eigenen Antrag des Armenrathes. —
Weil dieſe beſoldeten Hülfsarmenväter in der Regel mit der Erhebung
der Steuern und der Führung der Rechnungen beauftragt werden,
wozu ſonſt die Armenväter verpflichtet ſind, ſo werden ſie auch Einnehmer (Collector) genannt; ſie müſſen dann eine Caution
beſtellen.

Für die Armenärzte ſind ausführliche Inſtruktionen erlaſſen, ſie
enthalten aber nichts Weſentliches, was ſich nicht aus der Natur ihres
Amtes von ſelbſt ergäbe. Wir wiederholen hier nur, daß ein beſon-
derer Arzt für das Arbeitshaus, und ein anderer (oder mehrere) zum Beſuche der außerhalb deſſelben befindlichen Armen, angeſtellt iſt. Der Bezirk eines Armenarztes darf nicht über
15,000 Acres ausgedehnt ſein, und nicht über 15,000 Einwohner zählen. Für ſeine Dienſtleiſtungen erhält der Arzt eine feſte Remuneration
von durchſchnittlich 50 £. [1]), und hat außerdem nach einer feſtgeſetzten
Taxe Anſprüche auf ein beſonderes Honorar für Operationen, für Hülfs-
leiſtungen bei Entbindungen u. dergl.

§. 19.
d. Rechnungsbeamten (Auditors).

Eine eigenthümliche und wichtige Stellung in dem Syſtem der
Armenverwaltung nehmen die Rechnungsbeamten (Auditors)
ein. Um ſie richtig zu würdigen, iſt vorauszuſchicken, daß mit der Reform der Armengeſetzgebung durchgreifende Maßregeln für die Umge-
ſtaltung des geſammten Rechnungsweſens getroffen werden mußten, da
man hier die meiſten und am tiefſten eingewurzelten Mißbräuche zu be-
ſeitigen hatte.

Nach dem alten Syſteme waren für die aus der Armenſteuer ge-
leiſteten Ausgaben die Armenväter und Kirchenvorſteher allein verant-

1) Vgl. §. 15 Note 2.

wortlich. Durch ein Zahlungsmandat der ihnen vorgesetzten Friedensrichter waren sie bei jeder Zahlung gegen alle Vorwürfe sicher gestellt.
Was für Ausgaben aber aus der Armensteuer bestritten werden durften, war sehr ungenügend und nicht überall gleichmäßig festgestellt, indem abgesehen von den mangelhaften gesetzlichen Bestimmungen in den
einzelnen Kirchspielen durch langes Herkommen verschiedene Leistungen
als zulässig anerkannt waren. Die Prüfung der Rechnungen lag den
Friedensrichtern ob, sie war aber bei ihrer oft vorkommenden Unbe-
kanntschaft mit den örtlichen und persönlichen Verhältnissen, sowie auch
wegen ihrer anderweitigen umfangreichen Geschäfte und ihrer ganzen
Stellung meistens eine reine Formalität.

Man begann die Reform damit, daß man gesetzlich
die Ausgaben specialisirte, welche aus der Armensteuer
sollen bestritten werden können [1]). Andere Ausgaben, als die
in dem jedem Beamten mitgetheilten Verzeichniß aufgeführten, darf keine
Behörde, weder der Armenrath, noch die Friedensrichter, noch selbst die
Kirchspielsversammlung, bewilligen, und kein Beamter leisten. Alle
Beamten, welche zum Armenfonds gehörige Gelder zu
verwalten haben, sind jetzt verantwortlich für deren Verwendung, keineswegs bloß wie früher die Armenväter. Der Befehl
eines Vorgesetzten entbindet keinen von dieser Verantwortlichkeit, vielmehr ist jeder durch das Gesetz ausdrücklich verpflichtet, einer Zahlungs-
'anweisung, die er für ungesetzlich halten muß, keine Folge zu leisten [2]).

Zur Prüfung und Abnahme der Rechnungen sind besondere Rechnungsrevisoren (Auditors) bestellt, deren Geschäftskreise und Pflichten in ausführlichen Instruktionen genau vorgezeichnet sind.

Anfangs begnügte man sich mit einem Rechnungsbeamten für jede

---

1) Bgl. Archbold III. Art. Audit. of accounts; er theilt die ausführliche Instruktion der Armencommissarien vom 1sten März 1836 mit, in der zuerst die bei
der Rechnungslegung zu beobachtenden Grundsätze entwickelt sind; sowie die Instruktion, welche die Rechnungsrevisoren (Auditors) erhalten, seitdem solche angestellt
werden.

2) 4 et 5. William IV cap. 76 § 96, und vgl. damit die Interpretation dieser gesetzlichen Bestimmung in der Instruktion vom 1sten März 1836 an die Armenväter: „As the accounts of every officer may be disallowed, so every officer,
whilst he is bound to obey all orders which are legal, is equally bound to
disobey all orders which are illegal, and will be personally
answerable in either case" Cf. Archbold l. c. Vol. III. 7th edition
p. 113.

Sammtgemeinde, den der Armenrath ernannte, und durch dessen Thätigkeit die Prüfung der Rechnungen von Seiten der Friedensrichter nicht
ausgeschlossen wurde. Im Laufe der Zeit sah man jedoch, daß dies
nicht genüge, vorzüglich weil die Stellung des Rechnungsbeamten gegenüber von dem ihn anstellenden Armenrath, dessen Verwaltung er
mit zu überwachen hatte, als nicht unabhängig genug erschien. Auch
zeigte sich die concurrirende Befugniß der Friedensrichter als störend.
In Folge dessen ermächtigte man im Jahre 1844 die Centralarmenbehörde, mehrere Kirchspiele und Sammtgemeinden zur Anstellung von
Bezirksrechnungsrevisoren (District-auditors) zu vereinigen, denen ausgedehntere Befugnisse als den Rechnungsbeamten einer
einzelnen Sammtgemeinde ertheilt wurden, während die den letzteren
gegebenen Verhaltungsvorschriften für sie im Wesentlichen in Kraft
blieben [3]).

Dem Bezirksrevisor liegt es ob, alle in Beziehung auf das Armenwesen geführten Bücher, Tabellen und Listen der sämmtlichen Beamten
seines Bezirks, also der Armenväter und ihrer Gehülfen, der Unterstützungsbeamten, der Direktoren der Arbeitshäuser und der Armenraths-
sekretäre einer gründlichen Prüfung zu unterwerfen. Er hat sich zunächst
zu überzeugen, ob diese Bücher und Listen vorschriftsmäßig geführt und
in calculo richtig sind; sodann ob sie mit einander stimmen, und zu
ihnen die erforderlichen Belege beigebracht sind; ferner, ob alle Einnahmen gebucht sind, und endlich und vorzüglich, ob alle Ausgabe-
posten vor dem Gesetz gerechtfertigt sind. Er prüft auch den
Rechnungsauszug (balance sheet), welcher halbjährlich für jede Sammtgemeinde gefertigt und zu den Akten genommen wird, und bescheinigt
die Übereinstimmung seines Inhaltes mit dem der andern Bücher. Zu
seinen Befugnissen bei Prüfung der Ausgaben gehört auch die Beurtheilung, ob die für Dienstleistungen, z. B. eines Advokaten, bewilligten
Remunerationen nicht zu hoch sind, und dergleichen.

Die Rechnungsabnahme durch den Bezirksrevisor geschieht mindestens zweimal im Jahre, und kann in Folge einer Anordnung der Centralarmenbehörde auch öfter erfolgen. Auf besondere Veranlassung
kann der Bezirksrevisor mit Genehmigung der Centralarmenbehörde auch
außerordentliche Revisionen, sei es bei einer ganzen Sammtgemeinde,
oder bei einzelnen Kirchspielen, vornehmen. Die Revisionen erfolgen

---

3) 7 et 8. Victoriä cap. 101 §. 32; cf. Archbold L. c. art. I district-auditors;
vgl. Nicholls II p. 382.

an einem Orte der zu revidirenden Gemeinde, gewöhnlich in dem Amts-
lofale des Armenrathes (d. i. meistens in dem Arbeitshause der Sammtgemeinde).

Vierzehn Tage vor dem Termine macht der Bezirksrevisor den Armenvätern jedes Kirchspieles, sowie dem Armenrathssekretär Anzeige
davon, indem er zugleich angiebt, bei welchem Kirchspiele er den Anfang
machen will. Diese Nachricht wird in dem Blatte der Grafschaft bekannt gemacht.

Mindestens 7 volle Tage vor dem festgesetzten Tage müssen die
betreffenden Bücher abgeschlossen sein, und an dem bestimmten Orte de-
ponirt werden. Daß dies geschehen ist, wird den Steuerpflichtigen mit
dem Bemerken angezeigt, daß die Bücher für Jedermann zur Einsicht
offen liegen. Nachdem die Bücher einmal abgeschlossen sind, darf in
ihnen bei 2 L. Strafe nichts mehr hinzugefügt oder geändert werden.

Bei der Rechnungsabnahme selbst müssen die betreffenden
Beamten zugegen sein, und der Bezirksrevisor kann die Vorlage aller
auf sie bezüglichen Urkunden, Kontrakte, Rechnungen und sonstigen Do-
cumente und Belege fordern; auf Weigerung einer geforderten derartigen Vorlage steht eine Strafe von 2 L. Auch alle Steuerpflichtigen haben das Recht, bei der Rechnungsabnahme zugegen zu sein, und können gegen jede beliebige Einnahme- und Ausgabepost Einwendungen
erheben. Der Bezirksrevisor kann die ihm als nicht gerechtfertigt erschei-
nenden Posten in den Rechnungen streichen, und ist dann der betreffende
Beamte zur Erstattung derselben verpflichtet.

Nach Vollendung der Revision erklärt der Bezirksrevisor das Ergebniß derselben zu Protokoll, giebt dabei den vorgefundenen Kassenbe-
stand in Worten an, und fügt hinzu, wenn einzelne Beamten zu Ersatz-
leistungen verpflichtet sind, wie viel diese betragen. Die von ihm bezeichneten Summen müssen dann binnen 7 Tagen eingezahlt sein, oder
werden durch Exekution beigetrieben.

Gegen die Entscheidungen des Bezirksrevisors ist eine
Berufung zulässig an einen der königlichen Gerichtshöfe
in London, oder aber an die Centralarmenbehörde[4]). Wird
der letztere Weg gewählt, so hat die Centralbehörde endgültig zu
entscheiden; ihr steht es dann auch zu, einen nach dem Buchstaben des
Gesetzes vom Bezirksrevisor gestrichenen Posten mit Rücksicht auf die

---

4) 7 et 8. Victoria c. 101 §. 35. 36.

Natur der Sache zu genehmigen*); ein Recht, welches den Gerichten nicht eingeräumt ist. In Folge dessen pflegen die Berufungen nicht an einen königlichen Gerichtshof, sondern an die Centralarmenbehörde zu geschehen. Die Besoldung der Bezirksrevisoren fiel nach dem Gesetze von 1844 den verbundenen Sammtgemeinden anheim; dem entsprechend war ihnen auch die Anstellung derselben überlassen, welche auch noch jetzt in den Händen der versammelten Vorsitzenden und stellvertretenden Vorsitzenden der Armenräthe der combinirten Sammtgemeinden liegt. Man hat sich indeß überzeugt, daß es unangemessen ist, Beamten, welche vor Allem dazu bestellt sind, die Armenräthe der Sammtgemeinden zu kontroliren, in einer von diesen abhängigen Lage zu lassen*). Deßhalb hat der Staat zunächst die Besoldung derselben übernommen, und es ist im Werke, auch ihre Anstellung auf die Centralarmenbehörde zu übertragen.

Die gegenwärtig vorhandenen 49 Bezirksrechnungsrevisoren befinden sich in einer sehr verschiedenen Stellung. Einige widmen ihre ganze Zeit und Kraft den Pflichten des Amtes, andere verwalten dasselbe nur nebenbei. Natürlich konnten den ersteren größere Bezirke überwiesen werden, und mußten ihnen auch dem entsprechend höhere Besoldungen bewilligt werden; die Besoldung der einzelnen Bezirksrevisoren steigt danach von 100 bis zu 600 L.*) Sobald der Staat die Anstellung der Bezirksrevisoren ganz in seine Hand genommen haben wird, läßt es sich erwarten, daß er nur Männer zu dem Amt beruft, die ihm ihre ganze Zeit widmen wollen; und daß er dann zugleich Änderungen trifft in Beziehung auf die ihnen überwiesenen Bezirke und ihre Besoldung. Es kann keinem Zweifel unterliegen, daß dann in Folge dessen eine geringere Anzahl von Bezirksrevisoren genügen wird. Auch in Beziehung auf eine strengere Kontrole derselben dürfte bei dieser Gelegenheit Näheres festgesetzt werden*).

5) 11 et 12. Victoria c. 91 §. 4.

6) Daß die Anstellung der Bezirksrevisoren durch die Guardians sich als unzweckmäßig herausstelle, wurde dem Verfasser von den verschiedensten Seiten versichert, namentlich auch von Sir George Nicholls.

7) Vgl. §. 15 Note 2.

8) Über die Mängel, die sich bei der gegenwärtigen Stellung der Bezirksrevisoren fühlbar gemacht haben, verdankt der Verfasser ausführliche Mittheilungen dem Mr. H. Burrard Farnall (vgl. über ihn S. 20 Note 5).

§. 20.
4. Die Friedensrichter.

Nach dem früheren System der Armenpflege hatten die Friedensrichter, wie in den §§. 2 und 3 angegeben wurde, die Aufsicht über die
Armenpflege mit weit greifenden Rechten. Durch die neuere Armengesetzgebung seit 1834 sind die ihnen bei der Armenpflege obliegenden Pflichten wesentlich beschränkt worden,
wie es bei der großen Vermehrung und Erweiterung der Geschäfte auf
diesem Gebiete als unbedingt nothwendig sich herausgestellt hatte. In
der That ist indessen dadurch dem Ansehen und Einfluß der Friedensrichter kaum etwas entzogen worden; man hat ihnen die Last und Verantwortlichkeit bei der Armenpflege großentheils abgenommen, dagegen
das Feld der früheren Wirksamkeit nach Neigung und Kräften im Wesentlichen unverändert offen erhalten.

Abgenommen ist den Friedensrichtern die ihnen früher
theilweise übertragene Aufgabe, über die Bedürftigkeit der einzelnen Armen und die denselben zu gewährende Unterstützung zu entscheiden. Sie ist im Allgemeinen auf den Armenrath (Board of Guardians) übertragen worden, d. i. auf
jene neue aus den steuerpflichtigen Einsassen der verbundenen Kirchspiele
gebildete Behörde, die im §. 13 näher besprochen worden ist. Den
Friedensrichtern ist aber gleichwohl die Gelegenheit erhalten, auf dem Gebiete ihrer früheren Wirksamkeit auch ferner thätig zu sein, indem sie jetzt als Friedensrichter, d. i. ex officio,
Mitglieder des Armenrathes sind [1]. Die eingetretene Veränderung besteht also eigentlich nur darin, daß die Friedensrichter nicht
mehr allein diese Geschäfte der Armenpflege besorgen, sondern daß neben ihnen noch andere Personen dazu herangezogen werden, und daß
außerdem die hierbei von ihnen aufzuwendende Thätigkeit an andere
Formen gebunden ist, als früher.

Über die Mitwirkung der Friedensrichter bei der Einschätzung
zur Armensteuer s. unten §. 33. Die Verwendung der durch
die Armensteuer erhobenen Summen, hinsichtlich deren früher
die Kirchspielsbeamten den Friedensrichtern Rechnung zu legen hatten,
wird jetzt für die bei weitem größere Anzahl der Kirchspiele in Eng-

---

1) 4 et 5. William IV cap. 76 §. 38; vgl. oben §. 13.

land durch besonders dazu angestellte Rechnungsbeamten (Auditors) kontrolirt, über deren Stellung der §. 19 handelte.

Verblieben ist den Friedensrichtern das Recht, in brin-
genden Fällen bis zum nächsten Zusammentreten des Armenrathes
die Gewährung von Unterstützungen in Naturalien, sowie die
Verabreichung von Medizin anzuordnen *).

Die Friedensrichter sind ferner zu der Erklärung befugt,
daß ein erwachsener Armer durch Körpergebrechlichkeit oder Alter
völlig arbeitsunfähig sei, und mit Rücksicht darauf die erforderliche Unterstützung außerhalb des Arbeitshauses empfangen dürfe *).

Inglelchen ist ihnen das Recht verblieben, die Arbeitshäuser
jeder Zeit zu revidiren; und sollen sie, wenn sie dabei irgend
welche Mißstände oder irgend eine Nichtbeachtung bestehender Vorschriften bemerken, die Betheiligten vor zwei Friedensrichter laden, die darauf
die Sachlage zu untersuchen und den Schuldigen zu bestrafen haben.

Von besonderer Wichtigkeit ist das den Friedensrichtern noch gegenwärtig zustehende Recht, Ausweisungsbefehle (Order's of removal) zu erlassen gegen Arme, die hülfsbedürftig werden, und im
Kirchspiele weder heimathsberechtigt sind, noch auch das Recht des ungestörten Aufenthaltes (als irremovable Paupers) erworben haben *).

Endlich ist noch anzuführen, daß die Friedensrichter die
Armenväter (Overseers) ernennen; ein Recht, welches ihnen
bei der ersten Einführung dieses Amtes verliehen wurde und bis jetzt
verblieben ist *).

§. 21.
5. Verantwortlichkeit der Beamten wegen Vernachlässigung
der Armen.

Nachdem der Organismus der Armenbehörden in den §§. 9 bis 20
dargelegt worden ist, heben wir nochmals hervor, daß bei der
Kontrole der Lokalarmenpflege drei Punkte im Auge zu
behalten sind:

Erstens und vor allen Dingen muß dafür gesorgt sein, daß

2) 4 et 5. William IV cap. 76 §. 54.
3) 4 et 5. William IV cap. 76 §. 77.
4) Bgl §. 26.
5) Bgl §. 14.

kein wirklich Hülfsbedürftiger ohne genügende Unterstützung bleibt.

Zweitens, daß nur Solche, die in Wahrheit hülfsbedürftig sind, Unterstützung erhalten, und zwar in der Weise,
daß in ihnen das Bestreben nicht gelähmt wird, soweit und sobald sie es
im Stande sind, wieder für sich selbst zu sorgen.

Drittens endlich muß verhütet werden, daß öffentliche
Gelder für der Armenpflege fremde Zwecke verausgabt
werden.

Die letzte Aufgabe sucht man in England, wie oben angegeben
wurde, durch specielle Feststellung der gestatteten Ausgaben, durch eine
den Localbehörden vorgeschriebene genaue Buchführung, und durch eine
in alle Details eindringende Revision ihrer Bücher von Seiten besonderer Beamten zu lösen.

Um den zweiten Gesichtspunkt zu erreichen, bedient man sich der
Arbeitshäuser, und hat für ihre Verwaltung die früher angegebenen speciellen Grundsätze aufgestellt, über deren strenge Beobachtung die Centralbehörde mit ihren „Augen und Ohren", den Inspektoren, wacht.

Den ersten und nächsten Zweck der Armenpflege, ohne dessen Si-
cherstellung eigentlich überhaupt keine wahre Armenpflege existirt, hat
man in England schon vor der Reform der Armengesetzgebung sehr sorg-
fältig, allerdings aber zu ausschließlich verfolgt.

Veranschaulichen wir uns die Wege, deren man sich gegenwärtig
hierzu bedient; von ihrer Beschaffenheit hängt die Sicherheit der Armen
ab, daß ihnen in wirklicher Noth stets eine wirkliche reelle Hülfe zu Theil
werden wird, die sie der Noth nicht erliegen, im Elende nicht unterge-
hen läßt.

Der hülfsbedürftige Arme kann sich zunächst an den
ordentlichen Unterstützungsbeamten (Relieving-officer)
wenden, der berechtigt ist, ihm in dringenden Fällen sofort das Nothwendige bis zum Zusammentreten des Armenrathes (Board of Guardians) zu gewähren[1]); jedes Unterstützungsgesuch eines Armen aber
sofort nach von seiner Seite erfolgter Untersuchung dem Armenrath zur
Entscheidung übergeben muß. Der Unterstützungsbeamte wird hierbei
von dem Armenrath beaufsichtigt, der selbst unter der Kontrole der Cen-

---

1) Vgl. die Consolidated Order of the Poorlaw Commissioners 24. July 1847.
Art. 215 Nr. 6.

tralarmenbehörde (Poorlaw-Board) steht, die diese durch ihre Inspektoren handhabt. — Der hülfsbedürftige Arme kann ferner den Ar-
beitshausdirektor (Master of the workhouse) angehen,
ihn sofort in das Arbeitshaus aufzunehmen, wozu dieser bei
offenbar Hülfsbedürftigen berechtigt ist [2]). — Endlich kann der hülfsbedürftige Arme ein Unterstützungsgesuch bei einem der Armenväter (Overseers) seines Kirchspieles anbringen, welche befugt und verpflichtet sind, in dringlichen Fällen sofort durch Gewährung der nothwendigen Naturalien zu helfen. — Verweigert
der angegangene Armenvater dem Armen die erforderliche
Unterstützung aus einem nicht gerechtfertigten Grunde, so kann
jeder Friedensrichter dem Armenvater die Verabreichung
des Nothwendigen in Naturalien (nicht in Gelde) anbefehlen [3]), auch veranlassen, daß der Arzt den Armen besucht, und dieser
hat dann vermöge der ihm zustehenden großen diskretionären Gewalt,
die Befugniß, dem Armen „Fleisch und Brot" zu verschreiben [4]).

Von entscheidender Wichtigkeit ist, daß die Befugniß, dem
Armen zu helfen, in den dazu geeigneten Fällen überall die
Verpflichtung, es zu thun, einschließt, und zwar unter einer
Verantwortlichkeit, die kein leerer Name ist!

Weigert sich ein Armenvater unerachtet der vom Friedensrichter er-
haltenen Weisung, dem Armen das Erforderliche zu gewähren, so kann
dieser ihn mit einer Buße bis zu 5 L. bestrafen [5]). Jede gröbliche
Pflichtversäumniß von Seiten besoldeter Beamten, insbesondere von
Unterstützungsbeamten und Arbeitshausdirektoren, bestraft aber die Centralarmenbehörde mit sofortiger Entlassung; und ein aus solchem
Grunde Entlassener darf nicht wieder bei der Armenverwaltung angestellt werden.

Abgesehen von alle dem setzen sich endlich diejenigen, die durch ihre
Schuld Arme in ihrem Elend hülflos lassen, schweren Kriminalstra-
fen aus. Sollte etwa gar ein Armer vor Mangel umkommen, so
würde in einem solchen Falle der Spruch der Coroner jury gegen den
Schuldigen auf Todtschlag (Manslaughter) lauten, und er würde mit

2) Vgl. Consolidated Order. Art. 88; s. oben S. 20 Note 4.
3) Vgl. §. 20.
4) Vgl. S. 20 Note 5.
5) 4 et 5. William IV cap. 76 §. 54.

Zuchthaus, und je nach der Schwere seines Verbrechens, sogar mit lebenslänglicher Transportation bestraft werden *).

Gegen Abfindungen von Armen mit ungenügenden Unterstützungen von Seiten des Armenrathes (Board of Guardians), welcher die Größe jeder zu gewährenden Unterstützung zu bestimmen hat, schützt schon das Vorhandensein des in besprochener Weise eingerichteten Arbeitshauses. Einem Armen, dessen Unfähigkeit, sich selbst zu unterhalten, durch Gewährung einer regelmäßigen Armenunterstützung anerkannt ist, und der behauptet, mit dem ihm Bewilligten nicht auszureichen, hat man die Aufnahme in das Arbeitshaus anzubieten, wofern man ihm keine größere Unterstützung gewähren will. Eine Verabsäumung dieses Anerbietens würde, nachdem die Arbeitshäuser ausdrücklich für die gesetzlichen Prüfungsmittel der Bedürftigkeit erklärt sind, als eine wissentliche Pflichtverletzung angesehen werden, und eine Verantwortlichkeit in dem angeführten Sinne begründen. Gewiß liegt es aber außerhalb jeder Wahrscheinlichkeit, daß eine Behörde wie der Armenrath, der es in keiner Weise an Mitteln zur Unterstützung fehlt, da sie im Durchschnitt über die Steuerkräfte von einigen 20,000 Einwohnern verfügt, sich durch ungerechtfertigte Härte gegen einen einzelnen Armen einer schweren Strafe, oder auch nur dem unausbleiblichen Tadel der öffentlichen Meinung aussetzen sollte, die in zahllosen Blättern in allen Theilen Englands ihren Wiederhall finden würde.

Sonach glauben wir, es aussprechen zu können: der wirklich hülfsbedürftige Arme hat in England niemals eine Vernachlässigung von Seiten der Armenbeamten zu befürchten.

V. Die Heimathsgesetze in England ¹).

§. 22.

1. Entwickelungsgang der Heimathsgesetzgebung im Allgemeinen.

Die Heimathsgesetzgebung gehört zu den wichtigsten und schwierig-

---

6) Daß dies nicht etwa nur in der Theorie gelte, sondern wirklich praktisch sei, wurde dem Verfasser im Mai 1857 übereinstimmend von Sir John Nicholls, Mr. Barrad Farnall und Mr. Hugh Owen versichert.

1) Die Hauptquellen für diesen Abschnitt sind die „(Eighth) Reports

ften Theilen der Armengesetzgebung; die Beobachtung ihrer durch mehrere Jahrhunderte in England zu verfolgenden Entwickelung bietet Gelegenheit, die Schwierigkeiten der Frage nach allen Seiten zu ermessen,
und die Folgen jedes gethanen Schrittes in ihrer vollständigen Entfaltung kennen zu lernen. Die Erörterungen über die Armengesetzgebung,
und die Versuche, sie ferner zu verbessern, drehen sich in England gegenwärtig vorzüglich um diese und einige mit ihr untrennbar verbundene
Fragen.

Die Knotenpunkte der Entwickelung sind kurz die folgenden gewesen:
So lange es Sache des freien Willens, oder vielmehr
einer religiösen Pflicht blieb, den Hungernden zu speisen und
dem zu geben, der da bittet, beburfte es keiner scharf abgren-
zenden Bestimmungen, wie weit diese Pflicht sich erstrecke. Die
Pflicht lag dem ob, der die Noth wahrnahm, und an den die Bitte gerichtet wurde. Auch nachdem an die Stelle des Einzelnen die kirchliche
Gemeinde getreten war, wurde das Verhältniß, wenn schon in etwas,
doch nicht durchaus geändert; man erkannte nun zwar gegen die Mitglieder derselben Gemeinde, und gegen die Genossen seines Glaubens,
besondere nähere Pflichten an, allein die Vorschriften unserer Religion
verbieten ausdrücklich, nach diesen Rücksichten, oder gar nach den Grenzen der einzelnen Bezirke im Staate, die Pflicht der Mildthätigkeit zu beschränken. Der Einzelne hat nach eigener selbstständiger Beurtheilung
seiner Kräfte, mit seinem freien Willen den Umfang der Mittel zu bestimmen, die von ihm zur Unterstützung der Bedürftigen zu verwenden sind.

Anders verhält es sich, sobald die Unterstützung der Bedürftigen für eine bürgerliche Pflicht erklärt ist. Folgerichtig muß dann die Ausdehnung der aufzubringenden Mittel nach dem

from the select Committee on Settlement and Poor Removal,
together with the minutes of evidence; ordered by the House of Commons to be
printed 19. Febr. 1847. 2 Vol. fol." und die „Reports to the Poor Law
Board on the Laws of Settlement and Removal of the Poor:
a) Presented to both Houses of Parliament by Command of her Majesty. Printed by W. Clowes and Sons 1850 fol.; b) Ordered to be printed 15. May 1851.
fol." Ferner und vorzüglich „George Coode: Report to the Poor Law
Board on the Law of Settlement and Removal of the Poor. Ordered by the House of Commons to be printed 5. Aug. 1851. 8vo." Man vergleiche die Anzeigen dieser Berichte von Seiten des Verfassers in den Göttingischen
Gelehrten Anz. 1854 S. 449 — 466 und S. 521 — 547.

Umfang des vorhandenen Bedürfnisses bemessen werden. Da der freie Wille der gesetzlich Verpflichteten nicht mehr die Grenze ihrer Leistungen bestimmten darf, ihre Kräfte aber keine unerschöpflichen sind, so muß das Gesetz diese Grenze auf eine äußerlich erkennbare Weise bezeichnen. Je strenger der Staat auf die Erfüllung der nunmehr gesetzlich gewordenen Pflicht dringt, je höher deswegen und zugleich in Folge des Umschwunges der wirthschaftlichen Verhältnisse des Arbeiterstandes, die dadurch auferlegte Last wird, desto mehr stellt sich auch die Nothwendigkeit heraus, die Merkmale scharf zu bestimmen, welche der Pflicht Grenzen setzen.

Der allmähliche Übergang der ursprünglich religiösen Pflicht in eine bürgerliche, und die Natur der Sache, brachte es mit sich, daß in England die Pflicht, Arme zu unterstützen, zunächst der örtlichen Gemeinde auferlegt wurde.

Sobald nun das Bedürfniß hervortrat, den Umfang der Pflicht einer örtlichen Gemeinde genauer anzugeben, lag nichts näher, als diese Pflicht auf die Gemeindeangehörigen sowohl zu beschränken, als auszudehnen. Zur Bestimmung des Begriffs der Gemeindeangehörigkeit, um an ihn die Unterstützungspflicht zu knüpfen, griff man sehr erklärlich nach den Merkmalen, welche die bürgerliche und wirthschaftliche Verfassung der Gemeinde an die Hand gab. Nachdem dies nicht mit besonderem Geschick geschehen war, zeigte es sich im Laufe der Zeit, daß die bürgerlichen oder wirthschaftlichen Verhältnisse, welche eine Gemeindeangehörigkeit in politischem Sinne zur Folge haben, keinen genügenden, innerlich begründeten und dadurch auf die Dauer haltbaren Zusammenhang haben mit der äußerlich daran geknüpften Pflicht der Unterstützung im Falle der Dürftigkeit. Das bürgerliche oder rechtliche Verhältniß einer Person zu einer anderen oder zu einem bestimmten Orte beruht auf Leistung und Gegenleistung, oder doch auf dem Zusammenhange von Ursache und Folge; die Ansprüche werden daher mit Fug und Recht bemessen nach dem, was man gewährt, oder nach dem, was andererseits verschuldet ist. Der Anspruch auf Unterstützung dagegen beruhet nicht auf einer Leistung, und der Regel nach auch nicht auf irgend einer Schuld, mindestens nicht auf einer rechtlich nachzuweisenden und festzustellenden; er gründet sich vielmehr nur auf die Thatsache der Hülfslosigkeit, und richtet sich nach dem Umfange der Bedürfnisse.

Die durch das Gesetz auf keine glückliche Weise hergestellte und nicht auf zureichenden inneren Gründen beruhende Verbindung zwischen

der Pflicht des Ortes und den Verhältnissen des Einzelnen zu ihm, schloß
aber die Gefahr ein, jene bürgerlichen und wirthschaftlichen Verhältnisse
zu stören, ja zuletzt aufzulösen, und die gesammte Arbeiterklasse in un-
vorhergesehene Schwierigkeiten zu verwickeln.

Sobald man sich hiervon überzeugte, versuchte man die Gesetze über die Gemeindeangehörigkeit (d. i. die Heimathsgesetze), oder richtiger die Gesetze über die Begründung der Unterstü-
zungspflicht, zu verbessern, indem man die Verbindung der letzteren
mit bestimmten wirthschaftlichen oder bürgerlichen Verhältnissen überall
da aufhob, wo sie sich entschieden nachtheilig gezeigt hatte.

Allein dadurch ging noch mehr jede innere Verbindung zwischen
der Pflicht der Gemeinde und dem Verhältniß der Hülfsbedürftigen zu
derselben verloren; da nun obendrein die Armenlast der verschiedenen
Gemeinden im Laufe der Zeit sehr ungleich wurde, in einem Falle bis
zu einer drückenden Höhe stieg, in einem andern ganz unerheblich blieb,
so fing man an, die Frage aufzuwerfen, mit welchem Rechte denn der
Staat die einzelne Gemeinde zu der Sorge für diese bestimmten Armen
verpflichte, und kam bei dem wirklichen Mangel an haltbaren Gründen
für die bestehende Gesetzgebung dahin, ihm das Recht einer ungleich-
mäßigen Vertheilung der Armenlast zu bestreiten. Gleichzeitig waren
aus den meisten neuen Bestimmungen über die Begründung der Unterstützungspflicht, welche man an die Stelle der aufgehobenen gesetzt hatte,
neue nicht unerhebliche Übelstände entsprungen.

Alles dies hatte zuletzt die Folge, daß in unseren Tagen
Viele zu der Ansicht gelangten, es sei am besten und allein
folgerichtig, jeden Zusammenhang zwischen dem Bedürfniß des Armen
und der Pflicht einer einzelnen örtlichen Gemeinde aufzuheben, und diese
Pflicht für eine gemeinsame Staatslast zu erklären.

Gegen diesen letzten Schritt erheben sich nun aber die
ernstesten Bedenken, insbesondere die in hohem Grade gerechtfertigte Sorge, die Armenlast dadurch in riesenhaften Progressionen und
bis in das Unerträgliche zu steigern, womit dann eine wachsende Demoralisation der arbeitenden Klassen Hand in Hand gehen würde.

Auf diese Weise sind denn die englischen Staatsmänner an einen
Punkt gelangt, wo sie anscheinend nur zwischen zwei Übeln zu wählen
haben: entweder die Heimathsgesetzgebung mit ihren inneren Wider-
sprüchen und vielen unleugbar daraus folgenden Härten und Nachtheilen fortbestehen zu lassen, oder den ganzen Staat dem Bankerot und

der Zerrüttung der socialen Ordnung bis in ihre Fundamente auszusetzen.

§. 23.

2. Entstehungsgeschichte der Heimathsgesetze.

Die Akte der Königin Elisabeth vom Jahre 1601 bildete, wie §. 2 besprach, den Abschluß einer hundertjährigen Entwickelung, welche die Pflicht der Armenpflege, die ursprünglich der Kirche oblag, auf den Staat übergehen ließ. Noch heute wird dieser Übergang dadurch bekundet, daß die gesetzliche Pflicht der Armenlast auf dem Kirchspiel ruht; und umgekehrt findet diese Bestimmung in jenem Übergange ihre Erklärung. Die kirchliche Gemeinde war die ursprünglich verpflichtete, die Akte Elisabeths änderte nicht den Träger der Pflicht, sondern nur den Charakter derselben.

Dieser Übergang, dessen Bedeutung die Gesetzgeber jener Zeit schwerlich in seinem vollen Umfange ermessen konnten, erklärt es, daß sich in der Akte Elisabeths keine näheren Bestimmungen darüber finden, welche Arme ein jedes Kirchspiel zu unterhalten habe. Sie verordnet einfach nur, daß die Kirchspielsbeamten die armen Kinder in die Lehre geben, die Arbeitsfähigen zur Arbeit anhalten, den Altersschwachen und Gebrechlichen die nöthige Unterstützung verabreichen sollen. Selbstverständlich war es die Meinung des Gesetzes, daß jedes Kirchspiel für seine eigenen Armen in dieser Weise sorgen solle. Der damals noch mehr kirchliche Charakter der Armenpflege mag dazu beigetragen haben, daß man das Bedürfniß einer näheren Festsetzung über die Ortsangehörigkeit der Armen nicht empfand. Nach Verlauf eines halben Jahrhunderts hielt man es aber für nothwendig, diese Lücke in der Gesetzgebung auszufüllen; es geschah im Jahre 1662 durch die vielberufene Akte König Karls II über die Heimath der Armen (Law of settlement 14. Charles II cap. 12).

Der Eingang dieser Akte berichtet, daß in Folge der Unzulänglichkeit der Gesetzgebung über die Heimath der Armen (Settlement), ein Theil der Armen vor Mangel umkomme, während ein anderer gezwungen sei, unablässig im Lande umherzuziehen, und dadurch zu unverbesserlichen Vagabunden ausarte. Die Kirchspiele, heißt es weiter, versäumten es, Vorräthe zur Erhaltung und Beschäftigung ihrer Armen zu beschaffen, weil sie Gefahr liefen, dieselben statt von diesen von Frem-

den verzehrt zu sehen; und die Landstreicher zögen schleunig aus einem
Kirchspiel in ein anderes, wenn sie hofften, in ihm vom Gemeindegut
(d. i. von Land, Wald und Weide der Gemeinde) zehren zu können.
In Erwägung dieser Umstände, erklärt darauf die Akte, jede zwei Friedensrichter ermächtigen zu wollen, auf
Antrag der Kirchspielsbeamten, Personen, welche sich im Kirchspiele
auf einem Grundstücke von weniger als 10 £. jährlicher Rente nieder-
ließen, und dadurch drohten, dem Kirchspiele zur Last zu fallen, binnen 40 Tagen in dasjenige Kirchspiel zurückzuschicken (to
remove), in welchem sie zuletzt gesetzliche Heimathsrechte
erworben haben, möge dies nun geschehen sein: a) durch Geburt; oder b) als Inhaber eines Hauses oder Grundstückes;
oder endlich c) durch einen Aufenthalt, ein Dienst- oder
Lehrlingsverhältniß während eines Zeitraumes von mindestens 40 Tagen[1]). Ausgenommen von dieser Maßregel sollen diejenigen sein, welche nach Ermessen der Friedensrichter im
Stande sind, für die Schadloshaltung des Kirchspieles (for the dis-
charge of the parish) genügende Bürgschaft zu bestellen. Und
ist außerdem bestimmt, um das Aufsuchen von Beschäftigung in
anderen Kirchspielen namentlich zur Erntezeit zu erleichtern, daß mit
einem Heimathsscheine versehene Arbeiter durch einen 40
Tage übersteigenden Aufenthalt in einem Kirchspiele noch keine Heimathsrechte erwerben; indem jede Veranlassung genommen sei,
solche Arbeiter auszuweisen, wofern sie nicht wirklich hülfsbedürftig
werden.

Dies sind die wesentlichen Bestimmungen der gewöhnlich unter dem
Namen des Niederlassungs- oder Heimathsgesetzes (Law of
Settlement oder the Settlement-act) angeführten Akte König
Karls II vom Jahre 1662, welche bis auf unsere Tage in ähnlicher

1) Die Worte der Akte lauten: „that it shall be lawful, upon complaint
made by the churchwardens and overseers of the poor of any parish to any justice of peace, within forty days after such person or persons coming so to settle
as aforesaid in any tenement under the yearly value of ten pounds, for any
two justices of the peace, where any person or persons, that are likely
to become chargeable to the parish, shall come to inhabit, by their warrant, to
remove and convey such person or persons to such parish, where he
or they were last legally settled, either as a native, householder, sojourner, apprentice, or servant, for the space of forty days at the least." Die Akte ist abgedruckt bei Coode a. a. O. S. 35.

Weise für die englische Heimatbgesetzgebung die Grundlage geblieben ist, wie die Alte Elisabeths von 1601 für die gesammte Armengesetzgebung. Während indeß die Alte Elisabeths auch
heute noch allgemein als ein sehr weises und geradezu ganz unentbehr-
liches Gesetz gepriesen wird, trifft die Alte Karls II ein fast ebenso allgemeiner Tadel, und wird vielfach als ein beklagenswerther Mißgriff
der Gesetzgebung, ja als die Hauptquelle aller Übel, welche bei der Armenpflege in England hervorgetreten sind, verurtheilt [2]).

Die Bill zu jener Alte soll in sehr formloser Weise, mit ungewöhnlicher Eile, alle Stadien der Gesetzgebung durchlaufen haben, und ohne
daß ihr weder im Parlament, noch außerhalb desselben gründliche Erörterungen vorausgegangen wären, vornehmlich auf Betrieb der Mitglieder für London angenommen sein, die gehofft hätten, dadurch ein Mittel gegen den Zudrang der Hülfsbedürftigen nach der Hauptstadt zu erlangen.

Wenn wir keinen Grund haben, die Richtigkeit dieser Angaben zu
bezweifeln, und ohne Weiteres einräumen, daß ein von den Staatsmännern der Königin Elisabeth geleitetes Parlament viel befähigter war,
Gesetze abzufassen, als das von Leidenschaften bewegte, von Partei-
kämpfen zerrissene der Restauration, auch selbst im folgenden Paragraphen näher angeben wollen, welche nachtheiligen Folgen die Bestimmungen der Alte Karls II gehabt haben, so glauben wir doch, um eine ein-
seitige Beurtheilung des Gesetzes zu vermeiden, hier an zwei Thatsachen
erinnern zu müssen: Erstens werden auch von den heftigsten Gegnern
des Gesetzes die im Eingange desselben als Motive angeführten Thatsachen, daß bis zu dessen Erlaß für die Armen auf durchaus
ungenügende Weise gesorgt worden sei, und die Zahl der Landstreicher
in besorglicher Weise zugenommen habe, als richtig anerkannt [3]).
Wenn sie nun, indem sie einräumen, daß zur Beseitigung dieser Übelstände Reelles habe geschehen müssen, behaupten, die ergriffenen Maßregeln seien die allerverkehrtesten gewesen, eine angemessene Kontrole

---

2) So von Coode p. 14 folg. und 45 folg., desgleichen von Nicholls I
p. 294 folg. und Pashley p. 275.

3) Vgl. brf. Coode p. 24—27. Er räumt ein, daß in dem ersten halben
Jahrhundert nach Erlaß der Alte Elisabeths, für deren wirkliche Durchführung so
gut wie nichts geschehen sei. Er berechnet nach den Angaben, die man aus dieser
Zeit über die Kosten der Armenpflege hat, daß in ihr durchschnittlich jedes Kirchspiel nur etwa einen Armen wirklich unterhalten haben könne.

habe genügt, die Lokalbehörden zur Erfüllung ihrer Pflichten zu veranlassen, sowie eine Verbesserung der vorhandenen Polizei, um die Bettelei
zu unterdrücken, während die Heimathsgesetzgebung diese Übel nur vermehrt, und dazu den ganzen Arbeiterstamm in Fesseln geschlagen habe,
— so übersehen sie dabei, selbst unter Voraussetzung der vollständigen
Richtigkeit ihrer Ansichten, jedenfalls die zweite der hervorzuhebenden
den Thatsachen, nämlich den Umstand, daß sich die Heimathsgesetze von 1662 bis 1795 im Wesentlichen unverändert
erhalten haben, und daß sich unerachtet aller ihrer Bestrebungen
das Parlament auch heute noch nicht entschließen kann, dieselben abzuschaffen! Jene Beurtheiler verlangen also von den Gesetzgebern des
Jahres 1662 einen Standpunkt, welchen noch das gegenwärtige Parlament nach fast zweihundert Jahren voll reicher Erfahrungen, und
zwar wie wir überzeugt sind aus guten Gründen, scheut einzunehmen.

Wir glauben, daß die Akte Karls II als die natürliche Folge der
Akte Elisabeths zu betrachten ist, als ein durch die wachsende Last der
gesetzlichen Armenpflege veranlaßter Versuch, den Begriff der Ortsangehörigkeit mit Rücksicht auf den daran geknüpften Anspruch auf Unterstützung näher festzustellen.

Man kann diesen Versuch für verfehlt halten, — und auch wir sehen
ihn für keinen gelungenen an, — und doch anerkennen, daß es unvermeidlich war, sich mit dieser Aufgabe zu beschäftigen, und daß der Weg, den
man zu ihrer Lösung einschlug, durch die Verhältnisse und Begriffe jener
Zeit sehr nahe gelegt war.

Nimmt man hierauf Rücksicht, so erscheinen die Bestimmungen der
Akte Karls II keineswegs als auffallend. Jener Zeit lag die Auffassung noch nicht fern, nach welcher die Gemeinde als eine Genossenschaft
berechtigt ist, Personen die Aufnahme zu verweigern, von denen sie eine
Belästigung besorgt [4]. Die verschiedenen Beziehungen, welche das Ge-

4) In der Zeit der ersten normännischen Könige war in England Jeder, der
den Schutz der Gesetze genießen wollte, aus polizeilichen Gründen verpflichtet, sich
in eine Genossenschaft zu gegenseitiger Verbürgung aufnehmen zu lassen; und wenn
auch diese Einrichtung früh in Verfall gekommen war, so finden sich doch noch gegen Ende des 13ten Jahrhunderts Spuren von ihr, vgl. Biener, Das engl. Ge-
schwornengericht I S. 17. Die Ansicht, daß jede Gemeinde oder jeder Gezirk zur
verpflichtet sei, die ihm angehörigen Armen zu unterstützen, dagegen berechtigt,
fremde Arme in ihre Heimath zurück zu schicken, zeigt sich in den englischen Gesetzen von dem Augenblicke an, in welchem man begann, die Armenpflege zu einer
gesetzlichen Pflicht auszubilden. Auch die beiden praktisch wichtigsten Kriterien der

setz hervorhebt, um nach ihnen die Ortsangehörigkeit einer Person zu
beurtheilen, — als: Geburt, Besitz oder Miethe einer Wohnung, Dienst-
und Lehrlingsverhältniß, längerer Aufenthalt, — erschöpfen so ziemlich
Alles, was man für diesen Zweck den bürgerlichen oder wirthschaftlichen
Verhältnissen entlehnen kann. Der Zeitraum von 40 Tagen mochte
hinreichend erscheinen, um das Vorhandensein solcher Beziehungen zu
ermitteln oder festzustellen; und die Kürze des Zeitraumes dürfte eher
als eine Gunst, denn als eine Härte gegen die Armen gemeint gewesen
sein, in sofern durch einen nicht länger als 10tägigen Aufenthalt Heimathsrechte sollten erworben werden können. Einem Mißbrauche der
den Gemeinden eingeräumten Befugniß, auf die Entfernung solcher
Personen, von denen sie Belästigung besorgten, antragen zu können,
mochte man dadurch vorgebeugt glauben, daß die Entscheidung darüber
nicht den Gemeinden selbst, sondern zwei Friedensrichtern übertragen
wurde.

Wie dem aber auch sei, Thatsache ist es, daß die Bestimmungen der Alte Karls II für den Arbeiterstand, und in
Folge dessen schließlich für die ganze bürgerliche Gesellschaft, höchst
nachtheilige Folgen gehabt haben; wenn wir es auch andererseits für wahrscheinlich halten müssen, daß sie gleichzeitig dazu beigetragen haben, die Armenpflege wirksamer zu machen [5]).

Ortsangehörigkeit für Arme, Geburt und längerer Aufenthalt, werden bereits in
Statuten aufgeführt, die über 100 Jahre älter sind, als die Akte Karls II. Eine
Alte Heinrichs VIII von 1531 befiehlt den Friedensrichtern, einem jeden Armen
einen Bezirk anzuweisen, in dem es ihm erlaubt sein soll zu betteln. Eine Akte
Eduards VI von 1547 (I. Edward VI c. 3) verordnet, daß arbeitsscheue Vagabunden gebrandmarkt und nach ihrem Geburtsort zurückgeschickt werden sollen, um
dort für die Einwohner als Sklaven zu arbeiten; während arbeitsunfähige Arme nach
ihrem Geburtsorte oder dem Platze ihres längsten Aufenthaltes zurückgeschickt werden
sollen, um dort von Almosen zu leben; vgl. Nicholls I p. 294. Wenn Nicholls
und Coode meinen, daß diese ältern Statuten doch nur die Vagabunden und arbeitsunfähigen Armen, nicht den Geschäftigung suchenden Arbeiter getroffen hätten,
so ist es sehr fraglich, ob die Grenzlinie nach der Praxis jener Zeit nicht jeden
Arbeiter, dessen sie nicht unmittelbar bedurften, für einen Vagabunden werden erklärt haben. Vielleicht hat die Akte Karls II nur für gesetzlich erklärt, was man
vorher schon that, soweit man es konnte. Jedenfalls hat sie den Kirchspielen die
Befugniß, fremde Arme auszuweisen, nicht erst neu verliehen, sondern dieselbe nur
dahin erweitert, daß auch solche Personen sollten ausgewiesen werden können, von
denen man in Zukunft Belästigung besorgte. Freilich war aber eben dies eine sehr
nachtheilige Bestimmung.

5) George Coode, der heftigste Gegner der Heimathsgesetze, führt selbst

§. 24.
Nachtheilige Folgen der Heimathsgesetze [1]).

Sollen wir kurz angeben, welche nachtheiligen Folgen die Heimaths-gesetzgebung der Hauptsache nach gehabt hat, so müssen wir sagen, daß sie dem Arbeiter die Gelegenheit und die Neigung nahm, außerhalb des Kirchspieles, in welchem er einmal Hei-mathsrechte erworben hat, Beschäftigung zu suchen.

Die Kirchspiele sahen in jedem Arbeiter, welcher sich innerhalb ihrer Grenzen niederlassen wollte, nicht einen Gewinn für den kräftige-ren Betrieb ihrer Gewerbe, sondern die Gefahr einer Vermehrung der Ansprüche an ihre Armenkasse. Ihr Streben ging daher dahin, die nöthigen Arbeitskräfte, soweit die im Kirchspiele bereits vorhan-denen für die Bedürfnisse derselben nicht ausreichten, unter solchen Bedingungen zu erhalten, daß für sie keine Gefahr der Erhöhung der Armenlast daraus entstand, d. h. so, daß die gebrauchten Arbeiter keine Heimathsrechte bei ihnen gewannen.

an, daß die Kosten der Armenpflege nach Erlaß der Akte Karls II vom Jahre 1662 innerhalb 36 Jahren auf mehr als das Vierfache stiegen, indem sie im Jahre 1650 auf 1??,611 £., im Jahre 1694 aber auf 819,000 £. geschätzt werden. Wenn Coode u. a. O. p. 74 folg., 30 und 42 f. hinzufügt, daß diese größeren Ausgaben durch die Heimathsgesetze selbst veranlaßt seien, indem durch sie die Armuth gestie-gen, auch große Brezschlesen und andere unfruchtbare Ausgaben veranlaßt werden seien, während die wirklichen Aufgaben der Armenpflege damals wie früher vernach-lässigt geblieben wären, so halten wir diese Behauptung für zu erwiesen und unerweislich. Uns scheint es im Gegentheil einleuchtend, daß man in jener Zeit, bei dem Mangel einer wirksamen Polizei und höheren Aufsicht über die Lokalbehörden, die Durchführung der gesetzlichen Armenpflege nicht erzwingen konnte, ohne die Ver-pflichtung der Kirchspiele auf eine praktisch haltbare, den Begriffen der Zeit ent-sprechende Weise zu beschränken. Coode selbst führt für die Akte Karls II das unseres Erachtens nicht zu übersehende Zeugniß an, daß kein Gesetz von den Lokalbehörden eifriger als sie ergriffen und benutzt worden sei, während die Akte Elisabeths allgemein auf einen passiven Wider-stand stieß, und daher lange Zeit so ziemlich ein todter Buchstabe blieb. 1) Die nachtheiligen Folgen der Heimathsgesetze sind am ausführlichsten von Coode in dem §. 72 Note 1 angeführten Werke vorgelegt; eine klare Zusammen-stellung derselben gab der Präsident der Centralarmenbehörde Baines in seiner am 10ten Febr. 1854 gehaltenen Rede zur Begründung der von ihm eingebrachten Bill über die Aufhebung dieser Gesetze; einen Auszug aus ihr liefert Nicholls II p. 461. Vgl. auch die gründliche Erörterung bei Pashley Pauperism and Poorlaws cap. XIV u. XV.

Der Arbeiter selbst entschloß sich nur ungern, außerhalb seines Heimathsbezirkes Arbeit zu suchen, er wußte, daß es für ihn schwer war, solche zu finden, indem die Kirchspiele im Allgemeinen zuerst für Beschäftigung ihrer eigenen Arbeiter sorgten, und daß er, wenn er welche fand, dadurch für den Fall der Noth den Anspruch verlor, von dem Orte seines bisherigen Aufenthaltes Unterstützung zu erhalten, ja sich sogar einer seine Verhältnisse vollends zerstörenden Ausweisung ausgesetzt sah. Unbedingt wirkten in Folge dessen die Heimathsgesetze in großer Ausdehnung dahin, den Arbeiter „an die Scholle zu fesseln", wie man sich vielfach ausgedrückt hat.

Es dauerte indessen geraume Zeit, bis diese Folgen der Heimathsgesetze, wir wollen nicht sagen, als solche empfunden und erkannt, jedenfalls aber bis sie näher berücksichtigt wurden.

In den ersten Decennien nach Erlaß der Heimathsgesetze war man nur darauf bedacht, in ihnen sich zeigende Lücken zu ergänzen, und die Umgehung der Gesetze zu verhüten, also die Strenge ihrer Bestimmungen zu schärfen. Es wurde verordnet, daß die 40 Tage des Aufenthaltes, welche nach der Akte Karls II einen Anspruch auf Heimathsrecht begründen, erst von dem Termine an gerechnet werden sollten, wo der Betreffende von seiner Absicht, sich in einem Kirchspiele niederzulassen, den Beamten desselben Anzeige gemacht hätte [2]). Dies wurde bald darauf noch dahin verschärft, daß auch der Gemeinde Mittheilung von der beabsichtigten Niederlassung gemacht sein mußte. Matrosen, Soldaten und Arbeiter im königlichen Dienste, sollten durch bloßen Aufenthalt überhaupt keine Heimathsrechte erwerben [3]). — In demselben Sinne wurde festgesetzt, daß unverheirathete Personen nur durch Dienstverträge, die auf ein Jahr abgeschlossen wären, Heimathsrechte erlangen sollten [4]); und auch dies wurde bald noch dahin verschärft, daß der Dienst wirklich ein ganzes Jahr müsse gedauert haben, um Heimathsrechte zu begründen [5]).

Selbst noch unter der Regierung des König Wilhelm III, deren politische Richtung doch derjenigen der Restauration völlig entgegengesetzt war, pries man die Heimathsgesetze von

2) 1. James II cap. 17 §. 3.
3) 3. William III and Mary. cap. 7; vgl. Coode p. 54 und Nicholls I p. 379.
4) 3. William III and Mary. cap. 2.
5) 8 et 9. William III and Mary. cap. 30 §. 4. Vgl. Nicholls I p. 340 u. 350.

1662 für „gute und heilsame" Gesetze [a]), wenn sich auch gerade in dieser Zeit die ersten Versuche zeigen, eine Milderung derselben herbeizuführen.

§. 25.
Abänderungen der älteren Heimathsgesetze.

Eine Verordnung des König Wilhelm III über Erweiterung der Heimathsgesetze aus dem Jahre 1696 auf 97 erörtert in ihrem Eingange, daß viele Arbeiter aus Mangel an Beschäftigung ihren Kirchspielen zur Last fielen, während sie für sich und ihre Familien in anderen Kirchspielen Arbeit und reichlichen Unterhalt finden könnten. Nur weil solche Arbeiter jenen Kirchspielen keine genügende Sicherheit dafür zu geben vermöchten, daß sie nicht einst den Armenkassen derselben zur Last fielen, würden sie von ihnen nicht aufgenommen, und blieben daher ohne Arbeit und wie Gefangene an den Ort ihrer bisherigen Heimath gebannt.

Diesen schmerzlich empfundenen Übelstand hofft die Verordnung dadurch zu beseitigen, daß sie das in der Akte Karls II vorgesehene System der Heimathsscheine erweitert. Arbeiter mit von den Kirchspielsbeamten ausgestellten und durch zwei Friedensrichter beglaubigten Heimathsscheinen, bestimmt sie, sollen in anderen Kirchspielen Beschäftigung suchen dürfen, ohne ihr Heimathsrecht in dem Kirchspiel zu verlieren, welches den Heimathsschein ausgestellt hat. Das Kirchspiel blieb demnach verpflichtet, die mit einem Heimathsscheine entlassenen Arbeiter jeder Zeit wieder aufzunehmen, und nöthigenfalls zu verpflegen; und es hatte sonach kein anderes Kirchspiel eine Veranlassung, einem solchen Arbeiter den Aufenthalt zu verweigern, wenn er nicht etwa wirklich arbeitsunfähig und hülfsbedürftig wurde [1]).

Hier begegnen wir nun zuerst der auffallenden Thatsache, daß man eine Verbesserung der Heimathsgesetze zu Gunsten der Arbeiter durch die Erschwerung der Erwerbung einer neuen Heimath zu erreichen hoffte. Das, was an und für sich für die Arbeiter ein Vortheil, und ein nicht minder natürliches als kostbares Recht ist, durch längere Beschäftigung an einem Orte Heimathsrecht daselbst zu gewinnen, wurde für den Aufenthaltsort durch die daran geknüpfte Verpflichtung der Unterstützung des Ar-

---
6) Vgl. Coode p. 40 folg.; 52 und 54.
1) 8 et 9. William III c. 30; vgl. Nicholls I p. 358 und Coode p. 69 f.

beiters im Fall seiner Verarmung eine Gefahr, und für ihn selbst ein Nachtheil. Das Mittel, um diesem Nachtheile ausweichen zu können, suchte man in einer Maßregel, welche für den Aufenthaltsort allerdings keine Unterstützungspflicht, deßwegen aber zugleich auch für den Arbeiter kein Heimathsrecht entstehen ließ!

Die Erfahrung hat herausgestellt, daß das versuchte Mittel seinen Zweck nicht erreichte, wohl aber andere sehr erhebliche Nachtheile herbeiführte. Vor Allem wurden die Arbeiter durch die neue Einrichtung der Heimathsscheine völlig der Gewalt und Willkühr ihrer Kirchspielsbeamten Preis gegeben; diese vermieden es, einem tüchtigen Arbeiter einen Heimathsschein auszustellen, da sie ihn dadurch für die Zeit seiner Tüchtigkeit aus dem Kirchspiele entfernten, und ihn zurückerhielten, sobald er unbrauchbar und hülfsbedürftig wurde, während sie andererseits sich stets versucht fanden, ihre Kirchspiele von schlechten und liederlichen Arbeitern durch bereitwillige Ausstellung von Heimathsscheinen zu befreien. Mußte dies nun schon an sich nachtheilig und entsittlichend wirken, so hatte es außerdem noch die natürliche Folge, daß die Heimathsscheine nicht mehr zur Empfehlung dienten, und also ihren Zweck verfehlten [2]).

Im Laufe des 18ten Jahrhunderts offenbarte sich noch schroffer die verderbliche und störende, die natürlichen Verhältnisse auf das nachtheiligste verkehrende Wirkung der Heimathsgesetze, oder vielmehr der an gewisse Verhältnisse des Arbeiters zu einem Orte geknüpften Verpflichtung des Orts, den Arbeiter im Falle seiner Bedürftigkeit zu unterstützen. — Kirchspiele und Arbeitgeber suchten gleichmäßig die Entstehung aller derjenigen Verhältnisse zu verhüten, durch welche die Arbeiter Heimathsrechte erhielten. Man duldete an einem Orte keinen fremden Arbeiter, wofern er nicht mit einem Heimathsscheine versehen war; man schloß die Dienstverträge nicht mehr, wie es früher die herrschende Sitte gewesen war, auf ein ganzes Jahr ab, entließ vielmehr sehr allgemein das Gesinde vor Ablauf des Jahres, so daß für dasselbe meistens zu Michaelis eine verderbliche Zeit des Müßiganges eintrat [3]); man gab arme Knaben von Seiten der Kirchspiele nicht bei tüchtigen Meistern in die Lehre, um tüchtige Handwerker aus ihnen heranzubilden, sondern lediglich bei solchen, die in an-

2) Über die unbefriedigenden Erfolge des Systems der Heimathsscheine vgl. Coode p. 66 folg.
3) Vgl. Coode p. 78.

deren Kirchspielen wohnten, weil der Lehrling an dem Orte, wo er seine Lehrjahre zubringt, Heimathsrechte erwirbt [4]); u. s. w.

Trotz alledem nahete sich das achtzehnte Jahrhundert seinem Ende, ehe man nach dem mißlungenen Versuche mit den Heimathsscheinen neue Schritte zur Beseitigung der angeführten Übelstände that; und selbst als man sich dazu entschloß, wußte man mit diesen keine neue Richtung einzuschlagen. Man glaubte nur dadurch helfen zu können, daß man die Titel zur Begründung von Heimathsrechten aufhob, von denen es erfahrungsmäßig feststand, daß sie den Arbeitern mehr geschadet als genutzt hatten.

Eine große Härte für die Arbeiter lag darin, daß die Akte Karls II die Kirchspielsbeamten ermächtigte, sie schon aus bloßer Besorgniß einer künftigen Verarmung auszuweisen. War auch für die Kirchspielsbeamten die Ausübung dieses Rechtes an die Aufsicht und Genehmigung zweier Friedensrichter gebunden, so hatte dies doch erfahrungsmäßig wenig gefrommt. Der Ausdruck des Gesetzes war zu allgemein und unbestimmt gefaßt; ist doch in Wahrheit ein Jeder der Gefahr einer künftigen Verarmung ausgesetzt, der mit seinem Unterhalt einzig und allein auf seine Körperkraft angewiesen ist! Die Friedensrichter glaubten sich daher selten in der Lage, Anträge von Kirchspielsbeamten auf Entfernung eines fremden Arbeiters abweisen zu können. Nachdem nun eine hundertjährige Erfahrung gelehrt hatte, daß das erweiterte System der Heimathsscheine die Arbeiter vor der Willkühr und Engherzigkeit der Kirchspielsbeamten nicht schützte, änderte man im Jahre 1795 die in Rede stehende Bestimmung dahin ab, daß nicht schon die bloße Besorgniß, sondern erst das wirkliche Eintreten der Hülfsbedürftigkeit die Kirchspielsbeamten berechtigen solle, die Ausweisung fremder Arbeiter zu verlangen.

Nachdem diese Änderung der Akte von 1662 erfolgt war, konnte allerdings, so lange ein Arbeiter keine Unterstützung nachsuchte, seinem Aufenthalte an einem Orte kein Hinderniß mehr entgegengestellt werden. Indeß hatte man geglaubt, gleichzeitig mit dieser Ände-

4) Vgl. Coode p. 66. Die angeführte Bestimmung, insbesondere 3. William and Mary. c. 11 §. 8, ist noch in Kraft; man sucht die sich an sie reihenden Mißbräuche dadurch zu entfernen, daß seit 1844 die Abschließung der Lehrverträge nicht mehr durch die Kirchspielsbeamten, sondern durch die Armenräthe der Sammelgemeinden erfolgt, und unter die besondere Aufsicht der Centralarmenverwaltung gestellt ist; vgl. 7 et 8. Victoria c. 101 §. 1.

rung die Bestimmung der Akte aufheben zu müssen, nach welcher der Aufenthalt an einem Orte dem Arbeiter ein Heimathsrecht an demselben begründete[5]). Hätte man nach Aufhebung der faktischen Befugniß, mißliebigen Arbeitern den Aufenthalt zu verweigern, einem Aufenthalte von nur 40 Tagen die Wirkung belassen, in bisheriger Weise Heimathsrechte zu begründen, so würde dies praktisch einer vollständigen Aufhebung der Heimathsgesetze gleichgekommen sein; zu der man damals doch keineswegs entschlossen war. Um die Gefahr der Ausweisung für den kräftigen Arbeiter zu beseitigen, die aus bloßer Besorgniß, er könne einstmals hülfsbedürftig werden, von engherzigen Kirchspielsbeamten zum großen Nachtheile der Arbeiter vielfach erfolgt war, kam man also dahin, dem Arbeiter das naheliegende Recht zu nehmen, durch seinen längeren Aufenthalt und seine Arbeit an einem Orte daselbst eine Heimath zu erwerben!

Von ganz demselben Gesichtspunkte ausgehend, hielt man es im Jahre 1834 für rathsam, auch die Bestimmung der Akte von 1663 aufzuheben, nach welcher eine einjährige Dienstzeit Heimathsrechte begründete[6]).

Einige andere unwichtigere Abänderungen der Heimathsgesetze übergehen wir hier, indem sie denselben Charakter haben, wie die eben angeführten, und scheinbare Rechte der Arbeiter aufheben, um wirklichen Nachtheilen derselben vorzubeugen; oder aber nur erlassen sind, um Prozesse zwischen verschiedenen Kirchspielen zu verhüten.

§. 26.
Unausweisbare Arme (irremovable Paupers) der Parlakte von 1846.

Die im vorigen Paragraphen erörterten Abänderungen der Heimathsgesetze waren für die arbeitenden Klassen in nicht wenigen Beziehungen vortheilhaft, insbesondere indem sie sie von der willkührlichen Behandlung der Kirchspielsbeamten befreiten; gleichzeitig erwuchs ihnen aber daraus der große Nachtheil, daß faktisch für sie kaum noch die Möglichkeit blieb, eine andere Heimath zu ge-

5) 35. George III c. 101; vgl. Nicholls II p. 118 folg.

6) 4 et 5. William IV c. 76 §. 64 und 65. Die Aufhebung dieser Bestimmung hat die ältere Sitte, einjährige Dienstverträge zu schließen, nicht wieder hergestellt können; wie es denn stets leichter zu zerstören ist, als aufzubauen; vgl. Coode p. 79. Auch mögen die neuern wirthschaftlichen Verhältnisse weniger für jährige Dienstverträge sprechen.

winnen, als sie durch Geburt oder Lehrzeit einmal erlangt hatten. Der einzige für einen Arbeiter noch erreichbare Titel
zur Erwerbung von Heimathsrechten war, nachdem Aufenthalt und
Dienstzeit nicht mehr als solche galten, ein Grundstück für einen jährlichen Pachtzins von 10 £. zu pachten; dies aber ist, wie allgemein eingeräumt wird, auch ein englischer Arbeiter nur ganz ausnahmsweise im
Stande [1]).

In Folge dessen trat nun häufig der Fall ein, daß Arbeiter, welche
lange Zeit außerhalb ihres Geburtsortes Beschäftigung und Unterhalt
gefunden hatten, nach demselben zurückgeschickt wurden, weil sie, vielleicht nur durch vorübergehende Verhältnisse in Noth gerathen, die Unterstützung der Armenbehörde ihres Aufenthaltsortes nachsuchten. Eine
derartige Zurücksendung schloß dann gleichzeitig eine große Härte für die
Arbeiter, und eine schreiende Unbilligkeit gegen die Steuerpflichtigen ihres Geburtsortes in sich.

Die zurückgeschickten Arbeiter pflegten an den Orten ihres
lange dauernden Aufenthaltes Bekanntschaften gemacht zu haben, oder
wohl gar in Familienbande eingetreten zu sein; sie hatten ferner, wenn
eine Geschäftsstockung oder sonstige Krisis sie nur momentan arbeitslos
gemacht hatte, meistens die Aussicht, nachdem diese überstanden war,
sich ihren Unterhalt daselbst wiederum selbstständig erwerben zu können;
an ihrem Geburtsorte dagegen waren sie durch die lange Zeit ihrer Abwesenheit oft ganz fremd geworden; nicht selten wurde obendrein der
Geschäftszweig, in welchem sie gewohnt waren ihren Verdienst zu finden, dort gar nicht betrieben. Dabei hatten sie unleugbar an dem
Orte ihres langen Aufenthaltes einen natürlichen Anspruch auf
Unterstützung durch diejenigen erworben, denen sie ihre Kräfte die lange
Zeit über gewidmet hatten, oder mit denen sie näher bekannt oder gar
verwandt geworden waren; während für den Geburtsort eine große
Unbilligkeit darin lag, daß er sie aufnehmen sollte, und dadurch gezwun-
gen war, einen Arbeiter zu verpflegen, der vielleicht schon in seiner Ju-
gend aus ihm weggezogen war, der seine besten Kräfte einem andern
Orte zugewendet hatte, und der nun bei eintretendem Alter mit einer
Familie beladen an ihn zurückkehrte. Besonders häufig wurden

<hr>

1) Vgl. den §. 22 Note I angeführten Report von Coode p. 90: „It is
now almost impossible for a working man to acquire a fresh
settlement" und „Parentage was by the Poorlaw Amendment Act (4 et
5. William IV c. 76) made, nearly the only title to a settlement,
which a working man can possess."

ländliche Kirchspiele von dieser Unbilligkeit betroffen, indem beim Aufschwunge der Industrie Massen von Arbeitern aus ihnen nach den Städten zogen, und wenn sie nach Jahren arbeitsunfähig geworden waren, oder eine plötzliche Stockung der Geschäfte eintrat, von dort zurückgeschickt wurden. Doppelt geboten mußte es erscheinen, den gerechten Beschwerden der ländlichen Bezirke Abhülfe zu verschaffen, als durch die Aufhebung der Kornzölle den industriellen Orten neue Vortheile gewährt, dagegen den mit dem Ackerbau beschäftigten Distrikten, wenigstens momentan, schwere Opfer auferlegt worden waren.

Sir Robert Peel hegte die Überzeugung, daß eine reelle Abänderung der bestehenden Heimathsgesetzgebung erfolgen müsse, um den oben erwähnten Übelständen gründlich zu begegnen. Bei der großen Schwierigkeit, die Frage zu lösen, und den verwickelten Beziehungen, in denen sie steht, kam er indessen nur dazu, ein von seinem Nachfolger im Amte durchgeführtes Gesetz vorzulegen, welches sich darauf beschränkt, daß Arbeiter, welche sich fünf Jahre ununterbrochen an einem Orte aufgehalten, und während dieser Zeit ohne Hülfe der Armenpflege selbstständig ihren Unterhalt gefunden haben, daselbst „irremovable" d. i. unausweisbar, nicht aber „settled" (angesiedelt) d. i. heimathsberechtigt, sind. Solche Arbeiter können nicht ausgewiesen werden, der Aufenthaltsort muß sie daher unterhalten, wenn sie innerhalb seiner Grenzen hülfsbedürftig werden; verlassen sie aber den Aufenthaltsort, mag es auch nur auf kurze Zeit geschehen, so verlieren sie jeden Anspruch an denselben, da sie keine Heimathsrechte an ihm erworben haben [2]).

Durch das unter dem Namen der Pools-Act bekannte Gesetz vom Jahre 1846 [3]) wurde vielen, namentlich aus ländlichen Kirchspielen in die Industriebezirke übergesiedelten Arbeitern, eine große Wohlthat erwiesen, indem dasselbe sie von der Gefahr befreite, sofort ausgewiesen zu werden, wenn sie sich irgend einmal ihren Unterhalt nicht verschaffen konnten, wodurch ihnen ihr lang gewohntes Brot

---

2) Sir Robert Peel schlug die Gewährung von Irremovability (Unausweisbarkeit) statt Settlement (Heimathsrecht) vor, weil er keinen neuen Titel des Heimathsrechts einführen, und der gänzlichen Aufhebung der Heimathsgesetze kein neues Hinderniß bereiten wollte.

3) Die Akte 9 u. 10. Victoria c. 66 führt den Titel „An act to amend the Laws relating to the Removal of the Poor"; vgl. Nicholls II p. 358 und Coode p. 71 folg.

für immer verloren zu gehen drohte; indeß beseitigte das Gesetz keineswegs vollständig die schwer empfundenen Übelstände, und rief sogar neben den alten neue und sehr erhebliche hervor.

Nach der Peelsakte entgeht der Arbeiter nur dann der Gefahr, ausgewiesen zu werden, wenn er in dem selben Kirchspiele 5 Jahre hinter
einander ununterbrochen wohnen bleibt. Es leuchtet hier nun
sofort ein, daß ein Arbeiter dadurch viel enger an das
Kirchspiel gefesselt ist, als dies durch das Heimathsrecht
geschieht. Jeder kurze Aufenthalt in einem andern Kirchspiele hebt
für ihn nicht nur alle Ansprüche auf Unterstützung, sondern auch das
Vorrecht des fernern ungestörten Aufenthaltes wieder auf. Bei der außerordentlich geringen Ausdehnung der meisten englischen Kirchspiele *)
ist dies aber für den Arbeiter außerordentlich lästig, namentlich in den
Städten, indem nicht die ganzen Stadtbezirke, sondern die einzelnen
Kirchspiele derselben die Heimathsbezirke und engern Armenverbände bilden; durch bloße Verlegung der Wohnung aus einem Kirchspiele einer
Stadt in ein anderes derselben Stadt verliert daher der Arbeiter seinen
Anspruch auf ungestörten Aufenthalt an dem Orte.

Einen anderen Nachtheil für den Arbeiter bewirkt die
Peelsakte dadurch, daß sie den Heimathsorten der Armen die
Gelegenheit giebt, ihre Verbindlichkeiten von sich auf
Andere zu wälzen, indem sie ihre Armen veranlassen,
ihren Aufenthalt außerhalb der Grenzen des eigenen Kirchspieles
zu nehmen. Am leichtesten ist dies größeren Grundherren gemacht, welche das Grundeigenthum eines ganzen Kirchspieles inne haben; in ihrer Macht liegt es, keine Arbeiterwohnungen innerhalb der
Kirchspielsgrenzen zu erbauen, und es wird sogar als wirklich vorgekommen berichtet, daß sie, um sich von der Last der Armenpflege zu befreien,
die vorhandenen hätten abbrechen lassen. In ähnlicher Weise haben
Fabrikherren die für ihre Arbeiter erforderlichen Wohnungen in benachbarten Kirchspielen errichtet, um nicht das ihrige mit der Sorge für
dieselben im Falle der Verarmung jener Arbeiter zu belasten. Für
die Arbeiter entspringt daraus der Nachtheil, daß sie oft
von ihrem Wohnorte bis zu dem Orte ihrer Beschäftigung weit zu
gehen haben, und der unbedingt noch größere, daß die Lohnherren sich im Allgemeinen scheuen, Arbeiterwohnungen zu

---

*) Vgl. über die Größe der englischen Kirchspiele oben §. b Note I.

errichten, weil sie dadurch außer ben Koften für bie Gebäude noch
bie fehr leicht weit bedeutenberen ber Armenpflege für beren Bewohner
auf fich ziehen. Über ben Mangel an guten Arbeiterwohnungen wirb
in England vielfach geflagt.

Die Beftimmungen ber Afte Peels haben aber nicht allein für bie
Arbeiter, fonbern vielfach auch für bie Steuerpflichtigen übele
Folgen gehabt; in vielen Kirchfpielen finb burch fie bie Koften ber
Armenpflege ganz außerordentlich gestiegen *). Es erflärt fich bies
zunächft barauß, baß bie Kirchfpiele mm bie Unterhaltung aller Armen übernehmen mußten, bie wegen ihreß fünfjährigen Aufenthalteß
nicht mehr außgewiefen werben fonnten, unb benen bißher von ihren
Heimathßorten Unterftüßung zugefenbet worben war, um ihre Außweifung zu verhüten. Zweitenß aber, unb bies erfcheint als wichtiger,
melbete fich bei ben Kirchfpielen in Folge beß Gefeßes eine fehr große
Zahl von Armen, bie früher auß Furcht vor einer Außweifung eß ver-
mieben hatten, um Unterftüßung nachzufuchen. Dies rief nun um
fo lebhaftere Befchwerden hervor, als, wie bereitß angebeutet, ber
Fall häufig vorfam, baß bie von bem Kirchfpiele zu unterhaltenben, in
ihnen nicht heimathßberechtigten Armen in anberen Kirchfpielen befchäf-
tigt waren, alfo in ber That zu biefen nähere Beziehungen hatten, als
zu ihrem Aufenthaltßorte. Überdies waren bie Kirchfpiele, in welchen
fich bie Arbeiterwohnungen burch ein Zufammenwirfen von natürlichen
unb burch bie Gefeßgebung herbeigeführten Urfachen zufammenbrängten,
ber Regel nach bie ohnehin fchon am meiften belafteten unb am wenig-
ften leiftungßfähigen.

Im Jahre 1847 berückfichtigte baß Parlament biefe
Befchwerden in foweit, baß eß eine gewöhnlich als Mr. Bod-
kins Act bezeichnete Afte (fo genannt, weil fie von Mr. Bod-
kins beantragt worben war) annahm⁶), nach welcher bie
Koften für bie Unterhaltung ber unaußweißbaren,
jeboch nicht heimathßberechtigten Armen fortan nicht mehr

5) Pashley p. 278 theilt mit, baß in Folge ber Verlfalle in manchen Kirchfpielen bie Armenfteuer auf ben boppelten unb breifachen Betrag ftieg, unb in ben
meiften berfelben ber Werth beß Grunbeigenthumß baburch herabgebrückt wurbe;
vgl. auch Nicholls II p. 399.

6) 10 et 11. Victoria c. 110. Diefe anfänglich nur auf ein Jahr erlaffene
Afte wurbe im Jahre 1848 burch 11 et 12. Victoria c. 110 verlängert unb ergänzt,
vgl. Nicholls II p. 399 unb 426. S. oben S. 49.

von dem Kirchspiele, in dem sich dieselben aufhalten, sondern gemeinsam von der Sammtgemeinde, zu welcher dieses Kirchspiel gehört, zu tragen sind.

Abgesehen indeß davon, daß hierdurch den Nachtheilen, welche die
Preisakte für die Arbeiter, neben unleugbaren Wohlthaten, herbeigeführt
hatte; in keiner Weise abgeholfen wurde, veranlaßte gerade diese Verordnung über die Vertheilung der Lasten, von einer anderen Seite her,
die lebhaftesten Angriffe auf das gesammte herrschende System der Armenpflege, oder brachte vielmehr mir eine schon lange gährende Bewegung vollends zum Ausbruch.

Um die Bedeutung dieser Bewegung in ihrem vollen Umfange zu
ermessen, müssen wir dieselbe bis zu ihrem Ursprunge zurückverfolgen.

§. 27.
Ungerechte Vertheilung der Armenlast.

Die Kosten der Armenpflege hatte die Akte Elisabeths auf die Kirchspiele gelegt. Dies war natürlich, weil das
Kirchspiel stets, wenn auch nicht als rechtliche, so doch als kirchliche Gemeinde für seine Armen gesorgt hatte. Es dauerte daher auch länger
als ein Jahrhundert, ehe Bedenken gegen die Angemessenheit dieser Bestimmung auftauchten; man hielt es für selbstverständlich, daß eine Gemeinde für ihre Armen zu sorgen habe. Die Gemeinde war damals noch eine Genossenschaft, und hatte als solche eine Stimme
bei der Aufnahme neuer Mitglieder; sie hatte ferner gewissermaßen
noch einen Familiencharakter, denn die Mehrzahl der Familien-
häupter gehörte ihr durch Geburt an und war unter einander verwandt,
die übrigen Einwohner aber waren großentheils mit Gründung einer
Familie gleichzeitig in den Kreis der Genossenschaft und der Verwandt-
schaft eingetreten; sie war endlich meistens auch noch ein wirthschaftlicher Verband, indem der Arbeiter gewöhnlich bei einem
Kirchspielsinsassen sein Brot fand.

Das Heimathsgesetz von 1662 war ein Versuch, diesen inneren Gründen der Unterstützungspflicht äußerlich
eine Gestalt zu geben. Nun entwickelte sich aber der Inhalt des Heimathsgesetzes im Laufe der Zeit in der Weise, daß fast
jede innere Beziehung zwischen der Unterstützungspflicht
eines Ortes und den persönlichen Verhältnissen des Ar-

8

men zu demselben aufhörte. Jede Begründung der Unterstützungspflicht durch ein bestimmtes reales (wirthschaftliches oder bürger-
liches) Verhältniß, wie Aufenthalt, Dienst und dergleichen, hatte zu
Nachtheilen geführt, und war daher aufgegeben. In Folge dessen hat
gegenwärtig die Verpflichtung der Kirchspiele, bestimmte Arme zu unterstützen, ihre ursprüngliche Bedeutung und ihren inneren Halt verloren;
sie ist im Wesentlichen nur noch eine äußerlich gesetzliche, die sich ge-
schichtlich erklären läßt. Es kommt nicht selten vor, daß Kirchspiele Arme unterstützen müssen, die seit langen Jahren in der Fremde wohnen,
und gleichzeitig andere, die sich zwar innerhalb ihrer Grenzen aufhalten,
aber in einem anderen Orte heimathsberechtigt sind und außerhalb der
Kirchspielsgrenzen ihre regelmäßige Beschäftigung finden.

Dieser rein abstrakte Charakter der Verpflichtung ist
noch in einer anderen Beziehung hervorgetreten. Die Akte
Elisabeths, welche die Kirchspielsbeamten ermächtigte, die zur Unterhaltung der Armen erforderlichen Mittel durch Steuern zu beschaffen, that
dies in Ausdrücken, welche gestatteten, und auch gewiß beabsichtigten,
jedes Einkommen der Besteuerung zu unterwerfen. Wie die religiöse
Pflicht der Mildthätigkeit sich auf Alle bezog, so sollte auch die gesetzliche
der Steuerzahlung zum Zweck der Armen keine Ausnahmen erleiden. Jeden nach seiner Fähigkeit (ability) treffen. Außerdem ließ das Gesetz
nicht unbeachtet, daß die Steuerkraft der Kirchspiele, sowie die Vertheil-
lung der Armen in ihnen sehr verschieden sein kann, und in Folge dessen
möglicher Weise ein Kirchspiel außer Stand sein wird, seine Aufgabe
für sich allein zu erfüllen; sie ermächtigte für diesen Fall die Friedensrichter, die benachbarten Kirchspiele zu einer Beihülfe heranzuziehen.
Aber auch hier gab man der neuen gesetzlichen Pflicht den Charakter
der früheren kirchlichen. Nach keiner Seite hin wurden die Grenzen für
die Leistungen scharf gezogen; Niemand sollte über sein Vermögen beschwert werden, und doch war Niemand durch einen bestimmten Grund
gesetzlich von der Beitragspflicht befreit. Die Folge dieses Verfahrens war, daß die Bestimmung der Akte Elisabeths über
die Unterstützungspflicht der benachbarten Kirchspiele zu
keiner praktischen Bedeutung kam, wie in §. 8 näher erörtert
worden ist, und daß die Armensteuer, wie wir unten im §. 33
darlegen werden, dem Wesen nach zu einer ausschließlichen
Grundsteuer wurde, was sie ursprünglich in keiner Weise hatte sein
sollten. Das Grundeigenthum im Kirchspiel ist demnach allein verpflich-

tet, die Armenlast zu tragen, und obendrein ohne irgend eine bestimmte Grenze für die Höhe der Belastung.

Während so die Pflicht der Armenpflege immer mehr nur durch äußere starre Gesetzesbestimmungen begründet erscheint, denen in vielen Fällen jede innere Berechtigung abgeht, haben sich auch die Verhältnisse der Träger dieser Pflicht, d. i. der Kirchspiele, in sehr wichtigen Beziehungen verändert. In ihrer Bevölkerung, ihrer Wohlhabenheit, insbesondere auch in ihren wirthschaftlichen Zuständen, sind die größten Umwälzungen eingetreten. Die Gemeinde ist keine Genossenschaft mehr, und hat nicht das Recht, als solche Personen zurückzuweisen, die in sie aufgenommen werden wollen; sie ist noch viel weniger, was sie einst in gewisser Weise war, ein erweiterter Familienkreis, da die Einwohner meistens ziemlich fremd einander gegenüber stehen; sie ist in sehr vielen Fällen auch nicht mehr, was sie einst praktisch meistens gewesen war, ein Verband zwischen Lohnherren und Arbeitern.

Mannigfaltige Gründe wirkten nun aber zusammen, die Armenlast in den einzelnen Kirchspielen für deren Bewohner sehr ungleich werden zu lassen. Schon bei Einführung der gesetzlichen Armenpflege waren die einzelnen im Durchschnitt kleinen englischen Kirchspiele, die man zu abgesonderten Armenverbänden machte, von sehr ungleichem Umfange und sehr ungleicher Bevölkerung. Sie waren lange vorher ohne jede Rücksicht auf Größe, sowie auf Erwerbsquellen und Wohlhabenheit ihrer Bewohner abgegrenzt worden, und hatten sich im Laufe der Jahrhunderte naturgemäß sehr ungleich entwickelt. Seitdem sind ihre Grenzen mit geringen Ausnahmen unverändert geblieben, während die Zahl ihrer Bewohner und die Wohlhabenheit derselben sich auf das verschiedenste umgewandelt hat. Zu diesen natürlichen Ursachen einer sehr verschiedenen Armenlast in den einzelnen Kirchspielen, die als abgesonderte Armenverbände, mögen sie arm oder reich sein, viele oder wenige Arme haben, für ihre Armen zu sorgen verpflichtet sind, — traten künstliche. Grundherrn, Pächter und Fabrikanten häuften in einzelnen Kirchspielen, die oft nur Theile einer Stadt umfassen, Massen von Arbeitern an, während sie dieselben von anderen Kirchspielen mit Rücksicht auf die dadurch für sie entstehende Armenlast fern hielten. Dadurch mußte die Ungleichheit der Armenlast mehr und mehr gesteigert werden; und daß dies gegenwärtig in hohem Grade der Fall ist, kann unmöglich befremden.

8*

Während in vielen Kirchspielen die Armensteuer gegenwärtig 2,
3 bis 4 Schilling auf das Pfund des eingeschätzten Reinertrages des
Grundeigenthums, das heißt 10, 15 bis 20 Procent von demselben beträgt, beläuft sie sich in anderen noch nicht auf 1 Schilling, ja nicht einmal auf ½ Schilling, bleibt also unter 5, ja unter 2½ Procent des eingeschätzten Reinertrages. In London zahlen einige der wohlhabendsten
Kirchspiele sogar überhaupt keine Armensteuer, während andere, die zu
den ärmsten der Stadt gehören, bis 8 Schilling vom Pfund, das will
sagen bis 40 Procent von dem eingeschätzten Reinertrage, entrichten
müssen [1]).

Diese Sachlage würde an sich schon heftige Angriffe und mannigfache Anträge auf Abänderung derselben erklären; es kann um so weniger befremden, daß sie erfolgt sind, da sich der Charakter der Armensteuer wesentlich verschieden von ihrer ursprünglichen Idee gestaltet hat,
die Armenlast im Laufe der Zeit dem Grundeigenthum allein aufgebürdet ist, und zugleich die Gründe, welche es erklärten, daß man das Kirchspiel in Anspruch nahm, ihre innere Bedeutung verloren haben.

Den ersten mächtigen Anstoß, die Gerechtigkeit der
gegenwärtigen Vertheilung der Armensteuer anzugreifen,
hat die Durchführung der neuen Armengesetze gegeben.
Allerdings wird in Folge derselben die Armenpflege nicht mehr in jedem
Kirchspiele abgesondert verwaltet, und auch ein Theil ihrer Kosten, wie
§. 8 besprach, von den Sammtgemeinden (Unions) getragen; indeß
rief sehr natürlich gerade die letzte Einrichtung die gewichtige Frage hervor, ob nicht auch der übrige Theil der Armenlast dem Kirchspiele un-
rechtmäßig aufgebürdet sei. Außerdem fand man noch eine besondere
Veranlassung, eine fernere Veränderung zu fordern, darin, daß die Kosten
für den Bau und die Unterhaltung der Arbeitshäuser, sowie für die Be-

---

1) Nach einer auf amtlichen Nachrichten beruhenden Zusammenstellung betrug
die Armensteuer im Jahre 1847 unter 13,304 Kirchspielen

	pro L.			Procent des Reinertrages.
in	107 K.	unter	1 Den.	ober unter ¼
*	1517 *	zwischen 1 *	u. 6 Den.	* zwischen ¼ bis 2½
*	9728 *	*	6 * 2 Schill. 6 Den.	* 7½ * 12½
*	1607 *	*	2 Schill. 6 Den. u. 5 Schill.	* 12½ * 25
*	145 *	*	5 * u. 11 Schill.	* 25 * 70

Vgl. Report on Parochial Assessments p. 168. Q. 1115 und Q. 729) sowie auch
Pashley p. 38. 40. 331 und 363.

solbung der gemeinsamen Beamten, auf die zu einer Sammtgemeinde vereinigten Kirchspiele nicht nach dem Verhältniß des Reinertrages des Grundeigenthums in ihnen vertheilt werden, sondern nach dem ihrer bisherigen Ausgaben für die Armeupflege.

Veranlaßt wurde man zur Wahl dieses Vertheilungsmodus vorzüglich dadurch, daß er sich am leichtesten an die bestehenden Verhältnisse anschloß, und mit der geringsten Erschütterung derselben durchführen ließ. Dabei ging man von der Ansicht aus, daß die gemeinsamen Anstalten jedem Kirchspiele in dem Maße zum Vortheil gereichen würden, als es sonst Ausgaben für die Armenpflege habe machen müssen. Auch wirkte die ursprüngliche Absicht mit, die sämmtlichen unterstützungsbedürftigen Armen in die Arbeitshäuser aufzunehmen, und meinte man gewiß nicht ohne Grund, daß die größere Höhe der Ausgaben für die Armen zu einem nicht unerheblichen Theile auf Mangel an Sorgfalt in der Armenverwaltung beruhe, und der gewählte Vertheilungsmodus zur Verbesserung derselben anspornen würde.

Diese großentheils nur historischen Rücksichten haben nun aber inzwischen fast alle Bedeutung verloren. Die ursprüngliche Absicht, alle oder doch den größeren Theil der Armen in die Arbeitshäuser aufzunehmen, ist längst aufgegeben. Einen Antrieb zur Verbesserung der Armenpflege in den Kirchspielen kann jener Vertheilungsmodus kaum noch in reeler Weise veranlassen, da dieselbe jetzt großentheils in der Hand der Armenräthe der Sammtgemeinden liegt, und die Kirchspielsbeamten im Wesentlichen nur noch die dazu erforderlichen Mittel zu beschaffen haben *). Endlich sind durch das Capitel 110 einer im 11ten und 12ten Regierungsjahre der Königin Victoria erlassenen Akte neue gemeinsame Ausgaben der Kirchspiele erwachsen, auf welche die für den gewählten Vertheilungsmodus angeführten Gründe in keiner Weise passen. Das angezogene Capitel der oben S. 49 und 112 besprochenen Akte bestimmte nämlich, daß die Unterhaltungskosten für Arme, die wegen eines fünfjährigen Aufenthaltes nicht mehr ausgewiesen werden können, im Kirchspiele aber nicht heimathsberechtigt sind (d. i. die irremovable Paupers), desgleichen diejenigen für Findlinge und arme Reisende (Vagrants), fortan nicht mehr vom einzelnen Kirchspiele, sondern gemeinsam von der Sammt-

2) Allerdings wählt das einzelne Kirchspiel ein Mitglied in den Armenrath (Board of Guardians) der Sammtgemeinde (Union), welches vorzugsweise auf die Armen seines Kirchspieles zu achten hat, und es liegt somit immer noch für dasselbe ein gewisser Sporn zur Sparsamkeit in der besondern Berpflichtung der Kirchspiele.

gemeinde getragen werden sollen. Man hielt es für unbillig, diese neuen Lasten den einzelnen Kirchspielen aufzubürden, und übertrug sie daher auf die Sammtgemeinden; unleugbar muß es aber befremden, daß man dadurch in Folge des bestehenden Vertheilungsmodus der Armenkosten unter den einzelnen zu einer Sammtgemeinde verbundenen Kirchspielen, den größeren Theil der gemeinsamen Last gerade den Kirchspielen auferlegt hat, welche bereits die höchst besteuerten waren, diese Last somit, wie man nicht unpassend sich ausgedrückt hat, nicht nach der Wohlhabenheit, sondern nach der Armuth der Kirchspiele vertheilt wird.

Aber auch hiervon abgesehen ist die Vertheilung der gemeinsamen Lasten nach dem Durchschnitt der bisherigen Beiträge mit reellen Nachtheilen verbunden; wie sie denn namentlich die Kirchspiele zu Umgehungen und Kunstgriffen veranlaßt, um ihre durchschnittlichen Armenbeiträge geringer erscheinen zu lassen, als sie es in Wahrheit sind, und nebenbei viele anderweitige Streitigkeiten zwischen den einzelnen Gemeinden veranlaßt [3]).

Vergegenwärtigt man sich diese Momente, so kann man nicht in Abrede stellen, daß der bestehende Vertheilungsmodus der Ausgaben für die Armenpflege in wirksamer Weise dazu beiträgt, die Frage immer wieder zur Erörterung zu bringen, mit welchem Recht der Staat die gegenwärtig Verpflichteten allein zur Tragung der Armenlast heranzieht. Zu eben dieser Frage führt aber, wie angedeutet wurde, der rein abstrakt gewordene Charakter der Heimathsgesetze. Da nun auf ihnen das gegenwärtige System der Steuervertheilung ruht, so liegt es im Interesse eines großen Theiles der Steuerpflichtigen, eine Abänderung derselben zu fordern.

§. 29.
Anträge auf Aufhebung der Heimathsgesetze.

Die nachtheiligen Folgen, welche die Heimathsgesetze für die arbeitenden Klassen in vieler Beziehung gehabt haben, und welche bei jeder Abänderung derselben stets wieder nur in veränderter Gestalt hervorgetreten sind; desgleichen die bei der Ausweisung fremder Armen vorkommenden Härten, sowie die mit den Heimathsgesetzen zusammenhängen-

---

3) Vgl. hierüber die am 25sten Juli 1847 von **Charles Buller**, dem damaligen Präsidenten der Centralarmenbehörde, gehaltene Rede; Auszüge aus ihr liefert Nicholls II p. 424 folg.

den Schwierigkeiten einer gleichmäßigen Vertheilung der Steuerlast, haben in England in weiten Kreisen die Überzeugung hervorgerufen, daß es an der Zeit sei, die Heimathsgesetze und das mit ihnen verbundene Ausweisungsrecht gänzlich aufzuheben [1]).

In Verbindung hiermit steht der Vorschlag, die Kosten der Armenpflege den Sammtgemeinden aufzuerlegen. Nach ihm sollen dieselben verpflichtet sein, einem jeden Hülfsbedürftigen innerhalb ihrer Grenzen die nothwendigen Unterstützungen zu verabreichen, und die dazu erforderlichen Mittel durch eine gleichmäßige Besteuerung des gesammten Grundeigenthumes aufbringen.

In diesem Sinne wurde im Jahre 1854 von Baines, dem Präsidenten der Centralarmenbehörde, also unter Genehmigung des Kabinets, ein Gesetzentwurf eingebracht, jedoch wegen eines anscheinend minder erheblichen Punktes, dessen Bedeutung bei der Vorberathung nicht als entscheidend hervorgetreten war, über den sich aber im Unterhause heftige Debatten erhoben, vorläufig zu-

1) In diesem Kampf stimmen die bedeutendsten Autoritäten, wie Nicolls, Coode, Pashley, deren Schriften wir sortgesetzt angeführt haben, sowie der durch seine trefflichen Berichte um das Armenwesen besonders verdiente ehemalige Secretär der Centralarmenkommission Edwin Chadwick durchaus mit einander überein. George Nicolls geht in seiner 1854 erschienenen History of the english Poorlaws II p. 434 sogar so weit, zu behaupten, daß Niemand die Heimathsgesetze noch vertheidige, der ihre Wirkungen kenne, und versocht auch noch im Mai 1857 dem Verfasser gegenüber unverändert seinen Standpunkt. George Coode, der entschiedenste Gegner der Heimathsgesetze (vgl. unten §. 31 Note 1) behauptete im Mai 1857 dem Verfasser gegenüber, daß, wer die Heimathsgesetze nicht aufheben wolle, wenig Kenntniß von den ländlichen Verhältnissen Englands besitze. Desgleichen äußert sich Pashley Pauperism. p. 309 und 315 dahin, daß das Urtheil über die Heimathsgesetze bereits feststehe, und in ganz England die Überzeugung verbreitet sei: Carthaginem esse delendam. Von großer Bedeutung ist es jedenfalls, daß sich übereinstimmend die vom Parlament zur Untersuchung der Angelegenheit niedergesetzten Ausschüsse (vgl. §. 22 Note 1) und die beiden vorletzten Präsidenten der Centralarmenbehörde, Buller und Baines (der 1849 an die Stelle seines nach nur elfmonatlicher Amtsführung verstorbenen Vorgängers getreten war) gegen die Heimathsgesetze ausgesprochen haben. Insbesondere hat der Letztere in seiner am 10ten Februar 1854 im Unterhause gehaltenen Rede die nachtheiligen Folgen der Heimathsgesetze ausführlich entwickelt. Auszüge der Rede von Baines liefert Nicolls II p. 461, vollständige besondere Abdrücke derselben sind erschienen: London Charles Knight, 90 Fleetstr. 6 den.

rüdgezogen, und ist derselbe seitdem nicht wieder aufgenommen
worden.

Der Differenzpunkt betraf die Frage, ob nach Erlaß des
neuen Gesetzes arme Irländer noch ferner sollten aus
England ausgewiesen, und nach Irland zurückgeschickt werden
können. Da auch die Anhänger des Ministeriums hierüber sehr verschiedener Meinung waren, hatte die Bill keinen weiteren Fortgang [2]).

Gegen den in der Debatte hervorgetretenen Vorschlag, auch die
Befugniß einer Ausweisung armer Irländer aus England aufzuheben,
entspann sich aus sehr einleuchtenden Gründen eine heftige Opposition.
Bei den in Irland leider nicht selten vorgekommenen Nothständen strömten nämlich stets große Schaaren von Auswanderern nach England.
Diese wurden fast sämmtlich in einigen Hafenstädten Großbritanniens,
wie Bristol, Glasgow und insbesondere Liverpool, ausgeschifft, und
kamen vielfach daselbst in einem solchen Zustande des Elendes an, daß
sie unmittelbar nach ihrer Landung der Unterstützung dringend bedurften. Die daraus erwachsenden Ausgaben sind schon bei der gegen-

---

2) Baines hatte zuerst nur so weit gehen wollen, ein Union-settle-
ment (ein Heimathsrecht in den Sammtgemeinden) statt des Parish-settlement
(des Heimathsrechtes in den Kirchspielen) einzuführen, allein bei weiterer Prüfung
der Sachlage die Ansicht gewonnen, daß dadurch neue Gefahren herbeigeführt werden würden, welche die beseitigten vielleicht noch überwiegen dürften. In Folge
dessen war er dahin gekommen, die Heimathsgesetze in England ganz aufheben zu
wollen. Die von ihm eingebrachte Bill beschränkte ihre Anwendbarkeit auf England und Wales, die für einen Heimathsbezirk im Sinne der Armengesetze erklärt
werden sollten. Die irischen Mitglieder des Unterhauses fragten hierauf, ob nach
dem Erlaß dieses Gesetzes die Befugniß, arme Irländer aus England auszuweisen,
fortdauern solle; und machten geltend, daß dies dann um so unbilliger und inkonse-
quenter sein würde, als für Irland keine Befugniß bestehe, arme Engländer nach
England zurückzuschicken. Lord Palmerston erkannte dies an, und war geneigt, die
Wohlthaten des Gesetzentwurfes auch auf die Irländer auszudehnen. Die Anregu-
bung dieser Ansicht rief nun aber den lebhaftesten Widerspruch auch von Seiten vieler Mitglieder des Parlaments hervor, welche Willens gewesen waren, die Bill in
ihrer ursprünglichen Gestalt zu unterstützen. Baines selbst war mit der Umgestaltung seines Gesetzentwurfes nicht einverstanden, und bei seine Entlassung an; sie
wurde nicht angenommen, aber die Bill fallen gelassen. Vgl. den Bericht der Times
vom 25sten März 1854 über die Sitzung des Unterhauses am Abend vorher. Von
verschiedenen Seiten wurde dem Verfasser gegenüber behauptet, daß die Bill durch-
gegangen wäre, und auch das Haus der Lords sie angenommen haben würde, wenn
nicht Baines, durch einige Personen aus Liverpool veranlaßt, die Ausweisung der
Irländer habe aufrecht erhalten wollen.

wärtigen Lage der Gesetzgebung für die genannten Städte zeitweise
sehr bedeutend gewesen, und erreichten in den Jahren 1816 bis 1849,
während der letzten furchtbaren Krisis in Irland, eine fast unerschwingliche Höhe [3]). Hebt man nun mit den Heimathsgesetzen die Befugniß
auf, arme Irländer aus England nach Irland zurückzuschicken, so kommen jene Hafenplätze Englands in die Lage, alle bei ihnen ausgeschiff-
ten Irländer, so lange diese es bedürfen, und in vielen Fällen ohne
Zweifel dauernd, auf ihre Kosten zu unterstützen. Daß die genannten
Städte sich einer Maßregel, die sie mit solchen Folgen bedroht, auf das
entschiedenste widersetzten, kann nicht befremden [4]).

§. 29.
Bedenken gegen Aufhebung der Heimathsgesetze.

Wir können es nicht für zufällig halten, daß der im Jahre 1854

3) Durch amtliche Angaben ist es festgestellt, daß in dem unglücklichen Frühjahr 1847 vom 13ten Januar bis zum 19ten April nicht weniger als 131,402 arme
Irländer nach Liverpool kamen, die sich sämmtlich in den traurigsten Zuständen befanden, und von denen viele krank oder bis zum äußersten erschöpft waren; s. Minutes of the Select Committee 1847 Q. 4370, vgl. Coode a. a. O. S. 179 Note;
und im Laufe der ersten neun Monate des Jahres 1847 belief sich die Zahl der
armen Irländer, die nach Liverpool kamen, auf 278,000, s. Nicholls II p. 428.
Ebenfalls im Jahre 1847 kamen, wie der Minister des Innern, Grey, in der
Unterhaussitzung vom 24sten März 1854 angab, nach zwei eigenen Kirchspielen von
Glasgow 30,000 Irländer, für welche jene Kirchspiele 20,000 L. aufbringen mußten.

4) Grey erklärte in der angeführten Sitzung, unter Hinweisung auf die in
der vorigen Note beigebrachten Thatsachen, und unter dem Beifügen, daß man für
6 Denare, ja für 2 Denare, Personen von Irland nach Liverpool oder Glasgow
hinüberschaffen könne, eine solche Maßregel für ganz unzulässig. Uns muß es befremden, wie einsichtige Beamten und selbst hochstehende Staatsmänner sich Ange-
sichts dieser Thatsachen für einen solchen Schritt entscheiden, und ihn dem Parlament vorschlagen konnten. Auf deswegen geschehene Fragen erwiderte man dem
Verfasser, daß die entschiedensten Gegner der Heimathsgesetze nach der in Irland seit
1850 eingetretenen Umgestaltung aller Verhältnisse, nach der Entfernung der über-
schüssigen Bevölkerung und der kräftigen Durchführung einer wirksamen Armenpflege,
die Wiederkehr ähnlicher Ereignisse, insbesondere eine massenhafte Auswanderung
armer Irländer nach England, für unmöglich hielten. (Über den Umschwung der Verhältnisse in Irland seit 1850 vgl. unten Capitel 3). Auch sei selbst in jenen Zeiten
der Krise die Auswanderungsbefugniß für Liverpool u. s. w. von geringem oder gar
keinem praktischen Nutzen gewesen. Namentlich entwickelte Mr. Hugh Owen
dem Verfasser im Mai 1857, daß eine so große Masse von Menschen nicht habe aus
Liverpool zurückgeschickt werden können, und daß es sogar wohlfeiler gewesen sei,
ihnen Unterstützung zu gewähren.

eingebrachte Gesetzentwurf über Aufhebung der Heimathsgesetze, an dem soeben besprochenen Differenzpunkte scheiterte; denn dem Princip nach ist die Frage, ob arme Irländer aus England ausgewiesen werden können, nicht verschieden von der, ob man innerhalb Englands fremde Arme aus einem Kirchspiele in ein anderes, in welchem sie ihre Heimath haben, schicken darf. Ist ersteres statthaft, und trotz einer offenbaren Inkonsequenz aus einleuchtenden praktischen Gründen nicht zu beseitigen, so ist nicht abzusehen, weshalb nicht auch letzteres zulässig sein sollte. Oder vielmehr, man hat reellen Grund, zu vermuthen, daß es ebenfalls aus praktischen, nur vielleicht minder offen zu Tage liegenden Gründen höchst bedenklich sein würde, auf jedes Recht der Ausweisung in England zu verzichten.

Und dies ist die Meinung verschiedener kundiger Männer, deren Gründe wir hier in direkter Rede mittheilen wollen [1]).

Zunächst, sagen sie, ist es unzweifelhaft, daß sich die Ansprüche auf Unterstützung nach der gänzlichen Aufhebung der Befugniß, Arme auszuweisen, ungemein steigern würden. Gegenwärtig vermeidet der Arbeiter, so lange er irgend kann, an Orten, wo er nicht heimathsberechtigt ist, um eine Unterstützung zu bitten, da er fürchtet, sonst ausgewiesen zu werden. Sobald dieser Grund der Zurückhaltung wegfällt, werden viele neue Ansprüche an die Armenkasse erhoben werden. Schon bei der Aufhebung des Ausweisungsrechts nach fünfjährigem Aufenthalt, ist dies in erheblichem Umfange der Fall gewesen, s. §. 26, in wie viel größerer Ausdehnung würde es nach völliger Abschaffung dieser Befugniß eintreten, wenn es dann dem Armen gestattet

---

1) Die nachfolgende Darstellung der Bedenken, welche einer völligen Aufhebung der Heimathsgesetze und des Ausweisungsrechts fremder Armen entgegenstehen, beruht vorzüglich auf den dem Verfasser von Mr. Alfred Austin, Brigesordneren oder Inspektor der Centralarmenbehörde in den Jahren 1849 bis 1853 (vgl. oben §. 4 Note 7), gegebenen Erläuterungen. Derselbe hat seine Ansichten in einem controversiellen Bericht an die Centralarmenbehörde im November 1851 entwickelt, den der Verfasser im Jahre 1857 Gelegenheit hatte zu benutzen. Mr. Austin ist wegen dieses Berichtes wegen vielfach angegriffen worden, und hat wohl in Folge dessen und weil er mit seiner Ansicht in der entschiedensten Minorität blieb, seine Stellung im Poorlaw Office mit einer anderen vertauscht. In den höher gestellten Beamten der englischen Armenverwaltung, die im Jahre 1857 dem Verfasser gegenüber eine völlige Aufhebung der Armengesetze für bedenklich hielten, gehörte auch Mr. Barnard Farnall (vgl. §. 12 Note 1), der dagegen eine Erweiterung der Heimathsbezirke für entschieden wünschenswerth erklärte.

ist, an jedem Orte, wo er eben in Verlegenheit geräth, ohne die Besorgniß nachtheiliger Folgen Unterstützung nachzusuchen. Dies wäre an sich
schon ein erhebliches Übel, nicht nur für die Steuerpflichtigen, sondern
auch für die arbeitenden Klassen selbst, da es stets einen nachtheiligen
Einfluß auf die moralischen Zustände derselben ausübt, wenn es ihnen
zu leicht gemacht wird, Unterstützung zu erlangen.

Die Aufhebung der Heimathsgesetze würde aber noch von einer
anderen Seite für die Armen nachtheilige Folgen haben, während sie
zur Verbesserung ihrer Lage beitragen soll: die Heimathsgesetze gewähren neben ihren nachtheiligen Folgen den Arbeitern, welche sich in ihrem
Heimathsorte aufhalten, eine sichere Aussicht auf Unterstützung im Fall
der Noth, und, was noch wichtiger ist, sie veranlassen die Lohnherren,
ihnen, soviel in ihren Kräften steht, eine regelmäßige Beschäftigung zu geben, da sie dieselben sonst auf dem kostspieligen Wege der Armenpflege
unterhalten müssen. Von dieser Last können sich die Lohnherren nicht
durch etwaige Entfernung der Armen von dem Orte befreien, denn dieselben würden ihnen nur als an dem Orte heimathsberechtigt zurückgeschickt werden; ihr eigenes Interesse veranlaßt sie daher, dafür zu sorgen, daß alle bei ihnen heimathsberechtigten Arbeiter ihren selbstständigen
Unterhalt erwerben.

In einer weniger günstigen Lage sind freilich die nicht ansässigen,
oder nicht in ihrem Heimathsorte wohnenden Arbeiter; der Ort hat in
Beziehung auf sie nur das Interesse, sie zu entfernen, wenn sie hülfsbedürftig werden.

Durch Aufhebung der Heimathsgesetze kommen nun alle Armen
in die letztere Lage. Jeder Ort hat dann die Möglichkeit, sich
aller Verpflichtungen gegen seine Armen dadurch zu entledigen, daß er sie veranlaßt, sich an einen anderen Ort
zu begeben; mit ihrer Entfernung hört jede Verpflichtung gegen sie
auf. Um aber auf die Übersiedelung der Armen hinzuwirken, dienen
nur allzu leicht Überredung und Einschüchterung; Bewilligung von
Reisegeld und anderen Vortheilen für den Fall des Gehens; Erschwerung in der Gewährung von Unterstützungen für den Fall des Bleibens;
auch kann die Darbietung der Unterstützung in unliebsamer Weise durch
Aufnahme in das Arbeitshaus (Indoor-relief), statt durch Bewilligung
von Almosen (Outdoor-relief), sowie Verschlechterung der Kost im Arbeitshause und dergleichen, zu diesem Zwecke benutzt werden.

Die Anwendung dieser gesetzwidrigen Mittel entzieht sich der Beobachtung, und es ist meistens unmöglich, ihre Anwendung zu beweisen, während es unzweifelhaft ist, daß dergleichen Manöver in Beziehung auf diejenigen Armen, deren man sich auf diese Weise entledigen kann, das heißt in Beziehung auf die nicht heimathsberechtigten, andererseits aber gesetzlich auch nicht ausweisbaren Armen (die Irremovable Paupers), bereits gegenwärtig vorkommen.

Schon jetzt wissen die Armen die „guten" Kirchspiele von den „schlechten" zu unterscheiden, suchen die ersten auf und vermeiden die letzten. Welcher Zustand der Armenpflege soll sich daraus entwickeln, wenn es das einzige Interesse der Kirchspiele und Sammtgemeinden wird, die Armen zu entfernen, und wenn auf eine unfreundliche und harte Behandlung der Armen die Belohnung einer erheblichen Verminderung der Armensteuer gesetzt wird, auf eine wohlwollende dagegen die Strafe einer beträchtlichen und ohne Grenze wachsenden Steigerung? Muß das nicht zu einem allgemeinen Wetteifer führen, die Armen durch jedes sich darbietende Mittel zu verscheuchen? Und welche Gefühle der Bitterkeit und gegenseitigen Anfeindung zwischen den verschiedenen Kirchspielen und Sammtgemeinden werden hieraus hervorgehen!

Eine noch weiter greifende bedenkliche Folge der Aufhebung der Heimathsgesetze würde sich darin äußern, daß die Mittel, Arme zur Übersiedelung an andere Orte zu bewegen, praktisch nicht allen Kirchspielen oder Sammtgemeinden gleichmäßig zu Gebote stehen, und zwar meistens in geringerem Grade den Städten als den ländlichen Sammtgemeinden, weil bei letzteren die Verwaltung der Regel nach in festeren und geschäftskundigeren Händen ruht. Die Mitglieder des Armenrathes (Board of Guardians) wechseln hier selten, und stehen überdies unter dem Einfluß der angeseheneren Grundbesitzer, welche als Friedensrichter ex officio, und daher dauernd Mitglieder des Kollegiums sind *). Dazu kennt man hier die persönlichen Verhältnisse jedes einzelnen Armen und die Mittel, auf ihn einzuwirken. In den Städten dagegen besteht der Armenrath nur aus gewählten Mitgliedern, welche häufig wechseln, meistens durch ihre politischen Ansichten von einander getrennt sind, und überhaupt zu zahlreich sind und einander zu fern stehen, um dauernd unter eine einheitliche Leitung gebracht zu werden und bei der Verwaltung ein bestimmtes Ziel folgerichtig im Auge zu behalten. Überdies ist es in den großen Städten, wo der Einzelne

*) Vgl. §. 13 S. 71.

bald in biesem bald in jenem Stadttheile wohnt, viel schwerer, jeden
Armen persönlich kennen zu lernen und zu überwachen. Schon jetzt
sind die arbeitenden Klaſſen, und insbesondere die, welche der Hülfsbedürftigkeit nahe stehen, sehr geneigt, nach den größeren Städten zu ziehen, wo mancherlei Genüsse, die Hoffnung auf einen Glücksfall, die
Gelegenheit zum Betteln, die Aussicht in milden Anstalten Aufnahme
oder durch Vereine Hülfe zu finden, endlich die größere Leichtigkeit, von
der Armenverwaltung selbst Unterstützung zu erhalten, sie locken. Sobald sie sicher sind, von dort nicht mehr fortgewiesen werden zu können,
und ihrem Zudrange nicht nur kein Hinderniß entgegengestellt werden
kann, sondern derselbe durch die Armenverwaltung der ländlichen Gemeinden noch direkt begünstigt und befördert wird, muß er voraussichtlich jede Grenze überschreiten.

Die arme Bevölkerung des ganzen Landes wird sich
im Verlaufe einiger Dezennien zum größeren Theile in den bedeutenderen Städten sammeln, und bald wird die Unmöglichkeit her-
austreten, die Kosten ihrer Unterhaltung diesen Städten allein aufzubürden.

Da durch die Aufhebung der Heimathsgesetze überdies jeder haltbare Grund, um bestimmten Örtlichkeiten die Sorge für bestimmte Arme
aufzuerlegen, verloren geht, so wird der Staat sich durch die innere Konsequenz des Princips, wie durch das Gewicht der Thatsachen,
die unerträgliche Überbürdung einzelner Orte und das Verschwinden jeder Spur von Wohlwollen aus der Armenpflege, bald genöthigt
finden, die Armenpflege allein durch seine Beamten und
auf seine Kosten zu führen.

So die Stimmen, welche sich gegen die Aufhebung der Heimathsgesetze erheben.

§. 30.
Unzulässigkeit der Bestreitung der Armenkosten aus der Staatskasse.

Ehe wir die von der anderen Seite gegen die soeben angeführten
Bedenken vorgebrachten Einwendungen entwickeln (s. §. 31), müssen
wir hervorheben, daß der als die letzte Konsequenz einer Aufhebung der
Heimathsgesetze sich herausstellende Schritt: Übernahme der Kosten der
Armenpflege auf die Staatskasse, nicht nur von den Vertheidigern der
Heimathsgesetze, sondern von allen englischen Staatsmännern, welcher

Partei sie auch angehören mögen, auf das entschiedenste als ein verderblicher und schlechthin unstatthafter verworfen wird.

Die Übernahme der Armenkosten auf die Staatskasse würde, darüber sind alle einig, 1) die Selbstständigkeit der Lokalverwaltung, d. i. den Hauptpfeiler der englischen Staatsverfassung umstürzen; würde 2) zum Staatsbankerott führen, und 3) schließlich die Fundamente der gesellschaftlichen Ordnung untergraben.

1. Sobald die Kosten der Armenpflege aus der Staatskasse bestritten werden, liegt nicht mehr eine sparsame Verwaltung, sondern eine möglichst freigebige Verwendung von Mitteln im Interesse aller Einwohner des einzelnen Orts oder Bezirks.

Die arbeitende Klasse sucht natürlich schon jetzt ihre Ansprüche an die Armenkasse möglichst auszudehnen; für die Steuerpflichtigen aber wird die Erleichterung, welche durch eine sparsame Verwaltung in ihrem Bezirke für sie erreichbar ist, ganz unmerklich, sobald die Kosten vom ganzen Lande gemeinsam getragen werden; dagegen bringt es ihnen in den verschiedensten Beziehungen unmittelbaren und sehr erheblichen Vortheil, wenn in ihrem Bezirke große Summen aus der Staatskasse an die arbeitenden Klassen gespendet werden. Die Ackerwirthe und Gewerbetreibenden empfangen auf diese Weise eine Beihülfe für die Unterhaltung der ihnen nöthigen Arbeiter. Den Ladeninhabern werden zahlungsfähigere Kunden und ein reichlicherer Absatz verschafft, den Hausbesitzern wird die Aussicht eröffnet, höhere Miethe für ihre Wohnungen zu erhalten u. s. w., wie dies Alles bereits bei der mangelhaften Verwaltung der Armenpflege vor dem Jahre 1834 klar genug hervorgetreten ist.

Unter diesen Umständen würde es durchaus unzulässig sein, die Verwaltung der Armenpflege ferner den Gemeinden zu überlassen; der Staat würde sie ganz in seine Hände nehmen, das heißt durch besoldete Beamten führen müssen, und damit eine der folgenschwersten Veränderungen in der britischen Staatsverfassung eintreten.

2. Hieran reiht sich unmittelbar die zweite der bezeichneten Gefahren. Gerade bei der Armenpflege kann die durch das eigene Interesse geschärfte Aufmerksamkeit der Steuerpflichtigen durch keine Oberaufsicht höherer und darum entfernterer Behörden ersetzt werden. Die Entscheidung darüber, ob und wie viel einem Hülfesuchenden gewährt werden soll, kann stets nur auf Grund eigener Anschauung und persönlicher

Untersuchung des besonderen Falles in zweckmäßiger Weise erfolgen. Die Lokalbehörden müssen zu diesem Behuf bis zu einer gewissen Grenze selbstständige Befugnisse haben. Befiehlt nun für sie gar kein persönliches Interesse, die Ausgaben möglichst zu beschränken, wie denn bei besoldeten Beamten ein solches fehlt, so ist bei den unbedingt sich mehrenden Ansprüchen, bei der abnehmenden Personalkenntniß der Armen, und dem in einem Beamtenkörper sehr natürlich sich entwickelnden Geist der Humanität gegen die Armen, eine fortdauernde Steigerung der Ausgaben unvermeidlich. Die Kosten der Armenpflege würden bald die Kräfte des ganzen Staates erschöpfen.

3. Nicht minder klar ist es endlich, daß durch ein solches System der Armenpflege zuletzt die Fundamente der öffentlichen Ordnung untergraben werden würden.

Jede Gewährung von Unterstützung durch Personen, welche weder die Aufgabe, noch die Mittel haben, dabei zugleich verderblich auf die Sitten und Begriffe der Armen einzuwirken, unterliegt der Gefahr, einen nachtheiligen Einfluß auf dieselben zu üben. Dies ist um so gewisser und in einem um so viel ausgedehnteren Maße der Fall, je weniger bei der Bewilligung der Gaben Umsicht und genaue Kenntniß der persönlichen Verhältnisse sich geltend machen. Im höchsten Grade verderblich auf die arbeitenden Klassen wirkt es, wenn sie aufhören, die empfangenen Gaben als den Ausfluß des Wohlwollens und der Theilnahme derer anzusehen, die sie bewilligen. Sind aber diese letzteren besoldete Beamten, die über die Mittel der Staatskasse verfügen, so werden die arbeitenden Klassen jede Unterstützung lediglich als ein ihnen zustehendes Recht ansehen, und jede Verweigerung derselben als eine ungerechte und unmotivirte Härte empfinden.

Gleichzeitig werden die arbeitenden Klassen in der Armenpflege um so mehr die ihnen zuständige, in jedem Nothfall in Anspruch zu nehmende Hülfsquelle erblicken, und um so weniger durch eigene Anstrengung und Sparsamkeit selbst Vorsorge für bevorstehende Unglücksfälle treffen, in je größerer Ausdehnung sie wahrnehmen, daß die Unterstützungen ohne eine in ihre Verhältnisse wirklich eindringende Prüfung und fortgesetzte Beobachtung ihres Thuns und Lassens bewilligt werden.

Somit würde die durch Staatsbeamte allein verwaltete Armenpflege die Energie der arbeitenden Klassen lähmen, und ihren Unabhängigkeitssinn vernichten, statt daß sie lediglich vor Elend und Verzweiflung im Elend bewahren, und in jeder Weise zur Anstrengung der eigenen Kräfte anspornen soll [1]).

Die im §. 29. entwickelten Bedenken gegen die Aufhebung der Heimathsgesetze und das Ausweisungsrecht sind nicht ohne Erwiderung geblieben [1]).

Zunächst ist hervorgehoben worden, daß die Grundlage des von den Gegnern der Heimathsgesetze vorgeschlagenen Systems, nach dem von Baines eingebrachten Gesetzentwurfe (s. §. 28), eine gleichmäßige Vertheilung aller Ausgaben für die Armenpflege auf die Sammtgemeinden sei, eine sogenannte Union-rating, d. i. eine Besteuerung der Sammtgemeinden. Bliebe dadurch die Verwaltung der Armenpflege nicht mehr unter dem engherzigen Einfluß der Kirchspielsinteressen gestellt, sondern würde sie in die Hände eines zahlreichen und achtbaren Kollegiums gelegt, so existirte keine reelle Veranlassung mehr für die Besorgniß einer Anwendung von unwürdigen Mitteln, um sich der Armen zu entledigen. Jedem sich etwa dann noch zeigenden Mißbrauche würde aber durch Strafgesetze und eine geschärfte Aufsicht genügend begegnet werden können [2]).

---

1) Über die zu besorgenden verderblichen Folgen einer auf Kosten der Glaststasse verwalteten Armenpflege haben sich insbesondere Cornewall Lewis, Kanzler der Schatzkammer, d. i. Finanzminister, und John Mac Neill, Präsident des Oberarmenrathes in Schottland, vor einem Ausschuß des Hauses der Lords ausführlich ausgesprochen; vgl. Report on the Laws relating to parochial Assessments, brought from the Lords 26. July 1850. Evidence. Ques. Nr. 58. 2375. 2395. 2738 und 2754. Cornewall Lewis berief sich dabei auf die in Irland unter der temporary relief-act (s. unten Capitel 3.) gemachten Erfahrungen und auf das Beispiel der Nationalwerkstätten in Frankreich im Jahre 1848.

1) Insbesondere hat George Coode Esq., dessen ausführlichen Bericht über die Wirkung der Heimathsgesetze wir oben §. 22 Note 1 citirten, und von dem der von Baines im Jahre 1854 eingebrachte und in §. 28 besprochene Gesetzentwurf ausgearbeitet war, es sich angelegen sein lassen, die von Alfred Austin entwickelten Bedenken in einem besonderen Anhange zu seinem Bericht zu widerlegen: Supplement to Mr. Coode's report on the law of settlement and removal. Ordered to be printed by the House of Commons 11. August 1854. Er erörterte auch mündlich dem Verfasser im Mai 1857 seine Gründe gegen das Votum von Austin.

2) Schon jetzt steht eine Strafe darauf, wenn es ein Armenbeamter versucht, einen Armen einem anderen Kirchspiele zuzuschieben.

Die Voraussetzung, daß durch die Aufhebung der Heimathsgesetze die Armen massenhaft nach den größeren Städten getrieben werden würden, ist dann weiter erörtert worden, müsse als eine völlig unbegründete zurückgewiesen werden, da die Polizei in den größeren Städten eine viel bessere und wirksamere sei, als die auf dem Lande. Eher würde man das Gegentheil erwarten können [3]). Jedenfalls aber habe man keinen Grund, in Folge der Aufhebung der Heimathsgesetze ein Hinströmen der ärmeren Volksklassen nach den Städten, über das in der Natur der Dinge liegende Verhältniß hinaus zu besorgen [4]). Auch erwiesen sich die Heimathsgesetze gegenwärtig keineswegs als ein wirksamer Damm gegen diesen Zug der Armen nach den Städten, wenn man denselben als ein Übel betrachten wolle.

Das entscheidende Gewicht für die Beantwortung der Frage liege aber, ist schließlich ausgeführt worden, in der Beseitigung des Einflusses, welchen die Heimathsgesetze nicht nur auf die der Armenkasse schon anheimfallenden, sondern auf die gesammte Bevölkerung und namentlich auf die arbeitenden Klassen üben. Die Heimathsgesetze stellten der freien Bewegung der Arbeitskräfte Hindernisse entgegen, und lähmten die Energie des Arbeiterstandes. Dadurch verschuldeten sie eben die Zustände, denen die Armenpflege sodann abhelfen solle; sie wären die Ursache, daß eine große Anzahl von Arbeiterfamilien gegenwärtig der Armenkasse zur Last fiele, welche bei einem regen Unternehmungsgeiste und ohne durch das Schreckbild einer späteren Ausweisung zurückgehalten zu werden, in anderen Landestheilen ihren hinreichenden Unterhalt selbstständig erworben würden. Beweis hierfür sei die große Verschiedenheit des Lohnes, welche ungeachtet aller Erleichterung des Verkehrs zwischen verschiedenen Landestheilen in England noch immer bestehe. Gerade in den gering bevölkerten Gegenden sei der Lohn am niedrigsten. Die Auswanderung oder Übersiedelung einer mäßigen Zahl von Arbeitern, deren Zuwachs

3) G. Coode beschwichtigte im Gespräch dem Verfasser gegenüber noch: daß es gerade in den Städten vorkomme, daß Arbeiterschwankungen massenhaft abgerufen würden; während dies, wenn es auf dem Lande geschähe, sofort ein großes Geschrei errege, wodurch die Grundbesitzer genöthigt würden, andern Arbeitern nachzugehen zu denen.

4) Auch Mr. Hugh Owen, der sich 1857 dem Verfasser gegenüber für Aufhebung der Heimathsgesetze aussprach, meinte, daß das nicht die Folge haben würde, daß die Armen in die Städte zögen, sie würden in der Wahl ihres Aufenthaltsortes zu sehr durch ihre Bedürfnisse bestimmt.

9

in den dichtbevölkerten Industriebezirken kaum bemerkbar fein könne, würde hinreichen, um den Lohn in jenen verarmten Bezirken erheblich zu steigern. Daß die arbeitende Bevölkerung nicht selbst zu diesem nahe-liegenden Mittel, ihre eigenen Verhältnisse wie die der Zurückbleibenden zu verbessern, greife, könne allein durch das Vorhandensein der Hei-mathsgesetze erklärt werden [6]).

Die Aufhebung der Heimathsgesetze würde daher, lau-tete zusammengefaßt die Entgegnung, weit entfernt, die Last der Ar-mensteuern zu steigern, dieselbe wesentlich erleichtern, und dabei die Lage der arbeitenden Klassen in den jetzt von der Armuth vorzugsweise heimgesuchten Bezirken entschieden verbessern.

§. 32.
Unsicherheit der Beantwortung dieser Frage in England.

Die nach der vorstehenden Darstellung für und gegen die Aufhe-bung der Heimathsgesetze geltend gemachten Gründe, stützen sich großen-theils auf entgegengesetzte Voraussetzungen über die wahr-scheinlichen Folgen einer solchen Maßregel.

Erfahrungen liegen hierüber für England und Wales nicht vor; dagegen bietet Irland wenigstens theilweise Gelegenheit, die an die Aufhebung der Heimathsgesetze von den verschiedenen Seiten geknüpf-ten Befürchtungen und Hoffnungen an den Maßstab von Thatsachen zu halten; in Irland bestehen keine Heimathsgesetze und keine Ausweisungs-befugnisse fremder Armen.

Auch die Verhältnisse Schottlands können mit Nutzen zur Ver-gleichung herangezogen werden; die dort geltenden Heimathsgesetze sind seit Jahrhunderten ohne wesentliche Veränderung geblieben, und haben bis auf den heutigen Tag keine bedeutenden Angriffe erfahren. Die Be-stimmungen derselben weichen indeß erheblich von denen der englischen ab.

Vor der Mittheilung des eigenen Urtheiles des Verfassers über die Zweckmäßigkeit oder Gefahr der Aufhebung der englischen Heimathsge-setze, soll in §. 34 folg. und §. 42 folg. der Versuch gemacht werden, ein Bild der schottischen und irischen Armenpflege zu entwerfen, und die Er-folge der dortigen Gesetzgebung darzulegen.

6) G. Coode Esq. tadelte mündlich, daß Mr. Austin die Wirkung unter-schätze, welche die Auswanderung oder Übersiedelung haben könne, und eine zu un-bestimmte ungerechtfertigte Sorge vor dem Zuwachs der Bevölkerung hege. Die Vermehrung der Bevölkerung sei mit der Vermehrung der Nachfrage nach Arbeit sehr wohl vereinbar, und zum Glück in England die Regel.

Hier beschränken wir uns auf zwei thatsächliche Bemerkungen.
Erstens wiederholen wir, daß die Regierung seit der Zu-
rücknahme des im Frühjahre 1854 eingebrachten, in §. 28
besprochenen Gesetzentwurfes, keinen neuen Versuch gemacht
hat, die Sache zum Austrage zu bringen. Offenbar hat die
Hinweisung auf die großen Gefahren einer plötzlichen und so bedeutenden Umwälzung der bestehenden Verhältnisse einen tiefen Eindruck auf
die leitenden Staatsmänner gemacht, und ohne einen neuen Impuls
von Außen schänen sie keine Neigung zu haben, sich aufs Neue mit dieser dornenvollen Frage zu befassen. Die öffentliche Meinung ist inzwischen durch die wichtigen Ereignisse der auswärtigen Politik von dem
Gebiet der inneren Reformen abgelenkt worden, und es wird wahrscheinlich einiger Zeit bedürfen, um sie wieder für dieselbe in gleichem Grade
wie früher zu erwärmen.

Wir heben zweitens hervor, daß nicht alle Gegner der Heimathsgesetze darüber einig sind, ob nach ihrer Aufhebung
eine gleichmäßige Besteuerung der Sammtgemeinden
(Union-rating) an die Stelle des bestehenden Systems der Kirchspielsteuern treten solle. Im Gegentheil fürchten viele, daß die
Aufhebung der engeren Armenverbände, welche die Kirchspiele gegenwärtig bilden, dem System einer selbstständigen Gemeindeverwaltung
und der lebhaften Betheiligung der Einsassen an ihr, worauf die Freiheit
und Größe Englands so wesentlich beruht, einen gewaltigen Stoß geben
und zugleich den Antrieb wie die Mittel zu einer sparsamen Verwaltung
ungemein vermindern würde.

Diesem Argument fügen sie das andere hinzu, daß durch eine Ausgleichung der Besteuerung innerhalb der Sammtgemeinden die Ungleichheit der Besteuerung, welche den Gegenstand der Beschwerde bildet,
nicht aufgehoben werden würde. Die Verschiedenheit der Belastung
zwischen zwei verschiedenen Sammtgemeinden sei oft nicht weniger groß,
wie die zwischen zwei verschiedenen Kirchspielen einer Sammtgemeinde.
Würden nun, wie zu besorgen, durch die Veränderung der Verwal-
tungsweise die Ausgaben vielfach gesteigert, so möchten diese Ungleichheiten leicht noch vermehrt werden, und die öffentliche Meinung, welche
eine wirkliche Ausgleichung der Steuern verlangt, sich durch diese Maßregel wenig befriedigt finden [1]).

---

[1]) Vgl. hierüber insbesondere **Pashley Pauperism and Poorlaws** p. 329 f.
und 339 f.

Genug, die Gegner der Heimathsgesetze sind über die Maßregeln, welche nach ihrer Aufhebung hinsichtlich der Veränderung der Verwaltungseinrichtungen und anderweitigen Steuervertheilung eintreten sollen, keineswegs einig, während allgemein eingeräumt wird, daß dann Veränderungen in beiderlei Beziehungen unvermeidlich sind. Ein anderer Vorschlag, als der, die Sammtgemeinden zu alleinigen Armenverbänden zu erklären, hat bis jetzt noch keine größere Zahl von Anhängern gewinnen können; zu diesem aber haben sowohl die Staatsmänner, als die öffentliche Meinung das volle Zutrauen verloren, und man fängt mehr und mehr an zu besorgen, die Annahme desselben möchte sich als der erste Schritt zu der von allen Theilen und nur Recht gefürchteten allgemeinen Staatsarmensteuer herausstellen.

Auch aus diesem Grunde ist eine Verminderung in der Theilnahme für die hochwichtige Frage sowohl bei den Staatsmännern, als in der öffentlichen Meinung eingetreten, und man läßt sie gern eine Weile ruhen. Gelöst ist sie dadurch in keiner Weise, und wird durch ihre eigene weitgreifende Bedeutung die allgemeine Aufmerksamkeit unfehlbar sehr bald wieder auf sich ziehen.

§. 33 [1]).
VI. Die Armensteuer (Poor-rate) [2]).

Die gesetzliche Grundlage für die Erhebung der Armensteuer

---

[1] Der Inhalt des §. 33 ist fast wörtlich entnommen aus dem Aufsatze von Aries „Über die Gemeindesteuern in England" in der Tübinger Zeitschrift für Staatswissenschaft Bd. XI H. 1 u. 2 (Jahrgang 1855; im Separatabdruck des Aufsatzes S. 55—71 und 81—85).

[2] Die vornehmsten Quellen der nachstehenden Darstellung sind der sehr schätzenswerthe auf historischen und statistischen Untersuchungen beruhende Bericht der Centralarmenbehörde über die Lokalsteuern im Jahre 1843 (Report of the Poor Law Commissioners on Local Taxation. London 1844), und der vorzugsweise aus Zeugenaussagen bestehende Bericht des zur Untersuchung dieses Gegenstandes von den Lords im Jahre 1850 niedergesetzten Ausschusses, welcher dem Unterhause mitgetheilt und auf dessen Befehl gedruckt ist (Report on the Laws relating to Parochial Assessments, brought from the Lords 26. July 1850). Die Aussagen eines der vornehmsten Zeugen, des mit den Gemeindesteuerverhältnissen sehr vertrauten Parlamentsmitgliedes und späteren Kanzlers der Schatzkammer, d. i. Finanzministers, Cornewall Lewis, sind besonders abgedruckt und im Buchhandel zu haben (Evidence of G. Cornewall Lewis Esq. M. P. before a select Committee of the House of Lords on the Laws relating to parochial assessments. London, James Ridgway, 1850). Derselbe Lewis hat eine kurze, an-

(Poor-rate) ist noch heute die Akte Elifabeths vom Jahre 1601 *). Ihre Bestimmungen über die Beitragspflicht sind über zwei hundert Jahre im Wege der Gesetzgebung nicht abgeändert, noch auch ergänzt worden; erst im Laufe der letzten Decennien ist man hierzu geschritten. Dagegen erfolgte die nähere Bestimmung über die Auslegung und Handhabung des Gesetzes durch die Entscheidungen der Gerichte; und wurden manche der wichtigsten Streitfragen dadurch in einem Sinne erledigt, der mit dem Wortlaute der Akte nicht im Einklange steht.

Die Ausdrücke der Akte Elifabeths, welche die Verpflichtung gewisser Personen und Grundstücke zur Entrichtung der Steuer aussprechen und begründen, lauten nicht völlig bestimmt *). Nach ihrem allgemeinen Sinn, und bei einer durch keine besonderen Rücksichten geleiteten Auffassung würde man glauben (wie auch sachkundige Engländer einräumen), das Gesetz habe alle Einwohner nach ihrer Steuerfähigkeit

namentlich für Endsjahre sehr lehrreiche Übersicht über die Finanzen und den Handel des Vereinigten Königreichs im Anfange des Jahres 1852 verfaßt (The Finance and Trade of the United Kingdom at the beginning of the year 1852. London, James Rigdway, 1852). (In einer Parlamentsrede vom 13ten Februar 1867 hat Lewis Ergänzungen und Berichtigungen zu verschiedenen Punkten seiner 1852 erschienenen Schrift gegeben). Vgl. der Allem die eben S. 3 in der Note angeführten neueren Berichte der Centralarmenbehörde; der Herausgeber konnte von §. 88 an, außer dem Siten und Elten, auch noch den „Xith Annual Report of the Poor-Law Board 1858—59. London 1859" benutzen; vgl. ferner die S. 91 f. in Note 1 angeführten Berichte über Heimathsrecht.

3) Vgl. eben S. 4.

4) Die Worte der Akte Elifabeths (43. Elisabeth. Cap. II §. 1) sind „to raise weekly or otherwise (by taxation of every inhabitant, parson, vicar and other, and of every occupier of lands, houses, tithes, coalmines or saleable underwoods in the said parish in such competent sum and sums of money, as they shall think fit) a convenient stock of flax etc..., and also competent sums of money..., to be gathered out of the same parish, according to the ability of the same parish;" d. i. wörtlich: „zu beschaffen wöchentlich oder sonstwie (durch Abschätzung von jedem Einwohner, Pfarrer, Vikar und anderen, und von jedem Inhaber von Ländereien, Häusern, Zehnten, Kohlengruben, oder verkäuflichen Niederwaldungen in dem genannten Kirchspiele in solchem hinreichenden Betrage oder Beträgen von Geld, als sie für gut befinden) einen angemessenen Vorrath von Flachs u. s. w..., und dergleichen hinreichende Summen von Geld..., welche erhoben werden aus demselben Kirchspiel nach der Leistungsfähigkeit desselben Kirchspieles." Daß das Gesetz mit diesen Worten alles und jedes Vermögen, das bewegliche wie das unbewegliche, begreifen wolle, wird jetzt allgemein eingeräumt, vgl. Report on the Laws relating to Parochial Assessments. Evidence Q. 2. 166 — 170, 176.

(ability), und zwar sowohl von ihrem beweglichen als unbeweglichen
Vermögen, zur Steuerzahlung verpflichten wollen, und vermuthen;
daß sich hieraus, bei der vorherrschenden Ansicht, die Steuerfähigkeit (ability) nach dem Einkommen zu beurtheilen, eine allgemeine
Einkommensteuer hätte entwickeln müssen. Dies ist indeß
keineswegs der Fall gewesen. Die Gerichte gingen von der Ansicht aus,
daß die Worte des Gesetzes über die Verpflichtung zur Steuerzahlung
in möglichst engem Sinne ausgelegt werden müßten. Daraus, daß
in dem Gesetze Kohlengruben und verkäufliche Niederwaldungen ausdrücklich als steuerpflichtig aufgeführt waren, zogen sie den Schluß,
daß andere Bergwerke, wie Eisen-, Blei-, Zinn-Gruben u. s. w.,
und in ähnlicher Weise, daß Hochwald (Bauholz) u. s. w., nach
dem Gesetz nicht der Steuer unterworfen sein sollten*).
Noch folgenreicher war es, daß sie die Frage, in wie weit bewegliches
Vermögen steuerpflichtig sei, von einem ähnlichen Gesichtspunkte aus
entschieden. Zunächst erklärten sie alles durch persönliche Leistungen erworbene Einkommen, wie Arbeitslöhne, Gebühren
der Advokaten, Gehalte u. s. w., für nicht steuerpflichtig; aber
auch auf zinsbar ausgeliehenes Geld und das Betriebskapital eines Pächters (farmers stock, d. i. Vieh, Geräthschaf-
ten, Getreide und Futtervorräthe eines Pächters) sollte sich die Steuerpflicht nicht erstrecken. Die Gerichte stellten als allgemeinen Grundsatz auf, daß Eigenthum, um steuerpflichtig zu sein, Einkommen gewähren, sichtbar sein und innerhalb des Kirchspieles belegen sein müsse.
Hiernach blieb von beweglichem Vermögen nur noch das in Handel und
Gewerbe angelegte Kapital (stock in trade) übrig. Daß dieses der
Steuer unterworfen sei, erkannten allerdings die Gerichte an *); ihre
Entscheidung blieb aber ohne praktische Folgen; denn abgesehen von der
Schwierigkeit der Ermittelung und Schätzung des Betriebskapitales im
Handel und Gewerbe, hatte das Gesetz keinen Maßstab für dessen Be-

b) Auch in England bezweifelt gegenwärtig Niemand, daß die angeführten Entscheidungen der Gerichte gegen den wirklichen Sinn der Akte Elisabeths ergangen
sind, daß diese jede Art von Grundeigenthum hat besteuern wollen, und gewisse Klassen des Grundeigenthumes nur beispielsweise, nicht um andere auszuschließen, steuer-
haft gemacht hat; vgl. Report on Parochial Assessments p. 43 Q. 175.
6) Vgl. den Report on Local Taxation p. 30—66 und Reports on Parochial
Assessments (brought from the Lords) p. 3—9 (Evidence of Cornewall Lewis
p. 7—34).

steuerung im Vergleich zur Besteuerung des Grundeigenthumes angegeben, und die Gerichte entschieden, daß das Betriebskapital viel geringer
als das Grundeigenthum besteuert werden müsse. Im Grunde war die
von den Gerichten in den einzelnen Fällen auf das Betriebskapital ge-
legte Steuer nur nominell, sie zeigte, daß dieselben überhaupt einer Besteuerung des beweglichen Vermögens abgeneigt waren, weil sie sie für
unausführbar hielten, und nur durch den klaren Buchstaben des Gesetzes gehindert wurden, sie gänzlich zu beseitigen [7]). Das bewegliche
Vermögen nach den Entscheidungen der Gerichte wirklich zur Steuer heranzuziehen, blieb unmöglich, da ohne die Feststellung eines Grundsatzes,
wie der Ertrag desselben geschätzt, und in welchem Verhältnisse im Vergleiche zum Reinertrage des Grundeigenthumes derselbe besteuert werden
sollte, keine Steuer auferlegt werden konnte, die bei einer gegen sie erhobenen Appellation an die Gerichte wäre aufrecht zu erhalten gewesen [8]).

Diese Lage der Gesetzgebung, und der Mangel an inneren Gründen, einen Theil des beweglichen Vermögens zu besteuern, während ein
anderer davon befreit blieb, hat das Parlament vermocht, in neuerer Zeit
auch die Besteuerung des in Handel und Gewerbe angelegten Vermögens einstweilen zu suspendiren. Eine definitive Erledigung hat die Frage
wohl nur deswegen noch nicht gefunden, weil bei einer solchen ein Zu-
rückgehen auf die Grundlagen der ganzen Steuer, und eine anderweitige
Feststellung derselben nicht wohl zu vermeiden gewesen wäre.

Faktisch ist die Armensteuer nach dem, was soeben über sie
bemerkt wurde, gegenwärtig eine Grundsteuer, von der nur
wegen der zufälligen Fassung des Einführungsgesetzes und der dasselbe
näher bestimmenden Gerichtsentscheidungen einige Arten von
Grundeigenthum, wie Hochwald und Erzgruben, ausge-
nommen sind [9]); prinzipiell ist sie bis jetzt noch nicht dafür erklärt

7) Vgl. Evidence of Cornewall Lewis on Parochial Assessments p. 13. 25
und 26 (Report on Parochial Assessments. Evidence Q. 7. 19. 20. 27).

8) In Evidence of Cornewall Lewis on Parochial Assessments p. 14 wird erklärt: „Unless the law laid down some principle of assessing profits, and again of
taking a percentage of those profits, I really cannot conceive how any rate could
be imposed upon stock in trade which could be sustained upon an appeal;" und
ebendas. p. 15: „The law in its present state with regard to the rating of perso-
nal property is so obscure and unsettled, that it would be impossible for asses-
sors to apply it."

9) Die Ausnahme des Hochwaldes ist gegenwärtig von geringer praktischer Er-
heblichkeit, da hohe Bäume in England fast nur noch in den Parks gefunden werden;

worden. Da die Armenlast ursprünglich nicht dem Grundeigenthume allein auferlegt ist, würden die Grundbesitzer gegen eine solche Veränderung der Principien des Gesetzes Widerspruch erheben, unerachtet sie den thatsächlichen Zustand einstweilen ertragen, und selbst wenig Hoffnung haben mögen, ihn abgeändert zu sehen. Die verschiedenen neueren Vorschläge, die Armenlast wenn nicht ganz, so doch zum Theil auf die Staatskasse zu übernehmen, oder andererseits die Mittel zur Armenpflege durch eine lokale Einkommensteuer zu beschaffen, so wenig Erfolg sie gehabt haben, erklären doch hinlänglich, weßhalb die Gesetzgebung Abstand nimmt von einer durchgreifenden und grundsätzlichen Abänderung der Bestimmungen der Alte Elisabeths über die Steuerpflicht, zumal jede neue Fassung des Gesetzes weitere Folgen haben kann, als man beabsichtigt.

Bis zum Ende des Jahres 1857 waren die außerhalb des Kirchspielsverbandes liegenden Orte und Plätze (extra-parochial Places) von der Armensteuer ausgeschlossen [10]. Da die Alte Elisabeths die Kirchspiele zur Unterstützung ihrer Armen verpflichtet, hatten die Gerichte nach dem von ihnen befolgten Grundsatze der striktesten Auslegung entschieden, daß die außerhalb des Kirchspielsverbandes liegenden Plätze zur Unterstützung ihrer Armen nicht verbunden seien [11]. Eine Alte vom Jahre 1857 hat diesen Mißbrauch beseitigt [12]; nach ihr werden seit dem 31sten December 1857 alle extraparochial Places in Betreff der Armenpflege wie Kirchspiele behandelt [13].

und mehr zum Schmuck des Landes als zum Nutzen der Eigenthümer dienen. Die Befreiung aller Gruben, mit Ausnahme der Kohlengruben, von der Steuer, ist dagegen von großer praktischer Wichtigkeit. Bei Einführung der Armengesetze in Irland verlangte die Aristokratie, daß auch dort die Erzgruben angenommen würden, um keinen Präcedenzfall für England zu gewähren, und die Regierung gab es zu, weil die Sache in Irland von geringer Bedeutung ist.

10) Die Zahl dieser Plätze beläuft sich nach den im XIth Report of Poor Law Board pro 1859 p. 18 gemachten Mittheilungen auf 597; der Report druckt p. 200 bis 305 eine Liste ab, in der alle diese Plätze angegeben sind, unter Beifügung ihrer Größe und Einwohnerzahl, sowie des Kirchspiels oder der Sammtgemeinde, der sie zugetheilt worden sind. In älteren Schriftstücken wird die Zahl der Extraparochial Places auf 555 mit 105,000 Einwohnern geschätzt, s. Report on Parochial Assessments. Quest. 942 — 946.

11) Vgl. Report on Parochial Assessments Q. 328.

12) 20. Victoria cap. 19.

13) Vgl. oben §. 14 Note 3. In dem 11th Annual Report of the Poor Law Board, pro 1858, p. 290 — 305 ist auch die Zahl der für die einzelnen Plätze zu ernennenden Armenväter angegeben.

Die Grundsätze, nach denen die zu erhebenden Summen auf das Grundeigenthum vertheilt werden, haben sich
allmählich entwickelt. In der ersten Zeit nach Einführung der Steuer
und so lange sie unbedeutend blieb, vertheilte man die Last ziemlich roh
nach der Morgenzahl der Besitzungen. Als die Steuer wuchs, nahm
man mehr Rücksicht auf die Beschaffenheit des Landes, und scheint bis
zur Regierung König Wilhelms III ziemlich allgemein den wirklich gezahlten Pachtzins als maßgebend betrachtet zu haben; seitdem fing man
an, näher zu beachten, ob etwa wegen besonderer Pachtbedingungen der
wirkliche Pachtwerth des Grundstückes von der thatsächlich gezahlten
Pachtsumme verschieden sei. Endlich wurde im Jahre 1830 durch Entscheidung des Gerichtshofes (der Queens Bench) festgestellt, daß die
Summe, für welche ein Grundstück zu verpachten sei, den gesetzlichen
Maßstab für die Besteuerung desselben zu bilden habe.

Da die Acte Elisabeths den Inhaber (Occupier, Tenant), nicht
den Eigenthümer, wo beide verschiedene Personen sind, zur Zahlung der
Steuer verpflichtet, so folgte hieraus, daß bei der Ermittelung des Pacht-
werthes zum Zwecke der Armensteuer alle Lasten und Steuern, welche gesetzlich den Pächter treffen, von dem (Roh-)ertrage des Grundstückes ab-
zusetzen waren. Dagegen durften nach der Entscheidung der Gerichte
die Abgaben und Lasten, welche gesetzlich der Grundherr zu tragen hat,
nicht von der Pachtsumme in Abzug gebracht werden, wenn sie auch
natürlich eine Schmälerung des wirklichen Reinertrages zur Folge haben [14]. Praktisch hat diese auffallende Beschränkung keinen großen
Einfluß, weil in England nach Gesetz und Herkommen den Grundherren
fast nur noch die Landtaxe trifft, welche insbesondere, seitdem sie für ab-
löslich erklärt ist [15], anderen Ausgaben nicht gleichgestellt werden kann.
Mit Rücksicht darauf aber, daß die Pachtsumme noch kein reines Einkommen ist, da für Instandhaltung des Grundstückes und dauernde Si-
cherstellung des Ertrages sowohl bei Gebäuden als Ackerland noch beträchtliche Verwendungen nothwendig sind, hatte sich unter Billigung
der Gerichte die Praxis entwickelt, daß von dem Pachtertrage ein
Bauschquantum, etwa der dritte oder vierte Theil desselben, abgesetzt,
und nur der Rest als steuerpflichtiger Ertrag angenommen wurde.

Diese Grundsätze, die im Wesentlichen darauf hinauslaufen,

14) Vgl. Report on Local Taxation p. 45.
.15) Vgl. Kries, Vorschläge zur Regelung der Grundsteuer in Preußen. Berlin 1835. S. 70.

daß der wirkliche Reinertrag des Grundeigenthums zu besteuern sei, wurden im Jahre 1636, bald nach der erwähnten Entscheidung des höchsten Gerichtshofes, gesetzlich anerkannt; wobei
indessen durch eine mangelhafte Fassung des Gesetzes noch manchen
neuen Kontroversen Raum gegeben ist, deren weitere Erörterung für
Ausländer aber kein großes Interesse hat, da die Absicht des Gesetzes
unzweifelhaft ist [16]).

Das der Armensteuer unterworfene Grundeigenthum
in England wurde für die Armensteuer im Jahre 1841 auf
62,510,030 L, im Jahre 1847 auf 67,320,587 L, und im Jahre
1850 auf 67,700,153 L, abgeschätzt; nur für diese Jahre erklären die Reports der Centralarmenbehörde Angaben zu besitzen [17]).

16 Die Akte 6 et 7. William IV. cap. 96 to regulate Parochial Assessment,
vom 19ten August 1836, bestimmte in ihrem ersten Paragraphen, daß die Armensteuer
fortan „upon an Estimate of the net annual Value of the several
Hereditaments" (,,nach der Schätzung des jährlichen Reinertrages der verschiedenen Grundstücke") veranlagt werden soll: „That is to say upon an Estimate of the
Rent, at which the same might reasonably be expected to let from year to year,
free of all usual Tenants Rates and Taxes, and tithe commutation
reuicharge, if any, and deducting therefrom the probable average annual cost of
the repairs, Insurance and other expenses, if any, necessary to maintain them in
a state to command such rent." (,,Das will sagen nach Schätzung der Rente,
für welche man das Grundstück angemessener Weise von Jahr zu Jahr erwarten
kann zu verpachten, frei von allen üblichen Steuern und Lasten des Pächters, sowie der etwaigen Zehnten-Abfindungsrente, und nach erfolgtem Abzug der wahr-
scheinlichen jährlichen Durchschnittskosten für Reparaturen, Versicherungen und anderer etwaige Verwendungen, welche erforderlich sind, um das Grundstück in ertrags-
fähigem Zustande zu erhalten.") Die gewichtigen Worte dieser Stelle: „die Pachtrente frei von allen üblichen Steuern und Lasten des Pächters" sind schwer verständ-
lich, sie sollen ausdrücken: die Pachtrente unter der Bedingung, daß der Pächter
alle herkömmlichen Lasten und Abgaben übernimmt; f. Report on Local Taxation
p. 471.

17) Vgl. 10th Report of the Poor Law Board pro 1857/58 p. 9 und p. 60. Daß
der Grafschaftssteuer unterworfene Grundeigenthum wird als auf 64,594,531 L.
abgeschätzt angegeben, f. Lewis Finance and Trade p. 5 und 37, vgl. Parlamen-
tary Paper. Commons Sess. 1848, N. 735. Bei der Abschätzung für die Grafschaftssteuer ist das Grundeigenthum vieler Ortschaften nicht eingerechnet, weil in
jenen Ortschaften durch besondere städtische Steuern (Borough-rates) für die entsprechenden Zwecke gesorgt wird. Bedeutend höher erscheint der Ertrag des englischen Grundeigenthumes nach den der Einkommensteuer zu Grunde liegenden
Schätzungen. Das unter Titel A. des Einkommensteuergesetzes besteuerte Einkommen belief sich nämlich im Jahre 1843 auf 95,250,000 L., von denen 45,750,000

Eine für die Armensteuer erfolgte Abschätzung eines Grundstücks gilt nicht auf eine bestimmte Reihe von Jahren, sondern es haben die mit der Abschätzung beauftragten Beamten das Recht, so oft sie es für nothwendig halten, eine Revision derselben vorzunehmen; auch kann jeder Betheiligte, so oft er will, auf die Revision der Abschätzung seiner eigenen, sowie auf die der benachbarten Grundstücke antragen [18]).

Die Akte der Königin Elisabeth übertrug die Abschätzung des steuerpflichtigen Eigenthums, sowie die Veranlagung und Erhebung der Armensteuer ("to make the Poorrate"), den jährlich für die einzelnen Kirchspiele durch die Friedensrichter ernannten Armenvätern (Overseers of the Poor), über deren Amtsstellung der §. 14 Auskunft ertheilt hat. Bei der steigenden Wichtigkeit der Armenpflege und der fortgesetzt sich mehrenden Bedeutung und Ausdehnung der vielen ursprünglich mit dem Amte eines Armenvaters verbundenen Pflichten, hat man demselben allmählich, namentlich aber seit der Reform der Armengesetzgebung im Jahre 1834, einen Theil derselben abgenommen, und ihre Erfüllung besoldeten Beamten übertragen (s. §. 16 folg.). Zur Erhebung der Armensteuer insbesondere sind jetzt in sehr vielen, und namentlich in allen größeren Kirchspielen, besoldete Hülfsarmenväter (Assistant Overseers) angestellt, die von ihrer Thätigkeit bei der Einsammlung der Armensteuer auch Einnehmer (Collectors) genannt werden; wir haben ihrer bereits im §. 18 Erwähnung gethan. Auch die Veranlagung der Armensteuer wird jetzt meistens durch die besoldeten Beamten bewerkstelligt [19]), und hat nach der bereits oben angeführten Akte vom Jahre 1836 die Centralarmenbehörde die Befugniß, auf den Antrag des Armenrathes einer Sammtgemeinde oder eines keiner Sammtgemeinde angehörenden Kirchspieles, eine neue Abschätzung des

---

auf Ländereien, 34,450,000 auf Gebäude, 11,050,000 auf andere Arten von Grundeigenthum, wie Eisenbahnen, Kanäle, Bergwerke u. s. w., kommen; und beließ sich im Jahre 1850 auf 105 Millionen L., von denen 47,900,000 auf Ländereien, 42,600,000 auf Gebäude, 14,400,000 auf anderes Grundeigenthum fallen. Diese Abweichung hat ihren Grund zum Theil darin, daß zur Einkommensteuer auch solches Grundeigenthum herangezogen wird, welches, wie z. B. Gruben und Hochwaldungen, der Armensteuer gesetzlich nicht unterworfen ist, vorzüglich aber darin, daß der einkommensteuerpflichtige Ertrag des Grundeigenthumes noch anderen Grundsätzen festgestellt wird, als der armensteuerpflichtige.

18) Vgl. Kries, Vorschläge zur Regelung der Grundsteuer in Preußen S. 96.
19) Report on Parochial Assessments, Q. 755. 456.

Grundeigenthumes durch besondere dazu bezahlte Beamten anzuordnen ²⁰).

Ist die Abschätzung der einzelnen Grundstücke vollendet, so pflegt
die Kirchspielsversammlung (Vestry) zu beschließen, welcher Abzug von
ihr gemacht, oder welcher Theil des durch Schätzung aufgestellten Ertrages des Grundstückes als der steuerpflichtige angesetzt werden soll ²¹).

Eine Appellation wegen einer angeblich unrichtigen,
oder im Vergleich zu den Nachbaren unverhältnißmäßigen Abschätzung
geht an die Friedensrichter. Früher hatte der Appellant sich an
die Vierteljahrssitzungen sämmtlicher Friedensrichter in der Hauptstadt
der Grafschaft zu wenden ²²). Seit der Akte vom Jahre 1836 sollen
die Friedensrichter in den Bezirken (Divisions) der Grafschaft jährlich
mindestens vier besondere Sitzungen (Special sessions) zur Erledigung
der Steuerreklamationen abhalten; von der Entscheidung einer derartigen besonderen Sitzung steht den Parteien innerhalb einer bestimmten
Frist noch eine Berufung an die Vierteljahrssitzungen frei; lassen sie aber
die gegebene Frist verstreichen, so ist die Entscheidung rechtskräftig ²³).

Die Verhandlungen der Vierteljahrssitzungen stehen
unter der höheren Kontrole der königlichen Gerichtshöfe
zu Westminster. Die Friedensrichter holen, wenn sie über die Auslegung der Gesetze im Zweifel sind (questions of law), in der Regel
selbst die Entscheidung des königlichen Gerichtshofes (der Queens Bench)
ein, indem sie die Streitfrage in der Form eines bestimmten Falles
(case) an denselben bringen. Doch können auch die königlichen Gerichtshöfe ihrerseits die bei den Friedensrichtern schwebenden Verhandlungen durch ein Writ of certiorari an sich ziehen. Insbesondere gehört die Entscheidung aller Streitfragen über die Verpflichtung zur
Steuerzahlung nicht vor die Friedensrichter, sondern ist den königlichen
Gerichtshöfen vorbehalten. Die Friedensrichter haben nur zu entscheiden, ob ein Grundstück angemessen und in dem richtigen Verhältnisse
zu anderen abgeschätzt ist, wobei es vorzüglich auf Kenntniß der örtlichen Verhältnisse und unmittelbare Anschauung ankommt ²⁴).

Fragt man nun nach den Ergebnissen der Steuerveran-

20) 6 et 7. William IV. c 96 §. 3.
21) Report on Parochial Assessments Q. 265.
22) Report on Local Taxation p. 62.
23) 6 et 7. William IV. c. 96 §. 6.
24) Report on Parochial Assessments, Evidence Q. 310. 311.

lagung oder Abschätzung, so erscheinen diese auf den ersten Blick, namentlich einem an eine gleichmäßige Durchführung abstrakter Grundsätze gewöhnten Auge, ziemlich ungenügend.

Das durch die älteren Gesetze und das Herkommen dafür entwickelte Verfahren, sowie die in dem Gesetze vom 19ten August 1836 dafür gegebenen Vorschriften, sind in mehrfacher Beziehung nicht ausreichend.

Vorerst fehlt es an einem Anhalt, welcher Abzug von dem Pachtertrage, mit Rücksicht auf die Kosten der Instandhaltung des verpachteten Grundstückes, gestattet sein soll. Es ist sogar in dem Gesetze vom Jahre 1836 nicht bestimmt gesagt, daß der Reinertrag als der steuerpflichtige Ertrag angesehen und eingetragen werden solle, sondern nur, daß der steuerpflichtige oder Katastralertrag auf eine Schätzung des Reinertrages gegründet werden solle (made upon an estimate of the net value), dies schließt nicht aus, daß nur ein aliquoter Theil des Reinertrages als Katastralertrag angenommen werden kann [25]). Es ist also durch das Gesetz in doppelter Beziehung Gelegenheit gegeben, den Katastralertrag niedriger anzusetzen, als die Pachtrente: erstens indem ein Abzug mit Rücksicht auf die Kosten der Instandhaltung gestattet ist, zweitens indem auch der so gefundene Reinertrag noch nicht unbedingt für den Katastralertrag erklärt werden muß. Dieser gegebene Spielraum für die Aufstellung des Katastralertrages wird von den Kirchspielen in ausgedehnter Weise benutzt. Eine besondere Veranlassung zur Unterschätzung des Ertrages gab das seit 1739 sich bildende, und im Jahre 1815 durch die Acte 55. Georg III. cap. 51 gesetzlich sanktionirte Herkommen, die Einschätzungen zur Armensteuer in gewöhnlichen Fällen auch bei der Vertheilung der Grafschaftssteuer zu Grunde zu legen [26]). Die Grenzen, innerhalb welcher man Abzüge vom Pachtertrage festsetzt, sind in den verschiedenen Kirchspielen sehr verschieden; in dem einen setzt man den Katastralertrag um 10 Procent, im anderen um 25 bis 30 Procent, in manchen sogar um 50 Procent niedriger an, als die Pachtrente. Hierzu kommt, daß die Anordnung einer neuen Abschätzung durch besoldete Beamten nach der Bestimmung des Gesetzes von 1836 nur auf Antrag der Lokalbehörden erfolgen kann, diese aber nicht überall geneigt sind, einen solchen zu stellen. Und selbst, wenn auf den Antrag des Armenrathes (Board of Guardians) der

25) Report on Local Taxation p. 52.

26) Report on Local Taxation p. 51.

Sammtgemeinde eine neue Abschätzung des Grundeigenthumes angeordnet und ausgeführt ist, sind die Kirchspielsbehörden (die Overseers
of the Poor) durch keine direkte Bestimmung der geltenden Gesetze gebunden, dieselbe bei der Veranlagung der Steuer zu Grunde zu legen [27].
Nachdem gesetzlich im Jahre 1836 die Ermächtigung zur Veranstaltung
neuer Abschätzungen ertheilt worden war, hatten bis zum 1ten Oktober
1842 von 15,635 Kirchspielen und Gemeinden (townships), welche
nicht zugleich Kirchspiele sind, nun 4144 davon Gebrauch gemacht. Auch
bei diesen neuen Abschätzungen blieb der Katastralertrag noch häufig 10,
15 bis 20 Procent unter dem wirklichen Reinertrage; während in den
Kirchspielen mit älterer Abschätzung die Differenz meistens weit größer
war, und der Kataſtralertrag oft nicht die Hälfte des wirklichen Reinertrages erreichte [28]. Seit dem Jahre 1842 hat in den meisten Kirchspielen eine neue Abschätzung ſtatt gefunden, und es werden fortwährend neue Abschätzungen zum Behuf der Armensteuer vorgenommen;
in Folge deſſen iſt eine weſentliche Berichtigung der Kataſtralerträge eingetreten.

Eine andere Lücke des Geſetzes liegt darin, daß nicht alle Arten
von Eigenthum denſelben Bedingungen der Benutzung unterliegen, und
daher der Reinertrag derselben nicht immer auf dieselbe Weise wie bei
den Ackerländereien ermittelt werden kann. Bei den Renten zum Beispiel, welche an Stelle des Zehnten gegenwärtig bezahlt werden, findet
ſich keine Veranlaſſung, mit Rückſicht auf die Koſten der Inſtandhaltung,
Verſicherung und dergleichen, beträchtliche Bauſchquanta abzuſetzen. Da
dieſe Renten außerdem ihrem Betrage nach genau bekannt ſind, ſo werden die Zehntberechtigten verhältnißmäßig höher als andere Eigenthümer beſteuert [29].

Nach einer andern Richtung hin bietet die Schätzung des Er-

---

27) Report on Parochial Assessments, Q. 47 p. 258. Indirekt werden dazu
die Overseers, wie im Mai 1857 Sir George Nicholls und Mr. Hugh
Owen dem Verfaſſer verſicherten, dadurch genöthigt, daß ſie im Fall der Unterlaſ-
ſung bei Steuerreklamationen verantwortlich werden können, die Koſten zu tragen.

28) Zeugniſſe dafür liefern: Report on Local Taxation p. 50 folg.; vgl. Report on Parochial Assessments, Evidence Q. 276 und Q. 16, ſowie Report on
Income tax. Q. 1371. 2345. 2348 u. a. m. Weitere Mittheilungen darüber verdankt der Verfaſſer im Mai 1857 an Sir George Nicholls und Mr. Hugh
Owen.

29) Report on Parochial Assessments Q. 10 – 17. Evidence of Cornewall
Lewis p. 72 folg.

trages von Kanälen, Eisenbahnen und dergleichen Schwierigkeiten. Da solche Anstalten in der Regel nicht verpachtet werden,
so ist es schwer zu sagen, welche Summe ein angemessener Pacht-
preis für sie sein würde. Der gesammte Reinertrag dieser Anstalten
kann der Steuer nicht unterworfen werden, ohne diese Unternehmungen
gegen andere in Nachtheil zu stellen, bei denen das Betriebskapital von
der Steuer frei bleibt; und doch fehlt es hier an einem genügenden Anhalt, um zu bestimmen, welcher Theil des Ertrages als Grundrente,
welcher als Verzinsung des Betriebskapitales zu betrachten ist. Die Gerichte haben indeß diese Schwierigkeit nicht für so groß erachtet, um das
Gesetz von 1836 auf diesen Fall für unanwendbar zu erklären. Sie
gehen davon aus, daß Kanäle und Eisenbahnen jedenfalls verpachtet
werden können, wenn es auch selten vorkommt [30]. Nachdem sich früher
bei den Kanälen die Verhältnisse fixirt hatten [31], haben sich allmählich auch bei den Eisenbahnen durch die wiederholten Entscheidungen
der Gerichte, die auf Appellationen der Eisenbahngesellschaften gegen
oft willführliche und zu hohe Einschätzungen der Kirchspielsbeamten
erfolgten, leitende Gedanken über die Abschätzung im Allgemeinen herausgestellt. Man besteuert die Eisenbahngesellschaften nach ihrer Reineinnahme mit verhältnißmäßiger Berücksichtigung der Meilenlänge der
Bahn innerhalb der Grenzen des betreffenden Kirchspieles; und zieht
in den Kirchspielen, in denen Bahnhöfe liegen, diese als Gebäude
noch besonders zur Steuer heran. Da indessen hierbei vielfach Streit-
punkte sich geltend machen, so sind neuerdings in den meisten Fällen
Vergleiche über die zu entrichtende Steuer zwischen den Kirchspielen
und den Eisenbahngesellschaften abgeschlossen worden. Die Kirchspiele
begnügen sich dabei vielfach mit einer etwas geringeren Steuer, als sie
nach dem Gesetze dürften erreichen können, um Prozesse zu vermeiden.

<hr>

30) Vgl. Report on Parochial Assessments Q. 232—237.

31) Bei den Kanälen, die gegenwärtig vorzugsweise von den Eigenthümern
selbst benutzt werden, hat sich der Grundsatz gebildet, daß man ihren Ertrag auf
die Summe zu schätzen habe, welche durch die Erhebung von Zöllen, Gebühren
und dergleichen, nach Abzug der Kosten, würde eingenommen werden können, wenn
die Benutzung unter solchen Bedingungen dem Publikum frei stände. Die meisten
Gesellschaften für Anlage von Kanälen haben indeß vor dem Beginne des Baues
der Kanäle mit den betreffenden Kirchspielen Verträge dahin abgeschlossen, daß dieselben das von ihnen eingenommene Land nur zu dem Werthe für die Steuer ein-
schätzen dürfen, den dasselbe vor der Anlage hatte. Vgl. Report on Parochial Assessments. Evidence Q. 351 folg. 392 folg.

die ihnen bedeutende Kosten verursachen würden; während die Eisenbahngesellschaften diese Kosten weniger scheuen, da sie die dazu erforderlichen Mittel besitzen, und in einer Appellation an die Gerichte ihre einzige Waffe liegt, um sich unbilliger Zumuthungen zu erwehren [32]).

Die Mängel und Ungleichheiten, welche hiernach bei der Abschätzung
des Grundeigenthumes vorkommen, haben indeß nicht in dem Maße
eine ungerechte Benachtheiligung der höher eingeschätzten Personen zur
Folge gehabt, als man vielleicht erwarten möchte. Innerhalb desselben Kirchspieles ist die Abschätzung, abgesehen von Zehn-

32) Die hier über die neuere Besteuerung der Eisenbahnen gemachten Angaben
sind den Notizen entnommen, die der Verfasser über ihm im Mai 1857 durch George
Coode Esq. und Mr. Hugh Owen gewordene mündliche Mittheilungen niedergeschrieben hat. In dem 1855 von Kries veröffentlichten Aufsatz über die Gemeindesteuern in England S. 64 finden sich noch folgende Angaben, zu deren vollständiger Berichtigung dem Herausgeber die Hülfsmittel fehlen: Die Gerichte konnten nach Lage der Gesetze die Eisenbahnen nicht gegen eine sehr bedeutende Besteuerung schützen. Die London and Northwestern-Eisenbahn, welche Anfangs in den
6 Grafschaften, welche sie durchschneidet, mit 2445 L. besteuert war, d. h. mit 1/20
der Steuer der betreffenden Kirchspiele, mußte im Jahr 1855 volle 124,000 L.,
d. h. den dritten Theil der Kirchspielsteuern entrichten. Die Brighton-Eisenbahn
hat in 16 Kirchspielen von einer Fläche von 86,500 Acres nur 693 Acres inne,
d. i. etwa 12 Acres auf der englischen Quadratmeile, und mußte 1855 davon gegen 10,000 L., oder ungefähr 14 L. für den Acre an Steuern entrichten, d. i. ebenfalls fast den dritten Theil der betreffenden Kirchspielsteuer zahlen. Die acht größten
englischen Eisenbahnlinien (North-Western, Great-Western, South-Western, Brigh-
ton, South-Eastern, Midland, Eastern Counties und York and North-Midland) zahlten 1855 im Durchschnitte etwa 20 Procent ihrer zur Dividendenvertheilung kommenden Reineinnahme an Localsteuern. Dazu kam noch die Einkommensteuer und
eine Abgabe von 5 Procent des Passagiergeldes, so daß den vor dem Ausschusse der
Lords vernommene Direktor der London-Brighton-Eisenbahn die von den Eisenbahnen überhaupt zu tragenden Abgaben zusammen auf 35 Procent ihrer unter die
Aktionäre zu vertheilenden Reineinnahme berechnete. Außerdem, bemerkte er, laste
auf ihnen noch die Verpflichtung eines Penny-a-mile-Zuges, d. i. eines Zuges, bei
welchem das Passagiergeld in der dritten Klasse nicht über einen Penny für die Meile
betragen darf, und der Beförderung von Soldaten und Polizeibeamten; vgl. Report on Parochial Assessments Q. 349. 350. 361—363. Er hebt ferner hervor,
daß das Gesammtvermögen der Eisenbahnen im Durchschnitt etwa zu 95 Procent
in Grundeigenthum und nur zu ungefähr 5 Procent in beweglichem Vermögen bestehe; wie denn z. B. die Brighton-Eisenbahn 7 Millionen L. gekostet hätte, von
denen nur etwa 350,000 L. auf Maschinen, Wagen und dergleichen gerechnet werden könnten; demgemäß sei der Abzug, der bei Feststellung der Steuer mit Rücksicht auf das bewegliche Vermögen der Eisenbahngesellschaften gemacht werde, nur
unbedeutend.

ten und Eisenbahnen, im Allgemeinen eine ziemlich gleichmäßige. Der Umfang der Kirchspiele ist zu klein, als daß die Vergleichung
hätte schwierig sein können; das Interesse der Steuerpflichtigen bei der
Höhe der Last zu groß, und das Mittel der Abhülfe, d. i. die Appellation
an die Friedensrichter, weder so fernliegend noch so kostbar, als daß erhebliche Ungleichheiten in der Schätzung hier hätten ertragen werden sollen ³³). Die Vertheilung gewisser Lasten auf die Sammtgemeinden
(Unions), welche 1834 eingeführt und oben im §. 4 besprochen worden
ist³⁴), erfolgt nicht nach dem Verhältniß des Reinertrages des Eigenthums
des einzelnen Kirchspieles, sondern nach dem Verhältniß der Ausgaben
für das Armenwesen in den einzelnen verbundenen Kirchspielen, so daß
die Ungleichheit der Abschätzung in den verschiedenen Kirchspielen hierauf
ohne Einfluß ist. Die Vertheilung der Grafschaftssteuer erfolgt zwar
allerdings auf Grund der Einschätzungen zur Armensteuer, jedoch nicht,
ohne daß dabei vorher auf die Ungleichheit der Schätzung Rücksicht genommen wäre. Die Friedensrichter sind befugt, in ihren Vierteljahrssitzungen die behufs der Armensteuer vorgenommenen Abschätzungen der
Grundstücke in den verschiedenen Kirchspielen zu berichtigen, die Einschätzungen des einen Kirchspieles gegenüber von denen des anderen
z. B. um den vierten oder dritten Theil je nach ihrem Ermessen zu erhöhen oder herab zu setzen, und das so berichtigte Kataster der Erhebung
der Grafschaftssteuer zu Grunde zu legen³⁵). Daß auf diesem Wege
in den meisten Fällen eine leidliche Ausgleichung ohne viele Schwierigkeiten zu erreichen steht, haben die in den letzten Jahren bei der Einkommensteuer gemachten Erfahrungen bestätigt. In der Regel waren die
behufs der Armensteuer gemachten Abschätzungen brauchbar für die Ermittelung des wirklichen Reinertrages nach Maßgabe des Einkommensteuergesetzes, welches ganz andere Grundsätze für die Abschätzung, oder
richtiger gesagt in Beziehung auf die dabei gestatteten Abzüge vorschreibt³⁶).
Es genügte, bei einigen Grundstücken durch eine specielle Revision sich
zu überzeugen, welchen Theil des wirklichen Reinertrages der bei der

33) S. Report on Parochial Assessments Q. 240, und Report on Income tax Q. 1392.
34) Vgl. auch S. 112 und S. 117.
35) S. Report on Parochial Assessments Q. 96. 102. 104.
36) Vgl. Fries: Grundzüge und Ergebnisse der englischen Einkommensteuer 1854, abgedr. in der Tübinger Zeitschrift für Staatswissenschaften, Bd. X H. 2 u. 3) vgl. im Separatabdruck S. 34.

10

Armensteuer katastrirte Ertrag ausmache, und man fand dann den ein-
kommensteuerpflichtigen Ertrag durch die entsprechende Erhöhung des
armensteuerpflichtigen bei sämmtlichen Grundstücken des Kirchspieles [37]).

Nach Allem drängt sich uns die Frage auf, warum die in der
Gesetzgebung bemerkten Lücken nicht ergänzt, und die Mängel derselben nicht beseitigt werden, zumal dies doch an sich
nicht als so schwierig erscheinen kann? Hierauf ist denn zu erwidern,
daß in England seit einer Reihe von Jahren der hochwichtige Gegenstand von allen Seiten auf das ernsteste in Erwägung gezogen wird, und
man vielfach überzeugt ist, daß nunmehr, nachdem man die Dinge auf
diesem Gebiete Jahrhunderte lang ihrem eigenen Entwickelungsgange
überlassen hat, durchgreifende Reformen in mehr als einer Beziehung
nothwendig sind. Es wurden in England bereits verschiedene Vorschläge zur Erledigung der gewichtigen Aufgabe gemacht, es wurden auch
mehrere Bills zur Verbesserung der Lokalsteuern eingebracht, doch stehen
der Lösung der Aufgabe bestimmte Schwierigkeiten entgegen, die in der
eigenthümlichen Natur der Armenlast liegen, und erscheint überhaupt
die Frage, wie die Armensteuer zu verbessern sei, in keiner Weise als
ein bloßes Problem der Finanzverwaltung.

Im Jahre 1843 schlug die mit der Untersuchung der
Gemeindesteuerverhältnisse beauftragte Centralarmenbehörde in dem von ihr darüber erstatteten Berichte [38]) vor:
1. statt der vielen verschiedenen zu Gemeindezwecken erhobenen Steuern
künftig nur eine einzige allgemeine Steuer (General-rate)
auszuschreiben, aus welcher alle Gemeindebedürfnisse zu bestreiten
seien; 2. diese Steuer von allem Grundeigenthume, auch von jeder Verbesserung desselben, sowie von Zehnten, nach dem jährlichen Reinertrage
desselben zu erheben, also die Steuerfreiheit der Erzgruben, der Hochwaldungen und der außerhalb des Kirchspielsverbandes liegenden Ortschaften aufzuheben; 3. die Organisation der Behörden, denen jetzt die
Veranlagung und Erhebung der Steuer obliegt, zu verbessern. Diesen
Vorschlägen schloß sich im Jahre 1850 im Wesentlichen
der zur Erwägung desselben Gegenstandes niedergesetzte Ausschuß
des Hauses der Lords an, indem er befürwortete, daß alle Gemeindesteuern als Zuschläge zur Armensteuer, und zugleich mit derselben

37) S. Report on Income tax Q. 1371. 1387—1390. 2540. 2567. 3062.
3055—3065.
38) Vgl. Report of the Poorlaw Commissioners on Local Taxation p. 141 folg.

erhoben, daß die Erzgruben gleich den Kohlengruben besteuert, und auch
die außerhalb des Kirchspielsverbandes belegenen Orte zu den Gemeindelasten herangezogen werden möchten. Auch wurden von ihm, wenn
gleich abweichende Vorschläge zur Organisation der Behörden gemacht,
um eine gleichmäßige Abschätzung für alles Grundeigenthum zu erzielen [**]).

Indem sich der Bericht des Ausschusses der Lords in dieser Weise
ausspricht, legt er aber zugleich Zeugniß ab von den Ursachen, welche
die Annahme seiner Vorschläge bisher vorzüglich verhindert haben. Er
erklärt, daß nach seiner Ansicht die Unterstützung der Armen eine
Nationalangelegenheit sei, zu deren Tragung gerechter Weise jede
Art von Eigenthum herangezogen werden sollte, und zu welcher nach
der Akte Elisabeths jeder Einwohner verpflichtet sei, nach seiner Leistungsfähigkeit (ability) beizutragen. Die fernere Befreiung des in Handel
und Gewerbe angelegten Betriebskapitales von seiner gesetzlichen Verpflichtung hält er nur einstweilen und nur so lange für nothwendig, bis
man genügende Mittel gefunden habe, um es zu erfassen. Er empfiehlt
den, von einem Mitgliede aus seiner Mitte gemachten Vorschlag, die
zur Armenpflege erforderlichen Mittel durch eine besondere Einkommensteuer statt durch Kirchspielssteuern aufzubringen, zu näherer Erwägung, erklärt aber zugleich, nicht vorbereitet zu sein, über diesen Vorschlag ohne eine weitere Untersuchung ein
Urtheil abzugeben.

Man sieht, es handelt sich bei der Verbesserung der Gemeindesteuerverhältnisse nicht allein um rein finanzielle Fragen, nicht bloß darum,
wie die bestehenden Steuerformen verbessert, und die Stellung der Beamten dabei zweckmäßig verändert werden können. Diese Fragen, so
wichtig sie sind, würden verhältnißmäßig leicht zu beantworten sein, da
nach langer und sorgfältiger Untersuchung der Sache über die wesentlichen Punkte Übereinstimmung erreicht ist. Die Schwierigkeiten der
Aufgabe entspringen aus einer anderen Quelle, sie sind politischer oder,
wenn man sich des vielfach gemißbrauchten Ausdruckes bedienen will,
socialer Natur. Es handelt sich um die Frage: wem kann der Staat
mit Recht verpflichten, die Hülfsbedürftigen zu unterstützen? Die Armenpflege ist die bei weitem wichtigste unter allen Gemeindelasten; dieselbe
ruht jetzt thatsächlich, nicht rechtlich, allein auf den Schultern der Grund-

---

39) Vgl. Report on the Laws relating to Parochial Assessments. brought
from the Lords 26. July 1850 p. III folg.

befitzer; sie ist durch die Gesetze den einzelnen Kirchspielen auferlegt, und lastet in Folge einer Jahrhunderte dauernden, durch sehr mannigfaltige Verhältnisse bedingten Entwickelung auf den verschiedenen Kirchspielen mit sehr ungleicher Schwere. Diese Ungleichheit wird von den hochbelasteten Kirchspielen um so mehr als eine Ungerechtigkeit empfunden, da man das Fundament, auf welchem ihre gesetzliche Verpflichtung anfänglich im Wesentlichen beruhte, nämlich den Grundsatz, daß jedes Kirchspiel für die ihm angehörigen (mit Heimathsrecht ausgestatteten) Armen zu sorgen habe, im Laufe der Zeit mehr und mehr untergraben hat, und in den letzten Jahren sogar Willens war aufzuheben (vgl. oben §. 27 und 28). So oft nun die Verbesserung der Gemeindesteuerverhältnisse in Angriff genommen wird, machen sich diese ungleich verwickelteren Probleme geltend.

Schon hat das Grundeigenthum Versuche gemacht, eine Last mindestens theilweise von sich abzuwälzen, die es nicht einmal nach dem Buchstaben der Gesetze, viel weniger aus inneren Gründen verpflichtet ist, allein zu tragen. Als die Grundbesitzer ihre Interessen durch die Aufhebung der Kornzölle für ernstlich gefährdet hielten, und gleichwohl die Unmöglichkeit einsahen, diese Maßregel rückgängig zu machen, versuchten sie es, eine Erleichterung ihrer Lasten zu erlangen. Zu dem Ende beantragte Disraeli am 19ten Februar 1850, daß der Theil der Kosten der Armenpflege, den gegenwärtig die Sammtgemeinde (Union) trägt (vgl. über ihn oben S. 49 und 53), auf die Staatskasse übernommen werden möchte[40]. Disraeli drang mit seinem Antrage nicht durch, und sah sich sogar genöthigt, ihn fallen zu lassen, als er bald darauf für kurze Zeit Finanzminister war; die Durchführung desselben hätte theils der Staatskasse Verlegenheiten bereitet, und weitere gefährliche Folgen nach sich gezogen, theils den Steuerpflichtigen nur eine unbedeutende Erleichterung gewährt, während eine solche durch die verminderten Kosten der Armenpflege thatsächlich in weit größerem Umfange eintrat, als er es bei seinem Vorschlage in Aussicht genommen hatte[41]), und jene Kostenverminderung, wie wir oben näher erörtert haben, direkt durch die angenommene freie Handelspolitik gefördert worden war.

Wenn hiernach die Frage, ob das Grundeigenthum die

---

40) Vgl. Hansard Parliamentary Debates, Third Series. Vol. 108. p. 1031 flg.
41) Vgl. Disraeli's Financial Statement 3th Dec. 1852. Hansard Parliamentary Debates, Third Series. Vol. 123. p. 854 folg.

Armenlaſt allein tragen ſoll, auch vorläufig in den Hintergrund
getreten iſt, und die Grundbeſitzer ſich bei der Erleichterung, die ihnen
gleichzeitig mit der Beſeitigung der von ihnen wegen der freien Einfuhr
fremden Getreides gehegten Befürchtungen falſch zu Theil geworden
iſt, einſtweilen beruhigt haben, ſo iſt ſie doch keineswegs gelöſt, und
wird jedem neuen Vorſchlage zur Verbeſſerung der Armenſteuer neue
Hinderniſſe in den Weg legen [42]).

Noch lebhafter und allgemeiner als die eben beſprochene Frage,
beſchäftigt die andere die Gemüther: ob und auf welchem Wege
die in §. 27 dargelegte große Ungleichheit der Armenlaſt
zwiſchen den verſchiedenen Kirchſpielen beſeitigt oder doch
vermindert werden ſoll? Dieſe Frage ſteht, wie oben ausgeführt wurde, mit der in den Paragraphen 28 bis 32 erörterten ſchwie-
rigen Frage, ob die Geſetzgebung über Heimathsrecht (Settlement)
der Armen umgeſtaltet werden ſoll, in dem unmittelbarſten Zuſam-
menhange. Jedenfalls wird man das Heimathsrecht nicht gänzlich aufheben, und jedem Armen ein unbeſchränktes Recht auf Unterſtützung
in ſeinem jedesmaligem Aufenthaltsorte einräumen können, ohne zugleich die Geſetze durchgreifend abzuändern, welche beſtimmen, wer verpflichtet iſt, die für die Armenpflege erforderlichen Mittel aufzubringen.

Mehrfach ſind bereits Vorſchläge in dieſem Sinne gemacht
worden; wir wollen unter ihnen hier nur zwei hervorheben, die beide
von einer gänzlichen Beſeitigung des Begriffs des Heimathsrechtes ausgehen: Paſhley ſchlug vor, daß das Kirchſpiel fortan nur ein Drittheil
der Armenlaſt trage, und die übrigen zwei Drittheile derſelben durch
eine gleichmäßige, allem Grundeigenthume im Königreiche gemeinſam
aufzuerlegende Steuer aufgebracht würden [43]); ein von Coode
ausgearbeiteter, von dem Präſidenten der Centralarmenbehörde Baines im Jahre 1854 ins Parlament einge-
brachter Geſetzentwurf wollte, daß hinfüro die erforderlichen Summen von den Sammtgemeinden (Unions) durch eine gleichmäßige
Steuer (Union rating) erhoben würden [44]). Der erſte Vorſchlag fand

42) Die Grundbeſitzer in England werden ſich um ſo weniger auf die Dauer
bei der gegenwärtigen Lage der Dinge beruhigen, als in Schottland die Armenſteuer in einer für das ländliche Grundeigenthum viel günſtigeren Weiſe organiſirt
iſt, vgl. unten §. 46.
43) Vgl. Paſhley in der angeführten Schrift S. 356 folg.
44) Vgl. oben §. 28. Die Ausgleichung ſelbſt wollte Baines' Bill mit alle

im Allgemeinen wenig Anklang; bei aller Achtung, die Ashley von den verschiedensten Seiten in England gezollt wird, hielten doch viele praktische Männer seinen Vorschlag schon deswegen für unzweckmäßig, weil er zu künstlich sei. Die von Baines eingebrachte Bill dagegen wurde aus den im §. 28 entwickelten Gründen zurückgezogen. Es ist hier nicht der Ort, diese Vorschläge näher zu prüfen; es genügt, darauf hinzuweisen, daß die inneren Schwierigkeiten der Frage durch keinen solchen auf Gründen der äußeren Zweckmäßigkeit beruhenden Vorschlag behoben werden, die Lösung der Aufgabe daher dadurch vielleicht hinausgeschoben werden mag, aber nicht erreicht werden kann. Auf der anderen Seite ist es klar, wie überwiegend die Bedeutung dieser Frage im Vergleich zu den rein finanziellen Verbesserungsvorschlägen ist. So offen es hiernach zu Tage liegt, daß die Verhältnisse der Gemeindebesteuerung in England einer Verbesserung bedürfen und große Schwierigkeiten darbieten, so ist doch ebensowenig zu verkennen, daß diese Mängel und Schwierigkeiten ihren vornehmsten Sitz in dem Grundsatz der gesetzlichen Armenpflege haben. Die Ansichten des Verfassers über diesen Punkt sollen am Schlusse dieser Schrift, nachdem hier vorher die Behandlung der Armenpflege in Schottland und Irland erläutert worden ist, vorgelegt werden.

---

mählich eintreten lassen, so daß sie erst im Laufe von 30 Jahren ganz vollendet würde. Diesen vielfach als zu furchtsam getadelten Vorschlag vertheidigte Coode noch im Mai 1857 dem Verfasser gegenüber.

Capitel II.
Die Armenpflege in Schottland*).
I. Einleitung.
§. 34.
1. Die schottische Armenpflege im Allgemeinen.

Die Betrachtung der schottischen Armengesetzgebung nach ihrer historischen Entwickelung und gegenwärtigen Gestaltung neben der englischen, ist in mehrfacher Beziehung interessant und lehrreich.

*) Die Hauptquellen für die nachfolgende Darstellung der schottischen Armenpflege sind vor allem das Werk von Sir George Nicholls: a history of the Scotch Poor Law, in connexion with the condition of the people. London: John Murray, Albemarle Street. Knight et Com. 90 Fleetstreet. 1856. Der Schrift desselben Verfassers über englische Armenpflege, und seiner großen Verdienste um dieselbe, wurde bereits oben S. 3 Erwähnung gethan. Sodann: Alexander Murray Dunlop: The Poor Law of Scotland. William Blackwood and Sons. Edinburgh and London 1854; ein Buch, das eine klare Darstellung des gegenwärtigen Zustandes der Armengesetzgebung in Schottland, unter Beifügung des Textes der einschlagenden Gesetze liefert. Ferner die seit Einsetzung der Centralarmenbehörde in Edinburg im Jahre 1845, jährlich von derselben über den Zustand der schottischen Armenpflege erstatteten Berichte, von denen der Verfasser noch den 10ten für das Jahr 1855 benutzte, während dem Herausgeber außerdem noch der 11te, 12te und 13te Bericht für die Jahre 1856, 1857 und 1858 vorlagen; der letzte führt den Titel: Thirteenth Annual Report of the Board of Supervision for the Relief of the Poor in Scotland. Presented to both Houses of Parliament by command of Her Majesty. Edinburgh printed by Murray and Gibb. 1858. In ganz besonderem Vortheile gereichte es aber dem Verfasser, daß er sich außerdem vielfach eingehender mündlicher Erläuterungen über schottische Armenpflege zu erfreuen gehabt hat, die ihm in nicht wenigen Punkten erst ein lebendiges Bild von derselben verschafften. Es müssen hier mit besonderem Dank hervorgehoben werden die Mittheilungen von Seiten des Präsidenten der schottischen Centralarmenbehörde, Sir John Mac Neill, des Sekretärs dieser Behörde (Secretary of the Board of Supervision) W. S. Walker Esq., sowie mehreren Inspectoren, wie namentlich des Mr. Greig in Edinburgh und Mr. Adamson in Glasgow.

Obwohl die schottische Armenpflege aus derselben Wurzel entsprossen ist wie die englische, und der schottischen Armengesetzgebung die englische in ihren Anfängen und Fortschritten entschieden zum Vorbilde gedient hat, so hat sie sich doch unter dem Einflusse eines anderen Volkscharakters und einer anderen Landesverfassung sehr abweichend von der englischen entwickelt.

Die gesammte Armenpflege behielt in Schottland mehr als in England einen kirchlichen Charakter, und zwar sowohl was die Organe der Verwaltung, als die Beschaffung der Mittel, als endlich auch die Verwendung derselben betrifft. In Zusammenhang damit bewahrten die Localbehörden in Schottland eine größere Selbständigkeit als in England.

Eine Folge hiervon war es, daß in Schottland Abwege vermieden wurden, die in England die Behandlung der Armenpflege schwierig und sogar gefährlich gemacht haben; wir meinen vor allem die verschwenderische und mißbräuchliche Verwendung der zur Unterstützung der Armen erhobenen Summen, und die Störung der natürlichen Verhältnisse des Arbeitsmarktes.

Dagegen blieb freilich die schottische Armenpflege dadurch weit hinter der englischen und der Erreichung des jeder Armenpflege gesetzten Zieles zurück, daß sie im Allgemeinen nicht genügend für die Armen sorgte!

Als nun in unserem Jahrhundert auch in Schottland das Bedürfniß einer Reform der Armenpflege empfunden wurde, mußte dasselbe in einer sehr anderen Weise sich geltend machen als in England, wo man mit der Reform zunächst bestimmten Gefahren zu begegnen hatte.

Diesen abweichenden Verhältnissen, die durch die Natur der vorhandenen Mängel und die Beschaffenheit des Volkes und Landes bei der Behandlung der Armenpflege gegeben waren, ist bei dem Erlaß des neuen Armengesetzes in höchst einsichtiger und beachtenswerther Weise Rechnung getragen. Die günstigen und anfänglich sogar glänzenden Erfolge der Reform der Armenpflege in England haben nicht verleitet, die dort bewährten Grundsätze und Einrichtungen ohne weiteres auf Schottland zu übertragen. Dabei sind aber doch die in England gemachten Erfahrungen für die vielfach abweichenden Verhältnisse benutzt worden.

Die Betrachtung des Entwickelungsganges und gegenwärtigen Zustandes der Armengesetzgebung in Schottland ist aus diesem Grunde ganz vorzüglich geeignet, sowohl die wissenschaftliche Erörterung, als die praktische Behandlung der Probleme der Armenpflege zu fördern.

Insbesondere sind die Zustände der Armenpflege auf dem Kontinent in mancher Beziehung, und namentlich darin, daß auch hier für die Armen im Allgemeinen nicht zu viel, sondern zu wenig geschieht, den älteren schottischen näher verwandt als den englischen.

Das Beispiel Schottlands kann uns daher in vieler Beziehung unmittelbarer als das Englands zum Muster dienen, und bei uns in größerer Ausdehnung eine Nachahmung finden als das Englands.

§. 35.
2. Ursprung der schottischen Armenpflege im Mittelalter.

Die gesetzliche Armenpflege ist in Schottland wie in England hervorgerufen worden durch die Belästigungen der Bettler und müssig umherziehenden Personen, von denen viele arbeitsfähig waren und Verbrechen mancherlei Art begingen.

Auch in Schottland begann dem entsprechend die Theilnahme des Staates an der Armenpflege mit Strafedikten gegen Bettler, Vagabunden und Arbeitsscheue. Die Erfolglosigkeit dieser Gesetze verleitete auch hier anfänglich dazu, die angedroheten Strafen allmählich bis zu einer empörenden Härte zu schärfen. Dabei verschloß man sich jedoch nicht ganz dem Anerkenntniß, daß altersschwache und gebrechliche Personen, im Gegensatze zu arbeitsfähigen, einige Berücksichtigung verdienten. Man gestattete ihnen, sich an die Mildthätigkeit ihrer Mitbürger zu wenden. Die nähere Bestimmung der Fälle, in welchen, und der Art und Weise, wie es hiernach erlaubt sein solle, die Unterstützung Anderer nachzusuchen, bildet den Fortschritt der schottischen Gesetzgebung des Mittelalters in dieser Materie.

Die ersten darauf bezüglichen umfassenderen Gesetze wurden in den ersten Regierungsjahren James I erlassen. Der König, der lange in England gelebt hatte, nahm bei ihnen wahrscheinlich die etwas älteren ähnlichen Gesetze von Richard II, Heinrich IV und V, zum Vorbilde.

Zuerst wurde im Jahre 1424 angeordnet, daß nur Personen unter 14 und über 70 Jahren, welche aller Mittel zum Lebensunterhalt entbehrten, die Erlaubniß ertheilt werden solle, zu betteln. Wer von ihnen ohne ein ihm bei der Ertheilung der Erlaubniß eingehändigtes besonderes Zeichen beizelle, sollte gebrandmarkt und aus dem Lande verwiesen werden [1]).

Ein Jahr später, im Jahre 1425, machte ein vom Könige unter Zustimmung des Parlaments erlassenes Gesetz den Versuch, sich aller Arbeitsscheuen auf einmal zu entledigen. Den Sheriffs auf dem Lande und den Magiströten in den Städten wurde anbefohlen, die Verhältnisse aller Personen, welche ohne Beschäftigung und sichtbare Mittel des Unterhaltes lebten, zu untersuchen, und insbesondere ihren Wohnsitz oder Heimathsort zu ermitteln. Denselben sollte dann eine Frist von 40 Tagen gesetzt werden, binnen welcher sie, bei Vermeidung von Gefängniß und Bestrafung, nach des Königs Belieben, einen Dienst zu suchen, oder eine sonstige gesetzmäßige Beschäftigung zu beginnen hätten [2]).

Nach Verlauf von zwei Jahren wurde dann weiter ein Gesetz erlassen, nach welchem untersucht werden sollte, ob die Ortsobrigkeiten dem 1425 erlassenen Befehle nachgekommen wären, widrigenfalls die säumigen eine Strafe zu treffen habe [3]).

Im weiteren Verlaufe des funfzehnten Jahrhunderts wurden, wahrscheinlich wegen des geringen Erfolges dieser Versuche, die gegen müssiges Umhertreiben angedrohten Strafen bis zur Todesstrafe geschärft, ohne daß dabei der Arbeitsunfähigen weiter gedacht wird [4]). Erst im Jahre 1503 begegnen wir einer Bestimmung, nach welcher nicht nur Kindern und Greisen, sondern auch Lahmen, Blinden und sonst Arbeitsunfähigen das Betteln gestattet, zugleich aber die Ortsobrigkeit mit Strafe bedroht wird, wenn sie das Betteln von anderen als diesen Personen duldet [5]).

Im Jahre 1535 erfolgte ein weiterer wichtiger Fortschritt, indem ein Gesetz König James V befahl, innerhalb der Kirchspiele zur Unterhaltung der daselbst geborenen arbeitsunfähigen Armen, milde Sammlungen zu veranstalten. Außerhalb seines Kirchspieles sollte Niemand betteln [6]).

---

1) l. James I cap. 7 May 26 No. 7.   Vgl. Nicholls History of the Scotch Poorlaw p. 6.

2) a. 1425. James I cap. 66 March 11 No. 20.   Vgl. Nicholls p. 7.

3) a. 1427. James I cap. 103 March 1 No. 4.   Vgl. Nicholls p. 7.

4) Vgl. über das Nähere Nicholls p. 9.

5) a. 1503. James IV cap. 70 March 20 No. 14.   Vgl. Nicholls p. 10.

6) a. 1535. James V cap. 72 June 12 No. 29.   Vgl. Nicholls p. 12.

Man versuchte also, wenn auch in noch durchaus ungenügender
Weise, die Ortsangehörigkeit der Armen näher zu bestimmen, und zu-
gleich von dem Bettelsysteme zu dem einer geregelten, auf gesammelte
Beiträge gegründeten Unterstützung überzugehen. Auch hierbei leiteten
ohne Zweifel die in England kurze Zeit vorher erlassenen ganz ähnlichen
Bestimmungen [7]).

§. 36.

**3. Ausbildung der Armengesetzgebung im Zeitalter
der Kirchenreformation.**

Die Durchführung der Kirchenreformation in Schottland hatte unter anderen auch die Folge, daß die Armengesetzgebung mit einem besonderen Eifer, und in dem strengen Sinne der Puritaner weiter entwickelt wurde. Im Müssiggange sah der theokratische Geist der Zeit
nicht nur ein Gott mißfälliges Laster, sondern eben deswegen auch ein
strafbares Verbrechen, und fand in der Mildthätigkeit gegen wirklich
Hülfsbedürftige nicht nur eine religiöse, sondern auch eine bürgerliche
Pflicht. Da nun die religiöse Bewegung in Schottland schneller und
vollständiger jeden Widerstand besiegte als in England, so kam auch
die Armengesetzgebung hier früher als dort zu einem ersten Abschluß,
unerachtet England in den früheren Jahrhunderten in dieser Beziehung
entschieden den Vortritt behauptet hatte.

Eine Akte von König James VI aus dem Jahre 1579,
ist für Schottland in ähnlicher Weise wie die Akte der Königin Elisabeth vom Jahre 1601 für England, die noch heute in ihren wesentlichen Bestimmungen gültige Grundlage der Armenpflege geworden [1]).

In dieser Akte wurden zuerst die strengen Strafbestimmungen
gegen Arbeitsscheue und müssige Umhertreiber erneuert; dieselben
sollten im Wiederholungsfalle gleich Dieben gehängt werden. Ein
Fortschritt war es, daß dabei zugleich darüber nähere Bestimmungen
getroffen wurden, wer als Arbeitsscheuer und müssiger Umhertreiber
zu betrachten sei. Auf die Unterstützung von Vagabunden wurde eine
Buße gesetzt, und verfügt, daß in jedem Kirchspiele Personen ernannt

7) Vgl. Nicholls p. 13.
1) a. 1579 James VI cap. 74 October 26 So. 12 betitelt „For punishment
of the strong and idle beggars, and relief of the poor and impotent". vgl. Nicholls p. 16 bis 26.

werden sollten, welche die Müssiggänger aufsuchen, und auf Kosten
des Kirchspieles in die Gefängnisse bringen sollten.

Gleichzeitig wurde die Unterstützung der wirklich Armen
für eine gesetzliche Pflicht der Kirchspiele erklärt. Zunächst
sollten die milden Stiftungen zu Gunsten der Armen aufrecht erhalten
werden. Sodann wurde den Ortsobrigkeiten zur Pflicht gemacht, die
Verhältnisse aller altersschwachen, unerwachsenen oder sonst arbeitsunfähigen Personen näher zu untersuchen, und ihre Heimath zu ermitteln.
Jeder in dem Kirchspiele Geborene, oder seit sieben Jahren in demselben Wohnende, sollte als daselbst heimisch
angesehen werden. Fremde Arme dagegen sollten sich binnen
elf Tagen nach Verkündigung des Gesetzes nach dem Kirchspiele begeben, welches nach den soeben angeführten Bestimmungen nunmehr als
ihre gesetzliche Heimath zu betrachten war, und sollten, bei Strafe als
Vagabunden behandelt zu werden, daselbst fortan ihren Wohnsitz nehmen. Zu dem Ende sollten sie von den Ortsobrigkeiten mit Reisepässen
versehen werden, und unterwegs Almosen erbitten dürfen, jedoch, abgesehen von Erkrankung, an keinem Orte länger als zwei Nächte bleiben. Ferner sollten in allen Kirchspielen Verzeichnisse aller
in ihnen heimathsberechtigter Armen angefertigt, und darauf ermittelt werden, wie viel sie, ohne zu betteln, zu ihrem Unterhalte
bedürften. Die dazu erforderlichen Summen sollten durch Beiträge
von den Kirchspielseinsassen erhoben, und dazu jeder ohne Ausnahme
nach seinem Vermögen gemäß einer jährlich zu diesem Zwecke zu wie-
derholenden Einschätzung herangezogen werden. Nur in den Kirchspielen, in welchen die Mühe der Steuererhebung oder Einsammlung von
Naturalien zu groß sein würde, sollten ausnahmsweise die Lokalobrig-
keiten ermächtigt sein, den Armen selbst die eigene Einsammlung von
Almosen zu gestatten. Zur Wahrnehmung der den Kirchspielen in dieser Weise auferlegten Pflichten sollten endlich die Lokalbehörden (die
Richter auf dem Lande und die Magisträte in den Städten) in jedem
Kirchspiele Armenväter (Overseers) und Steuererheber (Collectors) ernennen.

Auch dieses Gesetz scheint einem in England im Jahre 1572 erlassenen ähnlichen[2]) nachgebildet zu sein; doch ist es in einigen wesentlichen Punkten schärfer ausgeprägt und weiter entwickelt als jenes, ja

---

2) Vgl. oben S. 7 und Nicholls Hist. of the english poorlaw 1 p. 161.

sogar als die im Jahre 1603 von der Königin Elisabeth für England erlassene berühmte Armenacte. Insbesondere sind in dem schottischen Gesetz vom Jahre 1579 bereits über das Heimathsrecht der Armen nähere Bestimmungen enthalten, während solche für England erst im Jahre 1662 erlassen wurden[3]), und sind die Bestimmungen des schottischen Gesetzes viel klarer und einfacher als die des englischen; in Folge dessen die Gesetzgebung über das Heimathsrecht in Schottland nicht zu solchen Verwickelungen wie in England geführt hat, und bis heute in ihren wesentlichen Grundsätzen ungeändert geblieben ist[4]).

Ueberhaupt sind die durch das Gesetz James' VI vom Jahre 1579 getroffenen Anordnungen in den folgenden Jahrhunderten, und bis auf die im Jahre 1845 erfolgte Reform der schottischen Armenpflege nur in zwei wichtigen Punkten abgeändert worden.

Erstens nämlich wurde im Jahre 1597[5]) die Leitung der Armenpflege, sowohl was die Bestrafung der Arbeitsscheuen als die Versorgung der wirklich Armen anbetrifft, von den im Gesetze vom Jahre 1579 ernannten Behörden auf die Kirchencollegien (Kirksessions) übertragen, welche aus dem Geistlichen des Kirchspieles als Vorstand und einigen dem Laienstande angehörenden Aeltesten (layelders) als Beisitzern bestehen, die sich durch Cooptation selbst ergänzen, während der Gemeinde nur ein Widerspruchsrecht bei der Berufung neuer Aeltesten zusteht.

Zweitens wurden die für die Armenpflege erforderlichen Mittel statt durch Steuern, wie es das Gesetz vom Jahre 1579 angeordnet hatte, fast allgemein durch Sammlungen in den Kirchen beschafft. Erst später sind in einigen Kirchspielen Steuern eingeführt worden; bis zum Beginn des 19ten Jahrhunderts ist dies aber nur ganz ausnahmsweise geschehen, während es in England die Regel bildete[6]).

Beide diese Aenderungen bezeichnen unverkennbar einen Sieg des damals in Schottland herrschenden kirchlichen Sinnes, über die dem Vorbilde Englands nacheifernde, im Gesetz niedergelegte staatliche Auffassung des Verhältnisses.

Als ein weiterer Schritt in dieser Richtung der Entwickelung muß

3) Vgl. oben S. 99.
4) Vgl. Nicholls p. 58.
5) a. 1597. James VI cap. 272 November 8 No. 89. Vgl. Nicholls p. 31.
6) Vgl. unten §. 42 Note 8.

es gelten, daß im Jahre 1600 [7]) die obere Aufsicht über die Kirchencollegien in Beziehung auf die Armenpflege den Pres-
byterien („Presbyterys") übertragen wurde, die aus den Geistlichen und je einem Laienältesten von jedem der zu einem Presbyterialbezirk verbundenen Kirchspiele bestehen [8]).

Zwar wurde im Jahre 1661 [9]) noch einmal der Versuch gemacht,
die Verwaltung der Armenpflege in die Hände von weltlichen, statt
von kirchlichen Behörden zu legen. Es sollen nach englischem Muster
für jedes Kirchspiel Armenväter (Overseers) ernannt werden, und
diese unter der Oberaufsicht von Friedensrichtern stehen. Allein schon
1672 [10]) kehrte man zu dem älteren System zurück, indem man die
Kirchencollegien (Kirksessions) in ihre früheren Rechte wieder ein-
setzte.

Allmählich machte sich allerdings auch in Schottland
mit Abnahme des kirchlichen Sinnes der staatliche Charakter der
gesetzlichen Armenpflege in einigen Beziehungen geltend.

Es wurde erstens neben dem Gemeindekirchencollegium
(Kirksession) den Grundbesitzern (Heritors) des Kirchspieles ein Antheil an der Armenpflege eingeräumt, welchen dieselben indessen nur in den Kirchspielen geltend zu machen pflegten, in welchen die Mittel der Armenpflege durch Steuern aufgebracht
wurden [11]).

Und machten zweitens die Gerichte mehr und mehr das Recht geltend, die durch die Gesetze angeordnete Armenpflege gleich anderen
Zweigen der Landesregierung unter ihre Aufsicht zu ziehen. Sie entschieden durch ihre Erkenntnisse nicht nur über den Sinn und die Meinung des Gesetzes, sondern unterwarfen nach dem Recht und Herkommen des Landes auch die einzelnen Verwaltungshandlungen der Armenbehörden ihrem Urtheile [12]).

Das Zusammenwirken dieser beiden Elemente, des kirchlichen und

---

7) a. 1600. James VI cap. 19 No. 24. Vgl. Nicholls p. 33.

8) Zu einem Presbyterialbezirk sind 5 bis 30 und mehr Kirchspiele verbunden; vgl. Nicholls p. 35.

9) a. 1661. Charles II cap. 34 July 9 No. 338; vgl. Nicholls p. 56.

10) a. 1672. Charles II cap 16 Sept. 4 No. 42. Vergl. Nicholls p. 67 und 74.

11) Vgl. Nicholls p. 76 folg.

12) Vgl. oben §. 47.

richterlichen, denen gegenüber das administrative oder polizeiliche zurück-
trat, hat der schottischen Armenpflege ein eigenthümliches Gepräge gegeben, welches auch durch die neuesten Reformen keineswegs ganz ver-
wischt ist.

Die religiöse, von den Puritanern mit voller Ueberzeugung anerkannte Pflicht, die wirklich Hülfsbedürftigen zu unterstützen,
wurde gesetzlich beschränkt auf Personen unter 14 und über
70 Jahren, sowie auf solche, die ein dauerndes Körper-
gebrechen arbeitsunfähig macht. Und es wurde gleichzeitig für
diese Armen, welche in eine besondere Liste eingetragen werden mußten
(Ordinary poor), der Anspruch auf Unterstützung ein Rechtsanspruch,
den sie mit Hülfe der Gerichte geltend machen konnten. Der höchste
Gerichtshof zu Edinburg (Court of session) entschied und entscheidet noch heute darüber, ob ein Armer sich in einer Lage
befindet, in welcher er nach der Absicht und dem Sinne des Gesetzes
Anspruch auf Unterstützung hat. Darüber, ob der Gerichtshof
auch über die Art und Weise, sowie über den Betrag der zu bewilligenden Unterstützung zu befinden habe, herrschten lange Zeit Meinungsverschiedenheiten; indeß wurde schließlich auch diese Frage bejahend entschieden [13]).

Mit dieser eigenthümlichen Feststellung eines förmlichen Rechtsan-
spruches für arbeitsunfähige Arme steht in naher Beziehung, daß eine
Verpflichtung, arbeitsfähige Arme zu unterstützen, in
Schottland nicht anerkannt wurde. Der höchste Gerichtshof
hat noch in neuester Zeit nach Erlaß des neuen Armengesetzes, bei Gelegenheit einer bei ihm angebrachten Klage, entschieden, daß arbeitsfähige Personen, welche in Folge eines Mangels an Beschäftigung
in Noth gerathen, keinen gesetzlichen Anspruch auf Unterstützung haben [14]).

Nach dem Wortlaute der älteren Gesetze hatten arbeitsfähige
Personen auch in Krankheitsfällen keinen Rechtsanspruch auf
Unterstützung [15]). Doch wurde diese Klasse von Armen, die man
im Gegensatz zu den einer dauernden Unterstützung Bedürftigen und in
den Listen aufgeführten Armen (den Ordinary poor), gelegentlich Arme
(Occasional poor) nannte, in der Praxis nicht ganz vernachlässigt;

13) Vgl. Dunlop p. 154.
14) Vgl. Dunlop p. 35 f. 27.
15) Vgl. Dunlop p. 33 f. 27.

und es scheint auch die Gesetzgebung ihr eine Berücksichtigung haben
angedeihen zu lassen, ohne jedoch den Kirchspielen eine bestimmte Pflicht
in Betreff ihrer aufzuerlegen. Eine Proklamation aus dem Jahre 1693
nämlich, welche wie die meisten darüber erlassenen älteren schottischen
Gesetze neben der von ihr befohlenen Erhebung einer Armensteuer, die
Veranstaltung kirchlicher Sammlungen zu dem gleichen Zwecke voraus-
setzt, verpflichtet die Gemeindekirchencollegien nur dazu, die Hälfte dieser Sammlungen an die für die regelmäßigen Armen (Ordinary poor)
bestimmte Kasse abzuliefern.   Die andere Hälfte der Sammlung scheint
die Proklamation damit den Kirchencollegien zur Unterstützung der gelegentlich Hülfsbedürftigen (Occasional poor) anheimstellen zu wollen [16]).   Mindestens wurde dies später die auch vom schottischen Parlamente bestätigte Praxis [17]).

Ein anderer Versuch der schottischen Gesetzgebung, den Gefahren
vorzubeugen, welche aus dem müssigen Umherschweifen und Betteln
arbeitsfähiger Personen für die öffentliche Ordnung hervorgingen, führte
zu keinem praktischen Resultate.   Statt jene Personen, wie im sechzehn-
ten Jahrhundert erfolglos geschehen war, mit dem Tode zu bedrohen,
hatte man im siebzehnten Jahrhundert den Fabriken, deren Ausbrei-
tung man zu befördern wünschte, die Ermächtigung ertheilt, müssige
Personen aufzugreifen und zwangsweise zu beschäftigen, und gleichzeitig den größten Städten anbefohlen, Korrektionshäuser zu erbauen,
in welchen die Müssiggänger zur Arbeit angehalten werden sollten.
Noch in einer Proklamation aus dem Jahre 1698 wurde der gegebene
Befehl erneuert, ohne daß es zu einer Ausführung desselben kam; im

16) Vgl. Nicholls p. 112 folg.
17) Vgl. Dunlop §. 27 p. 32 und §. 116 p. 81 folg. Bei der Verwendung
der Mittel zur Unterstützung der auf der Liste stehenden Armen (Ordinary poor),
wozu die eine Hälfte der Kollekten allbereit werden sollte, hatten die Grundbesitzer seit 1672 das Recht der Mitwirkung. Ueber die andere Hälfte verfügte das
Gemeindekirchencollegium allein; doch konnte jeder Grundbesitzer Rechenschaft über
die Verwaltung derselben verlangen. Zu welchen Zwecken diese andere Hälfte verwendet werden solle, stand nicht frei; in der Praxis scheinen auch andere kirchliche
Bedürfnisse aus ihr bestritten worden zu sein, und selbst dauernd Hülfsbedürftige in
dringenden Fällen, und ehe sie auf die Liste kamen, Unterstützung erhalten zu haben. Für kranke oder unbeschäftigte Arbeitsfähige dürfte in der Regel wenig übrig
geblieben sein. In Fällen außerordentlicher Noth veranstaltete man in Schottland
wie überall, außerordentliche Sammlungen.

Laufe des achtzehnten Jahrhunderts gerieth er in völlige Vergessen-
heit[16]).

§. 37.

II. Zustand der schottischen Armenpflege vor ihrer Re-
form im Jahre 1845.

Die im Laufe von mehr als zwei Jahrhunderten in allen Hauptpunkten unverändert gebliebenen Gesetze über Armenpflege, die obendrein in mehreren sehr wichtigen Punkten nicht einmal zur Ausführung
gekommen waren, konnten den Bedürfnissen einer sehr vermehrten und
in Beziehung auf Bildung, Gesittung und wirthschaftliche Verhältnisse,
durchaus veränderten Bevölkerung, unmöglich noch überall entsprechen.

Der kirchliche Sinn, auf dem die Erfolge der Armenpflege bei den
beschriebenen älteren Einrichtungen im Wesentlichen beruhen mußten,
hatte abgenommen; und es war außerdem die frühere Einheit des Be-
kenntnisses und Kirchenregimentes nicht mehr vorhanden.

Die Lokalbehörden waren nur der Kontrole des höchsten Gerichtshofes zu Edinburg unterworfen; diese konnte nur in der Form von Er-
kenntnissen über einzelne angebrachte Klagen ausgeübt werden; die un-
ausbleibliche Folge davon war, daß die Lokalbehörden die Armenverwaltung in den meisten Fällen völlig unabhängig und nach sehr verschiedenen Grundsätzen, sowie mit sehr verschiedenem Eifer führten.

Endlich waren auch in Schottland große Städte mit einer zahlreichen Bevölkerung von Fabrikarbeitern entstanden, und hatten sich selbst
die Zustände der ländlichen Arbeiter vielfach in einer Weise verändert,
daß der Grundsatz, arbeitsfähigen Personen keine Unterstützung zu gewähren, nicht mehr als haltbar betrachtet werden konnte.

Nachdem seit dem Jahre 1707 Schottland mit England unter einem gemeinsamen gesetzgebenden Körper dauernd vereinigt war, mußten sich die großen Verschiedenheiten in der Armengesetzgebung beider
Königreiche mehr und mehr fühlbar machen. Insbesondere aber war
es natürlich, daß man nach der durchgreifenden Reform der englischen
Armengesetzgebung im Jahre 1834, auch die Zustände des verbundenen Nachbarreiches schärfer ins Auge faßte. Handelskrisen, welche
die Fabrikarbeiter volkreicher Bezirke ihrer gewohnten Beschäftigung be-
raubten, und in namenloses Elend stürzten, veranlaßten zunächst lokale

---

16) Vgl. Nicholls p. 77; Dunlop p. 16—25 und p. 124 folg.

11

Untersuchungen, und verbreiteten die Ueberzeugung von der Unzulänglichkeit der bisher angewendeten Mittel für die neu erwachsenen Zustände [1]).

Um die Richtigkeit derartiger, eine immer größere Anerkennung
gewinnender Ansichten zu prüfen, und zugleich eine klare Erkenntniß
über den am zweckmäßigsten bei der Reform der schottischen Armenpflege
einzuschlagenden Weg anzubahnen, wurde im Jahre 1843 eine
Kommission niedergesetzt, mit dem Auftrage, die Zustände der
schottischen Armenpflege in umfassender Weise zu untersuchen, und Vorschläge zu ihrer gründlichen Verbesserung zu machen [2]).

Der Bericht, den die Kommission am 2ten Mai 1844
abstattete [3]), gab zunächst Auskunft über den vorhandenen Zustand
der schottischen Armenpflege.

Er erörterte, daß die Armenpflege in Schottland in den
ländlichen Kirchspielen noch in den Händen der Kirchenkollegien (Kirksessions) und Grundbesitzer liege, in den Städten dagegen, in denen des Magistrats, der zu ihrer unmittelbaren Leitung gewöhnlich einen Ausschuß bestelle und sich nur die obere Aufsicht
vorbehalte. In den ländlichen Kirchspielen pflege sich das Kirchenkollegium nebst den Grundbesitzern jährlich zweimal unter dem Vorsitz des
Geistlichen zu versammeln.

Die Mittel zur Armenpflege würden im Norden und Nordwesten Schottlands (in den eigentlichen Hochlanden), noch fast allgemein durch Kollekten, Geschenke, Überweisung von Bußen u. f. w. aufgebracht. In den südöstlichen Bezirken komme dagegen die Besteuerung
schon häufiger vor, und sei in den Städten sogar schon die Regel ge-

---

1) Einen besonders großen Einfluß übte in dieser Beziehung eine im Jahre
1842 von Mr. Twistleton, einem Hülfsbeamten der englischen Centralarmenbehörde, geführte Untersuchung über die Ursachen der häufig wiederkehrenden Nothstände in Paisley bei Glasgow. Vgl. Nicholls p. 130.

2) Die Kommission bestand aus 7 Mitgliedern, die man so gewählt hatte, daß
sich in ihnen sowohl eine genaue Kenntniß des Landes, als auch der Grundsätze
der englischen Armenpflege vereinigte. Die Kommission hatte, wie die früher zur
Untersuchung der englischen Armenverhältnisse niedergesetzte, die Vollmacht, alle
Personen zu vernehmen, von denen sie Aufschlüsse über die betreffenden Verhältnisse
erwarten möchte, und sich alle auf den Gegenstand bezüglichen Dokumente und
Papiere vorlegen zu lassen. Vgl. Nicholls p. 134 folg.

3) Vgl. eine ausführliche Darlegung über den Inhalt des Kommissionsberich-
tes bei Nicholls p. 135—167.

worden. Die Art und Weise, wie die Steuern erhoben würden, sei in den verschiedenen Kirchspielen eine sehr verschiedene, und stehe nicht überall mit den Vorschriften der Gesetze in Einklang⁴).

Bei der Sorge für die Armen würden allgemein die dauernd Arbeitsunfähigen (Regular poor) von den nur gelegentlich Hülfsbedürftigen (Occasional poor) unterschieden. Die ersten würden in eine Liste eingetragen, und ihnen in den verschiedenen Kirchspielen zu verschiedenen Terminen, bald wöchentlich, bald alle vierzehn Tage oder alle Monate, bald auch sogar nur alle Viertel oder halbe Jahre, ein Almosen als Zuschuß für ihren Unterhalt verabreicht.

Armenhäuser gebe es nur sehr wenige, in ganz Schottland nicht mehr als 13, und sie befänden sich in den volkreichsten Orten. Diese wenigen Armenhäuser dienten, wie das früher in England der Fall gewesen sei, zur Aufnahme von solchen Armen, die in Familien keine Zuflucht fänden, und wären dieselben in ihnen keiner besonderen Disciplin unterworfen. Als Mittel, um das Vorhandensein der Hülfsbedürftigkeit zu prüfen, würden die Armenhäuser durchaus nicht angewendet⁵).

In bei weitem den meisten Kirchspielen würden die Armen bei Verwandten oder Nachbaren untergebracht, und diesen für ihren Unterhalt ein Zuschuß bewilligt. Auch würden verlassene Kinder fast allgemein Familien übergeben, in denen sie in der Regel eine gute Versorgung fänden.

Die bewilligten Almosen wären im Allgemeinen außerordentlich gering, oft kaum mehr als nominell. Im Norden und Nordwesten Schottlands (in den Hochlanden) betrügen sie mitunter nur 2, selten aber mehr als 10 Schillinge jährlich⁶). Nicht selten würde die Bewilligung eines Almosens sogar nur als eine Art Anerkennung dafür angesehen, daß der Arme einen Anspruch auf Privatmildthätigkeit habe.

In manchen Kirchspielen würde noch wie vor Alters die Erlaubniß zu betteln ertheilt⁷); geduldet aber würde das Betteln fort-

4) Vgl. Nicholls p. 138 folg.

5) Vgl. Nicholls p. 140.

6) Vgl. Nicholls p. 140.

7) Die Commission berichtet wörtlich: „That begging is in many places a recognised means of subsistence for paupers"; „In the parish of Campbleton were in October 1842 fortyninе persons struck off the roll by a committee of man-

während in sehr großer Ausdehnung, und sei vielfach der Arme, wie die Unzulänglichkeit der bewilligten Almosen am deutlichsten ergebe, direkt darauf angewiesen. Auch komme es noch vor, daß Arme von den Kirchspielseinsassen der Reihe nach beherbergt und beköstigt würden.

Auch in den kultivirten Gegenden Schottlands und in den Städten, wo die Absicht obwalte, die Almosen einigermaßen nach dem Bedürfniß abzumessen, sei die Unterstützung im Allgemeinen zu gering, und dem Betrage nach sehr verschieden.

Ärztliche Hülfe würde den Armen kaum irgendwo von den Gemeinden gewährt; man überlasse es den Ärzten, die armen Kranken nicht nur zu besuchen und zu behandeln, sondern auch denselben die erforderlichen Arzneien auf ihre Kosten zu verabreichen. Selbstverständlich seien aber bei weitem nicht alle Ärzte in der Lage und geneigt, diese große Last auf sich zu nehmen [*].

Wurde hiernach für die „regelmäßig" Armen (Regular poor) nur höchst ungenügend gesorgt, so läßt sich leicht ermessen, daß in Schottland für die „gelegentlich" Hülfsbedürftigen (Occasional poor), in Beziehung auf deren Unterstützung das Gesetz keine Verpflichtung auferlegte, noch weit weniger geschah. In der That giebt der Bericht an, daß an Arbeitsfähige nur bei ansteckenden oder sonst langwierigen und gefährlichen Krankheiten, Unterstützung aus den regelmäßigen Mitteln der Armenpflege verabreicht zu werden pflegte. Für die durch Mangel an Beschäftigung und Verdienst in Noth Gerathenen, suchte man durch außerordentliche Sammlungen und Subscriptionen Hülfe zu schaffen. Natürlich konnte dies nur bei umfangreicheren und länger dauernden Gewerbestockungen geschehen, und wir haben bereits oben bemerkt, daß auch in solchen Fällen die aufgebrachten Mittel den Bedürfnissen bei weitem nicht entsprachen.

Es leuchtet ein, daß unter diesen Umständen von einer energischen Unterdrückung des Bettelns und müssigen Umhertreibens nicht die Rede sein konnte; zumal wenn man hinzunimmt, daß allen Armen, die ei-

gers of the poor, and badges were given to such of the number as chose to receive them as a licence to beg. And even without such badges, the commissioners found, that in most of the burghs and smaller towns the paupers are allowed to beg on one or more days in the week, as in Inverary, Dingwall, Thurso, Perth, Kirkcaldy, and many others." Vgl. Nicholls p. 142.

8) Vgl. Nicholls p. 142.

nem Orte nicht angehörten, noch in alter Weise vorgeschrieben wurde,
den Weg in ihre Heimath allein zu suchen, indem ihnen gleichzeitig
erlaubt wurde unterweges zu betteln[9]).
Das Bedürfniß zu umfangreichen Reformen war hiernach unmöglich zu verkennen.

§. 38.

III. Allgemeine Gesichtspunkte bei der Reform der
schottischen Armengesetzgebung im Jahre 1845.

Bei ihren Vorschlägen zur Verbesserung der bestehenden Armengesetzgebung, ging die Kommission davon aus, daß es
fehlerhaft sein würde dem Lande ein ganz neues, von dem bisherigen
völlig abweichendes System der Armenpflege aufzunöthigen. Vielmehr
hielt sie es für geboten, die Grundzüge der bisherigen Armenpflege beizubehalten, und nur da, wo ein unmittelbares und
dringendes Bedürfniß dazu vorläge, sofort Abänderungen zu treffen. Im Übrigen war sie der Ansicht, möge man die Einführung von
Verbesserungen, welche zwar wünschenswerth und durch die Erfahrungen in England als zweckmäßig nachgewiesen, jedoch nicht grade unbedingt nothwendig seien, nicht anbefehlen, sondern von der fortschreitenden Einsicht bei den Betheiligten erwarten, und nur durch Belehrung,
Rath und Beihülfe das Gewünschte herbeizuführen suchen.
Insbesondere meinte die Kommission, möge man die Selbstständigkeit der Lokalbehörden ja nicht weiter als unbedingt
nothwendig, keinenfalls aber aus bloßer Vorliebe für die Gleichmäßigkeit der Verwaltung beschränken.
Eine sehr gefährliche Klippe, hob sie endlich hervor, sei die Erre-
gung von unberechtigten Erwartungen. Man müsse es in jeder und
aller Weise vermeiden, den ehrenwerthen Unabhängigkeitssinn bei den
Arbeitern zu beeinträchtigen, und sie durch die Armenpflege irgendwie
in ihrer Sorge für die eigene Zukunft fahrlässiger zu machen. Vorzüglich aus diesem Grunde hielt die Kommission es für bedenklich, den
Arbeitsfähigen einen Rechtsanspruch auf Unterstützung einzuräumen.
Da die Regierung diesen Grundzügen, sowie den denselben entsprechenden Vorschlägen der Kommission im Wesentlichen zustimmte,
und die hiernach von ihr eingebrachte Bill die Genehmigung des Par-

9) Vgl. Nicholls p. 148 und Dunlop p. 63 folg.

laments erhielt, mögen hier sofort der Zweck und die Motive des neuen Armengesetzes selbst erörtert werden, statt bei den Ansichten der Kommission länger zu verweilen [1]).

Die neue schottische Armenakte vom 4ten August 1845, 8 und 9 Victoria cap. 83[2]), sollte nur an den Punkten, wo es dringend geboten schien, unmittelbar Abhülfe gewähren; im Übrigen aber die allmähliche Einführung fernerer Verbesserungen in wirksamer Weise anregen, vorbereiten und erleichtern.

Eine wesentliche Änderung der Bestimmungen über den Umfang der gesetzlichen Pflicht der Kirchspiele, insbesondere eine Ausdehnung derselben auf arbeitsfähige Arme, hielt man aus den angedeuteten Gründen nicht für rathsam. Man erachtete es für genügend, die Lokalarmenbehörden zu ermächtigen, nach ihrem Ermessen arbeitsfähige Personen, welche durch Unglücksfälle in Noth gekommen sind, aus den gewöhnlichen Mitteln der Armenpflege zu unterstützen. Nur die früher nicht vorgeschriebene Unterstützung der Armen in Krankheitsfällen, durch Gewährung von ärztlichem Beistande, von Medizin und nöthiger Verpflegung, wurde nunmehr in den Kreis der gesetzlichen Obliegenheiten des Kirchspieles gezogen. Außerdem verpflichtete man die Kirchspiele, alle arbeitsunfähigen Armen ohne Rücksicht darauf, ob sie in dem Kirchspiele heimathsberechtigt sind, oder nicht, bis zur Ermittelung ihres Heimathsortes zu unterstützen; räumte den Kirchspielen aber zugleich das Recht ein, jene Armen, nachdem ihr Heimathsort ermittelt ist, an denselben zu befördern, und ihm gegenüber Regreßansprüche für alle gehabten Unkosten zu erheben. Für unbedingt geboten hielt man es, dem verderblichen System der Reisepässe, mit der Erlaubniß unterweges zu betteln, ein Ende zu machen.

Erweiterte man hiernach den Umfang der Verpflichtungen der Kirchspiele nicht erheblich, so traf man dagegen Vorkehrungen, um sie in wirksamer Weise zur Erfüllung der ihnen obliegenden anzuhalten zu können. Man eröffnete den Armen einen für sie zugänglichen schnell zum Ziele führenden Weg, um Beschwerden wegen Verweige-

---

1) Eine ausführliche Darlegung der Vorschläge der Kommission, s. bei Nicholls p. 144 folg.

2) Die Akte trägt die Überschrift „An Act for the Amendment and better Administration of the Laws relating to the Relief of the Poor in Scotland". Einen Auszug aus ihr nach der Reihenfolge ihrer einzelnen „Sections" oder §§., liefert Nicholls p. 171—182.

rung von Unterstützung oder Unzulänglichkeit derselben anzubringen. Die Anordnungen, die zur Erreichung dieses Zwecks getroffen wurden, sollen unten näher erläutert werden.

In Betreff der Art und Weise, auf welche die Armen eine Unterstützung zu erhalten haben, hielt man es ebenfalls nicht für nothwendig, eine Abänderung in dem bisher befolgten Systeme gesetzlich vorzuschreiben. Nur das Betteln, als ein bis dahin gesetzlich anerkanntes Mittel für die Armen zu sorgen, wurde bestimmt untersagt. Die Errichtung von Arbeitshäusern, so unentbehrlich dieselben in England sich gezeigt hatten, und so wenig man ihren Nutzen auch für Schottland bezweifelte, glaubte man nicht zur gesetzlichen Pflicht erheben zu müssen. Hatte man doch in Schottland nicht mit der Gefahr zu kämpfen, daß den Arbeitern Lohnzuschüsse in der Form von Almosen bewilligt, oder überhaupt allzureichliche Unterstützungen gewährt werden würden. Man erachtete es daher für genügend, den größeren, mehr als 6000 Einwohner zählenden Kirchspielen die Erbauung von Armenhäusern zu befehlen und ihnen die Aufnahme von Darlehnen zu diesem Zweck zu gestatten, den kleineren Kirchspielen aber die Erlaubniß zu ertheilen, sich mit anderen zur Erbauung von Armenhäusern zu verbinden. Man hoffte, daß die Erfahrung die Kirchspiele bald von den großen Vortheilen der Armenhäuser überzeugen, und sie bewegen würde, freiwillig zur Erbauung von solchen zu schreiten. Im Übrigen war die Bewilligung von Almosen außerhalb der Armenhäuser in Schottland so allgemein verbreitet und althergebracht, daß man eine plötzliche Abstellung derselben weder für ausführbar noch für wünschenswerth hielt, um so mehr als man in England selbst von dem anfänglichen Plane, die Armen ausschließlich in Arbeitshäusern zu unterstützen, hatte abstehen müssen.

Aus ähnlichen Gründen unterließ man es die Erhebung einer Armensteuer vorzuschreiben. Wo es noch gelang durch kirchliche Sammlungen auf dem althergebrachten Wege die erforderlichen Mittel aufzubringen, erschien ein Abgehen von demselben weder für nothwendig, noch auch nur für wünschenswerth. Dagegen stellte man es den Kirchspielsbehörden anheim, den Übergang zu dem System der Besteuerung zu beschließen; ist aber ein solcher Beschluß einmal gefaßt, oder ist die Besteuerung einmal eingeführt, so darf sie ohne höhere Genehmigung nicht wieder zurückgenommen werden. Auch wurden allgemeine Vorschriften über die Art und Weise der Steuer-

veranlagung gegeben, um grobe Mißgriffe dabei zu verhindern und
der Willkühr Schranken zu setzen. Endlich wurde noch angeordnet,
daß in den Kirchspielen, in welchen eine Armensteuer erhoben wird,
der Ertrag der kirchlichen Sammlungen den Kirchenkollegien ganz verbleiben soll, um mit demselben solchen Hülfsbedürftigen beistehen zu
können, die keinen gesetzlichen Anspruch auf Unterstützung haben.

Eine der wichtigsten und schwierigsten Aufgaben war die Organisation der Behörden. Es kam darauf an, die Selbstständigkeit der Lokalbehörden, auf die man in Schottland ein noch entschiede-
neres Gewicht legt als in England, möglichst wenig zu beschränken,
und doch gegen Mißgriffe oder ungesetzliche Handlungen derselben im
Einzelnen schleunige Abhülfe zu gewähren, und gleichzeitig der Anerkennung allgemeiner Grundsätze und anderwärts gemachter Erfahrungen allmählich Bahn zu brechen.

Zu einer durchgreifenden Bildung neuer Lokalbehörden und Armenverbände, wie sie in England nothwendig erschienen war, sah man
keine Veranlassung. Die Kirchspielsbehörden, in deren Händen die Armenverwaltung lag, waren achtbare Kollegien, welche meistens alle
im Kirchspiele vorhandenen Persönlichkeiten von Ansehen und Einfluß
in sich vereinten. Die Errichtung von Arbeitshäusern, mit denen in
England die Bildung von Sammtgemeinden zusammenhing, wurde
nicht zur Grundlage der neuen Armenverwaltung gemacht. Es konnten daher die Kirchspiele nach wie vor die Verwaltungsbezirke bleiben.
Auch fand man nicht in der Zusammensetzung der Kirchspielsbehörden
eine durchgreifende Änderung für nöthig. Überall da wo die Mittel
für die Armenpflege in bisheriger Weise durch kirchliche Sammlungen
aufgebracht wurden, sollte die Verfügung über dieselben unverändert
den Kirchenkollegien in Verbindung mit den Grundbesitzern zustehen.
Wo man dagegen zu dem Besteuerungssystem übergegangen war, erschien es angemessen den Steuerpflichtigen einen Einfluß auf die Zusammensetzung der Verwaltungsbehörden einzuräumen. Hier sollten
daher neue Behörden gebildet werden, und zwar theils aus
den bisherigen Elementen — den Kirchenkollegien und angesehenern
Grundbesitzern —, theils durch Wahlen aus den Steuerpflichtigen [1]).

Um die Kirchspielsbehörden, deren Rechte und Pflichten in
Beziehung auf den Umfang der Armenpflege, wie angeführt, nur in

---

1) Vgl. Nicholls p. 150.

einigen Punkten erweitert waren, auf eine wirksame Weise zur
Erfüllung ihrer Verbindlichkeiten anzuhalten, und allmählich eine richtigere Auffassung derselben bei ihnen hervorzurufen, schlug
man einen doppelten Weg ein: man erleichterte die Klage
bei den Gerichten, und schuf eine Centralbehörde für die
obere Beaufsichtigung des Armenwesens in ganz Schottland.

Das mit der Landesverfassung engverwachsene durch eine hundertjährige Dauer befestigte Herkommen, nach welchem nur den Gerichten
das Recht einer höheren Entscheidung den Kirchenbehörden gegenüber
eingeräumt war, wollte man in seiner Grundlage nicht ändern. Um
indeß den Armen eine schleunige den Verhältnissen entsprechende Berücksichtigung ihrer Beschwerden zu sichern, erließ man folgende Bestimmungen: Ein Armer, dessen Unterstützungsgesuch von der Kirchspielsbehörde
zurückgewiesen wird, kann sich deswegen mit einer Klage an den Scheriff (das Untergericht) wenden; und er soll ermächtigt sein, darüber zu
entscheiden, ob der Bittsteller nach Lage der Gesetze überhaupt Anspruch auf Unterstützung hat. Ergiebt sich aus der Klage, daß der Fall
ein dringlicher ist, so kann den Scheriff vor jeder förmlichen Entscheidung
der Sache, eine interimistische Unterstützung des Armen anordnen. Sein
definitives Urtheil beschränkt sich darauf, zu befinden, ob der Kläger in
die Kategorie derjenigen Armen gehört, deren Unterstützung gesetzlich
dem Kirchspiele obliegt; während er nicht competent ist darüber zu
entscheiden, ob der Betrag einer bewilligten Unterstützung für die Bedürfnisse des Armen ein hinreichender ist. Bezieht sich die Beschwerde
eines Armen auf die Unzulänglichkeit der ihm bewilligten Unterstützung, so hat sich der Arme zunächst an die neu eingesetzte Centralarmenbehörde zu wenden. Nur wenn diese die Beschwerde begründet
findet, ist er berechtigt sich mit einer förmlichen Klage an den höchsten Gerichtshof zu wenden, dem allein die Befugniß eines schließ-
lichen abändernden Urtheiles in dieser Beziehung verbleibt.

Diese Anordnungen führen scheinbar einen Umweg in der Entscheidung der Beschwerden ein, praktisch bewirken sie aber eine wesentliche Abkürzung des Verfahrens bei denselben, und verlegen die wirkliche Entscheidung derselben von den Gerichten in die Hände der Verwaltung. Die Centralarmenbehörde ist durch ihre fortgesetzte Verbindung mit den Kirchspielen und durch ihre eigenen Organe, wie wir später näher darlegen werden, am besten in der Lage sich über den Grund

oder Ungrund der Beschwerden eines Armen zu unterrichten, und in
Folge dessen ein sachgemäßes Urtheil über die Zulänglichkeit der ihm
gewährten Unterstützung mit Rücksicht auf die lokalen Verhältnisse zu
gewinnen. Indem man nun die Befugniß der Armen, eine Klage an
den höchsten Gerichtshof zu bringen, an die Bedingung eines voraus-
gegangenen zustimmenden Gutachtens der Centralarmenbehörde knüpfte,
wollte man zunächst leichtsinnigen Prozessen vorbeugen; dann aber und
vor Allem den Armen eine kostenfreie Erledigung ihrer Sachen erwirken; fällt das Gutachten der Centralbehörde gegen sie aus, so können
sie sich mit gutem Grund bei demselben beruhigen, stimmt es ihnen zu,
so wird es durch dasselbe höchst wahrscheinlich gemacht, daß auch das
Urtheil des Gerichtshofes gegen das Kirchspiel entscheiden wird, in welchem Falle dieses dann alle Kosten desselben zu tragen hat. Der praktische Erfolg hat gezeigt, daß die Kirchspiele das Gutachten der Centralarmenbehörde als entscheidend gelten lassen. Unerachtet die Beschwerden bei ihr sehr zahlreich sind, ist es doch noch in keinem Falle
nach Ertheilung ihres Gutachtens zu einem wirklichen Prozesse vor dem
höchsten Gerichtshofe gekommen; stets haben die Kirchspiele sich schließlich der Ansicht der Centralbehörde gefügt. Einen großen Einfluß übt
es hierbei, daß unleugbar die Centralbehörde, die die Lokalverhältnisse
auf das genaueste kennt, von geeigneten Organen bedient und in keiner
Weise an erschwerende richterliche Formen gebunden ist, jede Beschwerde
weit schneller erledigen kann, als der höchste Gerichtshof im Stande
ist ein Urtheil auf eine an ihn gebrachte Klage zu fällen. Erreicht hat
man hierdurch aber, daß die Kirchspielbehörden in Beziehung auf die
Entscheidung einzelner Fälle keiner Verwaltungsbehörde förmlich untergeordnet wurden, was man in jeder Weise zu vermeiden wünschte,
da einer solchen Unterordnung die im Volke lebenden Begriffe auf das
schroffste entgegenstanden.

Überhaupt hat die neu eingeführte Centralarmenbehörde, wie schon das oben erläuterte Beispiel ihrer Wirksamkeit
zeigt, die Stellung und Aufgabe erhalten, die Lokalbehörden mehr auf indirektem Wege, als durch unmittelbare Eingriffe
und positive Anordnungen zur Erfüllung ihrer Pflichten anzuhalten und zu Verbesserungen in der Armenpflege zu vermögen.
Sie hat das volle Recht sich von dem Zustande der Lokalverwaltung
zu unterrichten, Untersuchungen anzustellen, Berichte einzufordern, Rath
zu ertheilen, in gewissen Fällen die Bedingungen und Grundsätze vor-

zuschreiben, welche die Localbehörden bei Ausübung ihrer Macht zu beobachten haben. Sie empfängt regelmäßige Berichte von den Localbehörden, sammelt statistische Angaben, und erstattet jährlich unmittelbar einen Bericht an das Parlament, in welchem sie die Zustände der ihr untergeordneten Armenpflege im ganzen Lande offen darzulegen hat.

Das wirksamste Mittel der Centralbehörde auf die Thätigkeit der Localbehörden einen indirekten Einfluß zu üben, und insbesondere Fehlgriffen und Mißbräuchen derselben im Einzelnen zu begegnen, liegt aber darin, daß jede Kirchspielsbehörde verpflichtet ist einen besoldeten (Subaltern-) Beamten, (in Schottland Inspektor genannt) anzustellen, dem die unmittelbare Besorgung der laufenden Geschäfte, die Vertheilung der Unterstützungen, die Beaufsichtigung der Armen, die Führung der Bücher, die Erstattung der Berichte u. s. w. obliegt. Der Centralbehörde ist nun, wie wir dies auch in England gefunden haben, die Befugniß ertheilt, diesen Beamten wegen Dienstvernachlässigung oder Unfähigkeit nach ihrem Ermessen sofort zu entlassen, während der Localbehörde nur das Recht zusteht ihn anzustellen. Dies bewirkt, daß ein solcher Inspektor mit den Interessen des Kirchspieles, das ihn anstellt und dessen Angelegenheiten er zu führen hat, eng verwachsen ist, gleichwohl aber der Kirchspielsbehörde gegenüber eine wesentlich unabhängige Stellung einnimmt, und sich der Centralbehörde in dem Grade untergeordnet fühlt, daß er nach Kräften beflissen ist, Alles zu vermeiden, was die Mißbilligung derselben erregen müßte.

Nachdem hiermit das Ziel bezeichnet ist, welches das neue Armengesetz erstrebt, und zugleich das Gesetz im Allgemeinen eine Erläuterung gefunden hat, gehen wir zu einer näheren Darstellung des gegenwärtigen Zustandes der schottischen Armenpflege über.

IV. Gegenwärtiger Zustand der Armenpflege in Schottland.

§. 39.

1. Umfang der gesetzlichen Verpflichtungen gegen die Armen.

Die schottische Armenpflege unterscheidet von Alters her die regelmäßig und die nur gelegentlich zu unterstützenden Armen (regular oder ordinary und casual oder occasional poor) [1].

----
[1] Vgl. oben S. 160.

A. Zu den „ordentlicher Weise" zu Unterstützenden gehören nach den Bestimmungen der alten schottischen Landesgesetze nur:

1. Personen welche über 70 Jahre alt, oder schon früher in Folge von Altersschwäche arbeitsunfähig geworden sind.
2. Waisen und verlassene Kinder unter 14 Jahren.
3. Personen, die wegen eines körperlichen oder geistigen Gebrechens unfähig sind, sich ihren Lebensunterhalt zu verdienen.

Nur die Unterstützung dieser Klassen von Hülfsbedürftigen, die regelmäßig in den einzelnen Kirchspielen auf die Armenliste gebracht werden sollten, machten die älteren Gesetze zur Pflicht; nur für diese durfte oder sollte erforderlichen Falls eine Armensteuer aufgelegt werden [2]).

B. Die „gelegentlich" zu unterstützenden Armen überließ die ältere Gesetzgebung lediglich der Mildthätigkeit der Kirchspiele, doch scheint sie hierbei vorausgesetzt oder empfohlen zu haben, daß die Hälfte der kirchlichen Sammlungen zu diesem Zweck verwendet würde [3]).

Das neue Armengesetz hat hierin nur insofern eine Änderung eintreten lassen, als es in den Kirchspielen, in welchen eine Armensteuer erhoben wird, die Einnahme aus den kirchlichen Sammlungen den Gemeindekirchenkollegien (Kirksessions) ganz überweist [4]), und außerdem die Unterstützung der „gelegentlich" Hülfsbedürftigen (Occasional poor) auch aus den durch Steuern für die Armenpflege gewonnenen Mitteln gestattet, ohne sie jedoch zur Pflicht zu machen [5]).

Außerdem bestimmt das neue Gesetz, daß den Armen auch der nöthige ärztliche Beistand und die in Krankheiten erforderliche Pflege zu gewähren ist; eine Vorschrift, die die älteren Gesetze nicht besonders gegeben hatten [6]).

---

2) Vgl. Dunlop the Poorlaw of Scotland II. §. 18 folg. (2d edit. p. 18 folg.)
3) Vgl. Dunlop a. a. O. §. 27. p. 32 folg., und oben S. 160.
4) 8 et 9 Victoria c. 83 §. 64. Es ist dabei noch bestimmt, daß derartige Kirchspiele „are bound to respect annualy or oftener if required to the board of supervision, as to the application of the moneys arising from the church collections."
5) Vgl. a. a. O. §. 64. und Dunlop a. a. O. §. 30.
6) Das Gesetz sagt in §. 69 „the parochial boards ... are required to provide for medicines, medical attendance, nutritious diet, cordials and clothing

Die rechtliche Verpflichtung arbeitsfähige Personen
(Able-bodied persons) zu unterstützen, schließt das neue
Armengesetz im §. 68 direct aus [7]); da indessen der Begriff der Arbeitsfähigkeit ein sehr unbestimmter ist, so
konnte die Centralarmenbehörde, indem sie denselben in einem
anderen Sinne auffaßte, als dies von den Gerichten geschehen war,
auch ohne eine Änderung der bestehenden Gesetze, praktisch hier
eine wesentliche Erweiterung in der Aufgabe der schottischen Armenpflege eintreten lassen, und dies ist von ihr in
sehr folgenreicher Weise geschehen [8]).

Zunächst werden jetzt Kranke, als nicht arbeitsfähige Personen
angesehen [9]).

Sodann betrachtet man Frauen, insbesondere Wilwen,
die mehrere unerzogene Kinder haben, auch wenn sie gesund
sind, nicht im vollen Sinne als arbeitsfähig, und räumt ihnen
einen Anspruch auf Unterstützung ein [10]).

for such poor, in such manner and to such extent, as may seem equitable and
expedient".

7) Nach dem Gesetz §. 68 soll die Armensteuer verwendet werden können, sowohl zur Unterstützung der regulary als der occasional Poor: „provided that
nothing herein contained shall be held to confer a right to demand
relief on able-bodied persons out of employment."

8) In dieser Beziehung ist besonders zu verweisen auf die Ausführungen der
Centralarmenbehörde im 3th Annual Report pro 1848, vgl. die von ihnen von Nicholls p. 219 folg. zusammengestellten Sätze. Die Behörde erkennt an: „that
the Act (das Armengesetz) does not confer on or recognise in able-
bodied persons out of employment any right to demand relief, and
that such persons are not within the scope of the provisions for enforcing and
rendering effectual claims for parochial relief." Dagegen spricht sie auch aus:
„that the statute removes all doubt as to the legality of affording relief to occasional poor from the funds raised by assessment,
as well as from the collections at the church door"; und erklärt ihre Meinung (opinion) sei: „that able-bodied persons accidentally or unavoi-
dably thrown out of employment, and thereby reduced to immediate want, may
be regarded as occasional poor to whom temporary relief may lawfully
be given out of the funds raised by assessment, but that such persons
cannot be admitted on the roll of poor entitled to parochial relief."

9) Vgl. Dunlop §. 77.

10) Vgl. Dunlop §. 24. Indem sich der Verfasser, über die Art wie man in
Schottland Frauen unterstützt, im Juni 1867 von Sir John Mac Neill Auskunft erbat, erklärte ihm dieser, daß Frauen im Allgemeinen als solche angesehen

Ferner hat der höchste Gerichtshof nach Erlaß des neuen Armengesetzes entschieden, daß bisher arbeitsfähige Personen einen Anspruch
auf Unterstützung haben, die sich ohne Beschäftigung und Verdienst befinden, und in Folge des damit verbundenen
Mangels und der daraus hervorgehenden Entbehrungen
arbeitsunfähig werden. Und es hat die Centralarmenbehörde
diese Entscheidung des Gerichtshofes zu einer sehr wirksamen gemacht,
indem sie die Lokalbehörden unter Berufung auf dieselbe ermahnt hat,
daß sie, im Interesse der Menschlichkeit und einer wirklich weisen Sparsamkeit, die Armen in Fällen unverschuldeter Noth nicht erst durch
das Elend möchten arbeitsunfähig werden lassen, sondern daß
sie den Bedrängten vielmehr zur rechten Zeit eine Hülfe gewähren möchten, durch welche ein späteres Eintreten der Arbeits-
unfähigkeit abgewendet würde, wozu sie ja nunmehr als befugt anerkannt seien [11]).

Endlich hat der höchste Gerichtshof entschieden, daß unerwachsene Kinder arbeitsfähiger Eltern, wenn ihre Eltern aus
Mangel an Beschäftigung und Verdienst außer Stand sind ihnen den
nöthigen Unterhalt zu gewähren, einen Anspruch auf die Unterstützung
ihres Kirchspieles haben, weil sie im Sinne des Gesetzes Personen
seien, die sich nicht selbst helfen können [12]).

Erwägt man diese einzelnen Fälle, so wird man einräumen, daß
gegenwärtig in Schottland die Ermächtigung zu helfen, sich so ziemlich
auf alle Fälle wirklicher Noth erstreckt, wenn man auch Bedenken getragen hat den für andere Arme bestehenden Rechtsanspruch einer Unterstützung, auf die Arbeitsfähigen im Allgemeinen auszudehnen [13]).

würden, die nicht im vollen Sinne able-bodied seien. Gesunde einzeln stehende
Frauenzimmer sollte man zwar für im Stande sich ihren Unterhalt zu erwerben, und
ihnen es auch dann noch, wenn sie 1 entwöhntes nachdeliches Kind hätten; bei 2
Kindern räume man ihnen aber schon einen Anspruch auf Unterstützung ein. Glei-
ches gelte bei Wittwen.

11) Vgl. Nicholls p. 218. 241. 279.

.12) Nicholls p. 280 folg.

13) Die triftigen Gründe, die bei der Abfassung des schottischen Armengesetzes
bewogen haben, den Arbeitsfähigen keinen Rechtsanspruch auf Unterstützung einzuräumen, s. oben S. 165. Darüber, daß gegenwärtig in Schottland die Lokalbehörden nach ihrem Ermessen und Bestand Arbeitsfähige unterstützen können, nicht
aber den Arbeitsfähigen gegenüber dazu rechtlich verpflichtet sind, waltet unter
allen Sachkundigen keine Meinungsverschiedenheit ob. Als einen der wichtigsten

§. 40.

2. Armenverbände und Heimathsgesetzgebung.

Die Verpflichtung für die Armen zu sorgen, ist in Schottland wie in England, weil sie als solche von den Landesgesetzen Berücksichtigung

Punkte zum Verständniß der gegenwärtigen schottischen Armenpflege, bezeichnete dieser Satz im Juni 1857 dem Verfasser gegenüber Sir John Mac Neill; er der zu dessen praktischer Kurskenntniß so wesentlich beigetragen hat, da er seit dem Anfange der Thätigkeit des Board of Supervision im Jahre 1845 zu der Leitung desselben berufen war. Sir John Mac Neill sprach es dabei, als seine unbedingte Überzeugung aus, daß die schottischen Arbeiter dadurch sparsamer und vorsichtiger seien, daß sie wüßten, es stehe ihnen kein Rechtsanspruch (legal right) auf Unterstützung zu; es übe grade dies den vollen Einfluß auf den gesammten Zustand des schottischen Armenwesens! Auch Mr. Adamson, Inspector zu Glasgow, führte dem Verfasser im Juni 1857 sehr anschaulich aus, daß der Unterschied zwischen Schottland und England in Beziehung auf den Able-bodied, faktisch nicht in dem Umfange bestehe, als man es vielleicht glauben möchte. In England nenne man Alle able-bodied, die sonst arbeitsfähig, vorübergehend z. B. durch Krankheit hülfsbedürftig würden; in Schottland dagegen würden Alle nicht able-bodied genannt, die in dem Augenblicke nicht arbeitsfähig sind, wo sie Hülfe nachsuchen. Einen Arbeitsfähigen könne man auch in Schottland nicht lange hungern lassen, ohne daß er arbeitsunfähig würde. Jemand gar vor Hunger umkommen zu lassen, werde, auch abgesehen von jedem Gefühl von Menschlichkeit, Niemand wagen, da er sich dadurch schwerer Strafe aussetze. Insbesondere werde es ein Inspector nie dahin kommen lassen; er sei zu einer interimistischen Unterstützung berechtigt, also auch verpflichtet; und es drohe ihm, wenn er dies verabsäume, Entlassung und obenein Criminalstrafe; übrigens sei noch kein einziger Fall der Art vorgekommen. Der Unterschied gegenüber von England bestehe eigentlich nur darin, daß in Schottland ein Arbeitsfähiger keine Klage auf Unterstützung anstellen dürfe, während hier wie dort der Board berechtigt sei ihn zu unterstützen (vgl. oben Note b). Er seinerseits biete auch Arbeitsfähigen das Armenhaus zur Aufnahme an, könne oder nicht leugnen, daß andere Inspectoren das vielleicht nicht thun würden; in seinem Sprengel (und das hob als sehr bedeutsam auch Mr. Watson hervor) sei das allerdings eher möglich als in manchen andern, weil in ihm Viele reich und wohlthätig seien, und besondere Noth oft durch Privatsubscriptionen gelindert werde, im Armenhaus daher eher Raum zur Aufnahme sich finde. — Da alle schottischen Armenverzeichnisse unter den Unterstützten die Arbeitsfähigen (able-bodied) nicht besonders aufführen (wie das in England geschieht, f. S. 3e), sondern unter den Occasional poor begreifen (vgl. Note b), so weiß eigentlich, wie auch R. S. Walker Esq., Secretär des Board of Supervision, im Juni 1857 dem Verfasser einräumte, die schottische Centralarmenbehörde selbst nicht, wie oft und wie umfangreich Arbeitsfähige in Schottland unterstützt werden. Mögen aber auch wirklich die schottischen Localarmenbehörden jetzt in allen Fällen dem Erdrungenen helfen kön-

fand, den Kirchspielen auferlegt[1]). Das neue Armengesetz hat hierin keine Veränderung bewirkt[2]). Es gestattet die Vereinigung mehrerer Kirchspiele zu einem Armenverband für die Zwecke der Armenpflege, in ähnlicher Weise wie in England die Gesammtgemeinden (Unions) gebildet sind. Die verbundenen Kirchspiele sollen dann in Betreff der Armenpflege wie ein Kirchspiel behandelt, und die Verwaltungsbehörden für die gemeinsamen Angelegenheiten nach denselben Grundsätzen, wie in einem einzelnen Kirchspiele eingerichtet werden[3]). Das Armengesetz hat das Zustandekommen einer solchen Vereinigung abhängig gemacht von dem freien Entschluß der Behörden der Kirchspiele, die in dieser Weise verbunden werden sollen, und der Zustimmung der Centralarmenbehörde, nachdem sie die Zweckmäßigkeit der Vereinigung geprüft hat. In Folge dessen ist aber nur bei den drei Kirchspielen der Insel Islay, ein solcher Armenverband zu Stande gekommen[4]). In allen andern Fällen, wo die Centralbehörde die Bildung eines Armenverbandes für wünschenswerth hielt, gelang es ihr nicht, die einzelnen Kirchspielsbehörden zur Fassung des dazu erforderlichen Beschlusses zu bewegen; und so bildet denn in Schottland noch

u s s und wollen, unmöglich läßt es sich erwarten, daß das Recht einer Unterstützung fordern zu können, wie es in England besteht (s. S. 79. 93), für den Erbettlungsfähigern, der keine Arbeit findet und in Noth geräth, ein unannehmlich wichtiges ist[1] Je der wird es begreifen, wie der rhomärtige Richolls, nachdem er mit Freuden anerkannt hat, daß mit jedem Jahre die schottische Armenpflege durch Erweiterung der Unterstützungen der englischen faktisch näher trete, sein Buch (History of the Scotch Poorlaw p. 380) mit der Hoffnung schließen kann, es werde endlich auch in Schottland das Recht auf Unterstützung gesetzlich anerkannt werden.

1) Vgl. oben §. 36.

2) Ein alphabetisches Verzeichniß der 883 schottischen Kirchspiele mit Angabe der Grafschaften in denen sie liegen, liefert der 13. Annual Report p. 41; ein Verzeichniß der einzelnen Kirchspiele nach den Grafschaften geordnet, mit Angabe der Bevölkerung, der Registered poor, der Casual poor, der Geisteskranken, der verlassenen Kinder u.s.w., eine im Jahre 1857 auf 58, ausgegebene Beilage zu dem XIIIth ann. Rep. p. 143 — 185.

3) 8 et 9 Victoria c. 83 s. 16 bestimmt: wo die Parochial-boards von 2 oder mehreren Kirchspielen es für die Verwaltung der Armenpflege förderlich halten, und der Board of Supervision sich von der Angemessenheit überzeugt, sind die Boards ermächtigt "to resolve and declare, that such parishes shall thenceforward be combined, and shall be considered as one parish, so far as regards the support and management of the poor, and all matters connected therewith".

4) Vgl. den 1. Annual Report pro 1846 und Nicholls p. 187.

gegenwärtig wie vormals, das Kirchspiel den Sitz und die Grundlage der lokalen Armenverwaltung [5].

Für die Herstellung eines gemeinsamen Armenhauses (Poorhous) können zwei oder mehrere benachbarte Kirchspiele, die zur Gründung abgesonderter Armenhäuser zu klein sind, zusammentreten, ohne daß sie eine Vereinigung für ihr gesammtes Armenwesen in der eben besprochenen Weise eingehen. Ein darauf abzielender Beschluß der Armenbehörden der Kirchspiele, die sich verbinden wollen, bedarf der Genehmigung der Centralarmenbehörde; der indessen nicht die Befugniß zusteht, eine solche Vereinigung in Fällen zu verlangen, wo sie dieselbe für zuträglich hält; ist aber eine derartige Vereinigung zu Stande gekommen, so kann sie ohne Einwilligung der Centralbehörde nicht wieder rückgängig gemacht werden [6]. Für die Beaufsichtigung des gemeinsamen Armenhauses wird von den Kirchspielen zusammen eine besondere Behörde eingesetzt, und es verwaltet im Übrigen jedes der verbundenen Kirchspiele seine Angelegenheiten selbstständig wie vor der Vereinigung. In Betreff der für das gemeinsame Armenhaus aufzubringenden Gelder, wird, wie in England bei den Arbeitshäusern (Work-

5) Mehrmals, und namentlich von Hrn. R. W. G. Walker Esq. und Hrn. Adamson, wurde dem Verfasser die Ansicht ausgesprochen, daß es, um eine bessere Armenverwaltung zu erzielen, bei der Kleinheit mancher Kirchspiele unerläßlich sei, aus den kleineren benachbarten Kirchspielen Armenverbände zu bilden, und daß dies schwerlich zu erreichen sein würde, ohne der Centralbehörde eine weiter gehende Macht in Beziehung darauf einzuräumen. Die Größe aller einzelnen schottischen Kirchspiele verzeichnet die Liste im XIII.ten Annual Report p. 149. Da die Gesammtbevölkerung Schottlands, nach der Zählung vom Jahre 1851, sich auf 2,888,742 Seelen beläuft, so würde durchschnittlich jedes der 883 Kirchspiele 3271 Bewohner zählen; diese Durchschnittszahl giebt aber eine falsche Vorstellung von der Größe der schottischen Kirchspiele. Da dem Herausgeber keine anderen Zusammenstellungen zu Gebote standen, wie er solche p. 26 für England mittheilen konnte, so bemerkt er, daß von den 883 Kirchspielen nach seiner flüchtigen Zusammenrechnung ihrer Bevölkerung in der Liste des XIII Annual Report: 253 unter 1000, 264 zwischen 1000 u. 2000, 228 zw. 2000–4000, 138 über 4000 Einw. haben.

6) Die gesetzlichen Vorschriften enthalten die §§. 60 folg., vergl. dazu den vor Erlaß des Gesetzes erstatteten Commissionsbericht bei Nicholls p. 158. Auch kann ein Kirchspiel mit einem anderen einen Vertrag eingehen, nach welchem es das Armenhaus desselben unter gewissen Bedingungen für seine Armen mitbenutzen darf; und natürlich auch ein solcher Vertrag der Genehmigung der Centralbehörde, s. Armengesetz §. 66.

12

houses), unterschieden zwischen den Kosten für die Anstalt, mit Einschluß der Besoldung der Beamten der Anstalt, und den Kosten für den
Unterhalt der im Arbeitshause befindlichen Armen. Für den Unterhalt
der Armen sorgt der Heimathsort der einzelnen aufgenommenen Armen,
während die Kosten der Anstalt gemeinsam getragen werden, und es
den verbundenen Kirchspielen überlassen ist, sich über den Maßstab zu
verständigen, nach welchem dies geschehen soll. In manchen Fällen
haben diese dabei, nach dem Vorgange Englands, den Durchschnitt
ihrer bisherigen Ausgaben für das Armenwesen als bestimmend gelten
lassen, meistens jedoch eine freiere Vereinbarung mit Rücksicht auf die
Zahl und die Verhältnisse der Bevölkerung der einzelnen Kirchspiele abgeschlossen[7]). Darüber daß seit dem Erlaß des Armengesetzes allmählich eine bedeutende Anzahl von gemeinsamen Armenhäusern in Schottland entstanden ist, vgl. unten §. 48 Anm. 4.

Bereits das Gesetz James VI vom Jahre 1579 hat, indem es
die Unterstützung der Armen für eine gesetzliche Pflicht der Kirchspiele
erklärte, Bestimmungen über die Ortsangehörigkeit oder
das Heimathsrecht (Settlement) getroffen"), welche noch
heute in ihren Hauptpunkten gelten.

Nach jenem Gesetze sind Geburt oder ununterbrochener Aufenthalt im Kirchspiele, während eines bestimmten Zeitraumes, die
beiden Ursprungsquellen des Heimathsrechtes; an sie schließen sich dann
als weitere Entstehungsgründe: für Frauen Heirath, und für un-
mündige Kinder Abstammung von Eltern, die im Kirchspiele heimathsberechtigt sind[9]).

Das Gesetz vom Jahre 1579 hatte einen siebenjährigen Aufenthalt für die Entstehung eines Heimathsrechts verlangt, dafür war später ein dreijähriger als genügend eingeführt worden[10]); nach dem

---

7) Über die Aufbringung der Kosten zu den gemeinsamen Armenhäusern, verdankt der Verfasser an W. G. Walker Esq. nähere Auskunft. Die bisherigen
Kosten für Armenpflege in den einzelnen Kirchspielen als Maßstab zu Grunde zu legen,
habe, erklärte er, nicht als angemessen erscheinen können, weil in vielen Kirchspielen
die Armenpflege sehr mangelhaft gewesen sei; eine Vertheilung nach dem Reb...
ertrage des Grundeigenthums habe man nicht für gerecht gehalten, weil die wohlhabenden Kirchspiele oft wenige Armen hatten.

8) Vgl. oben §. 36 S. 155.

9) Vgl. Dunlop Cap. III. (2d edit. p. 44 folg.) und Nicholls p. 161.

10) Das Ges. vom J. 1579 verlangte 7 Jahre; im Jahre 1672 wurden dafür 3 Jahre eingeführt, durch Charles II cap. 18. Sept. 4. No. 42; vgl. Nicholls

neuen Armengesetz begründet ein fünfjähriger ununterbrochener Aufenthalt Heimathsrecht, vorausgesetzt, daß der
das Heimathsrecht Erwerbende in dieser Zeit nicht gebettelt, und nicht
Armenunterstützung erhalten oder nachgesucht hat. Kürzere Abwesenheit gilt bei Berechnung des fünfjährigen Aufenthaltes für keine Unter-
brechung; dagegen geht ein durch Aufenthalt erworbenes Heimathsrecht
wieder verloren, wenn der Inhaber desselben während der letzten fünf
Jahre nicht mindestens ein Jahr im Kirchspiele sich aufgehalten hat [11]).

Eine wichtige Aenderung der älteren Gesetzgebung durch das
neue Armengesetz liegt darin, daß dasselbe jedes Kirchspiel
verpflichtet, Hülfsbedürftige, die sich in ihm aufhalten,
auch wenn sie in ihm nicht heimathsberechtigt sind, so
lange zu unterstützen, bis ihr Heimathsort ermittelt ist und
sie nach demselben gebracht sind; worauf es denn dem Kirchspiele zusteht, von jenem Orte die Erstattung seiner Auslagen zu fordern. Früher waren die Kirchspiele zur Unterstützung fremder Armen nur in so
weit verpflichtet, daß sie auf dem Wege nach ihrer Heimath begriffenen
Armen ein Nachtlager und Unterstützung für einen Tag gewähren mußten; dies ist weggefallen mit Aufhebung des alten, zu vielen Mißbräuchen führenden Systemes der Ertheilung von Reisepässen an fremde
Arme [12]).

p. 67; im Jahre 1693 wieder 7 Jahre, durch Proclamation v. 29. August 1693,
vgl. Nicholls p. 81 u. 160.

11) 8 et 9 Victoria cap. 83 s. 76, vgl. Nicholls p. 180. Für die Aufhebung des Heimathsrechtes in Schottland, jene in England so viel besprochene Frage (vgl. oben S. 121 folg.), vernahm der Verfasser von keinem mit
den Verhältnissen näher Betrauten irgend welche Wünsche. W. E. Baller
u eq. behauptete: die Frage sei für Schottland eine rein theoretische, praktisch gar
nicht aufzuwerfen. Sir John M'c Neill entwickelte dem Verfasser seine Ansicht dahin: daß es etwas ganz Verschiedenes sei, ob man Heimathsrecht da einführen solle, wo es nicht bestehe; in Schottland dagegen bestehe es einmal, sei
klar und fest geordnet, und bewirke keine Hemmung in der Circulation freier Arbeit,
da die Arbeitspflegen keinen Anspruch auf Unterstützung hätten, und ihnen daher
auch ihre Heimath ziemlich gleichgültig sei. Ausweisung Arbeitsfähiger komme
außer nach Irland kaum vor.

12) Die Anweisung von fremden Armen und ihr Transport nach ihrem Heimathsorte geschieht, wenn letzterer in Schottland liegt, auf Kosten des Heimathsortes, s. 8 und 9 Victoria c. 83 s. 73. Die Kosten eines Transportes
nach England und Irland muß dagegen das ausweisende Kirchspiel tragen, weil dies nach englischem Rechte allgemein gilt, und in Irland

12 *

§. 41.

3. Art der Unterstützung der Armen.

Über die Art und Weise, wie den Armen Unterstützung
gewährt werden soll, enthält das schottische Armengesetz
keine derartigen allgemeinen Vorschriften, wie sie in dem
englischen Gesetz zu finden sind.

Es wurde schon oben S. 167 hervorgehoben, daß man beim Erlaß des Armengesetzes es nicht für zweckmäßig erachtet hat, die Errichtung von Arbeitshäusern für alle Kirchspiele, in der Art wie es in England geschehen war, zu verlangen, es konnte daher auch nicht wie
dort die Prüfung der Unterstützungsbedürftigkeit durch
Arbeitshäuser allgemein vorgeschrieben werden; und da
arbeitsfähigen Personen, auch wenn sie ohne Arbeit sind und sich in
Noth befinden, kein Recht auf Unterstützung eingeräumt ist, sie nur
ausnahmsweise nach dem Ermessen der Armenbehörden der einzelnen
Kirchspiele eine Unterstützung erhalten, so war zu Vorschriften wie sie
in England gelten, noch weniger Veranlassung gegeben.

Man ist im Allgemeinen in Schottland beflissen diejenigen Personen, die Unterstützungen empfangen, in ihren früheren Verhältnissen und Umgebungen zu belassen,
indem man von der Ansicht ausgeht, daß sie sich in denselben noch einigen, wenn auch unzulänglichen Unterhalt verdienen, und gleichzeitig
nebenher denen, bei welchen sie Wohnung finden, noch einige Dienste
leisten, und dadurch einigen Nutzen verschaffen können. Die gegebenen Unterstützungen erscheinen hier also meistens nur als
Zuschüsse um denen, die sie empfangen, ihren Unterhalt
zu erleichtern, ohne daß mit dieser Gewöhrung die großen Gefahren
verbunden sind, die wir bei dem früheren englischen Zuschußsystem
erörtert haben (s. S. 10), da nur arbeitsfähige Personen regelmäßige
Unterstützungen erhalten.

In den Armenhäusern befindet sich nur ein verhältnißmäßig kleiner Theil der unterstützten Armen. Am 1sten
Juli 1858 belief sich die Gesammtzahl aller in den damals in Wirk-

Ausweisungen überhaupt nicht gestattet sind, s. 8 et 9 Victoria c. 83 §. 77. Bei
Armen aus schottischen Heimathsorten gestattet das Armengesetz, daß das zur Aufnahme derselben verpflichtete Kirchspiel dieselben vermöge einer Vereinbarung an ihrem bisherigen Aufenthaltsort unterhält.

samkeit stehenden 33 Armenhäusern aufgenommenen Armen, auf 6751 [1]); während die Zahl aller am 1sten Juli und respektive am 14ten Mai 1858 in Schottland unterstützten Armen 82.351 betrug [2]).

Elternlose oder sonst verlassene Kinder werden in Schottland allgemein in Familien untergebracht. Auch in den größeren Städten sind, abgesehen von einzelnen milden Stiftungen, keine Anstalten zur gemeinsamen Erziehung armer Kinder errichtet. Man sucht die Kinder womöglich ländlichen Familien in der Umgebung der Stadt zur Erziehung zu übergeben; und zwar einer und derselben oft 2 oder 3, auch mehrere, jedoch nicht gern über 6 zusammen. Die

---

[1] Vgl. 13th Annual Report p. 220. Es waren im August 1858 außer den 33 bestehenden Armenhäusern noch 15 neue in der Einrichtung begriffen; jene 33 boten Raum für 10,689 Personen; 11 im Bau begriffene sollten nach ihrer Vollendung 1574 Personen aufnehmen können; bei 4 anderen fehlen Angaben darüber, vgl. 13th Annual Report p. 220 folg. Nachdem die neuen Armenhäuser eingerichtet sind, werden die 44 Armenhäuser zusammen etwa 13,000 Personen aufnehmen können.

[2] Der 12th Annual Report p. XXVII verzeichnet für den 14ten Mai 1858 den Bestand der Registered poor zu 79,199; und für den 1sten Juli 1858 den Bestand der Casual poor zu 3152 Personen. Die Zahl der im Laufe jedes Jahres in den Armenhäusern aufgenommenen Armen kann der Herausgeber aus den Listen der Centralarmenbehörde nicht entnehmen; sie geben dagegen folgende Übersicht über die sämmtlichen Armen, die im Laufe jedes einzelnen mit dem 14ten Mai abschließenden Armenjahres in Schottland unterstützt wurden, indem sie zugleich unterscheiden, wie viele derselben Registered poor, und wie viele Casual poor waren:

	Gesammtsumme:	Registered poor:	Casual poor:
1847:	146,370	85,971	60,399.
1848:	227,645	100,961	126,644.
1849:	202,120	106,434	95,646.
1850:	154,524	101,454	53,070.
1851:	141,870	99,777	42,093.
1852:	145,668	99,637	46,031.
1853:	149,267	99,609	49,658.
1854:	138,724	103,777	34,951.
1855:	143,423	100,560	42,863.
1856:	137,843	99,363	34,080.
1857:	135,165	98,632	36,533.
1858:	144,464	99,617	44,847.

Außerdem wird im Report dabei nur noch in jedem Jahre vermerkt, wie viele unter den Unterstützten verlassene Kinder, und wie viele Geisteskranke waren.

so ausgegebenen Kinder werden dann von Beamten der Armenverwaltung regelmäßig besucht. Da in Schottland unter vielen kleinen Pächtern Fleiß, Ordnung und religiöser Sinn herrscht, und diese vielfach
nur Aufnahme armer Kinder bereit sind, ohne dabei pekuniären Gewinn
zu suchen, außerdem jedes Kirchspiel seine Schule hat, so ist dieses ein-
fachste naturgemäßeste und am wenigsten kostspielige System der Erziehung hier noch anwendbar, und im Allgemeinen von sehr günstigen
Erfolgen begleitet. Die Pflegeeltern gewinnen die Kinder lieb, und die
Kinder wachsen unter Verhältnissen auf, welche ihrem Stande und künftigen Berufe entsprechen, oft ohne es sich bewußt zu werden und es
zu empfinden, daß sie Armenkinder sind[3]).

Die Beaufsichtigung und Verpflegung der geisteskranken Armen ist in Schottland in Folge eines mit dem 1sten Januar 1858 in
Wirksamkeit getretenen Gesetzes (der Lunacy Act; 20 et 21 Victoria cap. 71), neu geordnet[4]). In dem mit dem 14ten Mai 1858
endenden Armenjahre, betrug die Zahl der unterstützten geisteskranken
Armen 5564; von dieser Zahl waren am 14ten Mai 1858 aus der
Pflege entlassen oder gestorben 926, befanden sich in Privatwohnungen 1701, waren dagegen in Armenhäusern (Poorhouses) 474, und in Irrenhäusern (Asylums) 2463 untergebracht.
Die Sorge für die geisteskranken Armen war früher in Schottland eine
sehr mangelhafte. Nach dem von der Centralarmenbehörde veröffentlichten Bericht, hätten im Jahre 1846 von 3023, als unterstützt ver-

---

3) Über die Behandlung verlassener Kinder verdankt der Verfasser insbesondere
zu W. C. Walter Esq., Mr. Adamson und Mr. Greig nähere Belehrung. In Glasgow wurden 1857 nach Mr. Adamson für ein solches Kind außer Kleidung und Schulgeld wöchentlich 2½ bis 3 Schilling gezahlt; in Edinburgh
2 Schill. 2 Den. nach einer Äußerung von Mr. Greig. Die Zahl der in Schottland unterstützten verlassenen Kinder (Number of orphans or deserted children) belief sich, nach dem 18th Annual Report p. XXVII, in dem mit dem 14ten Mai
1844 schließenden Armenjahre auf 4794, 1848 auf 6121, 1849 auf 7459, 1850
auf 7969, 1851 auf 7542, 1852 auf 7641, 1853 auf 8334, 1854 auf 8290, 1855
auf 8955, 1856 auf 8620, 1857 auf 8525, 1858 auf 8449. Die Zahl der unterstützten verlassenen Kinder betrug im Jahre 1858 beispielsweise in Glasgow 620,
bei einer Bevölkerung von 138,116 Seelen (nach der Zählung von 1851), s. 15th
Annual Report p. 169, und in Edinburgh 294 bei einer Bevölkerung von 66,734
Seelen, s. 18th Ann. Rep p. 168.; in vielen Kirchspielen sind aber gar keine verlassenen Kinder als unterstützt im Jahre 1858 verzeichnet, z. B. in Dalry (in der
Grafschaft Ayr) mit 8965 Seelen, in Stevenston (eben daselbst) mit 3411 Seelen.

4) Vgl. 18th Annual Report p. XV.

zeichneten geisteskranken Armen, nur 134 in öffentlichen und Privat-Irrenhäusern („Asylums and licensed Houses") Aufnahme finden können, während 1621 in Privatwohnungen, 1268 in den Armenhäusern (Poorhouses) untergebracht gewesen wären; seitdem aber habe sich die Behandlung der geisteskranken Armen von Jahr zu Jahr gebessert [5]).

Von den über 70 Jahre Alten, oder schon früher in Folge von Altersschwäche arbeitsunfähig gewordenen Personen, sodann von den körperlich Gebrechlichen und Kranken die des nothwendigen Unterhaltes entbehren, wird ein Theil in die Armenhäuser aufgenommen [6]), ein anderer außerhalb derselben unterstützt. Das Verhältniß, in welchem das eine und das andere geschieht, ist nicht aus den jährlich veröffentlichten Listen der Centralarmenbehörde zu entnehmen; doch scheint auch von ihnen die Mehrzahl außerhalb der Armenhäuser unterstützt zu werden, und gilt dies namentlich von den vorübergehend Erkrankten. Für Krankenpflege wurden 1858, in dem mit dem 14ten Mai schließenden Armenjahre, von den schottischen Kirchspielen 24,048 £. herausgabt [7]); hierzu kamen noch 10,000 £., welche jährlich der Staat, außer daß er die Besoldung der Centralarmenbehörde trägt, zu den Kosten der Armenpflege zuschießt, und die zu Remunerationen für von den einzelnen Kirchspielen angestellte Armenärzte verwendet werden [8]).

Wenn Frauen und namentlich Witwen mit mehreren unerzogenen Kindern eine Unterstützung bedürfen, so pflegt sie ihnen

5) Vgl. 13th Annual Report p. XV. und besonders die Aktenstücke im 18th Annual Rep. p. 1 — 114 und im 13th p. 13 — 38.

6) Das Armengesetz §. 60 verordnet: „For the more effectually administering of the wants of the aged and other friendless impotent poor, and also providing for those poor persons who from weakness of facility of mind, or by reason of dissipated and improvident habits, are unable or unfit to take charge of their own affairs" (sollen Poorhouses erbaut werden).

7) Vgl. 18th Annual Report p. XIV und XXI. Nach ihm wurden für Krankenpflege verausgabt im Jahre 1847: 12,879 £.; 1848: 30,339 £.; 1849: 33,010 £.; 1850: 26,574 £.; 1851: 20,311 £.; 1852: 21,436 £.; 1853: 21,737 £.; 1854: 27,874 £.; 1855: 27,166 £.; 1856: 24,008 £.; 1857: 24,205 £.; 1858: 24,948 £.

8) Vgl. unten §. 48.

außerhalb des Armenhauses gewährt zu werden*). Müssen unerwachsene Kinder, deren Eltern sie nicht ernähren können, unterstützt werden (vgl. oben S. 174), so sucht man sie dabei, wenn es irgend statthaft ist, bei ihren Eltern zu belassen[10].

Vagabunden und Gesindel aller Art, welches eine Unterstützung erhalten muß, und dem man sie nicht außerhalb des Armenhauses zuwenden kann, müssen in die Armenhäuser aufgenommen werden[11].

Bei arbeitsfähigen Männern, die nur dadurch in Noth sind, daß sie keine Arbeit finden, und die man, wie S. 174 erörtert wurde, ausnahmsweise nicht ohne Unterstützung lassen zu können glaubt, gestattet nur in den wenigsten Fällen der auch gegenwärtig immer noch sehr beschränkte Raum der Armenhäuser eine Aufnahme in dieselben.

Überblickt man nun die einzelnen Armen, die hiernach in den schottischen Armenhäusern (Poorhouses) vereint sind, so sieht man, daß diese Anstalten vorherrschend Hospitäler für Alte und Gebrechliche, Lazarethe für Kranke, und Aufbewahrungsstätten (Correctionshäuser) für verkommenes Gesindel, dagegen nur ausnahmsweise Arbeitshäuser (Workhouses) im englischen Sinne des Wortes sind.

9) Vgl. oben S. 173 und die unten in Note 17 angeführten Äußerungen über Unterstützungen.

10) Wie viele Kinder mit ihren Müttern jährlich in den Armenhäusern eine Aufnahme finden, besagen die Annual Reports nicht; im 13th Ann. Rep. p. XXIX ist angegeben wie viele „Dependents" (d. i. Abhängige, also Kinder, Weiber u. s. w.) der Unterstützten sich unter der Zahl der sämmtlichen Unterstützten befanden; nämlich bei den Registered poor im Jahre 1855: 40,369 unter 100,360; 1856: 43,346 unter 99,363; 1857: 45,251 unter 98,632; 1858: 45,629 unter 99,607; bei den Unregistered poor im Jahre 1855: 28,741 unter 47,463; 1856: 30,852 unter 38,020; 1857: 29,630 unter 36,533; 1858: 34,235 unter 44,847. Vgl. Note 2 oben.

11) Vgl. die am Ende von Note 17 abgedruckte Äußerung des Mr. Adamson. Im Report für 1847 erörtert die Centralarmenbehörde, wie die große Masse der Vagranten in Schottland zu vermindern sei, und schließt: „the only efficient means of checking vagrancy in poor persons already on the roll of a parish, without the aid of the police, would be to erect a poorhouse, in which habitual beggars amongst the poor on the roll could be relieved, and restrained from wandering through the country". Vgl. dazu Nicholls p. 207 und 233, wo Ausführungen der Centralbehörde darüber aus dem Jahre 1850 abgedruckt sind.

Als im Jahre 1843, vor dem Erlaß des schottischen Armengesetzes, die Untersuchungskommission die Armenverhältnisse des Landes der sorgsamsten Prüfung unterwarf, fand sie, wie bereits S. 163 erwähnt, nur 13 sehr mangelhaft eingerichtete Armenhäuser, die, belegen in den volkreichsten Städten des Landes, zur Aufnahme von solchen Armen dienten, die in Familien nicht untergebracht werden konnten; und hielt es für rathsam (vgl. oben S. 167), daß das zu erlassende Armengesetz nicht allgemein die Erbauung von Armenhäusern, und die dadurch bedingte Einführung des englischen Arbeitshaussystemes (Workhoussystem) vorschreibe; sie hoffte vielmehr, daß bei einer allgemein gehobenen Armeupflege, die Armenbehörden der einzelnen Kirchspiele die großen Vortheile der englischen Arbeitshäuser erkennen, und durch freien Entschluß zu dem englischen Arbeitshaussystem allmählich mehr und mehr übergehen würden [12]). Das schottische Armengesetz ist dem entsprechend erlassen; die durch dasselbe eingeführte Centralarmenbehörde hat fortgesetzt sich bestrebt auf Vermehrung und Verbesserung der Armenhäuser hinzuwirken, und ihr Einfluß ist entschieden ein erfolgreicher gewesen (vgl. unten S. 203. §. 45); immer aber sind die schottischen Armenhäuser noch bei weilem nicht zu Arbeilshäusern von der Beschaffenheit geworden, wie namentlich Sir George Nicholls, der Vater des Workhous-Systemes (vgl. S. 18), solche Anstalten eingerichtet wissen will [13]).

12) Der Bericht der Kommission sagt: „It is highly desirable, that in every parish having above a certain amount of population, a poorhouse should be established under proper regulations, for the reception of aged and helpless persons, incurables, orphans and deserted children, and the dissipated and improvident poor"; and „indeed there are few parishes having a population of upwards of 5000, in which an establishment of this nature is not desirable". Die Einführung soll nicht zwangeweise erfolgen, doch hegt die Kommission das Vertrauen „that the administrative bodies constituted as has been proposed, and acting under the influence of public opinion, will of themselves take steps for the accomplishment of this object in all the more populous parishes"; vgl. Nicholls p. 152. Die entgegengesetzte Ansicht vertrat in der Kommission Mr. Twisleton, und führt sie in einem dem Kommissionsbericht beigegebenen Separatvotum näher aus, er schließt mit den Worten: „A matter of such importance as the erection of poorhouses, ought not to depend either on the honest judgment, or possible caprice, partial knowledge, or narrow views, of accidental majorities in particular localities", s. Nicholls p. 167.

13) Sir George Nicholls verfolgt in seiner History of the Scotch

Dadurch daß die überwiegend große Mehrzahl der Bewohner der Armenhäuser wirklich arbeitsunfähig ist, tritt in vielen schotti- schen Armenhäusern das Arbeiten zurück; es gelingt nicht und kann zum Theil nicht gelingen, die Arbeit in der Weise nußbar zu machen, wie es, wenn jene Idee der Arbeitshäuser realisirt werden soll, wesentlich nothwendig ist [14]). Allerdings sind in manchen, zumal größeren schottischen Armenhäusern, die gleichzeitig mehr Raum zur Aufnahme von Arbeitsfähigen darbieten, und eine Trennung der ver- schiedenen Klassen der Bewohner in ausgedehnterer Weise ermöglichten, günstigere Resultate erzielt; es sind hier für die Behandlung und Disci- plin der aufgenommenen Armen unter Einwirkung der Centralbehörde ähnliche Gesichtspunkte zur praktischen Geltung gekommen, wie sie in

---

Poor - Law p. 213. 224. 236. 240 und 265 sorgsam von Jahr zu Jahr die einzel- nen Erlasse und Erörterungen, durch welche die schottische Centralarmenbehörde auf die Verbesserung der schottischen Armenhäuser einzuwirken gesucht hat, um zu zeigen wie sie sich dabei schrittweise dem englischen Arbeitshaussystem genähert habe, und um seine Ansicht zu begründen, daß man, um zu einem genügenden Resultat zu gelangen, nicht umhin könne dasselbe vollständig anzunehmen. Der Gedanke, daß die Armenhäuser als Prüfungsmittel für die Hülflosigkeit der Armen dienen können, ist auch in Schottland anerkannt, tritt aber in der Praxis zurück, weil arbeitsfähige nur durch Mangel an Arbeit, hülfsbedürftige Arme zur ausnahmsweise in die Armenhäuser aufgenommen werden.

14) Vgl. §. 18. S. 203. Die Baulichkeiten mancher, namentlich der älteren schottischen Armenhäuser, die der Verfasser besichtigte, schienen ihm wenig zweck- mäßig; sie waren winkelig, bestanden aus vielen kleinen Theilen, entbehrten der so nöthigen geräumigen Höfe. In mehreren Armenhäusern machte auf den Ver- fasser die Menge alten und unbrauchbaren Kram, die auf den Böden lagen oder umherstanden, ohne daß er bei vielen eine Beschäftigung hätte bemerken können, einen äußerst traurigen Eindruck. Daß die schottischen Armenhäuser bei den Armen selbst mißliebig sind, kann ihnen nicht zum Vorwurf gereichen, ist vielmehr eine Erklärung für ihre Benußung im Sinne der englischen Arbeitshäuser. Als Zeug- niß dafür mögen hier folgende Äußerungen Sachverständiger dienen, die aus den 1857 vom Verfasser aufgezeichneten Reisenotizen entnommen sind: B. G. Waller Esqr. äußerte „Unsere Armenhäuser dienen vorzugsweise als test (d. i. Probe) oder Ab- schreckungsmittel"; Mr. Adamson: „Freilich gehen die Armen ungern ins Ar- menhaus, sonst wäre man ja verloren" (d. h. sonst würden zu viele Arme Auf- nahme begehren); Mr. Greig: „Die Armen gehen höchst ungern in das Ar- menhaus, wegen der Beschränkung der Freiheit und aller Genüsse, denn aber auch weil sie die Aufnahme in das Armenhaus für eine Schande halten"; Mr. Dickson: „Die Armen hassen das Armenhaus, vorzüglich weil sie daselbst kein Fleckchen ha- ben, wo sie für sich sein können, auch Mann und Frau getrennt werden."

den englischen Arbeitshäusern verfolgt werden[15]); und in allen solchen Fällen erweisen sich denn auch in Schottland die Armenhäuser für die Ermittelung des Vorhandenseins wirklicher Hülfsbedürftigkeit bei den Armen, ebenso nützlich wie in England. Daß die Zahl so beschaffener Armenhäuser mit jedem Jahr zunehmen wird, läßt sich bei der stetigen Vermehrung der Armenhäuser in Schottland erwarten, indem durch sie auch in den älteren Armenhäusern mehr Raum für die Aufnahme von arbeitsfähigen Armen gewonnen wird.

Die bedeutenden Kosten, die nothwendig mit der besseren Einrichtung von Armenhäusern, und der Aufnahme von solchen Armen in sie, die bisher auswärts unterstützt wurden, verbunden sind, erschweren und verzögern natürlich den Übergang zum Arbeitshaussystem. In Beziehung auf die Beschaffung der Gelder für Einrichtung und Erweiterung von Armenhäusern, enthält das schottische Armengesetz (in §. 61 folg.) ähnliche Vorschriften, wie das englische. Die Armenbehörden der Kirchspiele können dazu, unter Zustimmung der Centralarmenbehörde, Gelder bis zu einem gewissen Betrage aufnehmen; diese müssen dann in bestimmten Fristen zurückgezahlt, und muß der Centralbehörde jährlich Rechnung über ihre Verzinsung und Abtragung gelegt werden[16]). Die Kosten für die Erhaltung der ins Armenhaus Aufgenommenen werden, wenn das Armenhaus mehreren Kirchspielen gehört, von diesen in der S. 177 erwähnten Weise zusammengeschossen, sonst ebenso aufgebracht, wie für Unterstützungen Armer außerhalb desselben. Was das Verhältniß der Kosten für einen in der einen oder anderen Weise Unterstützten anlangt, so erscheinen die Kosten im Armenhause in vielen Fällen, wo sie an sich nicht theurer kommen, dadurch höher, daß hier stets einem Jeden außer Wohnung und Heizung, auch vollständig Unterhalt, Kleidung und Pflege gewährt wird, während das bei den außerhalb des Armenhauses Unterstützten, und selbst bei den Registered poor, meistens nur unvollständig geschieht[17]).

---

15) Vgl. Armengesetz §. 64 und Nicholls p. 178. Auch in den schottischen Armenhäusern trennt man die Armen möglichst nach Alter und Geschlecht; selbst Eheleute werden geschieden. Gleß zur Arbeit ist oft schwer ausführbar zu machen.

16) Die Centralbehörde veröffentlicht in ihren jährlichen Reports diese Summen, vgl. für 1858 13th Annual Report p. 184.

17) Von den mündlichen Äußerungen Sachkundiger über den angeregten Kostenpunkt, die der Verfasser 1857 in Schottland aufgezeichnet hat, mögen nur

§. 42.

4. Beschaffung der Mittel zur Armenpflege [1]).

Unerachtet bereits die Alte James VI vom Jahre 1579 die Ermächtigung ertheilt hatte, in den einzelnen Kirchspielen eine Armensteuer zur Beschaffung der für die Armenpflege erforderlichen Mittel in
den einzelnen Kirchspielen auszuschreiben [2]), wurden doch bis zum Be-

treff hier eine Stelle finden: Wenn ein Armer gar keine Mittel und Fähigkeit hat,
sich selbst noch etwas zu verdienen, äußerte W. S. Walter Esq., so erachtet
man im Allgemeinen 2½ Schillinge wöchentlich für eine genügende Unterstützung,
während sich die Unterhaltungskosten im Armenhause in den einzelnen Kirchspielen auf
2 bis 3½ Schillinge belaufen. In der Regel ist der Unterhalt im Armenhause
theurer, nur in einzelnen Fällen, wenn der Arme krank oder so hinfällig ist, daß
er vieler Pflege bedarf, und man für ihn da wo man ihn unterbringt, noch besonders bezahlen muß, ist es wohlfeiler für ihn gleichzeitig mit mehreren solchen Kr-
men im Armenhaus zu sorgen. Mr. Greig, Inspector von St. Cuthbert, zu
Edinburgh meinte: In seinem Kirchspiele seien die Bewilligungen eher knapp zugemessen; man nehme bei der Bewilligung der Unterstützungen darauf Rücksicht, daß
viele milde Stiftungen und Vereine beständen, von denen die Armen etwas erhielten. Für einzeln stehende Personen pflegten 1½ bis höchstens 2 Schillinge die Woche
bewilligt zu werden; ehe man mehr bewillige, nehme man den Armen lieber ins
Armenhaus auf. Witwen pflegten für jedes unerwachsene Kind 1 Schill. als
Zulage zu erhalten, und für ein auf dem Lande untergebrachtes Kind 2 Schill.
2 Den. bewilligt zu werden. Mr. Adamson, Inspector zu Glasgow, äußerte:
Man bewillige einzeln stehenden Personen 2½ bis 3 Schill. die Woche, Witwen mit
Kindern bis 5 Schill., und zahle für Kinder, die man in auswärtigen Familien un-
terbringe, außer Kleidung und Schulgeld 2½ bis 3 Sch. die Woche. Bei der Frage,
ob er einen Armen ins Armenhaus aufnehmen oder außerhalb unterstützen solle, sehe
er nicht allein, ja nicht einmal vorzugsweise auf die Kosten. Diese seien an sich
im Armenhause nicht immer größer, da man nur Kleidung und Nahrung in Berechnung bringe, und diese dadurch wohlfeiler beschafft würden, daß man die Stoffe
in großen Quantitäten einkaufe und sie selbst verarbeite, selbst backe, u. s. w. Ue-
brigens man müsse im Armenhause Platz behalten für die Unerlichen, verdächtigen und
ganz hülflosen Armen, und deswegen die Aufnahme ins Armenhaus beschränken.

1) Über den Inhalt des §. 42 vgl. Dunlop cap. V.
2) Die oben S. 155 besprochene Akte von 1759 ertheilte den Magistraten in
den Städten und den Richtern auf dem Lande die Befugniß eine Armensteuer auszuschreiben, und zu dem Zwecke „to tax and ciesil the whole inhabitants within
the parish according to the estimation of their substance, without exception of
persons, to such weekly charge and contribution as shall be thought expedient
and sufficient to sustain the said poor people“; vgl. Nicholls p. 80. Im Jahre
1697 war diese Befugniß auf die Kirchencollegien übertragen worden, vergl. oben
S. 157.

ginn des 18ten Jahrhunderts in Schottland, abgesehen von einzelnen
Ausnahmen, die Mittel für die Armenpflege allgemein durch kirchliche
Sammlungen aufgebracht. Seit dem 16ten Jahrhundert haben immer
mehr und mehr Kirchspiele des Landes sich zur Einführung einer
Armensteuer entschlossen, und seit dem Erlaß des Armengesetzes im
Jahre 1845 ist es in der bei weitem überwiegenden Mehrzahl derselben geschehen [3]).

Das Armengesetz gestattet denjenigen Kirchspielen, welche
noch von Altersher die für die Armenpflege nöthigen Mittel durch
Sammlungen aufbringen, dabei zu verbleiben; ermächtigt aber
die Armenbehörden der Kirchspiele den Übergang zu dem System der
Besteuerung zu beschließen, und bestimmt, daß ein einmal gefaßter derartiger Beschluß ohne die Genehmigung der Centralarmenbehörde nicht wieder zurückgenommen werden darf [4]).

In Beziehung auf die Art und Weise der Besteuerung
läßt das Gesetz den Kirchspielen einen weiten Spielraum. In benjenigen Kirchspielen, in welchen von Altersher ein gewisser Besteuerungsmodus üblich ist, gestattet es denselben beizubehalten, wenn er noch gegenwärtig den Kirchspielsinsassen zusagt,

---

3) Vor dem Jahre 1700 war nur in 3 Kirchspielen eine Armensteuer eingeführt; im Jahre 1800 in 96; im Jahre 1817 in 143, vergl. Nicholls p. 106.
Über den Hergang seit 1845 liefert der 13th Annual Report p. XI eine Übersicht;
nach ihr zahlten von den 883 Kirchspielen Schottlands:

Im August 1845: Armensteuer 230; freiwillige Beiträge 650;
* * 1846: * * 448; * * * 432;
* * 1847: * * 558; * * * 322;
* * 1848: * * 600; * * * 280;
* * 1849: * * 625; * * * 255;
* * 1850: * * 644; * * * 236;
* * 1861: * * 663; * * * 220;
* * 1852: * * 671; * * * 211;
* * 1853: * * 680; * * * 202;
* * 1854: * * 689; * * * 194;
* * 1855: * * 700; * * * 183;
* * 1856: * * 716; * * * 167;
* * 1857: * * 729; * * * 154;
* * 1858: * * 738; * * * 145.

4) Vgl. 8 et 9 Victoria cap. 83 s. 83 n. 36. Es heißt in §. 33 ausdrücklich „it shall be lawful to alter or depart from such resolution without the consent and authority of the board of supervision".

Beschließen dagegen die Kirchspielsbehörden erst neuerdings die Einführung einer Armensteuer, oder eine Abänderung des
bisher üblichen Steuermodus, so müssen dabei die Bestimmungen beobachtet werden, welche das neue Armengesetz darüber aufstellt. Nach ihm aber ist die Wahl zwischen drei verschiedenen Arten der Besteuerung gestattet: Erstens es
kann die Steuer dem Grundeigenthum allein auferlegt werden, jedoch
mit der Maßgabe, daß die eine Hälfte derselben von den Eigenthümern (Owners), die andere von den Pächtern (Tenants) zu tragen
und nach dem jährlichen Reinertrage zu veranlagen ist. Oder zweitens: die Steuer kann zur Hälfte den Grundeigenthümern nach dem
jährlichen Reinertrage des Grundeigenthumes, zur anderen Hälfte der
Gesammtheit der Einwohner nach Maßgabe ihres übrigen Vermögens
und Einkommens (means and substance), abgesehen von dem Grundeigenthum, auferlegt werden. Oder endlich drittens: die Steuer
kann nach gleichen Procenten vom Ertrage des Grundeigenthumes
und dem des gesammten übrigen Einkommens erhoben werden[5]).

Die sehr überwiegende Mehrzahl der schottischen Kirchspiele hat sich
für die erste Art der Besteuerung entschieden, weil die Ermittelung des
Einkommens, welche bei der zweiten und dritten Besteuerungsart erforderlich ist, als für Kirchspielsbehörden zu schwierig und unsicher erachtet wurde, und überhaupt in Schottland sehr allgemeinen Widerspruch
fand[6]).

In Beziehung auf die erste, jetzt verbreitetste Methode der Besteue-

---

5) Das Gesetz §. 34 sagt in Beziehung auf den dritten Steuermodus: „assessment shall be imposed as an equal percentage upon the annual value of all
lands and heritages within the parish, and upon the estimated annual income of
the whole inhabitants from means and substance". Wäre also z. B. der Ertrag
des Grundeigenthumes in einem Kirchspiele auf 3000 £., der des übrigen Einkommens auf 7000 £. ermittelt, so würde die Steuer von den gesammten 10,000 £.
nach einem gleichen Procentsatz erhoben werden.

6) Unter den 883 schottischen Kirchspielen erhoben nach dem 13th Annual Report p. 11 im Jahre 1858 im Ganzen 738 eine Armensteuer; und von ihnen tha-
ten es 674 nach dem ersten Modus (140 mit Klassifikation, 534 ohne Klassifikation), 10 nach dem zweiten, 25 nach dem dritten Modus, 29 nach besonderem bei
ihnen alterthümlichem Modus. Im Report a. a. O. sind die Kirchspiele verzeichnet, in denen die Centralbehörde den Übergang von einem Besteuerungsmodus in
einen andern genehmigt hat; und S. 225 — 234 ist ein Nachweis gegeben, nach
welchem Modus alle einzelnen Kirchspiele steuern.

rung, ist noch speciell zu bemerken, daß bei ihr, nach einer ausdrück-
lichen Vorschrift des Armengesetzes, die Einzelnen von dem Grundeigenthum nicht zu gleichen Procenten der von ihnen gezahlten oder eingeschätzten Pacht oder Miethe besteuert zu werden brauchen, sondern
daß man sie nach der Art des von ihnen innegehabten Grundeigenthumes in Klassen eintheilen, und diese verschieden besteuern kann; indem man durch eine derartige Klassifikation des Grundeigenthumes
theilweise die Zwecke einer Einkommensteuer zu erreichen strebt. Jedes
Kirchspiel ordnet diese Klassifikation unter Genehmigung der Centralarmenbehörde auf die ihm zusagende Weise; eine Übereinstimmung des
Verfahrens der verschiedenen Kirchspiele wird dabei nicht für erforderlich gehalten, und findet in keiner Weise statt [1]).

Über die Ergebnisse der mit jedem Jahre, gleichzeitig mit der vermehrten Einführung der Armensteuer, mehr und mehr zurücktretenden
kirchlichen Sammlungen geben die Jahresberichte der Centralarmenbehörde Auskunft [2]).

---

[1] Das Armengesetz gestattet im §. 36 in Betreff des ersten Steuermodus den
Kirchspielsbehörden: „to distinguish lands and heritages into two
or more classes according to the purposes for which they are used or occupied, and to fix such different rates of assessment on the tenants and occupants
of each class as may seem just and equitable." Über die Art der
Einschätzung wird vorgeschrieben: „In estimating the annual value of
lands and heritages, the same shall be taken to be the rent at which,
one year with another, such lands and heritages might in their actual state be
reasonably expected to let from year to year, under deduction of the probable annual average cost of the repairs, insurance, and other expenses, if any,
necessary to maintain such lands and heritages in their actual state, and all
rates taxes and public charges payable in respect of the same". Zu Betreff der
praktischen Ausführung der bei dem ersten Steuermodus vom Gesetz gestatteten Klassifikation, verdankt der Verfasser an W. C. Walker Esq. nähere Auskunft.
Wenn zum Beispiel in einem Kirchspiele sich neben einander: Pächter von ländlichen Grundstücken (Farmers), Ladeninhaber, Fabrikanten und bloße Hausbesitzer
befinden, so werden die Farmers am niedrigsten (etwa von ½ der Rente), die Ladeninhaber höher (etwa von ⅔ der Rente), die Fabrikanten noch höher (etwa von
¾ der Rente), und die bloßen Hausbesitzer am höchsten (von der vollen Rente) besteuert.

[2] Vgl. 18th Annual Report p. XXIX. u. 188—202.

§. 43.
5. Die Behörden.
A. Die Lokalbehörden.

Bei der Verwaltung der Armenpflege sind in Schottland thätig: die Lokalbehörden, die Centralarmenbehörde und die Gerichte.

Da die schottische Centralarmenbehörde eine mehr vermittelnde und anregende, als entscheidende Stellung einnimmt, und die Summe der Gewalt auch noch gegenwärtig in den Händen der Lokalbehörden liegt, so erörtern wir im Interesse des leichteren Verständnisses, zuerst ihre Stellung und Zusammensetzung.

In den einzelnen Kirchspielen liegt die beschließende Gewalt in den Händen eines Kollegiums, des „Parochial board"; einer Behörde, die wir wegen ihrer Ähnlichkeit mit dem seit 1834 für die Sammtgemeinden (Unions) in England organisirten „Board of Guardians" (vgl. §. 13 oben), wie jene den Armenrath nennen wollen. Zur Ausführung seiner Beschlüsse und zur Führung der laufenden Verwaltung, ist dieser Armenrath verpflichtet einen besonderen Beamten anzustellen, der den Namen „Inspector" führt, aber in keiner Weise verwechselt werden darf mit den nach der Armenakte von 1531 in England eingeführten Inspektoren („Inspectors"), die wir in §. 12 als Hülfsbeamten der dortigen Centralarmenbehörde kennen lernten, während die schottischen Inspektoren nur Lokalbeamten (Kirchspielsbeamten) sind.

§. 44.
a. Der Armenrath (Parochial - Board) [1].

Wir haben bereits S. 168 den Standpunkt bezeichnet, von dem aus die Armenakte die Zusammensetzung des Armenrathes für die einzelnen Kirchspiele geordnet hat. In allen Kirchspielen, in welchen eine Armensteuer erhoben wird, ist zu den Kirchenkollegien und Grundbesitzern, die da, wo keine Armensteuer eingeführt ist, noch allein fungiren, eine Anzahl von Mitgliedern getreten, die aus den Steuerzahlenden des Kirchspieles gewählt wird. In den königlichen Städten, die keine

---

[1] Vgl. zu diesem §. im Allgemeinen Dunlop Cap. VIII Sect. 1.

Armensteuer zahlen, bildet der Stadtrath zugleich den Armenrath; und ist in einigen städtischen Kirchspielen eine andere künstlichere Zusammensetzung desselben eingeführt worden. Im Einzelnen sind aber die Armenräthe in folgender Weise zusammengesetzt:

1. In den ländlichen Kirchspielen, die keine Armensteuer zahlen, besteht noch gegenwärtig, wie vor Alters, der Armenrath aus dem Gemeindekirchenkollegium (Kirksession), welches die Geistlichen mit den auf Lebenszeit ernannten sich selbst ergänzenden Kirchenältesten bilden, und den Grundbesitzern (Heritors) des Kirchspieles[1]).

2. In den königlichen Städten, in denen keine Armensteuer erhoben wird, liegt die Armenpflege ausschließlich in den Händen des Stadtrathes[3]).

3. In den Kirchspielen die eine Armensteuer zahlen, und zu denen jetzt beiweitem die meisten schottischen Kirchspiele gehören, besteht der Armenrath aus drei Bestandtheilen: erstens aus dem Gemeindekirchenkollegium (Kirksession), dessen Mitglieder sämmtlich in den Armenrath eintreten, wenn ihre Zahl nicht 6 übersteigt; zweitens aus allen Grundbesitzern, deren Grundeigenthum einen jährlichen Werth von 20 Pfund und darüber beträgt[4]); und drittens aus einer Anzahl gewählter Mitglieder. Die Wahl der letzten steht den Steuerpflichtigen zu, und ihre Zahl bestimmt die Centralarmenbehörde, jedoch so, daß mit Rücksicht auf die Bevölkerung, die Summe der Gewählten die Gesammtsumme derjenigen, die als Grundbesitzer und als Mitglieder des Gemeindekirchenkollegiums Theil nehmen, nicht übersteigt[5]).

4. In einigen eine Armensteuer zahlenden, mit städtischen Rechten beliehenen Kirchspielen, den sogenannten

2) 8 et 9 Victoria cap. 83 §. 23.
3) Die Armenpflege verwalten „the provost and ballies of the royal burgh".
4) Die Worte sind „of the owners of lands and heritages of the yearly value of 20 L. and upwards".
5) Die Centralbehörde bestimmt die Zahl dieser zu wählenden Mitglieder mit Rücksicht darauf, daß die Mitglieder des Kirchenratskollegiums und die Grundbesitzer nicht durch sie überstimmt werden; das Armengesetz §. 24 sagt: ihre Zahl „shall be regulated and fixed from time to time by the board of supervision, due regard being had to the amount of the population, the number and residence of the other members of the parochial board, and the special wants and circumstances of each particular parish".

13

Burghal-parishes, deren Zahl sich aber nur auf 8 beläuft, ist die Zusammensetzung des Armenrathes dadurch verschieden, daß in ihnen das Gemeindekirchenkollegium nur 4 Mitglieder zum Armenrath stellt, die städtischen Behörden, an Stelle der Grundbesitzer, ebenfalls 4, und die Steuerpflichtigen eine von der Centralarmenbehörde zu wählende Zahl von Mitgliedern wählt, die jedoch nicht 30 übersteigen darf [6]).

Auf dem Lande ist in Schottland die Zahl der stimmberechtigten Grundbesitzer meistens eine nur kleine, weil sich der größere Grundbesitz wie in England in den Händen von verhältnißmäßig wenigen Familien befindet, die ihr Grundeigenthum verpachten. In Folge dessen zählt in den ländlichen Kirchspielen Schottlands der Armenrath meistens nicht so viel Mitglieder, daß daraus Inconvenienzen hervorgingen. In den größeren städtischen Kirchspielen dagegen, von denen, wie angeführt wurde, nur einige wenige zu den Burghal-parishes gehören, ist die Zahl der stimmberechtigten Grundbesitzer oft eine sehr große, so daß daraus ein Armenrath von mehreren hundert, ja mehreren tausend Mitgliedern hervorgeht. In diesen Fällen wird zur wirklichen Führung der Geschäfte des Armenrathes ein Ausschuß (Committee) bestellt, der nach dem Gesetz ausgestattet werden kann mit einer allgemeinen Vollmacht, alle Geschäfte des Armenrathes zu erledigen; wodurch die Plenarversammlung des Armenrathes im Wesentlichen den Charakter einer nur wählenden und Decharge ertheilenden Generalversammlung annimmt, die dann nach dem Gesetze auch nicht öfter als zweimal im Jahre zusammenzutreten braucht [7]).

Zu den Befugnissen des Armenrathes gehört in erster Reihe die Entscheidung über Unterstützungsgesuche. Schon oben S. 173 wurde erörtert, daß abgesehen von seiner Verpflichtung für alle arbeitsunfähigen Armen zu sorgen, die auf die Liste zu setzen sind, der Armenrath gegenwärtig ermächtigt ist, auch arbeitsfähige Personen zu unterstützen, wenn sie in Noth gerathen; daß er ferner für die Erziehung armer Kinder nach seinem Ermessen zu sorgen, und Armenärzte anzustellen hat [a]).

6) 8 et 9 Victoria c. 83 §. 17 — 26.

7) Dieses General-committee theilt sich dann nach den verschiedenen Mitgliedsgegen von W. S. Walker Esq. mehrfach, z. B. in Glasgow in mehrere kleinere Committees zur Behandlung besonderer Geschäfte, z. B. in relief-, law-, finance-, und assessment-committee.

a) 8 et 9 Victoria c. 83 §. 32. 66. 68. 69.

Der Armenrath kann ferner, wenn sein Kirchspiel über 6000 Einwohner zählt, die Erbauung eines Armenhauses für dasselbe beschließen; und wenn das Kirchspiel dazu für sich allein zu klein ist, sich zu dem Zweck mit anderen Kirchspielen vereinigen; doch bedarf ein solcher Beschluß der Genehmigung der Centralarmenbehörde, kann aber, wenn er einmal gefaßt ist, nicht einseitig zurückgenommen werden *).

Der Armenrath ist sodann ermächtigt und verpflichtet, die zur Armenpflege erforderlichen Mittel zu beschaffen. Er kann dies, so lange es gelingt, auf dem Wege kirchlicher Sammlungen thun; ist aber auch befugt die Erhebung einer Armensteuer zu beschließen, und steht ihm dabei die Wahl des Steuermodus zu; doch sind auch diese Beschlüsse an die Genehmigung der Centralarmenbehörde gebunden, und dürfen, einmal gefaßt, nicht einseitig zurückgenommen werden 1º). -

Der Armenrath ist endlich berechtigt und verpflichtet, einen besoldeten Beamten (Inspector) zur Führung der laufenden Geschäfte zu ernennen, und das Gehalt desselben zu bestimmen 11).

Vermöge dieser Stellung, die dem Armenrathe nicht nur Verwaltungsbefugnisse einräumt, sondern ihm auch die Entscheidung über die Gesetzlichkeit erhobener Ansprüche in erster Instanz überträgt, wird der Armenrath in Schottland als eine richterliche Behörde angesehen, und steht deswegen von Altersher unter der Kontrole und Disciplin der höheren Gerichte.

§. 45.
b. Die Inspektoren (Inspectors) 1).

Das neue Armengesetz verpflichtet die Armenräthe zur Anstellung von Inspektoren, deren Besoldung oder Remuneration sie zugleich zu bestimmen haben 2).

Die vornehmste Pflicht des Inspektors ist es die Unterstützungsgesuche der Armen entgegenzunehmen, ihre Verhältnisse zu untersuchen, ihnen in dringlichen Fällen sofort eine einstweilige Hülfe zu gewähren,

9) 8 et 9 Victoria c. 88 s. 60 folg.
10) 8 et 9 Victoria c. 83 s. 88 folg.
11) 8 et 9 Victoria c. 88 s. 88.
1) Bgl. Dunlop Chap. VIII Sect. 3.
2) 8 et 9 Victoria c. 88 s. 32.

13 *

und sie dem Armenrathe bei dessen nächster Sitzung vorzustellen. Der Inspektor beaufsichtigt auch die bereits auf der Liste stehenden Armen und theilt die Almosen an sie aus [3]). Wo ein Armenhaus existirt, steht dies unter seiner oberen Aufsicht. Er führt ferner das Protokoll bei den Sitzungen des Armenraths, erläßt die Einladungen zu denselben, führt die Rechnungen, erstattet die Berichte und besorgt die Correspondenz [4]). Auch die Prozesse des Armenraths können auf seinen Namen angestellt werden [5]). Ingleichen hat er die Wahlprotokolle und Stimmlisten bei den Wahlen des Armenraths zu führen [4]).

Hiernach vereinigt der schottische Inspektor die Pflichten des Unterstützungsbeamten (Relieving officer) und Sekretärs in England. Häufig übernimmt er auch noch die Steuererhebung, doch ist in vielen Kirchspielen hierfür ein besonderer Beamte ernannt [1]).

Der Umfang der Geschäfte eines Inspektors hängt ab von der Größe und Bevölkerung, sowie von den gesammten Verhältnissen seines Kirchspieles. Die Kirchspiele sind aber in Schottland wie in England sehr verschieden; in nicht wenigen beträgt die Bevölkerung weniger als 500 Seelen, in anderen übersteigt sie 10,000, ja 20,000 Seelen. In vielen ländlichen Kirchspielen ist die Zahl der zu versorgenden Armen außerordentlich gering, in manchen sind sogar noch gegenwärtig gar keine regelmäßig zu unterstützenden und in die Armenliste eingetragenen Armen vorhanden, so daß sich die jährlichen Ausgaben des Kirchspieles für die Armenpflege nur auf wenige Pfunde, oder selbst Schillinge beschränken. In einer großen Zahl von Kirchspielen kann in Folge dessen die Stellung eines Inspektors von dem Schullehrer, oder einem kleinen Pächter, als Nebenamt versehen werden, während dagegen in anderen seine Geschäfte so umfangreich sind, daß sie nicht von einem Manne bewältigt werden können, und der Inspektor daher ein mehr oder minder zahlreiches Büreau unter sich hat.

In Übereinstimmung hiermit ist auch das Gehalt und die Lebensstellung des Inspektors verschieden. So erhält zum Beispiel in einem Kirchspiele von Glasgow der Inspektor eine Besoldung von 500 Pfund; während in vielen ländlichen Kirchspielen eine Remuneration von einigen Pfunden, und vielleicht selbst Schillingen genügt.

3) a. a. D. §. 70.   4) a. a. D. §. 55.
5) a. a. D. §. 55.   6) a. a. D. §. 84.
7) a. a. D. §. 38.

um den Schullehrer zur Übernahme der geringfügigen Geschäfte zu vermögen.

Wegen Unfähigkeit oder Vernachläſſigung ihrer Pflichten können Inſpektoren von der Centralarmenbehörde entlaſſen werden*); auch iſt ſie es, die ihnen Anweiſungen über die Art und Weiſe ihrer Amtsführung ertheilt. Der Armenrath kann die einmal angeſtellten Inſpektoren nicht wieder entlaſſen, auch nicht die ihnen einmal bewilligte Remuneration willkürlich ſchmälern. Unerachtet der Inſpektor der Beamte des Armenraths iſt, und deſſen Befehlen, ſofern ſie dem Geſetz entſprechen, zu gehorchen hat, ſo nimmt er doch demſelben gegenüber eine ziemlich unabhängige Stellung ein, und hat das Mißfallen der Centralarmenbehörde zu ſcheuen. Hierin, und in der Befugniß der Inſpektoren, den Hülfsbedürftigen in dringenden Fällen interimiſtiſch eine Unterſtützung zu gewähren, liegt für die Armen vielleicht ihr wirkſamſter Schutz gegen grobe Vernachläſſigung.

§. 46.
B. Die Centralarmenbehörde (Board of Supervision)[1].

Durch das neue Armengeſetz iſt für Schottland eine Centralarmenbehörde in ähnlicher Weiſe wie durch die Armenakte von 1834 für England eingeſetzt, jedoch ſind ihre Befugniſſe minder ausgedehnt als die jener. Die ſchottiſche Centralarmenbehörde iſt im Allgemeinen mehr eine berathende, belehrende, vermittelnde und nachhelfende, als eine entſcheidende Behörde. Die verſchiedene Stellung beider Behörden wird auch ſchon durch ihre Namen angedeutet, indem die ſchottiſche „Board of Supervision“ (Aufſichtsbehörde)[2], die engliſche „Poorlaw-board“ (Armengeſetzbehörde) heißt.

Was zunächſt die Zuſammenſetzung der ſchottiſchen Centralarmenbehörde betrifft, ſo beſteht ſie gleich der engliſchen, neben einigen beſonders dazu ernannten Mitgliedern, aus anderen, die es vermöge ihrer anderweitigen Amtsſtellung ſind. Letzteres iſt der Fall bei dem

*) 8 et 9 Victoria c. 83 §. 56.
1) Über die Centralarmenbehörde handelt 8 et 9 Victoria c. 83 §. 9—16; vgl. dazu Dunlop a. a. O. Chap. VIII Sect. 3. Außerdem hat der Verfaſſer im Jahre 1857 ſich näherer Mittheilungen über ſie von Seiten ihres Präſidenten Sir John Mc Neill, und deſſen Sekretär Mr. Walker, zu erfreuen gehabt.
2) Im ſchottiſchen Armengeſetz „Board of Supervision for Relief of the Poor of Scotland“ 8 et 9 Victoria c. 63 §. 3.

Lord Provost (Oberbürgermeister) von Edinburgh und dem von Glasgow, bei dem Solicitor-general (Generalstaatsanwalt) von Schottland, und den jedesmaligen Sheriffs der Grafschaften von Perth, von
Renfrew, und von Roß und Cromarty[3]). Besonders ernannt werden
dagegen von der Krone drei Mitglieder der Centralarmenbehörde, und
zwar sind es: der Präsident der Centralarmenbehörde, der als solcher
besoldet wird, und zwei angesehene Grundbesitzer, die ihre Stellung
als ein Ehrenamt unentgeltlich verwalten.

Die Geschäfte der Centralbehörde werden nicht nur nominell,
sondern in Wahrheit kollegialisch geführt. Der Präsident des
Kollegiums besorgt nur die Vorbereitung der Sachen für die Behörde,
die Correspondenz und Derartiges; die Entscheidung aller wichtigen
Angelegenheiten, wie z. B. die gutachtliche Äußerung über die Zulänglichkeit der Unterstützung eines Armen, der sich über dieselbe beschwert,
die Genehmigung der Errichtung eines Armenhauses, die Erlaubniß
von dem System der freiwilligen Sammlungen zu dem der Besteuerung
überzugehen, die Bestimmung des für die Armensteuer zu wählenden
Steuermodus u. s. w., ist dem Kollegium vorbehalten, und es bedarf
zu einer gültigen Beschlußfassung desselben die Anwesenheit von mindestens drei seiner Mitglieder. Da aber die
Provosts von Edinburgh und Glasgow nur selten an den Sitzungen
Theil nehmen können, und die beiden zu Mitgliedern des Kollegiums
ernannten größeren Grundbesitzer vielfach nicht in Edinburgh anwesend
sind, so sind die Stimmen der als Mitglieder angeführten Sheriffs, die
ihren Wohnsitz in Edinburgh haben, meistens entscheidend. Bei allen
Rechtsfragen, deren nicht wenige vor die Centralbehörde kommen, wie
über Ansprüche wegen Unterstützung, über Ortsangehörigkeit von Armen
u. s. w., ist ihr Beistand ohnehin von besonderer Wichtigkeit. Die genannten Sheriffs beziehen in Folge dessen für ihre Theilnahme an den
Geschäften der Behörde eine Remuneration.

Die Centralarmenbehörde hält regelmäßig alle Wochen eine
Sitzung; und außerdem so oft, als die Erledigung der vorhandenen
Geschäfte es nothwendig macht.

Zu den vorzüglichsten Aufgaben der Centralbehörde gehört, daß sie sich von dem gesammten Zustande der Armenpflege, und der ganzen Thätigkeit und Pflichterfüllung der Lokal-

---

3) 8 et 9 Victoria c. 83 §. 2.

armenbehörden, genau unterrichtet, und über die gewonnenen Resultate dem Staatsministerium die geeigneten Mittheilungen macht. Das Ministerium veröffentlicht dann jährlich diese ihm erstatteten Berichte, und zwar zunächst, um dadurch die öffentliche Meinung aufzuklären und fortwährend - auf den hochwichtigen Gegenstand zu lenken, damit in Folge dessen die Lokalbehörden zu einer erleuchteteren Auffassung und gewissenhafteren Erfüllung ihrer Pflichten vermocht werden, dann aber auch insbesondere, um dadurch die Unterlagen zu den erforderlichen Verbesserungen der Gesetzgebung zu gewinnen. Um die zu diesem Zweck erforderliche Einsicht zu erlangen, sind der Centralarmenbehörde sehr ausgedehnte Befugnisse zur Untersuchung aller einschlagenden Verhältnisse eingeräumt. Sie empfängt von den Lokalbehörden (den Kirchspielsinspektoren) regelmäßige Berichte, die nach ihren Anweisungen abgefaßt werden müssen, sie kann von allen Akten, Protokollen und Rechnungsbüchern derselben Kenntniß nehmen, ihnen beliebige schriftliche Fragen zur Beantwortung vorlegen, ihren Sitzungen durch eines ihrer Mitglieder oder durch einen dazu speciell Bevollmächtigten beiwohnen und sich an ihren Berathungen, jedoch ohne Stimmrecht, betheiligen, auch besondere Untersuchungen über die Zustände der Armenpflege in bestimmten Gegenden anstellen. Werden einzelne Bezirke von besonderen Unglücksfällen beimgesucht, oder treten in ihnen besondere Schwierigkeiten in Betreff der Armenpflege hervor, so pflegt der Präsident der Centralbehörde dieselben persönlich zu besuchen, und sich in Betreff der fraglichen Punkte unmittelbar ein Urtheil zu bilden, sonst werden Lokalrecherchen von drei dem Präsidenten zu derartigen Zwecken beigegebenen Unterbeamten erledigt, denen in ähnlicher Weise wie den englischen Inspektoren, nur mit weniger ausgedehnter Vollmacht, gewisse Bezirke untergeben sind, deren Kirchspiele sie regelmäßig besuchen müssen. Zwei von diesen Unterbeamten wohnen in ihren Bezirken, die den nordöstlichen Theil Schottlands, und zwar der Ausdehnung nach zwei Drittel des ganzen Landes umfassen, sie führen die Benennung Superintendents; der dritte pflegt in Edinburgh im Büreau des Präsidenten beschäftigt zu sein, und verwendet nur einen Theil des Jahres, um die südöstlichen Grafschaften Schottlands zu bereisen. Alle drei Unterbeamten haben die Vollmacht, Zeugen eidlich zu vernehmen, Akten und Rechnungen der Lokalbehörden einzusehen u. s. w.; sie erhalten eine jährliche Besoldung von 300 bis 400 Pfund.

Abgesehen von dem fast uneingeschränkten Recht Untersuchungen anzustellen, hat die Centralarmenbehörde noch eine Reihe anderer wichtiger, zum Theil schon oben gelegentlich erwähnter Befugnisse, die ihr einen großen Einfluß auf die Lokalverwaltung der Armenpflege gewähren. An sie gehen zunächst die Beschwerden der Armen über unzureichende Unterstützung[4]); nur wenn die Centralbehörde die Beschwerde für begründet hält, hat der Arme das Recht eine Klage bei dem höchsten Gerichtshof einzureichen, wo dann seine Sache unentgeltlich verhandelt und von einem Rechtsbeistand vertreten wird[5]). Daß die Korrespondenz mit dem Armenrath des Kirchspieles über die Beschwerde, bisher ohne Ausnahme zur Erledigung der Sache führte, ohne daß es zu einer Klage kam, wurde schon oben (S. 170) erwähnt. Die Centralbehörde hat ferner die Befugniß, die in den Kirchspielen für die Armenverwaltung ernannten Inspektoren, wenn sie ihre Pflichten verabsäumen, zu verwarnen und aus ihrer Stellung zu entlassen[6]). Sehr häufig wenden sich Arme mit Beschwerden über eine ungeeignete Behandlung von Seiten der Inspektoren, wenn sie von dem Armenrath ihres Kirchspieles nicht gehört werden, an die Centralarmenbehörde, indem sie von ihr eine gerechte und wirksame Prüfung der Sache erwarten.

Der Centralarmenbehörde steht desgleichen die Befugniß zu, diejenigen Armenärzte, die einen Zuschuß aus Staatsmitteln erhalten, wegen Dienstvergehen zu entlassen. Ihr steht es ferner zu, die Zahl der von den Steuerpflichtigen zu wählenden Mitglieder der Armenräthe zu bestimmen, und die Wahlregulative zu erlassen[7]).

Mehrere andere wichtige Angelegenheiten, deren Regelung im Allgemeinen den Kirchspielsbehörden überlassen ist, unterliegen doch einer Genehmigung der Centralarmenbehörde. Dies gilt von dem Beschluß eines Kirchspieles ein Armenhaus zu errichten; von dem Beschluß mehrerer Kirchspiele zu dem erwähnten Zweck zusammenzutreten; desgleichen von dem Beschluß eines Kirchspieles von dem System der kirchlichen Sammlungen zu dem der Besteuerung zum Zweck der Beschaffung der Mittel für die Armenpflege überzugehen; und endlich von dem Beschluß eines Kirchspieles für die Armensteuer einen Steuermodus von den S. 190 erläuterten anzunehmen[8]). Wenn mehrere Kirchspiele zur Errichtung

---

4) 8 et 9 Victoria c. 83 §. 65.　　　5) a. a. D. §. 74.
6) a. a. D. §. 56.
7) a. a. D. §. 17—24.　　8) a. a. D. §. 60 folg. und §. 83 folg.

eines gemeinsamen Armenhauses zusammentreten wollen, so ermittelt die Centralbehörde die Grundlagen, auf denen eine Vereinbarung unter ihnen zu Stande zu bringen ist. Sie kann auch ihrerseits die Kirchspiele veranlassen den Plan einer Vereinigung zu diesem Zwecke in Erwägung zu ziehen; und hat schließlich die Pläne über den Bau und die Einrichtung der Armenhäuser, sowie die Regulative für ihre Verwaltung zu genehmigen [9]).

Unbedingt ergiebt sich aus diesen Anführungen, daß die Central-armenbehörde genügende Veranlassung hat von allen wichtigeren Verhandlungen der Kirchspielsbehörden Kenntniß zu nehmen, und dabei auf die Berichtigung ihrer Ansichten, sowie auf die Belebung ihres Eifers einzuwirken; dadurch lähmt sie keineswegs die Selbstthätigkeit und das Bewußtsein der eigenen Verantwortlichkeit derselben, da ihr nicht die Macht beiwohnt die Ausführung einer Maßregel gegen deren Einsicht und Willen anzuordnen. Überall erscheint die Centralbehörde nur als der Rathgeber und Beistand der Kirchspielsbehörden, den sie auf Irrthümer aufmerksam macht, vor Gefahren warnt und Verbesserungen in der Verwaltung erleichtert. Sie ist dabei gleichzeitig ein Schutz für die Armen gegen die Engherzigkeit, und für die Inspektoren gegen die Willkühr der Armenräthe, ohne doch die Freiheit ihrer Entschließungen zu beeinträchtigen.

In Fällen, wo die Armenräthe ihre Pflicht versäumen, oder die Centralarmenbehörde an der Ausübung der ihr durch das neue Armengesetz eingeräumten Befugnisse behindern, hat die Centralbehörde keine eigene Strafgewalt, das Gesetz hat sie aber ermächtigt sich mit einer Beschwerde auf kürzestem Wege an den höchsten Gerichtshof zu wenden.

§. 47.
C. Stellung der Gerichte [1]).

Die Rechte und Pflichten der Untergerichte in Beziehung auf die Armenpflege, sind in Schottland lange Zeit schwankend gewesen. Auf Grund einer allgemeinen Anweisung in der S. 155 angeführten Akte des König James VI aus dem Jahre 1579 an die „Stewarts and Bailiffs", darauf zu sehen, „daß diese Gesetze gehörig vollzogen würden", legten sich die Sheriffs und Friedensrichter das Recht bei, den Armen unmittelbar

9) a. a. D. §. 60—63.
1) Vgl. Dunlop Chap. VIII Sect. 4 u. 5.

selbst eine Unterstützung zu bewilligen; und übten bis zum Jahre 1831 unbestritten das Recht aus, die Beschlüsse der Gemeindekirchenkollegien einer Revision zu unterwerfen; in diesem Jahre entschied aber der höchste Gerichtshof, daß die Kirchspielsbehörden bei der Ausübung der ihnen durch die Armengesetze übertragenen Befugnisse, der Jurisdiktion keines Untergerichtes, sondern lediglich der des höchsten Gerichtshofes unterworfen wären[1]. Durch das neue Armengesetz von 1545 ist dies dahin abgeändert, daß den Sheriffs nunmehr die Macht gegeben ist, bei Klagen der Armen über Verweigerung von Unterstützungen, darüber zu erkennen, ob der Arme in die Kategorie derer gehört, denen das Gesetz einen Anspruch auf Unterstützung einräumt; und kann der Sheriff ferner in dringenden Fällen auf Grund der von dem Armen angeführten Thatsachen, dem Inspektor befehlen, dem Armen sofort eine einstweilige Unterstützung zu verabreichen, dies Interimistikum auch bis zum Austrag der Sache vor ihm verlängern[2]). Den Betrag der zu gewährenden Unterstützung zu bestimmen, ist aber der Sheriff nicht ermächtigt[3]). Klagen über Unzulänglichkeit einer bewilligten Unterstützung, können nur bei dem höchsten Gericht angebracht werden, müssen aber vor der Einreichung an dasselbe der Centralarmenbehörde zur Begutachtung vorgelegt werden. Nur wenn diese Grund zur Klage findet, nimmt der Gerichtshof dieselbe an, und verhandelt über sie dann für den Armen kostenfrei[4]). Die praktischen Folgen, die diese Einrichtung hat, sind bereits oben S. 169 erläutert worden.

Der oberste Gerichtshof hat nicht nur die Macht die einzelnen Entscheidungen der Armenräthe zu revidiren, sondern es steht ihm auch die Oberaufsicht und Disciplin über dieselben in gleicher Weise wie über die Untergerichte zu; er kann sie zur Erfüllung ihrer Pflichten anhalten, und wegen Vernachlässigung derselben strafen.

§. 48.

6. Allgemeine Ergebnisse des neuen Armengesetzes in Schottland.

Die Früchte des neuen Armengesetzes müssen im Allgemeinen als sehr erfreuliche bezeichnet werden.

---

2) Vgl. Dunlop p. 152. 153.

3) 8 et 9 Victoria c. 83 §. 73.

· 4) Vgl. eine bei Nicholls p. 169 note angeführte gerichtliche Entscheidung, welche diesen Punct festgestellt hat.

5) a. a. O. §. 74.

Nicht als ob der Verfasser behaupten wollte, daß die Zustände der schottischen Armenpflege in allen Beziehungen befriedigen könnten; zu einem solchen allgemeinen Urtheile glaubt sich überhaupt der Verfasser als Ausländer, bei, wenn auch wiederholten, doch verhältnißmäßig immer nur flüchtigen Besuchen Schottlands, um so weniger für berechtigt, als die Verwaltung der Armenpflege in Schottland wesentlich in den Händen der Lokalbehörden liegt, und in den verschiedenen Kirchspielen auf so verschiedene Weise geführt wird, daß von dem Zustande an dem einen Orte, in keiner Weise auf den an einem anderen mit Sicherheit geschlossen werden kann [1]).

Das aber tritt ganz unzweifelhaft hervor:

seit Erlaß des neuen Armengesetzes sind in Schottland sehr wesentliche Fortschritte zum Besseren gemacht worden, und zwar unter freier Zustimmung der Lokalbehörden.

Die Kirchspiele sind, ohne dazu genöthigt zu sein, immer allgemeiner zu dem vollkommeneren System der Armenverwaltung übergegangen. In vielen Beziehungen mag man zwar bezweifeln, ob es besser ist die Mittel zur Armenpflege durch Steuern, statt durch kirchliche Sammlungen, aufzubringen [2]). Allein sobald es —, sei es aus welchen Ursachen es sei —, nicht mehr gelingen will, die erforderlichen Summen durch kirchliche Sammlungen aufzubringen, ist es ohne Zweifel besser zu einer Armensteuer zu schreiten, als die un-

1) Nicht verschweigen will der Verfasser, daß verschiedene Privatpersonen, die er in Schottland sprach, ihm die Ansicht äußerten, daß die bewilligten Armenunterstützungen in vielen Kirchspielen noch gegenwärtig sehr knapp zugemessen seien. Daß dies richtig sei, hält der Verfasser für höchst wahrscheinlich, zweifelt auch nicht, daß ein Beamter der englischen oder gar der irischen Armenbehörden, die Einrichtung und Verwaltung der schottischen Armenhäuser, nicht überall für befriedigend erachten würde. Die Frage ist nur, ob nicht auf dem langsameren und mühevolleren Wege in dem Zeitraume von 17 Jahren Bedeutendes bereits geleistet ist, und will der Zeit noch mehr erreicht werden wird. Für Schottland —, um hier keine allgemeinere Behauptung aufzustellen —, war, nach der Ansicht des Verfassers, der eingeschlagene Weg sicherlich der angemessenere, ja wahrscheinlich der allein zum Ziele führende. Ein directer Zwang von oben, wie er in Irland nothwendig gewesen ist, würde hier einen Widerstand hervorbeschworen haben, der das anfänglich vielleicht Errichtete, bald wieder hätte verloren gehen lassen.

2) Vgl. Angaben über das Uebergehen von freiwilligen Beiträgen zur Armensteuer in §. 42 Note 3.

leugbare Pflicht einer genügenden Armenpflege unerfüllt zu lassen. Obendrein hören die kirchlichen Sammlungen in den schottischen Kirchspielen bei Einführung einer Armensteuer keineswegs auf, sondern es tritt nur in Folge dessen eine vollständige Trennung der kirchlichen Armenpflege nach Zweck, Mitteln und Behörden ein *). Gerade dies hält aber der Verfasser für wünschenswerth, wenn er auch nicht glaubt, daß bei der Trennung, wie sie in Schottland erfolgt ist, jeder der beiden Verwaltungen die ihrem innersten Wesen entsprechende Aufgabe zugewiesen ist.

Noch unzweifelhafter ist die Vermehrung der Zahl der Armenhäuser als ein wichtiger Fortschritt anzusehen. Jemehr die Armenhäuser in Schottland anfangen den Charakter der englischen Arbeitshäuser anzunehmen, wie oben S. 185 erörtert wurde, um so weniger kann bei der Art und Weise, wie die Armenhäuser jetzt auch in Schottland benutzt werden: einmal als Lazarethe zur Aufnahme von Kranken, sodann als Zufluchtsstätten für solche Arme, die keine Angehörigen haben oder bei denselben keine Aufnahme finden können, und endlich als Hülfsmittel um durch sie das Vorhandensein der Bedürftigkeit in zweifelhaften Fällen zu ermitteln, über die Wohlthätigkeit solcher Anstalten eine Meinungsverschiedenheit bestehen. Die ansehnliche von den Kirchspielen freiwillig beschlossene Vermehrung derselben ist der sprechendste Beweis für ihren Nutzen. Während ganz Schottland im Jahre 1845 nur 13, meistens sehr unvollkommen eingerichtete und nicht zweckmäßig benutzte Armenhäuser besaß, die sich nur in den größeren Städten des Landes befanden, waren in Schottland nach den Listen der Centralarmenbehörde am 1ten August 1858 außer 15 im Bau begriffenen, 33 vollständig eingerichtete Armenhäuser vorhanden, die nach den oben angedeuteten Grundsätzen verwaltet wurden und für 10,689 Personen Raum zur Aufnahme darboten 4).

---

3) Wie S. 172 u. 192 erörtert, wird nämlich in allen Kirchspielen, welche eine Armensteuer erheben, zur Verwaltung derselben eine besondere Behörde, der Armenrath (Parochial-board) gebildet, und dagegen die Verfügung über die Ergebnisse der kirchlichen Sammlungen dem Kirchenkollegium überlassen.

4) Im XIIIten Annual Report p. 218 — 222 sind die einzelnen schottischen Armenhäuser und die Kirchspiele, für die sie errichtet sind, mit Angabe der Zahl der Personen, die sie aufnehmen können, und der Bevölkerung der Kirchspiele, denen sie angehören, speciell verzeichnet. Seit Vollendung der im Jahre 1858 im Bau begriffenen Armenhäuser, besitzen (abgesehen davon, daß selbem ohne Zweifel neuern

In ähnlicher Weise ist es erfreulich wahrzunehmen, daß die Zahl der Kirchspiele, welche Armenärzte unter den von der Regierung vorgeschriebenen Bedingungen angestellt haben, im Jahre 1858 auf 634 gestiegen war, während es vor dem Jahre 1845 fast überall den Ärzten allein überlassen blieb, ob und in welcher Ausdehnung sie den Armen ärztlichen Beistand gewähren wollten [5]. Auch sind in diesen Kirchspielen die Verwendungen für Krankenpflege, wenn man die Bevölkerung der Kirchspiele vergleicht, höher gestiegen, als in den andern Kirchspielen des Landes [6].

——— ——

Bauten erfolgt sein werden) 215 Kirchspiele, die nach der Zählung vom Jahre 1851 eine Bevölkerung von 1,397,818 Seelen haben, für sich allein, oder in Verbindung mit andern Kirchspielen, Armenhäuser; vgl. XIIIth Annual Report p. XII. Außerdem hatte sich nach den Angaben aus dem Jahre 1858 eine Zahl von 187 Kirchspielen mit einer Bevölkerung von 662,633 Seelen, durch besondere Veranlassungen das Recht gesichert, ihre Armen in benachbarten Armenhäusern unterbringen zu können. Da die Gesammtbevölkerung Schottlands nach der Zählung von 1851 auf 2,888,742 betrug, so werden demnach für weit über die Hälfte derselben, Armenhäuser bei der Verwaltung der Armenpflege benutzt, aber freilich ist der Raum, den jene Armenhäuser darbieten, vgl. S. 181 u. 186, für das Bedürfniß noch zu gering (vgl. XIIIth Annual Report p. 184).

5) Die Regierung sucht die schottischen Gemeinden dadurch zur Anstellung von remunerirten Armenärzten zu vermögen, daß sie den Gemeinden, die auf die für die Anstellung von ihr vorgeschriebenen Bedingungen eingehen, einen Zuschuß zu dem Gehalt der Armenärzte zahlt. Die aufgestellten Bedingungen beziehen sich theils auf die Qualification der Ärzte, theils darauf daß sie von der Centralarmenbehörde wegen Untauglichkeit oder Pflichtverletzung entlassen werden können, nicht aber von den Gemeinden, auch nicht, wie das früher vielfach üblich war, nur auf ein Jahr angestellt werden dürfen, vgl. Nicholls a. a. O. p. 190 u. 261. Eine in XIIIth Annual Report p. 204—224 abgedruckte Liste, verzeichnet die Summen, die vom 14ten Mai 1857 bis dahin 1858, die einzelnen Kirchspiele, von den als jährlichen Staatszuschuß bewilligten 10,000 £., erhielten. Außer den 634 Kirchspielen, die im Jahre 1858 für die von ihnen angestellten Armenärzte, in Folge ihrer Unterwerfung unter die vom Staate gestellten Bedingungen, Staatsunterstützung erhielten, hatten noch 26 andere Kirchspiele bereits im Jahre 1858 sich dazu bereit erklärt, vgl. XIIIth Annual Report p. XIV.

6) Die für arme Kranke im Jahre 1858 verwendete Summe von 24,948 £. ergiebt, wenn man sie auf die Gesammtbevölkerung Schottlands nach der Zählung vom Jahre 1851 vertheilt, 2 1/12 Pence auf den Kopf. Die Bevölkerung der 660 Kirchspiele, die sich im Jahr 1858 den Staatsvorschriften in Betreff der Anstellung von Armenärzten unterwerfen wollte, betrug nach jener Zählung 2,462,960 Seelen, die der 222 übrigen Kirchspiele 425,782 Seelen; in den ersteren Kirchspielen werden 23,081 £., d. i. 2 1/4 Pence auf den Kopf der Bevölkerung, in diesen 1,867 £.,

Mit Rücksicht darauf, daß in Schottland die vor Einführung des neuen Armengesetzes in vielen Kirchspielen den Armen gewährten Unterstützungen notorisch zu niedrig waren, ist im Gegensatz gegen die englischen Verhältnisse, die Zunahme der Ausgaben für die Armenpflege, und insbesondere die Erhöhung der den einzelnen Armen durchschnittlich gewährten Unterstützungen, als ein günstiges Ergebniß anzusehen.

Die Gesammtausgabe für die Armenpflege ist seit dem Jahre 1846/47, von 443,915 ₤., d. i. von 3 Schill. 3½ Pf. auf den Kopf der Gesammtbevölkerung, bis zum Jahre 1857/58 auf 640,700 ₤., d. i. auf 4 Schill. 5 Pf. auf den Kopf der Gesammtbevölkerung, gestiegen [1]).

---

t. i. $1\frac{1}{80}$ Pence auf den Kopf der Bevölkerung, für arme Kranke verausgabt. Vgl. XIIIth Annual Report p. XIV.

7) Die seit dem Erlaß des neuen Armengesetzes in den einzelnen mit dem ältern Mai schließenden Armenjahren jährlich gemachten Ausgaben für die Armen, sind im XIIIth Annual Report p. XXI, in folgender Liste zusammengestellt:

Jahr	verausgabt		auf den Kopf der Bevölk.		
1845/46	295,232 ₤.,	d. i.	2 Sch.	3 D.	
1846/47	433,915 ₤.,		3	3½	
1847/48	544,334 ₤.,		4	1½	
1848/49	577,044 ₤.,		4	4½	
1849/50	581,553 ₤.,		4	5	
1850/51	535,943 ₤.,		3	8	
1851/52	536,868 ₤.,		3	8½	
1852/53	544,552 ₤.,		3	9	
1853/54	578,928 ₤.,		4	0	
1854/55	611,784 ₤.,		4	2½	
1855/56	629,348 ₤.,		4	4½	
1856/57	636,372 ₤.,		4	4½	
1857/58	640,700 ₤.,		4	5	

Die für das erste Verwaltungsjahr angegebene Summe dürfte kaum ganz vollständig sein, die Angaben, die die Centralbehörde besaß, mochten noch ungenügend sein. In den folgenden Jahren bis 1849/50 wurde durch außerordentliche Nothstände in Schottland wie anderwärts, eine schnelle Steigerung der Armenausgaben veranlaßt; die darauf in den nächstfolgenden Jahren wieder einige Ermäßigung erfuhren. Die Steigerung der letzvergleichenen Jahre hing mit den hohen Getreidepreisen dieser Jahre zusammen. Es mag hier noch angegeben werden, aus welchen Posten die im Jahre 1857/58 für die Armen verausgabte Summe zusammengesetzt ist. Es wurden verwendet (mit Beilassung der Schillinge):

Die für einen auf der Liste stehenden Armen bewilligte durchschnittliche Unterstützung, berechnet die Centralarmenbehörde beim Beginn ihrer Thätigkeit im Jahre 1845, auf nur
3 £. 13 Schill. 7| Den. jährlich; und weist, indem sie ausführt, wie sie
von Jahr zu Jahr gestiegen ist, nach, daß sie sich im Jahre 1857/58
auf 4 £. 19 Schill. 7| Den. belief[8]). Dies ergiebt eine durchschnitt-
liche Unterstützung von nahebei 2 Schilling wöchentlich für einen Ar-
men[9]). Berücksichtigt man nun, daß eine Unterstützung von 2| Schil-
ling wöchentlich in Schottland zum Unterhalt eines Armen für genügend erachtet wird, auch wenn dieser keine anderen Erwerbsmittel
hat[10]), und daß ein Theil der Unterstützten noch im Stande ist sich
nebenbei etwas zu verdienen, so scheint im Allgemeinen doch schon
sehr Bemerkenswerthes erreicht zu sein, wenn auch gewiß noch sehr
Bedeutendes zu wünschen übrig sein mag[11]).

a. Zur die in die Listen eingetragenen Armen (Regular poor on Roll, or
   Registered) . . . . 490,297 £.
b. Für die gelegentlich Armen (Casual poor) . . 27,915 »
c. Für Armenkrankenpflege . . . . 24,948 »
d. Für Verwaltungskosten (Management) . . . 66,307 »
e. Für Prozeßkosten (Law expenses) . . . . . 7,165 »
f. Für Baulichkeiten (Buildings) . . . . . . 18,066 »
   Summa wie oben 640,700 £.

Vgl. 15th Annual Report p. XXI, wo auch für die früheren Jahre derartige Angaben zu finden sind.

8) Nach dem 13th Annual Report p. XXII betrug die durchschnittliche Unterstützung (Average Allowance to each Pauper on Roll, or Registered) für das mit
dem 15ten Febr. 1846 endende Jahr: 3 £. 13 Sch. 7| D.; für das Jahr bis zum
14ten Mai 1847: 4 £. 10 Sch. 9 D.; 1848: 3 £. 19 Sch. 7| D.; 1849: 3 £.
18 Sch. 5| D.; 1850: 4 £. 1 Sch. 8| D.; 1851: 4 £. 1 Sch. 0| D.; 1852:
4 £. 0 Sch. 8 D.; 1853: 4 £. 2 Sch. 6| D.; 1854: 4 £. 2 Sch. 7| D.; 1855:
4 £. 11 Sch. 9| D.; 1856: 4 £. 17 Sch. 11| D.; 1857: 4 £. 19 Sch. 9| D.;
1858: 4 £. 19 Sch. 7| D.

9) Genau gerechnet beträgt die wöchentliche Unterstützung im Durchschnitt
1 Sch. 11 Den., also einen Denar weniger als 2 Schill.

10) Daß 2| Schill. in dieser Weise genügten, wurde dem Verfasser mehrfach
in Schottland versichert, z. B. (vgl. S. 182) am 15. Juni 1857 in Edinburgh von
Walter Esq. Der Herausgeber fügt dies hier absichtlich aus den Aufzeichnungen
des Verfassers während seines Aufenthalts in Schottland bei, da es ihm bekannt,
daß in Schottland namentlich bei den dortigen hohen Getreidepreisen im Jahre 1857,
eine wöchentliche Unterstützung von 2| Schilling (d. i. von etwa 3| gr. Sgr. auf
den Tag) zum vollständigen Unterhalt eines Armen ausreichen sollte.

11) Der Herausgeber muß hier noch hinweisen auf die im XIIIth Annual

Daß dieses Ergebniß wesentlich dem Einflusse der Centralarmenbehörde und dem erleichterten Zutritt zu den Gerichten beizumessen ist, kann, abgesehen davon daß es sich aus der geschilderten Lage der Dinge von selbst ergiebt, auch durch Zahlen veranschaulicht werden.

Die Zahl der jährlich bei den Sheriffs eingebrachten Klagen wegen verweigerter Unterstützung und der bei der Centralarmenbehörde eingereichten Beschwerden wegen Unzulänglichkeit derselben, ist nicht gering. Auch werden jährlich bei der Centralarmenbehörde nicht wenige Beschwerden über die Inspektoren eingebracht, die stets eine Untersuchung, oft eine Verwendung und nicht selten die Entlassung der betreffenden Inspektoren zur Folge haben. Doch zeigt sich auch hierbei ein Fortschritt, welcher auf die Zunahme der Einsicht und Bereitwilligkeit bei den Lokalbehörden schließen läßt: die Zahl der als begründet befundenen Beschwerden hat abgenommen [11]. Die Beschwerden über

Report p. XXIII folg. versuchte Vergleichung der Höhe der Armenunterstützung in Schottland und England. Man müsse, wird daselbst erörtert, um zu einem sachgemäßen Resultat zu gelangen, mit Schottland einen Theil Englands vergleichen, in welchem die Bevölkerung sich in ähnlicher Weise wie dort mit Landbau, Bergbau und Schiffahrt beschäftige; dies sei z. B. der Fall, bei den in den Listen der englischen Armenverwaltung mit Nr. 9 und 10 bezeichneten Poorlaw-divisions; diese umfassen West, Ost und North Ridings von York, nebst den Grafschaften von Durham, Northumberland, Cumberland und Westmorland, und hatten nach der Zählung vom Jahre 1851 eine Bevölkerung von 2,569,703 Seelen, während gleichzeitig in Schottland 2,888,742 Einwohner gezählt wurden. In diesem Theile Englands seien nun im Jahre 1856/57 durchschnittlich dem unterstützten Armen 4 L. 5 Sch. gewährt worden; in Schottland dagegen im Jahre 1856/57 durchschnittlich 4 L. 5 Sch. 10½ D. Vertheile man diese Unterstützungen auf die gesammte Bevölkerung, so läuten für jenen Theil Englands auf den Kopf 3 Sch. 3½ D., für Schottland 3 Sch. 6½ D.; „This result must cause some surprise to all, who have been accustomed, to consider the provision for the relief of the poor in Scotland as niggardly, compared with the liberality of those wealthy districts in England".

12) Die Zahl der bei den Sheriffs angebrachten Klagen und von denselben für in so weit als begründet befundenen Klagen, daß sie sofort eine interimistische Unterstützung verordneten, war in den ersten Jahren nach dem Erlaß des neuen Armengesetzes sehr groß; von 1002 solchen Fällen im Jahre 1849, hat die Zahl derselben sich bis auf 353 im Jahre 1856 vermindert. In ähnlicher Weise stieg die Zahl der einer Berücksichtigung werth gefundenen Beschwerden bei der Centralarmenbehörde in den ersten drei Jahren von 200 bis auf 300, und nahm dann so ab, daß sie sich im Jahre 1855/56 auf 148 belief. Vgl. den XIIth Annual Report p. XI

die Inspektoren kommen insbesondere von solchen Kirchspielen, in welchen dieses Amt wegen ihrer geringen Bevölkerung nur als Nebenamt
verwaltet wird, und wo theils aus diesem Grunde, theils wegen der
Kleinheit des Kirchspieles, öfters keine geeigneten Persönlichkeiten für
dasselbe gefunden werden können. Im Allgemeinen wird nicht nur in
Schottland sondern auch in England den schottischen Inspektoren und
Armenräthen wegen ihrer Einsicht und Thätigkeit ein sehr günstiges Zeugniß gegeben, wie denn die Schotten überhaupt wegen ihrer Geschäftstüchtigkeit in England allgemein in einem hohen Rufe stehen.

(vgl. aber auch den Annual Report VI^b p. X, XII^b p. XVI und XIII^b p. XXX,
wo doch größere Schwankungen in den Zahlen sich zeigen).

Capitel III.
Die Armenpflege in Irland *).

§. 49.
Einleitung.

Bis vor kurzer Zeit wurde Irland allgemein als die Schattenseite des Bildes betrachtet, welches sich dem Beob-

---

*) Die irische Armenpflege wurde völlig neu geregelt durch das Gesetz vom 31sten Juli 1838: 1 and 2 Victoria c. 56; es führt die Bezeichnung „An Act for the more effectual Relief of the Poor in Ireland“. Ergänzt wurde die Armenpflege insbesondere durch folgende Gesetze: 6 and 7 Victoria c. 92 (vom 24sten Aug. 1843 „For the further Amendment of the Law for the Relief of the Poor in Ireland“); 10 and 11 Victoria c. 31 (vom 8ten Juni 1847 „An Act to make further Provision for the Relief of the Destitute Poor in Ireland“); 10 and 11 Vict. c. 84 (vom 22sten Juli 1847 „An Act to make Provision for the Punishment of Vagrants, and Persons offending against the Laws in force for the Relief of the Destitute Poor in Ireland“); 10 and 11 Vict. c. 90 (vom 22sten Juli 1847 „An Act to provide for the Execution of the Laws or Relief of the Poor in Ireland“); 12 and 13 Vict. c. 104 (vom 1sten August 1849 „An Act to further Amend the Acts for the Relief of the Destitute Poor in Ireland“); 14 and 15 Vict. c. 68 (vom 7ten August 1851 „the Medical Charities Act“); and 15 and 16 Vict. c. 63 (vom 30sten Juni 1852 „An Act to amend the Laws relating to the Valuation of Rateable Property in Ireland“). Eine Zusammenstellung und Erläuterung des Inhalts dieser Gesetze giebt: „Arthur Moor Compendium of the Irish Poorlaw. Dublin. Alexander Thom. 3d edition 1850.“ Die außerdem für die Darstellung der irischen Armenpflege besonders benutzten Quellen sind: „Sir George Nicholls, a History of the Irish Poorlaw. London 1856. John Murray, Albemarle Street“, dessen hochverdienter bereits S. 3 bei der Darstellung der englischen Armenpflege genannter Verfasser, einen wesentlichen Antheil an der Einführung der neuen Armengesetze in Irland hatte, wie unten in §. 55 folg. näher erörtert ist. Sodann: die Jahresberichte der Armenkommission für Irland; ihr Titel lautet: „Annual Reports of the Commissioners for administering the Laws for Relief of the Poor in Ireland, presented to both Houses of Parliament

achter der Vereinigten Königreiche darbietet; je glänzender der
Reichthum und die Macht Englands sich zeigte, desto dunkler stach die
Armuth und das Elend Irlands ab. Und in der That liefert der traurige
Zustand, in welchem Irland versunken war, ein abschreckendes Beispiel, bis wohin es in einem Lande kommen kann, in welchem man
eine anerkannt mangelhafte Ordnung der socialen Verhältnisse ihrer eigenen Entwickelung überläßt. Zum Glück kann gegenwärtig dem gegenüber Irland auch zum Beweis dienen, daß selbst die anscheinend
hoffnungslosesten Zustände einer Besserung fähig sind, und daß das
entsetzlichste Unglück, welches als Strafe für frühere Vernachlässigung
eintritt, der Anfang und die Ursache einer Wendung der Dinge werden
kann, wenn man sich belehren läßt, und die theuer erkauften Erfahrungen mit Festigkeit und Umsicht benutzt. Freilich, fügen wir hinzu, nur
dann, wenn man, ehe das Unglück seinen Gipfel erreicht, sich in die
Lage gesetzt hat zu lernen, und einen anderen Weg einschlagen zu
können!

 Die neue Armengesetzgebung ist eins der wichtigsten
Hülfsmittel gewesen, um Irland aus dem namenlosesten
Elende, welches sich durch die Kartoffelkrankheit noch gesteigert hatte,
in bessere Zustände überzuführen; die nähere Betrachtung derselben muß daher schon aus diesem Grunde von allgemeinem Interesse
sein. In noch erhöhterem Grade ist dies dadurch der Fall, daß die
Armengesetzgebung Irlands das hellste Licht auf die entsprechende Gesetzgebung Englands und Schottlands wirft, und ein überaus lehrrei-

by Command of Her Majesty, 1848—1860. Dublin: printed by Alex. Thom
and sons, 87 Abbey-Street". Von diesen Berichten kannte der Verfasser die 10 ersten benutzen, deren letzter über das Jahr 1856, im Jahre 1857 erschienen ist;
während dem Herausgeber außerdem noch der 11te und 13te, 1855 und 1860 erschie-
nene Bericht über die Jahre 1857 auf 1858, und 1859 auf 1860, vorlag. Bis
zum Jahre 1847 wurde die Verwaltung der irischen Armenpflege von den Armenkommissarien für England und Wales mitgeführt, und sie ertheilen darüber Auskunft
in besonderen Abschnitten ihrer Jahresberichte: 9 Reports etc. on proceeding in
Ireland. 1889 — 1847. Abgesehen von diesen schriftlichen Quellen, schöpfte der
Verfasser Belehrung aus den mündlichen Mittheilungen, deren er sich er-
freute durch die Mitglieder der Armenkommission zu Dublin, Mr. A. Power und
Mr. C. Senior, sowie durch die Inspektoren Mr. C. C. Crawford, Mr.
C. B. Otway zu Dublin, Mr. B. Horslar zu Kilkenny, Mr. O'Brien
zu Cork, und endlich durch den Vorsteher des Armenraths (Chairman of the Board
of Guardians) zu Belfast Mr. M'c Cance.

14 *

ches Beispiel gewährt, wie die selben allgemeinen Grundsätze unter geeigneten Modificationen auf sehr verschiedene Länder mit Erfolg angewendet werden können.

Die Armengesetzgebung Irlands bildet in vieler Beziehung den diametralen Gegensatz zu der Schottlands.
Während in Schottland die gesetzliche Armenpflege seit Jahrhunderten
bestand, und unter der Leitung der Kirche auf deren Gebiete erwachsen
war, ist sie in Irland erst neuerdings durch einen durchgreifenden Akt
der Gesetzgebung eingeführt. Während man in Schottland mit der
äußersten Vorsicht an das Bestehende anknüpfte, und in jeder Weise
bemüht war die Selbstständigkeit der Lokalverwaltung zu erhalten, die
durch indirekte Einwirkung allmählich zur freiwilligen Befolgung richtige-
rer Grundsätze vermocht werden sollte, ist in Irland die Summe der
Gewalt in eine Centralbehörde gelegt, welche mit der ausgedehntesten
Vollmacht, sowie mit der größten Energie und Consequenz, die Armenpflege überall im Lande auf dieselbe Weise organisirt hat, und die
Lokalbehörden dazu anhält, die gegebenen Vorschriften zu beobachten.
Das englische Parlament hat hier den Beweis geliefert, daß es je nach
der Verschiedenheit der Verhältnisse beides versteht: die größte Scho-
nung gegen vorhandene Zustände zu üben, wenn das Hauptziel sich dabei erreichen läßt, und eine jeden Widerstand niederwerfende Energie
zu entfalten, wo die Erreichung des Zweckes dies verlangt.

Der englischen Armenpflege gegenüber ist die irische
besonders dadurch lehrreich, daß man, ohne durch bestehende
Einrichtungen gehemmt zu sein, den Plan für dieselbe völlig frei
und folgerichtig entworfen, und ihn sodann gleichsam auf einer Tabula
rasa ausführen konnte. Die Grundsätze, welche man in England
beim Erlaß der neuen Armengesetze vor Augen hatte, aber aus Rücksicht
auf den Widerstand der öffentlichen Meinung, und die bestehenden Verhältnisse, nur theilweise zur Geltung bringen konnte, — wir meinen vor
allem die Beschränkung der Unterstützung auf in die Arbeitshäuser aufgenommene Personen, die Aufhebung der Heimathsgesetze, die Bildung
von Armenverbänden, und die Vertheilung der Armensteuer einzig und
allein nach Zweckmäßigkeitsrücksichten —, sind in Irland vollständig
durchgeführt worden.

In erfreulichster Weise zeigt aber in einem Punkte die Geschichte
der Armengesetzgebung in England, Schottland und Irland, die größte
Übereinstimmung: denn Erlaß der betreffenden Gesetze ging in allen drei

Ländern eine lange und gründliche Untersuchung der bestehenden Zustände voraus, und in allen dreien wird das einmal für sie erlassene
Gesetz auch unter den schwierigsten Umständen festgehalten und durchgeführt!

I. Die geschichtliche Entwickelung der Armenpflege in Irland.

§. 50.
Die älteren irischen Zustände.

Seit langer Zeit ist Irland wegen der Armuth und des niedrigen
Kulturzustandes seiner Bewohner in trauriger Weise bekannt. Unter
der Regierung der Königin Elisabeth schildert der Dichter
Spenser die glänzenden Vorzüge des Landes in Beziehung auf Fruchtbarkeit, Klima und Lage, und die fehlerhaften Neigungen des irischen
Volkes: seinen Hang zum Müssiggang und zu Zerstreuungen, seine Vorliebe für ein unstätes Leben, und seine sich leicht in Gewaltthätigkeiten
äußernde Erregbarkeit[1]. Schon er hebt, als eine Hauptursache der
Vernachlässigung des Ackerbaues in Irland, die Unsicherheit hervor,
die in dem Verhältniß der Ackerpächter zu den Grundeigenthümern
stattfinde[2].

---

[1] Wörtliche Auszüge aus Spenser's View of the State of Ireland (verfaßt
im J. 1596, abgedruckt im I^ten Bande der Octavausgabe seiner Werke von 1805)
liefert Nicholls Hist. of the Irish Poorlaw p. 5.

[2] Die Worte Spenser's lauten: „There is one general inconvenience which
reigneth almost thro'out Ireland: that is, the lords of land and freeholders, doe
not there use to set out their land in farme, or for terme of years, to their tenants, but only from year to year, and some during pleasure; neither indeed
will the Irish tenant or husbandman otherwise take his land than so long as he
list himself. The reason hereof in the tenant is, for that the landlords there
use most shamefully to racke their tenants, laying upon them coigny and livery
at pleasure, and exacting of them (besides his covenants) what he pleaseth. So
that the poor husbandman either dare not binde himself to him for longer terme,
or thinketh by his continual liberty of change, to keep his landlord the rather
in awe from wronging of him." „The evils which cometh hereby are great, for
by this means both the landlord thinketh that he hath his tenant more at command, to follow him into what action soever he shall enter, and also the tenant
being left at his liberty, is fit for every occasion of change that shall be offe-
red by time, and so much the more ready and willing is he to runne into the
same, for that he hath no such state in any his houlding, no such houlding upon

Mit scharfem Blick und hervorleuchtender Wahrheitsliebe hat Arthur
Young gegen das Ende des vorigen Jahrhunderts, ein
ausführliches Bild der irischen Zustände entworfen[3]); es
entspricht in seinen Grundzügen ebenfalls durchaus den Beschreibungen,
die in unseren Tagen von dem Lande so vielfach, in Folge amtlichen
Auftrages oder aus eigenem Antriebe, geliefert worden sind.

An natürlicher Fruchtbarkeit, das erkennt auch Young an,
übertrifft Irland noch die englische Nachbarinsel. Der Boden ist milder, durchlassender und wird noch häufiger vom Regen befeuchtet. Dagegen ist er schlecht angebaut. Mindestens 88 Millionen Pfund
Sterling, berechnet er, würden erforderlich sein, um Irland in gleicher
Weise wie England mit Gebäuden, Hecken, Abzügen u. s. w. zu versehen, und noch weitere 20 Millionen, um die Pächter in eine gleiche
Lage, wie die englischen zu versetzen[4]). Eine sehr wesentliches Hinderniß für die Fortschritte der Kultur, sei die verbreitete Sitte der
Grundbesitzer, ihr Eigenthum in größeren Bezirken an
Mittelspersonen zu verpachten, die nicht selbst den Acker kulti-
virten, sondern nur die Verpachtung der einzelnen Ackerstücke an Land-
wirthe, so wie die Beitreibung der Pachtzinsen von ihnen für eigene
Rechnung übernähmen, und sich selbstverständlich dabei auf Kosten der
Eigenthümer und der wirklichen Bebauer des Bodens zu bereichern
suchten.

Als eine fernere nicht minder tief greifende Ursache der traurigen
Lage des Ackerbaues, hebt Young schon damals die fortschreitende Theilung des Grundeigenthums, oder vielmehr die immer weiter gehende Verkleinerung der verpachteten Parcellen desselben hervor.
Diese würde, bemerkt er, zum Theil von den Grundeigenthümern selbst
bewirkt, um dadurch ihre Pachtzinsen und ihren Einfluß zu vermehren,
zum Theil aber trete sie auch ohne deren Willen ein, indem das Her-

3) Arthur Young's Tour in Ireland in the years 1776, 1777, 1778 and
brought down to 1779. 2 Volum. 8. publ. 1780.

4) Vgl. die Auszüge aus Young bei Nicholls p. 59 folg.

kommen den Pächtern Theilung und Afterverpachtung des ihnen überlassenen Landes gestatte, und sie hiervon vielfach Gebrauch machten⁵).

Die Sitten und Neigungen der irischen Bevölkerung
beschreibt Young ähnlich wie Spenser und nicht wesentlich anders, als
wie sie noch in unseren Tagen befunden worden sind: Die Irländer
sind zu angestrengter Arbeit wenig geneigt, haben dagegen einen un-
überwindlichen Hang zu Zerstreuungen. Vergnügungen und Genüssen
aller Art; ihre Neugierde ist unersättlich; überall im Laude findet man
reisende Tanzmeister, denen die Häusler vierteljährlich einen Sechspfen-
nig geben, damit sie ihre Kinder im Tanzen unterrichten. Sie sind starke
Trinker; sind streitsüchtig, dabei aber gehorsam, höflich und unterwür-
fig. An vorgeschrittene Bedürfnisse sind sie wenig gewöhnt. Frauen
und Kinder tragen selten Schuhe und Strümpfe, und auch die Männer gehen häufig ohne Fußbekleidung. Ueberhaupt sind sie mehr für
Nahrung als Kleidung besorgt, während umgekehrt in England sprich-
wörtlich „dem Munde abgedarbt wird, um den Rücken bedecken zu
können." Doch ist auch die Nahrung des Häuslers und ländlichen Arbeiters von der erbärmlichsten Art. Während der englische Arbeiter
mindestens Brot und Käse verlangt, stellt der Irländer seinen Napf
mit Kartoffeln auf den Fußboden, und lagert sich mit seiner ganzen Familie
um ihn, wobei ihm der Bettler herzlich willkommen ist, gleichzeitig
aber auch das Schwein seinen Antheil verlangt und erhält. Noch geringere Ansprüche macht der Irländer an seine Wohnung; sie ist die elen-
deste Lehmhütte, gewährt nur einen einzigen ungetheilten Raum, hat
weder Schornstein noch Fenster, und ein Dach aus Stroh oder Heide
und Kartoffelkraut, das einem Düngerhaufen gleicht; sein gesammtes
Hausgeräth besteht in einem Topf, um Kartoffeln zu kochen, und einem
oder zwei zerbrochenen Stühlen; das Bett ist häufig nur ein Strohla-
ger, welches Schwein oder Kuh mit dem Besitzer theilt. Bei der Leichtigkeit, so geringen Ansprüchen an Wohnung, Nahrung und Kleidung,
zumal bei der natürlichen Fruchtbarkeit und dem milden Klima des Landes zu genügen, wird es erklärlich, daß sehr frühe Heirathen ganz allgemein üblich sind, und die Bevölkerung trotz ihres geringen Kulturzustandes schnell zunimmt.

5) Vergl. darüber z. B. Mac Culloch's Statistical account of the British empire (3ᵈ edition 1847) p. 534 folg. (agriculture of Ireland Nr. VII). Durch ein neues Gesetz ist die Afterverpachtung von Ländereien ohne schriftliche Einwilligung des Grundeigenthümers untersagt, a. a. O. p. 536.

So schilderte Arthur Young bereits vor nunmehr zwei und achtzig Jahren Irland.

§. 51.

Die irischen Zustände im Beginn des 19ten Jahrhunderts.

Die von aufmerksamen Beobachtern schon früh erkannten unheilvollen Keime entwickelten sich in Irland, da zu ihrer Entfernung nichts Durchgreifendes geschah, mit furchtbarer Schnelligkeit auf eine Verderben ankündigende Weise.

Der Mangel an Kapital zur Bearbeitung des Bodens, und die gegen willkührliche Bedrückungen hülflose Abhängigkeit seiner Bebauer nahm mit der fortschreitenden Theilung desselben in beschleunigter Progression zu. Im dritten Jahrzehnt unseres Jahrhunderts war es so weit gekommen, daß größere Wirthschaften zu 300, ja auch nur zu ein bis zweihundert Acres fast verschwunden waren, und das Land vorherrschend in kleine Parcellen von 5 bis zu 15 Acres (d. i. von 8 bis 24 preußischen Morgen) zerfiel [1].

In Folge dessen war die Gelegenheit, ländliche Arbeit gegen Geldlohn zu finden, ungemein beschränkt, und das Pachten eines Stückes Acker, um sich auf ihm seine nothwendigen Kartoffeln zu erbauen, beinahe zu einer Bedingung der Existenz geworden. Dessen ungeachtet stieg die Bevölkerung bei dem angeborenen Leichtsinn der Irländer und ihrer Gewohnheit, sich mit dem Dürftigsten zu begnügen, mit unausgesetzt reißender Schnelligkeit; während sie sich gegen das Ende des 18ten Jahrhunderts auf 4 Millionen belief, betrug sie im Jahre 1821 schon über 6 Millionen, und im Jahre 1841 sogar über 8 Millionen [2].

---

1) Vgl. George Nicholls: Three reports to the secretary of state for the home department on the poorlaws in Ireland. London 1838. W. Clowes and sons p. 7 im First report §. 8. Nach einer von Mac Culloch Statistical accounts I p. 511 mitgetheilten Tabelle, die er nach dem Census vom Jahre 1841 zusammenstellt, befanden sich unter 685,000 Stellen von einer Ausdehnung von mehr als 1 Acre, nur 44,000 Pachthöfe mit mehr als 30 Acres, und auch nur 78,000 Höfe mit 15 bis 30 Acres. Alle übrigen Stellen, deren Zahl sich auf 559,000 in runder Summe belief, hatten nur 1 bis 15 Acres Land.

2) Nach den Zusammenstellungen, die Nicholls Irish Poorlaw p. 19 liefert, betrug die Bevölkerung Irlands im Jahre 1672: 1,320,000 Seelen; im Jahre 1712: 2,099,094; im Jahre 1754: 2,372,634; im J. 1785: 2,845,932 (stellt

Im Zusammenhange mit der Zunahme der Bevölkerung fiel der
Arbeitslohn, und stiegen die Ackerpachten auf eine bei der üblichen
schlechten Bestellung des Bodens völlig unangemessene Höhe.

Die Trostlosigkeit dieser Verhältnisse wird im höchsten Grade anschaulich durch Erwägung folgender authentischer Zusammenstellungen:
Im Jahre 1831 waren in Irland 1,131,715 Arbeiter bei der Bestellung von 14,600,000 Acres beschäftigt, während in England 1,055,982
Arbeiter hinreichten, um 34,250,000 Acres, also mehr als die doppelte
Fläche zu bebauen. Wo 2 englische Arbeiter genügten, waren demnach 5 irische erforderlich, oder suchten vielmehr Beschäftigung. Und
während dies der Fall war, überstieg doch der Ertrag Englands an
Bodenerzeugnissen den Irlands um das Vierfache, so daß zwei englische
Arbeiter mit Hülfe des nöthigen Kapitals, so viel und mehr als zehn
irische leisteten [3]).

Im Jahre 1836 schätzte man die Zahl der Arbeiter in Irland, die
länger als die Hälfte des Jahres ohne zureichende Beschäftigung waren,
auf 585,000, und die Zahl der von ihnen abhängigen Familienglieder
auf 1,800,000; ist dies richtig, so befanden sich damals 2,385,000
Menschen während des größeren Theiles des Jahres ohne hinlänglichen
Unterhalt [4]).

Unter diesen Verhältnissen kann es nicht auffallen, daß der Tagelohn in Irland sich zwischen 6 Denar und 1 Schilling (d. i. zwischen
5 bis 10 preußischen Silbergroschen) bewegte, und in der Woche im
Jahresdurchschnitt nicht mehr als 2 und 2½ Schilling (d. i. 20 bis 25
preußische Silbergroschen) an ländlichem Arbeitslohn verdient wurden [5]).

Harter Druck pflegt auch den Muth des thatkräftigsten Volkes zu
beugen, und ein ungenügender Verdienst Personen lässig werden zu lassen, die sonst geneigt sind sich anzustrengen. Um wie viel mehr mußte
unter so drückenden Verhältnissen, wie sie Irland zu erdulden hatte, die

im J. 1788: 4,040,000 (alle!); 1805: 6,395,456; 1821: 6,801,627; 1831:
7,767,401; 1841: 8,175,124; 1851: 6,572,346 Seelen.

3) Entnommen dem Bericht der im Jahre 1833 zur Untersuchung der Zustände
Irlands niedergesetzten Kommission, dessen Ergebnisse Nicholls History of the Irish
Poorlaw p. 131, sowie in seinem ersten Bericht an den Minister des Innern §. 31,
im Auszuge anführt.

4) Vgl. Nicholls Hist. p. 184.

5) Vgl. Nicholls Hist. p. 121.

letzte Kraft eines von Natur sanguinischen Volkes erliegen, das willig den Freuden des heutigen Tages nachgiebt, ohne für den kommenden zu sorgen. Mit der Möglichkeit, eine dem menschlichen Leben wirklich angemessene Existenz zu erringen, verschwand bei ihm der Wille, auch das Wenige zu thun, was zur Verbesserung der vorhandenen Lage noch geschehen konnte. Der Sinn für Ordnung und Reinlichkeit im eigenen Hause erlosch völlig. Der kümmerliche Erwerb, der hin und wieder gelang, wurde in flüchtigen Genüssen, insbesondere in spiri-tuosen Getränken und Tabak vergeudet, statt zur Verbesserung von Wohnung oder Kleidung verwendet zu werden. Trat dann irgend eine besondere Noth ein, so war das Betteln das einzige Mittel, das fast allgemein und ohne Scheu und Zögern gewählt wurde, um das Leben zu fristen [*]).

Die Ausdehnung, die das müssige Umhertreiben und Betteln in Irland gewann, mußte den Volkscharakter immer tiefer herabdrücken, und zugleich Unsicherheit des Eigenthums und der Person herbeiführen. Von Natur aufbrausend, rachsüchtig, und in leidenschaftlicher Aufre-gung zu Gewaltthätigkeiten geneigt, dabei im eigenen Lande in Bezie-hung auf Volksstamm, Sprache und Religion als Fremdling betrach-tet und gering geachtet; in der Stellung eines Unterworfenen und mit dem Gefühl behaftet, es zu sein; in steter Entbehrung lebend, und nicht selten aus seiner erbärmlichen Wohnung vertrieben, weil er all zu hohe, aus Noth versprochene Leistungen nicht erfüllen konnte; oben-drein ungenügend von Seiten des Staates überwacht; konnte es für den Irländer weder an Veranlassung noch an Gelegenheit zu Verbre-chen fehlen.

In Folge des zunehmenden Mangels an Kapital wurde dabei der Boden Irlands immer schlechter bestellt, und die arme Bevölkerung im-mer allgemeiner zu dessen Bearbeitung für eigene Rechnung gedrängt. Ohne landwirthschaftliche Kenntnisse, ohne Betriebskapital und irgend welche Unterstützung blieb ihr, um sich nur den nothdürftigsten Unter-halt zu verschaffen, kein anderer Ausweg, als den theuer gepachteten Acker ausschließlich mit Kartoffeln zu bestellen; zum Anbau jeder an-dern Frucht reichten ihre Mittel und Kräfte nicht aus. Die schein-bare Selbstständigkeit, die mit der Stellung kleiner Ackerpächter verbun-den ist, während sie in der That die größte Abhängigkeit in sich schließt,

---

b) Nicholls First report §. 10—16.

verleitete aber mehr und mehr zu frühen Heirathen, und veranlaßte dadurch wiederum eine stetig und immer schneller zunehmende Vermehrung der betreffenden Bevölkerung; wodurch denn wieder aufs neue die Hülfslosigkeit und das Elend im Lande zunahm. Die wachsende Noth und allgemeine Verzweiflung führten zu zahlreichen Verbrechen und zu Störungen der Ordnung, und in Folge dessen zogen sich Kapital und Industrie noch mehr zurück, die allein vermocht hätten dem Lande Hülfe zu bringen! Alle Verhältnisse des Landes bewegten sich auf diese Weise in einem unglückseligen Kreise, das eine bedingte und steigerte das andere, und wurde wiederum durch dieses zu neuen schlimmeren Verwickelungen geführt. Dem irischen Volk fehlte gradezu die erforderliche Kraft, um sich aus dem Elend herauszureißen, in das es versunken war; hierzu bedurfte es einer energischen Hülfe von außen, die nicht verschoben werden durfte, wenn sie noch nützen sollte; denn wie plötzlich und leicht eine Krisis eintreten konnte, das entging schon damals kundigen Männern nicht: eine bloße Mißernte der Kartoffeln, der Frucht, von welcher der größte Theil der Bevölkerung des Landes ausschließlich lebte, konnte sie herbeiführen¹).

§. 52.
Schwierigkeit, die irischen Zustände zu verbessern.

Man thäte dem englischen Volk und seinen leitenden Staatsmännern Unrecht, wenn man glaubte, sie hätten der verderblichen Entwickelung der irischen Zustände theilnahmlos zugesehen, und sich nicht bemüht, dieselbe aufzuhalten. Die zahlreichen Irländer, die nach England auswanderten, kamen als zu sprechende Zeugen des heimischen Elends über den Kanal, um es den Engländern möglich zu machen, sich der Wahrnehmung des fortschreitenden Elends in Irland zu verschließen, und die Gefahren zu verkennen, die daraus auch für England erwachsen mußten. Um nicht ungerecht zu verurtheilen, darf man aber nicht außer Acht lassen, daß erst im Jahre 1801 die Union Großbritanniens und Irlands durchgesetzt wurde, und vorher weder die englische Regierung noch das englische Parlament die Mittel besaß, auf die

7) Bereits im Jahre 1819, und noch specieller im Jahre 1823, wiesen die Ausschüsse, welche das Unterhaus zur Untersuchung der irischen Zustände niedersetzte, (und über die §. 53 Auskunft giebt) die Gefahr nach, welche verbunden sei mit dem Anbau der Kartoffeln, als des fast ausschließlichen Nahrungsmittels für einen großen Theil der Bevölkerung Irlands.

Gestaltung der Verhältnisse in Irland einen entscheidenden Einfluß auszuüben. Seit jener Zeit veranlaßte das Parlament eingehende Untersuchungen über die irischen Zustände, und wurden diese namentlich seit
den zwanziger Jahren fast ununterbrochen fortgesetzt, allein man wußte
nicht die schwere Aufgabe, die sich darbot, zu lösen, und dies kann
nicht befremden, wenn man die vorhandenen Schwierigkeiten ins
Auge faßt.

In Irland selbst fehlte es an Anknüpfungspunkten für die Verbesserung der vorhandenen Verhältnisse. Es bestand daselbst keine gesetzliche Armenpflege, und fehlte, was noch übler war, nicht nur an einer
wohlgeordneten, sondern überhaupt an jeder selbstständigen Gemeindeverwaltung. Die entsprechenden englischen Einrichtungen nach Irland
zu verpflanzen, mußte aber als sehr bedenklich erscheinen, da diese selbst
an offenkundigen Gebrechen litten, wie das namentlich bei der englischen Armenpflege bis zum Jahre 1834 unzweifelhaft der Fall war.
Sobald man in England in der Behandlung der Armenpflege einen
neuen Weg eingeschlagen hatte, und die Erfahrung einige Sicherheit
gewährte, daß auf demselben günstigere Erfolge zu erreichen sein würden, zögerte man nicht, die Anwendung der in England erprobten Einrichtungen in Irland zu versuchen. Allerdings war es darüber zu spät
geworden, um dadurch die furchtbare Krisis, die in Irland hervorbrach,
abzuwenden, glücklicherweise aber noch nicht, um sie zu mildern, und
zum Durchgangspunkt zu besseren Zuständen zu machen.

§. 53.
Parlamentsausschüsse zur Untersuchung der irischen Zustände.

Als im Jahre 1801 das irische Parlament mit dem Großbritanniens zu einem gesetzgebenden Körper vereinigt wurde, besaß Irland
zwar mancherlei milde Anstalten, aber keine allgemeine gesetzlich
geordnete Armenpflege.

Bereits im Jahre 1804 wurde vom Parlament ein Ausschuß niedergesetzt, um die irischen Armenverhältnisse zu untersuchen; er kam zu der Ansicht, daß die Annahme eines allgemeinen Systemes der Armenpflege auf der Grundlage einer Kirchspielsteuer, wie
in England, oder „in irgend einer ähnlichen Weise", dem Lande ent-

schieden nachtheilig sein, und selbst den unteren Volksklassen keinen dauerhaften Vortheil gewähren würde[1]).

Im Jahre 1819 gaben ansteckende Krankheiten, die durch die im Lande umher ziehenden Banden von Bettlern in großer Ausdehnung verbreitet worden waren, dem Parlament von neuem Veranlassung, den irischen Zuständen eine nähere Aufmerksamkeit zu widmen. Ein vom Parlament niedergesetzter Ausschuß, um die Entstehung und Verbreitung jener ansteckenden Krankheiten in Irland zu untersuchen, sollte sich zugleich mit der Lage der arbeitenden Klassen im Lande beschäftigen. Er hob in Beziehung auf den letzten Punkt hervor, daß eine Hauptquelle des Elends in Irland im Mangel an Kapital zu suchen sei, eine Ansicht, die Pitt bereits 20 Jahre früher geltend gemacht hatte, und bemerkte dabei: „daß es fast unmöglich sei, theoretisch das Unglück zu ermessen, welches aus einer überflüssigen wachsenden und unbeschäftigten Bevölkerung entspringe; sie verwandele das, was die Kräfte des Staats ausmachen solle, in Gefahren für denselben." Eine derartige Bevölkerung eile einem allgemeinen Elend um so schneller entgegen, und vermehre sich, indem sie sich mit den geringsten Bedingungen der Existenz begnüge, um so reißender, je leichter es sei, den von ihr beanspruchten nothdürftigen Unterhalt (die Kartoffel) zu beschaffen; „eine solche, die Bedürfnisse des Arbeitsmarktes übersteigende Bevölkerung sei in Irland vorhanden und im Wachsen begriffen, eine Thatsache, welche die ernsteste Aufmerksamkeit der Gesetzgebung erheische[2])."

Im Jahre 1823 bewogen Hungersnoth und sie begleitende ansteckende Krankheiten, die in mehreren Gegenden Irlands herrschten, abermals das Parlament, einen Ausschuß zur Untersuchung der Verhältnisse der arbeitenden Klassen Irlands niederzusetzen. Die Ursache der gesteigerten Noth war schon damals das Mißrathen der Kartoffeln, welches nur weniger allgemein, als einige Jahre später, eingetreten war. Die Kommission erörterte in ihrem Bericht die

---

1) Die Worte des Kommissionsberichts sind: „that the adoption of a general system of provision for the poor of Ireland, by way of parish rate, as in England, or in any similar manner, would be highly injurious to the country, and would not produce any real or permanent advantage, even to the lower class of people who must be the objects of such support." Vgl. Nicholls Hist. p. 33.

2) Vgl. Nicholls Hist. p. 34—31.

bemerkenswerthe Thatsache, daß die Getreideernte in den nothleidenden Bezirken Irlands eine günstige gewesen sei, und die Preise des
Getreides und Hafermehles mäßige seien, und führte aus, daß aus
den nothleidenden Bezirken fortwährend beträchtliche Quantitäten Getreide ausgeführt würden, indem die Arbeiterbevölkerung, da sie ohne
Beschäftigung und Verdienst sei, keine Mittel besitze, diese Nahrungsmittel zu kaufen [3]). Mit vollem Recht sah die Kommission darin, daß
sich die arbeitenden Klassen ihren Unterhalt durch eigenen Anbau von
Kartoffeln auf dazu gepachtetem Lande zu verschaffen suchten, statt
durch Arbeit gegen Geldlohn, die vorzüglichste Ursache ihrer Noth, und
machte dringend auf die Gefahr aufmerksam, die darin liege, eine
Frucht zum ausschließlichen Nahrungsmittel einer großen Menschenmasse
zu machen, deren Anbau unsicher sei, und die obendrein sich nicht so
lange aufbewahren lasse, daß es bei ihr möglich sei, den Ausfall einer
Ernte durch den Überschuß einer früheren zu decken.

Man traf in Folge dieses Berichtes Anordnungen, die augenblicklich vorhandene Noth zu mildern, verstand es aber nicht, Maßregeln
zu ergreifen, welche eine klar erkannte Gefahr hätten abwenden können, die in einer vielleicht nicht fernen Zukunft einzutreten drohete.

Ein neuer Parlamentsausschuß zur Untersuchung der
Verhältnisse der armen Klassen Irlands wurde im Jahr
1830 niedergesetzt. Er beschäftigte sich sehr gründlich mit dem Gegenstande, erkannte das Vorhandensein eines Elendes an, „welches
keine Sprache zu beschreiben vermöge, und dessen Größe nur ein Au-
genzeuge vollständig zu ermessen im Stande sei," und entwickelte dessen
Ursachen. Wie früher wurden Mangel an Beschäftigung für einen großen Theil der Bevölkerung (etwa ⅓ bis ¼ derselben), Zersplitterung des
Bodens, die unzweckmäßigen Verhältnisse zwischen den Eigenthümern
und wirklichen Bebauern desselben u. s. w., als Erklärungsgründe der
traurigen Thatsache aufgewiesen. Hervorheben wollen wir aus dem
Bericht nur, daß in ihm bemerkt wird, daß der Reichthum Irlands
in den letzten Jahren unzweifelhaft gestiegen sei, daß aber leider die
Bevölkerung in noch schnellerer Progression zugenommen habe, und daß
Irland hiernach den Beweis liefere, wie unter solchen Umständen das
Elend der arbeitenden Klassen, neben und ungeachtet einer Vermehrung
des Nationalreichthums, im Wachsen begriffen sein könne [4]).

---

3) Vgl. Nicholls Hist. p. 91 folg.
4) Vgl. Nicholls Hist. p. 96 folg.

Auch ließ es der Bericht nicht an Vorschlägen zur Verbesserung
der irischen Zustände fehlen. Er wies hin auf Auswanderung, Urbarmachung der Sümpfe und Heiden des Landes, Ausführung öffentlicher
Arbeiten in großem Maßstabe, Volkserziehung, Aufmunterung der
Industrie, Ausdehnung der Fischerei, und schließlich auch auf die Einführung einer gesetzlichen Armenpflege. Doch waren alle diese Vorschläge zu allgemein und zu unbestimmt, als daß es möglich gewesen
wäre, auf sie eine gesetzliche Maßregel zu gründen. Insbesondere ließ
es der Bericht in Beziehung auf die Armenpflege unentschieden, ob eine
Nachbildung des schottischen oder englischen Systemes das Empfehlens-
werthere sei, und allerdings litt sowohl das eine als das andere damals
an erheblichen Mängeln, mit deren Beseitigung man sich gerade zu jener Zeit ernstlich beschäftigte. So blieben denn die Untersuchungen auch
dieses Parlamentsausschusses zunächst ohne praktische Folgen.

§. 54.
Die Specialcommission zur Untersuchung der Zustände Irlands vom Jahre 1833.

Die anscheinende Erfolglosigkeit der zahlreichen vom Parlament
angestellten Untersuchungen über die Ursachen der unglücklichen Verhältnisse in Irland wurde dem Umstande beigemessen, daß die Parlaments-
ausschüsse von dem Schauplatze der Noth zu entfernt seien, und während der Dauer der Parlamentssitzungen ihrer Aufgabe nicht obliegen
könnten. Man entschloß sich deshalb im Jahre 1833, eine Special-
commission, nach dem Beispiele der im Jahre vorher für die Untersuchung der englischen Armenpflege niedergesetzten, zu bestellen, die mit
ausgedehnten Vollmachten versehen, nicht nur den Umfang und die Ursachen des Elends in Irland von neuem ergründen, sondern vor allen
Dingen Vorschläge zur Abstellung desselben machen sollte [1]).

Die Kommission war drittehalb Jahre mit Lösung ihrer Aufgabe
beschäftigt, und erstattete über den Erfolg ihrer Thätigkeit hinter einander drei Berichte, in denen sie sich über die Schwierigkeiten ihrer Auf-

---

1) Die Kommissarien wurden am 25sten September 1833 instruirt: „to inquire
into the condition of the poorer classes in Ireland, and into the various institu-
tions at present established by law for their relief; and also whether any and
what farther remedial measures appear to be requisite to ameliorate the condition
of the Irish poor or any portion of them." Die 10 einzelnen Mitglieder der Kommission sind namhaft gemacht bei Nicholls Hist. p. 118.

gabe, die Ursachen der Noth, und die bisherigen Versuche zur Milderung derselben, sehr ausführlich verbreitete, und sodann Vorschläge zur Verbesserung der irischen Zustände machte ²).

Die Ursachen der Noth wurden wie früher vorzüglich in dem Übermaß der Arbeitskräfte gefunden, die, ohne durch Kapital und Kenntnisse unterstützt zu sein, sich dem Ackerbau auf eigene Rechnung zuwendeten, und wurden hierfür schätzbare statistische Angaben beigebracht. Auch der sittlichen Schwäche des Volkscharakters, und der mannigfaltigen Gebrechen in der Landesverfassung, wurde gedacht.

Den Vorschlägen zur Abhülfe der Noth, mit denen die Kommission im Jahre 1836 hervortrat, fehlte es aber an der nothwendigen Bestimmtheit und Schärfe. Die Annahme des englischen, zu jener Zeit bereits wesentlich umgebildeten Systemes der Armenpflege, dessen Fürsorge sich auch auf arbeitsfähige Arme erstreckte, und dessen Mittelpunkt und Grundlage die Arbeitshäuser bildeten, erschien der Majorität der Kommission nicht rathsam und für Irland grade zu als unausführbar. Dagegen wurde von ihr, im Anschluß an das schottische System (dessen Erfolge die Kommission für außerordentlich günstig hielt), empfohlen, die gesetzliche Armenpflege auf altersschwache, und in Folge eines dauernden Gebrechens arbeitsunfähige Personen zu beschränken. Die Mittel der Armenpflege wollte sie, wie in Schottland, soweit es thunlich sei, durch freiwillige Beiträge, und nur zu deren Ergänzung durch Steuern aufgebracht wissen, die Verwaltung der Armenpflege aber neu gebildeten Lokalbehörden übergeben.

Für die Arbeitsfähigen sollte gesorgt werden durch eine auf Kosten des Staats unter dessen Leitung zu bewirkende massenhafte Auswanderung, sowie durch Verbesserung der Landeskultur. Für Erreichung des letzten Zweckes wurden sehr umfassende oder vielmehr sehr weitaussehende Vorschläge gemacht, die großentheils darauf hinausliefen, daß der Staat die fehlenden Kapitalien gewähren sollte, welche die Privatindustrie in Irland anzulegen keine Neigung hatte.

Dieser letzte Punkt zeigt zur Genüge die Schwäche, an welcher die Vorschläge der Kommission krankten. Man suchte und erwartete die Hülfe mehr von den Leistungen des allgemeinen Staatsschatzes, als von durchgreifenden Reformen, und der Anstrengung der eigenen Kräfte

2) Auszüge und detaillirte Mittheilungen aus den Kommissionsberichten, vgl. bei Nicholls Hist. p. 118—158.

Irlands. Die Mehrheit der Mitglieder der Kommission bestand aus Irländern, die fürchteten, dem Grundeigenthum dadurch eine unerschwingliche Last aufzulegen, daß sie die Fürsorge auch auf die arbeitsfähigen Armen allgemein ausdehnten. Die Kommission berechnete die Kosten der
Erbauung von Arbeitshäusern, die umfangreich genug wären, um alle
unbeschäftigten arbeitsfähigen Armen mit ihren Familiengliedern aufzunehmen, auf 4 Millionen Pfund, und die jährlichen Kosten für den Unterhalt der betreffenden Personen, während 30 Wochen im Jahre, auf 5
Millionen Pfund, während der gesammte jährliche Reinertrag des Grund
und Bodens in Irland nur auf 6 Millionen anzuschlagen sei, so daß
hiernach die Einführung der gesetzlichen Armenpflege nach englischen
Grundsätzen, selbst durch eine Konfiskation des irischen Grundeigenthums bei weitem noch nicht hätte erreicht werden können! Dabei äußerte die Kommission das Bedenken, daß Arbeitshäuser für an die härtesten Entbehrungen gewöhnte Irländer nichts Abschreckendes haben,
und daher als Mittel, um die Hülflosigkeit der Einzelnen zu prüfen, in
Irland unbrauchbar sein würden; sowie das andere, daß bei der Neigung der Irländer zu Gewaltthätigkeiten der Versuch, sie der strengen
Disciplin der englischen Arbeitshäuser zu unterwerfen, häufig zu bekla-
genswerthen Excessen führen werde.

Die Erfahrungen, die man zu jener Zeit in England über die Erfolge des neuen, kaum ein Jahr eingeführten Systemes der Armenpflege gesammelt hatte, waren noch zu mangelhaft, um allgemein überzeugen zu können; die Mißbräuche und Gefahren der älteren englischen
Armenpflege aber noch in so frischem Andenken, daß es nicht befremden
kann, wenn die Irländer sich abgeneigt zeigten, die englischen Einrichtungen nach Irland zu übertragen. Dabei mußte doch aber auch wieder einleuchten, daß die Vorschläge der Kommission unzureichend und
zur praktischen Ausführung nicht geeignet waren. Was konnte eine
Armenpflege, die sich auf die dauernd arbeitsunfähigen Personen beschränkte, in einem Lande helfen, in welchem anerkannter Maßen der
eigentliche Sitz des Übels in einer Unmasse unbeschäftigter arbeitsfähiger Armen bestand! Wie war es ferner möglich, zu hoffen, daß durch
freiwillige Beiträge irgend wie genügende Mittel für die Armenpflege
in Irland aufgebracht werden könnten? Selbst in Schottland reichte
diese Hülfsquelle bei weitem nicht mehr aus, und es machte sich daselbst
immer mehr die Nothwendigkeit geltend, zum System der Besteuerung
überzugehen. Daß freiwillige Beiträge in Irland nicht genügen konn-

ten, zeigte das Beispiel der in Dublin und in andern Orten Jrlands befindlichen, auf milde Beiträge angewiesenen Anstalten auf das klarste *).

Die überflüssigen Arbeiter auf Kosten und durch Veranstaltung des Staats auswandern zu lassen, oder im Jnlande zu beschäftigen, mußte mindestens in der von der Kommission vorgeschlagenen Weise, als höchst bedenklich und sogar als unausführbar erscheinen. Die Auswanderung konnte allerdings unter geeigneten Vorsichtsmaßregeln mit Vortheil zur Entfernung überflüssiger Kräfte benutzt werden, und ist später dazu benutzt worden; allein um dies ohne allzu große Gefahren thun zu können, mußte die Verwaltung die Gewißheit haben, daß die zur Auswanderung sich Meldenden bereits vorher Alles versucht hatten, was in ihren Kräften stand, um selbst für sich zu sorgen; sowie daß diese Personen sich zur Beförderung nach den Kolonien eigneten, und endlich, daß die Berücksichtigung derselben nicht für Zurückbleibende neue Veranlassung abgebe, nachzulassen in ihren Bemühungen, für sich selbst zu sorgen. Das unbeschränkte Versprechen, Jeden, der sich zur Auswanderung melden würde, nach den Kolonien zu befördern, würde Jrland vollständig entvölkert, und die Regierung durch Überhäufung mit Ansprüchen von Seiten vieler zur Auswanderung untauglicher Personen, in die größte Verlegenheit versetzt haben. Um die erforderliche Auswahl treffen zu können, und eine Lähmung aller eigenen Anstrengungen bei der armen Bevölkerung im Jnlande fern zu halten, bedurfte es einer strengen Beaufsichtigung derer, die sich meldeten; eine solche kann aber nur durch eine geordnete Armenpflege, und nach den englischen Erfahrungen insbesondere in einem wohl eingerichteten Arbeitshause erzielt werden.

Ähnliche Gefahren, wie diejenigen, die mit der vorgeschlagenen Beförderung der Auswanderung verbunden waren, mußten entstehen, wenn man die armen Arbeiter massenhaft, nach dem Vorschlage der Kommission, im Jnlande auf Staatskosten beschäftigte. Dies hat, wenn es dessen noch bedurfte, die Erfahrung in Jrland selbst einige Jahre später auf das klarste bewiesen. Als die Regierung im Jahre 1846 zur Zeit der allgemeinen Hungersnoth in Jrland, sich entschloß, öffentliche Arbeiten in größerer Ausdehnung gegen einen ausreichenden

3) Die an diesen Orten vorhandenen Anstalten, die an Zahl und Umfang für die vorhandenen Bedürfnisse bei weitem nicht genügten, wenn nicht im Stande, die für sie erforderlichen Mittel durch freiwillige Beiträge zusammenzubringen, vgl. Nicholls Hist. p. 148. 165.

Geldlohn auszuführen, verließen die meisten Arbeiter in Irland ihre bisherigen Arbeiten, da diese ihnen einen geringeren Arbeitslohn abwarfen,
und es wurden in Folge dessen die Leiter der öffentlichen Arbeiten ganz
gegen die Absicht der Regierung zu Almosenvertheilern[4]). Da obendrein
die in ganz unverhältnißmäßigen Maßen ihnen zuströmenden Arbeiter fast
nichts leisteten, so sah sich die Regierung nach kurzer Zeit genöthigt, von
ihrem Versuche abzustehen, und auch bei dem, was sie unter den damaligen ganz außerordentlichen Umständen that, die bei der englischen
Armenpflege erprobten Grundsätze anzuwenden. Sie ließ bei der Ausführung von Arbeiten den Gesichtspunkt der Einträglichkeit derselben
zurücktreten, und gewährte den von ihr beschäftigten Arbeitern nur den
einfachsten, zur Erhaltung ihrer Existenz nothwendigen Lebensunterhalt,
so daß sie bei diesen Unternehmungen dasselbe Princip befolgte, welches
den englischen Arbeitshäusern zu Grunde liegt, von denen wir saben,
daß sie vor allem als Mittel dienen, um die Dürftigkeit der Einzelnen
zu prüfen, und auch denen, die sich wirklich nicht selbst zu helfen wissen,
nur das unbedingt zum Leben Nothwendige gewähren.

Nach diesen Anführungen wird es erklärlich sein, daß die öffentliche
Meinung durch die Vorschläge der Kommission nicht befriedigt wurde,
und daß die leitenden Staatsmänner in ihnen nicht die Grundlagen für
einen dem Parlament vorzulegenden Gesetzentwurf zu finden vermoch-
ten, wie denn dies Lord John Russel wiederholt im Unterhause aussprach[5]).

§. 55.

Sir George Nicholls Vorschläge und Motive eines Armen-
gesetzes für Irland.

Noch ehe die Untersuchungskommission ihren Schlußbericht erstattet
hatte, reichte der vielfach von uns genannte George Nicholls, damals
einer der Kommissarien der in England vor kurzem eingesetzten Centralarmenbehörde[1]), dem Ministerium des Innern eine Denkschrift ein,
in der er in kurzen Zügen für Irland die Einführung des soeben in
England reorganisirten Systemes der Armenpflege mit einigen Veränder-

---

4) Vgl. Nicholls Hist. p. 315—317.
5) Vgl. Nicholls Hist. p. 156 folg. und p. 160 folg.
1) Vgl. oben S. 57 und Nicholls Hist. p. 189.

rungen empfahl. Die in England unmittelbar nach der Einführung des neuen Systems sehr günstigen Erfolge desselben hatten die mit dessen Ausführung beauftragten Beamten, und insbesondere den Verfasser der erwähnten Denkschrift, der in vieler Beziehung als der Urheber desselben anzusehen ist [2]), mit fester Zuversicht über die Brauchbarkeit und die segensreichen Wirkungen desselben erfüllt, und die allgemeinste Beachtung und vielseitige Anerkennung desselben hervorgerufen. Da nun die von der Kommission für Irland gemachten Vorschläge, wie in §. 54 erörtert wurde, wenig befriedigend ausfielen, und namentlich keine geeignete Grundlage abgaben, um unmittelbar eingreifende praktische Maßregeln auf sie zu gründen; da sich ferner sogar in der Kommission eine Minderheit gegen die von der Mehrheit derselben gemachten Vorschläge und für die Einführung einer allgemeinen Armensteuer aussprach; da endlich der nachherige Schatzkanzler, Cornewall Lewis, ein besonders befähigter Hülfsbeamter der Kommission [3]), welcher an der Untersuchung der Verhältnisse Irlands einen thätigen Antheil genommen hatte, die Einführung des Arbeitshaussystemes in Irland als die unentbehrliche Grundlage jeder ferneren Fürsorge für die dortigen Armen empfahl, so fand die erwähnte Denkschrift die ihr unleugbar gebührende Berücksichtigung [4]). Lord John Russel, der damals das Ministerium des Innern verwaltete, beauftragte den 22sten August 1836 den Verfasser der Denkschrift, Irland persönlich zu besuchen, sich sodann auf Grund eigener Anschauung über die Vorschläge der Kommission zu äußern, und seine eigenen Ansichten darzulegen über das, was in Irland zu thun sei, insbesondere aber sich über die Zweckmäßigkeit der Einführung einer allgemeinen Armensteuer und des Arbeitshaussystems in Irland im Einzelnen auszusprechen [5]).

George Nicholls unterzog sich sofort der Ausführung des ihm gewordenen Auftrages. Nachdem er die von Armuth und Elend am meisten heimgesuchten Bezirke Irlands bereist, und sich über die irischen Zustände auf jede ihm mögliche Weise unterrichtet hatte, erstattete er am 15ten November 1836 einen ausführlichen Bericht.

Wir fassen in der folgenden Darstellung die Gründe zusammen,

2) Vgl. oben S. 18 Note 3.
3) Vgl. oben S. 59 Note 4.
4) Vgl. Nicholls Hist. p. 147. 151 folg.
5) Vgl. Nicholls p. 157.

die Nicholls in seinem ersten Bericht und bei späteren Gelegenheiten für seine Vorschläge geltend gemacht hat [6]).

Zuvörderst erkannte auch Nicholls seinerseits an, daß die vornehmste Ursache des Elendes in Irland in einem Überschuß von arbeitsfähigen unbeschäftigten Kräften, oder unter einem anderen Gesichtspunkte aufgefaßt, in einem Mangel an Kapital im Vergleich zur Bevölkerung des Landes, bestehe. Dies erzeuge Noth und Demoralisation der Bevölkerung, durch welche deren Kraft und Arbeitslust gelähmt, und die Sicherheit der Person und des Eigenthumes in Irland gefährdet werden. In Folge dessen werde wiederum der zur Besserung der Zustände nothwendige Unternehmungsgeist zurückgedrängt, und das dazu erforderliche Kapital, dessen Heranziehung es so dringend bedürfe, verscheucht.

Dieser fehlerhafte Zirkel müsse gebrochen werden, wenn es in Irland besser werden solle. Die Grundlage hierzu sei aber eine geordnete Armenpflege. Allerdings werde direkt durch eine solche in Irland weder neues Kapital geschaffen, noch den vielen Unbeschäftigten Arbeit gegeben, und man könne daher von der Einführung einer geordneten Armenpflege nicht sofort unmittelbare Folgen erwarten. Allein nur eine geordnete Armenpflege sei im Stande, die unentbehrlichen Bedingungen zu gewähren, deren es bedürfe, damit Unternehmungsgeist und Kapital ihren Weg nach Irland finden könnten, ohne welche die unbedingt nothwendige Zucht der Bevölkerung, und die alles bedingende Sicherheit der Person und des Eigenthumes in Irland, nimmermehr herzustellen seien. Ohne geregelte Armenpflege sei der Alles vernichtende Unfug des Bettelns nicht abzustellen; und wenn man die Tausende und abermals Tausende der unbeschäftigten arbeitsfähigen Armen nicht vor der äußersten Noth schütze, so sei Sicherheit der Person und des Eigenthumes unmöglich. Durch eine geregelte Armenpflege werde dagegen der Arbeiter nicht nur unmittelbar gegen die Gefahr des Hungertodes gesichert, sondern eine Verbesserung seiner Lage auch dadurch angebahnt, daß die Grundbesitzer für das Schicksal der Arbeiter verantwortlich gemacht und veranlaßt würden, sich derselben mit größerer Aufmerksamkeit anzunehmen. Diesen Erfolg habe das neue Armengesetz in England zum Heile der Ar-

---

6) Über das Folgende vgl. Nicholls p. 159—221 und die bereits oben §. 51 in Note 1 angeführten Berichte Nicholls an den Minister des Innern.

beiter gehabt, und ein ähnliches Gesetz werde ihn in ähnlicher Weise für die Irländer haben.

Nur in Verbindung mit einer zweckmäßig geregelten Armenpflege könne auch die Auswanderung aus Irland ohne Gefahr befördert werden. Alles Andere, was man sonst zur Verbesserung der irischen Zustände empfehle: Urbarmachung der Sümpfe und Heiden, Ausdehnung des Fischereibetriebes, Verbesserung der Landstraßen, Hebung der Industrie u. f. w., werde sich von selbst im Gefolge einer geregelten Armenpflege einfinden.

Damit die Armenpflege indeß diese so wünschenswerthen Wirkungen haben könne, müsse sie sich eben sowohl auf die arbeitsfähigen als auf die arbeitsunfähigen Armen erstrecken. Der Grund, einen Armen zu unterstützen, sei dessen Bedürftigkeit und Hülfslosigkeit, gleichviel durch welche Gründe diese veranlaßt sei. Nur unter der Voraussetzung, daß jeder wirklich Mangel Leidende bei der Armenpflege Hülfe finde, könne dem Bettelunfuge mit seinen demoralisirenden Folgen ein Ende gemacht, und den Gewaltthätigkeiten der Verzweifelnden vorgebeugt werden.

Die Besorgnisse vor der Unerschwinglichkeit der Kosten einer geregelten Armenpflege seien übertrieben. Auch bei dem gegenwärtig bestehenden Zustande müßten jedenfalls die Armen erhalten werden, nur geschehe das auf dem verderblichen Wege einer ungeregelten Privatwohlthätigkeit, welche vielfach den Betrug und Müssiggang indirekt befördere, daher sehr oft eine Vergeudung der vorhandenen Mittel in sich schließe, und dabei die Last ausschließlich auf die Schultern derer wälze, die sich in der Nähe der Nothleidenden befänden und ihnen zugänglich wären. Dies aber seien faktisch die Ackerpächter und Gewerbtreibenden, während die Grundeigenthümer, indem sie der Arbeitern entfernter ständen, und häufig nicht an dem Orte ihres Grundeigenthumes lebten, gar nicht oder verhältnißmäßig nur unbedeutend zur Erhaltung der bedürftigen Armen beitrügen. Von den ärmeren Ackerpächtern, Gastwirthen und sonstigen Gewerbtreibenden würde dadurch faktisch eine Armensteuer erhoben, die man nicht geringer als auf 600,000 bis 1 Million Pfund veranschlage, und diese Volksklasse sei daher der Einführung einer regelmäßigen Armenpflege, deren Bedürfnisse durch eine allgemeine Armensteuer aufgebracht würden, entschieden geneigt, indem sie sich von einer Armensteuer, welche die größeren Grundeigenthümer mehr heranziehe und vor allem auch solche treffe, die außerhalb des Landes ihre Renten verzehrten, eine Erleichterung verspräche.

Die Kosten einer regelmäßigen Armenpflege wurden von Nicholls, abgesehen von außerordentlichen Nothständen, einschließlich der Verzinsung und allmählichen Zurückzahlung der zum Bau von Arbeitshäusern aufzunehmenden Kapitalien, welche nach seiner Meinung etwa eine Million Pfund betragen dürften, jährlich auf 400,000 Pfund veranschlagt, und diese Summe sei Irland sehr wohl im Stande zu tragen [7]).

Eine den Verhältnissen entsprechende Anzahl von Arbeitshäusern zu errichten, sei aber in Irland unbedingt nothwendig, ja ihr Vorhandensein müsse dort als die unentbehrliche Voraussetzung für Einführung einer geregelten Armenpflege gelten; denn bei der großen Verbreitung der Armuth im Lande, und der übergroßen Anzahl derer, die es vorzögen, ihren Unterhalt von der Mildthätigkeit ihrer Mitbürger, statt von ihrer eigenen Anstrengung zu erwarten; bei der seit langer Zeit an allen Orten des Landes eingewurzelten Gewohnheit zu betteln und dem in trauriger Weise verbreiteten Mangel an Scheu und Ehrgefühl in dieser Beziehung, sei ein zuverlässiges Prüfungsmittel wirklich vorhandener Hülfsbedürftigkeit und Noth ganz unentbehrlich. Ein solches sei einzig und allein in Arbeitshäusern zu finden; diese hätten sich aber auch, wenn sie sachgemäß eingerichtet würden, durchaus in dieser Beziehung bewährt. Die Besorgniß, daß Arbeitshäuser für die Verhältnisse Irlands unanwendbar seien, und daß die Irländer den Aufenthalt in ihnen nicht scheuen, und sich, in sie aufgenommen, der strengen Disciplin derselben gewaltsam widersetzen würden, sei völlig

---

7) Dieser Anschlag ist allerdings, wie die meisten Vorausberechnungen von Kosten, nicht unerheblich hinter dem wirklichen Betrage der Ausgaben zurückgeblieben, der sich nach Durchführung der geregelten Armenpflege in ganz Irland herausgestellt hat. Allein niemals, auch nicht in der Zeit der schrecklichsten Hungersnoth, sind den Grundeigenthümern Leistungen von der Höhe zugemuthet worden, wie die Untersuchungscommission sie besorgte (vgl. S. 225). Mit Ausnahme der durch ganz außergewöhnliche Unglücksfälle belasteten Jahre 1848 bis 1851, haben die Ausgaben für Armenpflege die Summe von einer Million nicht erreicht, und sind dann bis zum Jahre 1859 unter 500,000 L. gesunken, vgl. §. 67 Anm. 1. Am Schlusse des Jahres 1846 trat die neue Organisation der Armenpflege zuerst im ganzen Lande ins Leben; vorher hatten die jährlichen Ausgaben für sie noch nicht 400,000 L. betragen; im Jahre 1846 beliefen sie sich auf 435,001 L., indessen hatte bereits im Herbst 1845 die Kartoffelkrankheit in Irland begonnen, vgl. Nicholls Hist. p. 276. 303. 304 und 388.

unbegründet. Allerdings sei es nicht in Abrede zu stellen, daß der Irländer in Hinsicht auf Kost, Kleidung und Wohnung in den Arbeitshäusern, auch wenn man Alles in ihnen noch so sparsam einrichte, besser würde gehalten werden, als er es durchschnittlich gewohnt sei; denn die Armen auf jenes äußerste Minimum zu beschränken, bis zu welchem die Noth ihre Bedürfnisse nur zu allgemein herabgedrückt habe, würde weder menschlich noch zweckmäßig sein; allein die in den Arbeitshäusern einzuführende Disciplin, und die strenge Regelmäßigkeit der täglichen Beschäftigungen, werde dem an Abwechselung und Ungebundenheit gewöhnten Irländer noch verhaßter sein als dem Engländer; außerdem werde er in den Arbeitshäusern die ihm dort nicht gewährten Genüsse des Branntweins und Tabacks so schmerzlich entbehren, daß schon dies ihn bestimmen werde, die Arbeitshäuser so bald als irgend möglich wieder zu verlassen. Als Beweis für die Richtigkeit der in Betreff der Arbeitshäuser aufgestellten Ansichten, berief sich Nicholls auf die in den Arbeitshäusern von Liverpool, Manchester, Bristol, und anderen Orten gemachten Erfahrungen, in denen es an irischen Arbeitern nicht fehle, und wo hinlängliche Gelegenheit geboten sei, das Verhalten der Irländer in Arbeitshäusern richtig zu beurtheilen. Auch zeigten, bemerkt er, diese Arbeitshäuser, daß sich der Irländer, wenn er nicht von Trunkenheit, religiösem Fanatismus oder sonstigen Leidenschaften aufgeregt sei, jeder gesetzlichen Ordnung, sowie jeder mit Festigkeit ohne Willkühr gehandhabten Zucht, willig unterwerfe.

§. 56.
Von Nicholls für zweckmäßig erachtete Abweichungen des in Irland einzuführenden Armengesetzes von dem englischen.

Nachdem Nicholls in der im vorigen Paragraph angegebenen Weise die Nothwendigkeit der Einführung einer geregelten Armenpflege im Allgemeinen begründet, und die Einwendungen widerlegt hatte, welche darauf hinausliefen, daß die in England bewährten Hauptgrundlagen der Armenpflege für Irland nicht paßten, erörterte er näher, welche Modificationen von dem vor kurzem erlassenen englischen Armengesetz durch die abweichenden Verhältnisse Irlands bei einem irischen Armengesetz erforderlich sein dürften.

Zunächst, meinte er, empfehle es sich, die Unterstützung der Hülfsbedürftigen zwar für eine Pflicht der Armenverwaltung zu erklären, und dabei lediglich die Bedürftigkeit für das Motiv dieser Pflicht

anzuerkennen, jedoch den Armen keinen förmlichen Rechtsanspruch auf Unterstützung einzuräumen. Die Gewährung der
Unterstützung müsse nur als eine Sache der Verwaltung angesehen
werden.

Ferner sei es rathsam, die Verabreichung von Unterstützungen ausschließlich innerhalb der Arbeitshäuser zu
gestatten, da es kein anderes zuverlässiges Erkennungsmittel für das
Vorhandensein der Bedürftigkeit gebe, als eben die Arbeitshäuser.
Selbst ein einzelnes Glied einer Familie solle man nur unter der Bedingung, daß die ganze Familie in ein Arbeitshaus aufgenommen würde,
unterstützen. Die ganze neue Armenpflege könne hiernach in Irland
überhaupt erst zur Ausführung kommen, wenn die zur Aufnahme der
Armen erforderlichen Arbeitshäuser eingerichtet seien. In England sei
es wegen des allgemein verbreiteten mehr als hundertjährigen Herkommens, Unterstützungen auch außerhalb der Arbeitshäuser zu bewilligen,
und wegen des Widerstandes der öffentlichen Meinung, nicht möglich gewesen, diesen auch dort anfänglich aufgestellten Grundsatz durchzuführen; es wäre dort zu hart erschienen, bei vielen notorisch Armen die lang
genossene Unterstützung an eine allgemein verhaßte Bedingung zu knüpfen. In Irland, wo den Armen die früher nicht genossene Wohlthat
einer geordneten Armenpflege erst jetzt gewährt werde, sei es unbedenk-
lich, dieselbe an eine an sich gerechtfertigte Bedingung zu knüpfen. Auch
werde die öffentliche Meinung in Irland nicht gegen die Durchführung
des Princips sein, indem sie in ihm eine wohlthätige Schranke gegen ein
unangemessenes Anwachsen der Kosten für die Armenpflege erkennen
werde. Dabei sei diese Beschränkung wegen der allgemeinen Armuth
der arbeitenden Klassen, und der leider ebenso allgemeinen Neigung
eine öffentliche Unterstützung in Anspruch zu nehmen, sowie wegen der
Unmöglichkeit außerhalb der Arbeitshäuser gewährte Unterstützungen einer
wirksamen Kontrole zu unterwerfen, in Irland ganz unumgänglich geboten. Die in England und Schottland von Alterher verbreitete Gewohnheit des Selbstregiments fehle in Irland, und im Allgemeinen auch die
Zuverlässigkeit des Charakters, die man in jenen Ländern voraussetzen
dürfe; und man würde daher in Irland bei einer mangelhaften Kontrole der zu gewährenden Armenunterstützungen den gröbsten Mißbräuchen und Unterschleifen ausgesetzt sein. Auf das von Manchen angeregte
Bedenken, daß es im Fall von Mißernten und Hungersnoth nicht möglich sein werde, alle wirklich Hülfsbedürftigen in die Arbeitshäuser auf-

zunehmen, sei aber zu erwidern, daß dies außerordentliche Ausnahmefälle seien, für die niemals die für die regelmäßigen Zustände getroffenen Einrichtungen ausreichen würden, und welche daher unmöglich als
Grundlage für die zu erlassenden Gesetze dienen können.

Der Umstand, daß in Irland die regelmäßige Armenpflege als ein
ganz neues Institut eingeführt werde, gebe aber auch noch in einer anderen Beziehung Veranlassung zu einer Abweichung des für Irland zu erlassenden Armengesetzes von dem englischen. In
England seien die geltenden Heimathsgesetze die Quelle der
mannigfachsten Schwierigkeiten, Härten und unnöthigen Kosten bei der
Armenpflege. Stoße ihre Aufhebung in England wegen ihrer hundertjährigen Dauer und mancher wohl unbegründeter Besorgnisse auf Hindernisse[1], so sei doch kein Grund vorhanden, sich in Irland, wo keine
solche Gesetze Geltung hätten, die durch sie entstehenden Verwickelungen
neuerdings zu schaffen; man habe hier freie Hand, das für die Armenpflege Zweckmäßigste einzuführen.

Endlich sei es unumgänglich nothwendig, der Centralarmenbehörde in Irland eine noch größere Machtvollkom-
menheit anzuvertrauen, als sie in England besitze. Der Mangel
an Anknüpfungspunkten für die Organisation der Armenpflege an im
Lande Bestehendes, und die Ungeübtheit der Irländer in einer selbstständigen Verwaltung ihrer Gemeindeangelegenheiten, in Verbindung mit
der nicht abzuleugnenden Thatsache, daß die Armenpflege in Irland von
vornherein eine sehr umfangreiche und schwierige Aufgabe zu lösen haben werde, sei hierfür entscheidend. Man dürfe namentlich in Irland
die Befugniß der Centralarmenbehörde, die Sammtgemeinden
den Zwecken der Armenverwaltung entsprechend zu bil-
den, durch keine anderen Rücksichten beschränken; man müsse ihr ferner,
da die Arbeitshäuser die Grundlage für die ganze Armenverwaltung abgeben sollten, die Befugniß einräumen, den Bau und die etwa
erforderlichen Erweiterungen der Arbeitshäuser nöthigenfalls auch ohne Rücksicht auf die Bereitwilligkeit der Steuerpflichtigen
anzuordnen; und ihr endlich auch gestatten nach ihrem Ermessen, im
Falle der Unfähigkeit, oder eines hartnäckigen Widerstandes der Ge-
meindearmenbehörden, diese aufzulösen, und die Armenverwaltung zeitweilig durch besoldete Beamte führen zu lassen.

---

1) Vgl. darüber oben §. 29 folg.

Mit Rücksicht darauf, daß es wünschenswerth sei, alle in England
in Betreff der Armenpflege gemachten Erfahrungen alsbald für Irland
zu benutzen, und zwischen beiden Ländern eine Übereinstimmung in den
Grundsätzen der Armenverwaltung herzustellen und zu erhalten, empfehle
es sich, die oberste Leitung des Armenwesens in Irland
auf die für England eingesetzte Centralarmenbehörde zu
übertragen; dieser würden obendrein zur Wahrnehmung der ihr neu
anvertrauten Aufgabe nur wenige Hülfskräfte zu gewähren sein.

Gleichzeitig machte Nicholls in seinem Berichte noch Vorschläge für
ein in Irland zu erlassendes Strafgesetz gegen Betteln und
müssiges Umhertreiben, sowie für Gesetze über Regelung
der Armensteuer, des Stimmrechts u. s. w., deren Erörterung
wir hier unterlassen, um die darüber für unseren Zweck nöthigen Angaben der Besprechung der wirklich erlassenen gesetzlichen Bestimmungen
beizufügen.

§. 57.
Erlaß des irischen Armengesetzes im Jahre 1838.

Die Vorschläge des in den beiden letzten Paragraphen besprochenen Berichtes fanden die Zustimmung des Kabinets. Man entwarf eine
denselben entsprechende Bill, und Lord John Russel brachte dieselbe am
13ten Februar 1837 in das Unterhaus ein. Er empfahl sie in einer ein-
bringlichen Rede, in welcher er auf eine lichtvolle Weise die allgemeinen
Vortheile einer gesetzlichen Armenpflege, und die Unentbehrlichkeit derselben für Irland zur Begründung besserer Zustände auseinandersetzte [1]).
Obwohl die zweite Lesung der Bill im Unterhause ohne Abstim-
mung genehmigt wurde, erfuhr der Erlaß des Gesetzes noch eine Verzögerung; indem der Tod König Wilhelm des Vierten am 20sten Juni
1837, eine Auflösung des Parlaments nach sich zog, und die Bill damit
zu Boden fiel.

Die Zeit bis zum Zusammentreten eines neuen Parlaments benutzte das Ministerium zu einer nochmaligen Prüfung des wichtigen Gegenstandes. George Nicholls wurde angewiesen, abermals nach Irland zu gehen, und insbesondere die Theile des Landes zu besuchen,
welche er bei seiner ersten Reise in Folge der Kürze der ihm damals zu Gebote stehenden Zeit nicht gesehen hatte. Er sollte auf das sorgfältigste er-

1) Vgl. Nicholls Hist. p. 181.

wägen, ob nicht die Ergebnisse seiner weiteren Beobachtungen, sowie die von den Gegnern der Maßregel gegen dieselbe vorgebrachten Einwürfe in irgend einer Beziehung eine Abänderung seiner Vorschläge als rathsam erscheinen ließen. Die erneuerten Untersuchungen bestärkten indessen durchweg Nicholls in seinen früher gewonnenen Ueberzeugungen; veranlaßten ihn aber zu einer gründlichen Widerlegung der gegen seine Vorschläge erhobenen Einwendungen; und fand. er insbesondere Veranlassung, die über den Zweck und die Einrichtungen der Arbeitshäuser sehr verbreiteten unrichtigen Ansichten zu widerlegen. Wir heben hier aus seinem zweiten Bericht, den wir bereits oben S. 210 in der Anm. 1 angeführt haben, nur die Angabe hervor, daß in der Grafschaft Donegal schon damals vier Jahre hintereinander Mißernten der Kartoffeln vorgekommen waren, und daß daselbst bereits in jenen Jahren eine vollständige Hungersnoth eingetreten sein würde, wenn es der Regierung nicht möglich gewesen wäre, die schlimmsten Folgen der zum Glück nur auf einen kleinen Theil des Landes beschränkten Mißernten, durch Zufuhren aus anderen Gegenden abzuwenden *).

Den 1sten December 1837 wurde die Bill mit einigen unwesentlichen Abänderungen, die man in Folge der nochmaligen Prüfung an ihr vornahm, in das neugewählte Unterhaus eingebracht, und unerachtet der heftigen Opposition O'Connells, der in den durch sie einzuführenden Einrichtungen nur eine Erweiterung der englischen Herrschaft über Irland finden wollte, mit entscheidender Majorität durchgesetzt ³).

Um indessen nach Möglichkeit auf die im Oberhause voraussichtlich zu bestehenden Kämpfe gerüstet zu sein, und kein Mittel verabsäumt zu lassen zur Erforschung dessen, was irgendwie geschehen könne für Einführung einer zweckmäßigen Armenpflege in Irland, sendete das Ministerium während der Osterferien des Parlaments Nicholls in Begleitung des Dr. Kay, eines Hülfsbeamten bei der Centralarmenbehörde, noch nach Holland und Belgien, um auch die dortigen Einrichtungen für Armenpflege kennen zu lernen und sofort für Irland nutzbar zu machen ⁴).

In der That fand die Bill im Oberhause einen heftigen Widerstand, der insbesondere von den irischen Peers ausging, die durch die neu einzuführende allgemeine Armensteuer sehr beschwert zu werden

2) Vgl. Nicholls Hist. p. 200.
3) Vgl. Nicholls p. 210.
4) Vgl. Nicholls p. 211.

fürchteten⁵). Indeß gelang es Nicholls, den Herzog von Wellington, mit
dem er persönlich conferirte, für die vorgeschlagenen Maßnahmen unter
der Bedingung zu gewinnen, daß einige Abänderungen an der Bill
vorgenommen würden, durch die er die Grundlagen der Bill für nicht
gefährdet erachtete, ohne sie damals grade für Verbesserungen derselben
zu halten, als welche sie sich später erfahrungsmäßig herausgestellt haben. Der wesentliche Zweck dieser Abänderungen war es, daß jeder
Armenverband, oder jeder die Stelle eines solchen vertretende engere
Bezirk, die Kosten für den Unterhalt seiner Armen tragen solle, ohne,
wie wir unten im §. 62 näher ausführen werden, deswegen in die Belästigungen der englischen Heimathsgesetze zu verfallen. Unter dieser
Voraussetzung empfahl der Herzog von Wellington den Gesetzentwurf,
indem er sich von dessen Durchführung eine Milderung des in Irland
verbreiteten, sich so oft in trostloser Weise steigernden Elends, eine Vermehrung der Sorgfalt der Grundbesitzer für ihr Eigenthum und dessen
Bewohner, sowie eine Verbesserung der Verhältnisse zwischen den Grundeigenthümern und Pächtern, sowie zwischen diesen und den Arbeitern
versprach. Durch den mächtigen Einfluß des Herzogs wurde auch im
Oberhause die in angedeuteter Weise abgeänderte Bill durchgesetzt, und
erhielt am 31ᵗᵉⁿ Juli 1838 die königliche Genehmigung⁶).

Nach Erlaß des Gesetzes (1 and 2 Victoria c. 56) wurde sofort für
Irland eine Centralarmenbehörde nach dem Vorbilde der englischen, jedoch mit ausgedehnteren Befugnissen eingesetzt, und die
Wahrnehmung ihrer Pflichten vorerst den englischen Armenkommissarien in London übertragen. George Nicholls erhielt, als ein Mitglied derselben, den Auftrag,
die Geschäfte der Centralarmenbehörde an Ort und Stelle
zu leiten, und wurde ermächtigt, die meisten der der Behörde eingeräumten Befugnisse selbstständig auszuüben, wobei er selbstverständlich
den übrigen Armenkommissarien über seine Maßnahmen fortlaufende
Mittheilungen zu machen, und sich mit ihnen über die Grundsätze seines
Verfahrens zu verständigen hatte. Zu seiner Unterstützung wurden ihm
vier Hülfsbeamten mitgegeben, später Inspektoren genannt,
welche bereits bei der Organisation der englischen Armenpflege thätig
gewesen waren, und dadurch die Grundsätze derselben, sowie die bei
derselben vorkommenden Geschäfte praktisch kennen gelernt hatten. Zu

5) Vgl. Nicholls p. 217.
6) Vgl. Nicholls p. 222. und oben S. 210.

weiteren Hülfsbeamten sollten eingeborene Irländer gewählt werden, um für die Centralarmenverwaltung die Vortheile nicht zu entbehren, die eine genaue Kenntniß der Lokalverhältnisse und des Volkscharakters der Irländer gewähren konnte, während man gleichzeitig durch die Betheiligung von Irländern an der Armenverwaltung das Zutrauen zu derselben im Lande zu erhöhen hoffte [7]).

Nachdem die erforderlichen lokalen Ermittelungen angestellt waren, die durch ihren großen Umfang einen erheblichen Zeitaufwand verlangten, schritt man ungesäumt zur **Bildung der Sammtgemeinden** (**Unions**), die in Irland wie in England die Grundlage für die Lokalarmenverwaltung abgeben sollten.

Jede Sammtgemeinde wurde darauf, behufs der Wahl von Armenräthen, in mehrere **Wahlbezirke** (**Electoral-divisions**) getheilt, die in Irland an die Stelle der englischen Kirchspiele traten.

Nach Abgrenzung dieser einzelnen Verbände, wurden die **Stimmlisten** angefertigt, die **Wahlen** vollzogen und die **Bezirksarmenräthe** (**Boards of Guardians**) constituirt. Hierauf bewerkstelligte man die für die Einführung der Armensteuer angeordneten **Abschätzungen** des Landes, schrieb die erforderlichen **Steuern** aus, und begann mit der Erbauung der **Arbeitshäuser**; da erst, nachdem diese vollständig zur Aufnahme der Armen bereit waren, die neue Armenpflege zur Ausführung kommen sollte. Die erwähnten Vorbereitungen zur Durchführung des Gesetzes wurden zuerst in den bedrängtesten Theilen Irlands, namentlich in den größeren Städten ausgeführt, und man trug dabei Sorge, daß die neue Armenpflege überall gleichzeitig in einer größeren Gruppe von Sammtgemeinden beginnen konnte, um nicht durch den Beginn derselben in einzelnen isolirten Sammtgemeinden einen plötzlichen übergroßen Andrang der Armen in ihnen herbeizuführen.

Die Bildung der irischen Sammtgemeinden wurde seit 1840 successive vorgenommen, doch dauerte es bis 1846, ehe in den damals beschlossenen 130 Sammtgemeinden die **Arbeitshäuser** überall eingerichtet waren, und die Armenpflege in ganz Irland nach den Bestimmungen des neuen Armengesetzes ins **Leben treten** konnte [8]).

---

7) Nicholls IIIrn. p. 134—136.
8) Vgl. Nicholls p. 323.

§. 56.
Hungersnoth und Vervollständigung der irischen Armenge-setzgebung im Jahre 1846.

Noch ehe es gelungen war, die Armenpflege in allen Theilen des Landes in Wirksamkeit zu setzen, trat eine furchtbare Katastrophe in Irland ein.

Im Herbst 1845 zeigte sich die Kartoffelkrankheit in Irland in grö-ßerer Ausdehnung, als in einem der vorausgehenden Jahre. Im Jahre 1846 trat sie bereits im Juli und August auf, und zerstörte fast die ganze Ernte des Landes. Im Jahre 1847 war zwar die Ernte keine ungünstige, allein es waren aus Mangel an Saatgut und aus allge-meinen Besorgnissen vor einer abermaligen Mißernte viel weniger Kar-toffeln im Lande angebaut worden als früher; und doch konnte die Mehrzahl der ländlichen Bewohner, bei dem geringen Umfange und dem schlechten Kulturzustande der von ihnen bebauten Äcker, nur durch diese Frucht, und bei einer günstigen Ernte derselben, die hinreichende Menge von Nahrungsmitteln für sich produciren. Unter diesen Verhält-nissen war auch 1847 ein Jahr der äußersten Bedrängniß, zumal die Krankheit im Jahre 1848 von neuem auftrat. Waren ihre Verheerun-gen diesmal auch nicht so allgemein als im Jahre 1846, so wirkten sie doch noch trauriger, indem sie bereits ein völlig erschöpftes Volk vor-fanden. Nicht für Tausende, sondern für Millionen trat die äußerste Noth ein; ansteckende Krankheiten brachen an den meisten Orten aus, und um das Elend zum Äußersten zu steigern, suchte die Cholera große Bezirke des unglücklichen Landes mit furchtbarer Heftigkeit heim[1]).

Daß für solche Verhältnisse die Mittel und Anordnungen einer ge-wöhnlichen Armenpflege nicht ausreichten, bedarf keiner Erörterung; ja es waren wohl überhaupt alle menschlichen Kräfte, jedenfalls aber die damals zu Gebote stehenden Mittel und Erfahrungen nicht im Stande, die schweren Folgen eines so vielseitigen, furchtbar gesteigerten Mißge-schickes von dem unglücklichen Lande abzuwenden!

An Anstrengungen hat es die englische Regierung und das englische Volk nicht fehlen lassen; aus der allgemeinen Staatskasse wurde allein in den Jahren 1846 und 1847 die Summe von 7,132,265 L. vorge-streckt, und in verschiedener Weise zur Unterstützung der Nothleidenden

---
1) Vgl. Nicholls Hist. p. 406—408.

verwendet [2]). Durch Privatsammlungen wurden 638,041 L. für denselben Zweck aufgebracht [3]), und auch im Wege der Armen- steuer wurden nunmehr von Irland selbst beträchtliche Summen erho- ben, in den ersten neun Jahren von 1839—1847 zusammen 2,496,412 L. und im Jahre 1848 allein 1,462,878; d. i. in den zehn Jahren von 1839 bis 1848 die Gesammtsumme von 3,959,290 L. [4]).

Gleichwohl waren bei der Größe des zu bekämpfenden Elends alle diese Verwendungen ungenügend. Im Juli 1847 steigerte sich die Noth zu einer solchen Höhe, daß von der Armenverwaltung täglich an 3,020,712 Menschen, die sonst dem Hungertode verfallen wären, Por- tionen zubereiteter Lebensmittel vertheilt wurden [5]). Es leuchtet ein, welche Anstrengungen dazu gehörten, um eine so massenhafte, von ei- ner Centralbehörde aus geleitete Verpflegung zu organisiren, und wie großes Unheil unvermeidlich eingetreten sein mußte, ehe nach dem Fehl- schlagen der Ernte im Herbst 1846 die bezeichnete Maßregel beschlossen, eingerichtet und ausgeführt war! Tausende und aber Tausende erlagen dem physischen Mangel und den in seinem Gefolge auftretenden Krank- heiten.

Daß unter solchen Umständen, die den Hülfsbedürftigen zu gewäh- renden Unterstützungen nicht auf die Arbeitshäuser beschränkt werden konnten, versteht sich von selbst. Am 6ten März 1847 befanden sich nicht weniger als 115,845 Menschen in den neu errichteten Arbeitshäu- sern Irlands [6]); unerachtet dieselben hierdurch überfüllt waren, konnte in jedem Arbeitshause doch nur ein verhältnißmäßig sehr unbedeuten- der Theil von denen Aufnahme finden, die in dem zu dem Arbeits- hause gehörenden Bezirke vom Hungertode bedroht waren; und nicht selten wurden obendrein unter diesen Verhältnissen die Arbeitshäuser zu Mittelpunkten des namenlosesten Elends, indem in ihren überfüllten Räumen die ansteckenden Krankheiten am ärgsten wütheten.

In Berücksichtigung der angeführten Verhältnisse sah man sich ge- nöthigt, die Bestimmung, daß Armenunterstützungen nur in den Ar- beitshäusern gewährt werden sollten, in diesen Jahren aufzuheben, und besondere Behörden zur Verwendung der außerordentlichen Mittel und zur Leitung der außerordentlichen Hülfsanstalten einzusetzen [7]). Doch verlor man dabei das Princip, welches jener Bestimmung zu Grunde

2) Vgl. Nicholls IIIva. p. 390.   3) Nicholls p. 391.
4) Nicholls p. 348.   5) Nicholls p. 818.
6) Nicholls p. 404.   7) Nicholls p. 314 u. 817.

lag, feinem Wefen nach nicht aus den Augen, ließ fich vielmehr fortge-
fett von ihm leiten; wie denn von diefem Gefichtspunkte aus der
Schritt, die bei den öffentlichen Arbeiten befchäftigten Perfonen nebft
ihren Familien zu beköftigen, ftatt ihnen Geldlohn auszuzahlen, fich erklären ift, zu dem man fich unerachtet feiner großen Schwierigkeiten
nach herber Lehre entfchloß. Indem man es anerkannte, daß unter außerordentlichen Umftänden die Unterftüßungen nicht auf die Arbeitshäufer befchränkt werden könnten, geftattete man auf dem Wege des Ge-
fetzes nur Ausnahmen von der Regel, die nicht zur Aufhebung, fon-
dern zur Befeftigung des aufgeftellten Princips dienten. Gleichzeitig
bot man alles auf, um die vorhaudenen Räumlichkeiten der Arbeitshäufer zu erweitern [7]), und lehrte, als dies in genügender Weife gefchehen
war, um dem vorhandenen Bedürfniß zu entfprechen, zu der früheren
Einrichtung zurück, und ftellte die Unterftüßungen außerhalb der Arbeitshäufer bis auf wenige Ausnahmefälle wieder ab, fo daß im Frühjahr 1852 die Rückkehr zu dem ftrengen Arbeitshausfyfteme vollendet
war [8]).

[7]) Die Räumlichkeiten der irifchen Arbeitshäufer waren im März 1847 zur
Aufnahme von 114,129 Perfonen eingerichtet, und wurden in dem Umfange erweitert, daß in ihnen im März 1848 für 154,429 Perfonen, im März 1849 für
728,458 P., im März 1850 für 276,073 P., und im März 1851 für 304,085
Perfonen Raum zur Aufnahme vorhanden war, vgl. Nicholls Hist. p. 371. Allerdings wurden hierbei mancher Räumlichkeiten nur interimiftifch für die Zwecke der
Armenpflege eingerichtet, und wieder aufgegeben, als das Bedürfniß nachließ, was
feit 1851 in ziemlich fchnellem Fortgange erfolgte. Die größten Zahlen der an einem Tage in den Arbeitshäufern Aufgenommenen belliefen fich 1847 am 27ften Januar auf 116,321 Perfonen; 1848 am 24ften Juni auf 140,227 Perfonen; 1849
am 16ten Juni auf 227,329 P.; 1850 am 22ften Juni auf 264,048 Perfonen; 1851 am 5ten April auf 252,615 P., vgl. 4th Annual Report p. 4. Seit
dem Sommer 1851 verminderte fich die Zahl der Aufgenommenen; fchon im September 1851 ging fie herab bis auf 140,458 Perfonen, vgl. 5th Annual Report
p. 8 und Nicholls Hist. p. 404. In den letzten Jahren befanden fich als Maxima
in den Arbeitshäufern: am 26ften April 1856: 67,276 Perfonen; am 25ften April
1857: 65,023 P.; am 23ften April 1859: 41,948 Perfonen; dagegen am 3ten März
1860 wieder 46,045 Perfonen. Und als Minima: den 13ten September 1856:
45,662 Perfonen; den 5ten September 1857: 39,491 Perfonen; den 27ften Auguft
1859: 33,796 Perfonen, vgl. Xth Annual Report p. 2. XIth Ann. Rep. p. 2. und
XIIIth Ann. Rep. p. 8.

8) In den Unglücksjahren war die Zahl der außerhalb der Arbeitshäufer Un-
terftützten außerordentlich groß gewefen; fchon oben S. 240 ift angeführt, daß im Juli
1847 täglich nicht weniger als 3,020,712 Portionen Effen vertheilt wurden! Die

16

Seit 1850 begann für Irland eine bessere Zeit. Der Strom, der eine Zeitlang seine Ufer unaufhaltsam überschritten hatte, kehrte allmählich wieder in sein Bett zurück und gestattete eine bessere Bestellung der durch seine Überfluthungen zwar vielfach verheerten, unleugbar aber auch befruchteten Gefilde. Am Schlusse dieses Capitels sollen einige übersichtliche Zusammenstellungen über die seitdem in den Verhältnissen Irlands eingetretenen Umwälzungen folgen; hier bemerken wir nur noch zur Vervollständigung der über die Durchführung der Armengesetze in Irland gegebenen historischen Skizze, in welchen Beziehungen während der Unglücksjahre, und großentheils auf Veranlassung derselben, das zuerst erlassene Armengesetz abgeändert und vervollständigt worden ist.

Bereits im Jahre 1847 wurde die Centralarmenverwaltung Irlands, die bis dahin die englischen Armenkommissarien in London geführt hatten, einer selbstständigen Centralarmenbehörde übertragen, und dieser ihr Sitz in Dublin angewiesen[*].

Ferner wurde im Jahre 1847, wie schon erwähnt ist, unter Bedingungen, die unten in §. 59 S. 216 näher angegeben sind, eine Gewährung von Armenunterstützungen außerhalb der Arbeitshäuser gestattet[10].

Sodann wurde ebenfalls im Jahre 1847 ein Strafgesetz gegen Betteln und müssiges Umhertreiben erlassen[11].

Zahlen der in den Jahren 1846 und 1847 Unterstützten sind nicht genau ermittelt; noch in den folgenden Jahren wurden außerhalb der Arbeitshäuser unterstützt (wir geben die Maxima an): 1848 am 18ten Juli: 833,389 Personen; 1849 am 7ten Juli: 784,367 Personen; 1850 am 23ten Februar: 148,909 Personen; 1851 am 26sten April: 10,935 Personen, vgl. IVte Annual Report p. 4. Im Jahre 1852 verminderte sich die höchste Zahl auf 3560 Personen, vgl. Vte Ann. Rep. p. 5. In den letzten Jahren betrugen die höchsten Zahlen 1857 am 7ten Februar: 1161 Personen; 1858 am 13ten März: 1749 Personen; 1859 am 7ten Mai: 1452 Personen; 1860 am 10ten März: 2277 Personen; während die geringsten Zahlen sich beliefen: 1856 am 15ten November auf 764 Personen; 1857 am 12ten September auf 849 Personen; 1859 am 17ten September auf 1127 Personen, vgl. Xte Ann. Rep. p. 5. XI p. 8 und XIII p. 8. Seit der im Allgemeinen wieder hergestellten Beschränkung von Armenunterstützungen auf die Arbeitshäuser aufgenommen, ist es bei Arbeitsfähigen nur noch gestattet, ihnen außerhalb der Arbeitshäuser Medicin und ausnahmsweise vorläufig Nahrung zu verabreichen; daß auch an Arbeitsunfähige außerhalb der Arbeitshäuser verhältnißmäßig nur in geringer Ausdehnung Unterstützungen gewährt worden sind, zeigen die angeführten Zahlen.

9) 10 et 11 Victoria c. 90. Vgl. oben S. 210.

10) 10 et 11 Victoria c. 81 §. 1 und 3. Vgl. oben S. 210.

11) 10 et 11 Victoria c. 84. Vgl. oben S. 210.

Endlich wurde eine nicht unbedeutende Veränderung in der Abgrenzung der Sammtgemeinden und Wahlbezirke vorgenommen. Man hatte in den Nothjahren die Sammtgemeinden vielfach für zu ausgedehnt, und die Entfernung der Arbeitshäuser von manchen Orten zu groß gefunden. An den Wahlbezirken, die eingeführt waren, tadelten außerdem die größern Grundbesitzer, daß bei ihrer Abgrenzung die Verhältnisse des Grundeigenthums nicht genügend berücksichtigt worden wären, und beschwerten sich namentlich vielfach darüber, daß nicht in Fällen, wo es zulässig sei, aus den Gütern eines Besitzers ein selbstständiger Wahlbezirk gebildet worden wäre. Um diese Verhältnisse zu regeln, wurde 1848 eine besondere Kommission (Boundary-Commission) niedergesetzt, und in Folge ihrer Untersuchungen und Vorschläge in den Jahren 1851 und 1852 die Zahl der Sammtgemeinden von 131 auf 163, die der Wahlbezirke von 2049 auf 3139 vermehrt [11].

---

11) Die Kommission aus drei Mitgliedern, dem Mr. Crawford, Mr. Larcom und Mr. Broughton bestehend, wurde im März 1849 niedergesetzt, und erstattete im Frühjahr 1849 ihren Bericht, vgl. Nicholls Hist. p. 361. Dieser wurde von einem Ausschuß des Unterhauses sehr umständlich geprüft, viele Vernehmungen Einzelner erfolgten, und es wurde darauf ein Theil der Vorschläge berücksichtigt, vgl. Nicholls Hist. p. 362. Die dadurch herbeigeführten Veränderungen wurden sehr verschieden beurtheilt; nicht wenige, der Verhältnisse jedenfalls sehr kundige Männer glaubten, daß man sich bei der Feststellung dauernder Einrichtungen zu sehr durch die Eindrücke vorübergehender Verhältnisse und Bedürfnisse habe leiten lassen. Insbesondere führe die Abschließung der Besitzung eines größeren Grundeigenthümers zu besonderen Wahlbezirken auch ihre Nachtheile mit sich, und die Verkleinerung der Sammtgemeinden, nebst der damit in Verbindung stehenden Vermehrung der Arbeitshäuser, steigere die Kosten und Lasten der Armenpflege. Nicholls, der bei der früheren Abgrenzung der Bezirke den größten Einfluß geübt hatte (vgl. Nicholls Hist. p. 335), räumt ein, daß einzelne Abänderungen nothwendig gewesen seien, nicht aber eine allgemeine principielle Verkleinerung der Bezirke; in Beziehung auf die Sache selbst bemerkt er: „this is of course in some measure a question of degree, and must likewise depend very much upon local circumstances. The size of a union or an electoral division might be perfectly suitable at one time, or under one class of circumstances, and yet may be unsuitable at another, etc." Hist. p. 362 cf. p. 367 und 373. Was die Urtheile Einzelner anlangt, so tadelte zum Beispiel Mr. Edward Senior zu Dublin am 21sten Juni 1857 dem Verfasser gegenüber sehr entschieden die Abänderungen der Boundary-Commission: „sie hätten seiner Ansicht nach nur Nachtheile gehabt; die Ungleichheiten seien vermehrt worden, indem man die Wahlbezirke verkleinerte, und es seien nur dem Einen auf Kosten des Andern Erleichterungen geschaffen worden; kaufte auf Abänderungen

II. Gegenwärtiger Zustand der Armenpflege in Irland.

1. Umfang der Fürsorge für die Armen.

§. 59.

Umfang der gesetzlichen Verpflichtung gegen die Armen im Allgemeinen.

Eine gesetzliche Armenpflege ist in Irland, wie §. 57 erörtert hat, erst im Jahre 1838 eingeführt worden, und zwar nicht allein in der Absicht, die Lage der Nothleidenden und Hülflosen dadurch zu verbessern, sondern vorzüglich und wesentlich aus der Ueberzeugung, daß eine derartige Maßregel die unerläßliche Bedingung sei, um das Land aus dem trostlosen Elend und aus der sittlichen Verwilderung, in die es versunken war, emporheben zu können. Demgemäß ging das im Jahre 1638 erlassene irische Armengesetz nicht vorherrschend von dem Gesichtspunkte der Mildthätigkeit gegen einen, unter regelmäßigen Verhältnissen stets nur kleinen Theil der Bevölkerung des Landes aus, sondern von der Erwägung dessen, was die Wohlfahrt und Sicherheit der Gesammtheit derselben dringend erheische. Der Staat unterzog sich der Lösung

der Bezirke würden auch jetzt vielfach gemacht, und könnten doch keine Berücksichtigung finden." Dagegen meinte Mr. C. S. Crawford, Inspektor zu Dublin, ein ehemaliges Mitglied der Boundary-Commission: „In den 1851 vorgenommenen Veränderungen sei dringende Veranlassung gewesen. Manche Unions wären zu ausgedehnt gewesen, die Arbeitshäuser für viele Orte derselben fast unerreichbar; jetzt habe man in den Arbeitshäusern, namentlich in manchen Unions, freilich viel mehr Raum, als man bedürfe, und daher wäre man vielleicht jetzt manche Veränderung nicht vorgenommen haben, allein eine Wiedervereinigung der damals getrennten Unions würden doch nur sehr Einzelne wünschen." Mr. S. Herslan, Poorlaw-Inspector zu Killarnay, hielt „die Veränderungen der Electoral-Divisions durch die Boundary-Commission für sehr gerecht und wohlthätig, wenn sie auch zu vielen Beschwerden Veranlassung gegeben hätten. Nur durch die Verkleinerung der Bezirke, und insbesondere dadurch, daß man jedem Besitzer nach Möglichkeit seinen eigenen Wahlbezirk gegeben habe, setze man denselben in die Lage, für seine Arbeiter sorgen zu können, und nur dann sei die Armensteuer eine wirksame Triebfeder dazu, denn sie beschränke die Verantwortlichkeit auf die Grenzen der Macht. Gerade die Beschränkung der Electoral-Divisions habe wesentlich dazu beigetragen, den wohlthätigen Aufschwung in den Verhältnissen Irlands herbeizuführen, denn sie habe die Grundbesitzer veranlaßt to clear their property." Mr. O'Brien zu Crawestown bei Cork, erklärte, „nicht leugnen zu wollen, daß man durch die Verkleinerung der Wahlbezirke, und das Anpassen derselben an die Grenzen des Privateigenthumes, sich für die Zukunft die in England altbekannten Gefahren der close parishs bereitet haben möge; bisher seien diese jedoch noch nicht fühlbar geworden."

dieser Aufgabe nicht im Dienst der Kirche, noch auch von ihr geleitet,
obwohl er zum Theil dabei in ihr Gebiet hinübergriff, sondern um seine
Pflicht zu erfüllen und die Bedingungen eines geordneten Gemeinwesens
herzustellen. Die Gesetzgebung wurde dabei noch von der Erkenntniß
beherrscht, die ihr vor Kurzem in England aufgenöthigt worden war,
daß der Staat großen Gefahren sich aussetzt, wenn er bei der Verwaltung der öffentlichen Angelegenheiten Zwecke verfolgt, die nicht zu seinen
wahren Aufgaben gehören. In Folge dessen sind bei der irischen Armengesetzgebung die im Wesen des Staates absolut begründeten Gesichtspunkte, die volkswirthschaftlichen und polizeilichen, im weiteren
Sinne dieses Wortes, die leitenden gewesen, ja anfänglich sogar in
einer Ausschließlichkeit, die der Verfasser für unvereinbar hält mit der
Natur der Aufgabe, die zu erfüllen war.

In dem Gesetze vom 31sten Juli 1838, welches die Armenpflege zuerst als eine gesetzliche Institution in Irland einführte, ver-
mied man es auf das entschiedenste, den Armen einen Rechtsanspruch auf Unterstützung einzuräumen [1]). Auch trug
man Bedenken, den Sammtgemeinden eine allgemeine
Verpflichtung zur Unterstützung jedes Hülfsbedürftigen
aufzuerlegen. Die Armenräthe der Sammtgemeinden wurden durch
das Gesetz nur angewiesen, nach den Befehlen der Centralarmenbehörde
Hülfsbedürftige in soweit in die Arbeitshäuser aufzunehmen, als die Räumlichkeiten derselben es gestatten
würden. Hierbei sollten die Altersschwachen, die Gebrechlichen und
die Kinder, also, um es mit einem Worte auszudrücken, die Arbeitsunfähigen, zuerst berücksichtigt werden, und unter ihnen wiederum die in
der Sammtgemeinde Wohnenden einen Vorzug vor Fremden haben [2]).

1) Vergl. die von Nicholls gegebene Motivirung in seinem First Report (s.
oben S. 216 Note 1) §§. 69 bis 71, und auszugsweise in seiner History p. 176 fg.

2) Die Worte des Armengesetzes 1 et 2 Vict. c. 56 §. 41 sind: „When a
workhouse has been declared fit for the reception of destitute poor, and not before, the guardians, subject to the orders of the commissioners,
are to take order for relieving and setting to work therein, in
the first place, such destitute poor persons as by reason of old age infirmity or defect, may be unable to support themselves, and destitute children; and
in the next place, such other persons as the guardians deem to be destitute poor,
and unable to support themselves by their own industry or other lawful means —
provided that in any case where there may not be sufficient accommodation for
all the destitute persons who apply, the guardians shall relieve such as reside in
the union, in preference to those who do not.“

Ueber diese durch das Arbeitshaus gewährte Gelegenheit hinaus erstreckte sich weder die Verpflichtung, noch auch das Recht der Lokalbehörden, Unterstützungen zu gewähren. Da es nun aber lediglich von der Centralarmenbehörde abhing, zu erklären, daß das Arbeitshaus zur Aufnahme von Armen geeignet sei, und sie es auch war, die bestimmte, in welcher Ausdehnung von der Sammtgemeinde ein Arbeitshaus zu errichten sei, und wie viele Arme in dasselbe aufzunehmen seien, so war formell die Centralarmenbehörde ermächtigt, zu bestimmen, was die Sammtgemeinde im Interesse der allgemeinen Sicherheit und Ordnung zur Unterstützung der Armen zu leisten habe. Die Sammtgemeinde war also nicht dem einzelnen Armen, wie wir es in England und Schottland bei den Sammtgemeinden und Kirchspielen fanden (vgl. S. 48 und 176), sondern nur dem Staate gegenüber verpflichtet, Bedürftige zu unterstützen, und zwar in der Ausdehnung und Form, in welcher dieser aus Gründen des öffentlichen Wohles es anordnen würde, und hatte der Staat zur Wahrnehmung dieser seiner Rechte und Interessen die Centralarmenbehörde bestellt.

Dem praktischen Resultate nach glaubte man auf diesem Wege für die Armen genügend Sorge getragen zu haben, und hoffte, abgesehen von ganz außerordentlichen Umständen, die in allgemeinen Gesetzen zu berücksichtigen unmöglich sei, alle wirklich Hilfsbedürftigen in die Arbeitshäuser aufnehmen zu können [3]). Die unglücklichen Ereignisse der Jahre 1846 bis 1849 zeigten, daß man sich geirrt hatte; man fand sich genöthigt, auf dem Wege des Gesetzes Ausnahmen von der aufgestellten Regel anzuerkennen, und gleichzeitig die Verpflichtungen und Befugnisse der Lokalbehörden zu erweitern. Das Gesetz vom 6ten Juni 1847 machte es den Lokalbehörden allgemein und ohne Rücksicht auf die in ihren Arbeitshäusern vorhandenen Räumlichkeiten zur Pflicht, dauernd Arbeitsunfähige, Kranke und arme Wittwen mit zwei oder mehr unerwachsenen Kindern zu unterstützen; und es wurde im Zusammenhange hiermit ihnen die Befugniß ertheilt, solchen Armen nach ihrem Ermessen auch außerhalb des Arbeitshauses Unterstützung zu gewähren [4]).

---

3) Vgl. Nicholls in seinem First Report §. 69—71 und auszugsweise in seiner History p. 176 folg.

4) Jn 10 and 11 Victoria c. 31 §. 1 „the guardians of the poor of every union in Ireland shall make provision for the due relief of all such destitute poor persons as are permanently disabled from labour, by reason of

Aber auch bei arbeitsfähigen Armen wurde die Unterſtützung nicht ferner unbedingt von der Aufnahme in das Arbeitshaus abhängig ge= macht. Wenn das Arbeitshaus überfüllt, oder durch an= ſteckende Krankheiten zur Aufnahme von Armen unge= eignet iſt, können nach dem Geſetze vom 8ᵗᵉⁿ Juni 1847 arbeitsfähige Arme auch außerhalb des Arbeitshauſes Unterſtützung erhalten; doch darf dieſelbe dann nur in Nah= rung, und in beſonders dringenden Fällen in Gewährung von Ob= dach, Medicin und ärztlicher Hülfe beſtehen. Dabei hängt es ſtets einzig und allein von der Centralarmenbehörde ab, ob ſie ein ſolches Ausnahmeverfahren geſtatten will, und darf ſie es ſtets nur für einen Zeitraum von zwei Monaten thun, kann aber nach Verſtreichen dieſer Friſt dieſelbe nach ihrem Ermeſſen von Neuem ge= währen [*]).

old age, infirmity, or bodily or mental defect; and of such destitute poor persons as being disabled from labour by reason of severe sickness or serious accident, and thereby prevented from earning a subsistence for themsel- ves and their families; and of destitute poor widows, having two or more legitimate children dependent upon them. And it shall be lawful for the said guardians to relieve such poor persons, being destitute as afore said, ei- ther in the workhouse or out of the workhouse, as the guardians may deem expedient; and the guardians are also to take order for relieving and set- ting to work in the workhouse when there shall be sufficient room for so doing, such other destitute poor persons as they shall deem to be unable to support them- selves by their own industry."

5) In 10 Victoria c. 57 §. 3. 3 n. 7: „Whenever relief cannot be afforded in the workhouse owing to want of room, or when by reason of fever or infectious disease the workhouse is unfit for the reception of poor persons, the poorlaw-commissioners may by order empower the guardians to administer relief out of the workhouse to such de- stitute poor persons, for any time not exceeding two months; and on the receipt of such order, the guardians are to make provision accordingly —. Relief to ablebodied persons out of the workhouse, is however to be geven in food only, and the commissioners may from time to time regulate its application." „Relieving officers are empowered to give provisional relief in cases of urgent necessity, by an order of admission to the workhouse or fever hospital of the union, or only affording such relief as may be necessary in food, lodging, medicine or medical attendance, until the next meeting of the board of guardians, to whom to case is then to be reported, and their directions taken thereon. The guardians are to furnish the relieving officers with the necessary founds for the above purposes, in such manner as the poor- law-commissioners direct."

Hatte eine furchtbare und in dieser Ausdehnung unerhörte Noth-
zeit die Gesetzgebung gezwungen, von den anfänglich aufgestellten strengen Vorschriften, und der Starrheit der ihnen unterliegenden Grundsätze,
in der Richtung der Mildthätigkeit in einigen Punkten abzuweichen, und
den einzelnen speciellen Fall mehr zu berücksichtigen, so wird doch von
den zugelassenen Ausnahmen, und den sie ermöglichenden Befugnissen jetzt, nachdem die Schreckensjahre in Irland vorüber gegangen sind, nur noch ein geringer Gebrauch gemacht. Arbeitsfähige Arme, im strengen Sinne des Wortes, werden, abgesehen von Fällen, in welchen eine sofortige Unterstützung an Nahrung,
Obdach, Medicin oder ärztlicher Hülfe unumgänglich nöthig ist, ausschließlich in den Arbeitshäusern unterstützt. Die sämmtlichen in den
Nothjahren ausnahmsweise ertheilten Ermächtigungen hat die Centralarmenbehörde bereits im Jahre 1852 zurückgenommen oder ablaufen
lassen [6]).

Aber auch innerhalb der den Lokalbehörden 1847 gewährten Befugnisse, finden diese fast ohne Ausnahme es zweckmäßig, ein für allemal keine Unterstützungen außerhalb der Arbeitshäuser, also namentlich
keine Geldalmosen zu gewähren. Nur in einigen wenigen Sammtgemeinden finden sich arbeitsunfähige Arme, die außerhalb des Arbeitshauses Unterstützungen erhalten, und ihre Zahl ist auch hier eine ganz
unbedeutende [7]).

---

6) Vgl. 6th Annual Report p. 3 — 5.

7) Die Zahl der außerhalb der Arbeitshäuser in Irland Unterstützten belief sich
im Winterhalbjahre 1855 auf 1806, auf 3757 Personen; im Sommerhalbjahre 1856
auf 2784; im Winterh. 56 auf 57, auf 2639; im Sommerh. 57 auf 2761; im
Winterh. 58 auf 59, auf 3235; im Sommerh. 59 auf 3580 Personen. Den diesen Unterstützten waren bei Weitem die meisten Kinder unter 15 Jahren, Wittwen
und altersschwache Weiber; nur ein außerordentlich kleiner Theil bestand aus altersschwachen Männern („adult males permanently disabled by old age or infirmity");
er betrug im Winterhalbjahre 1855 auf 56 nur 141 Personen; im Sommer 1856
nur 150; im Winterh. 56 auf 57 nur 147; im Sommer 57 nur 173; im Winterh.
58 auf 59 nur 154; im Sommerh. 59 nur 171. Vergl. 9th Annual Report
p. 109, XIth p. 233, XIIIth p. 177. Im Armenjahre von 1856 auf 1857 betrug
die höchste Zahl der in einer Woche außerhalb der Armenhäuser Unterstützten, in
der 2ten Märzwoche 1857: 1056 Personen; die geringste Zahl dagegen in der 3ten
Novemberwoche 1856: 764 Personen. *Im Armenjahre 1857 auf 58 betrug das
Maximum in der 2ten Märzwoche 1749, das Minimum in der 2ten Septemberwoche 849. Im Armenjahre 1859 auf 1860 betrug das Minimum in der 4ten
Septemberwoche 1859: 1124; das Maximum in der 2ten Märzwoche 1860 dagegen

Faktisch werden somit in Irland jetzt wieder die Grundsätze des Arbeitshaussystems, unerachtet der Ausnahmen, die mit Rücksicht auf besondere Verhältnisse gestattet sind, fast vollständig in der anfänglich beabsichtigten Strenge ausgeführt. Man glaubt, indem man dies thut, am besten den nabeliegenden Mißbräuchen bei Unterstützungen, und einem auf andere Weise schwer zurückzuweisenden Andrange zu denselben vorzubeugen *). Allerdings darf dabei aber nicht unbeachtet bleiben, daß man in den Nothjahren die Räumlichkeiten der Arbeitshäuser in Irland in einer Weise erweitert hat, wie sie unter gewöhnlichen Verhältnissen nicht erforderlich sind, und daß in Folge dessen gegenwärtig ein unverhältnißmäßig großer Raum in den irischen Arbeitshäusern zur Verfügung steht. Außerdem hat man durch die massenhafte Auswanderung, die man unterstützte und herbeiführte, die irischen Armen bis auf eine so geringe Zahl vermindert, wie sie schwerlich auf die Dauer bleiben wird. Erst nach einigen Jahren wird daher die Erfahrung zeigen, ob es möglich oder angemessen ist, das Arbeitshaussystem dauernd in gleicher Strenge, wie gegenwärtig, auszuführen.

§. 60.
Die Armen-Krankenpflege.

Um die irische Armenpflege oder das in ihr durchgeführte strenge Arbeitshaussystem richtig zu beurtheilen, ist es wesentlich nothwendig, daß man sich vergegenwärtigt, wie in Irland die Arbeitshäuser gleich-

---

7277 Personen. Vergl. XIth Annual Rep. p. 3, XIth p. 3 und XIIIth p. 3. Nicht weniger von den außerhalb der Armenhäuser Unterstützten war ebenfalls die Unterstützung bereits in der Zeit der Ueberfüllung der Arbeitshäuser gewährt, und man mochte ihnen dieselbe nachher nicht wieder nehmen, oder sie nöthigen, in die Arbeitshäuser zu ziehen. In vielen Sammtgemeinden erhielt im Armenjahre 1859 auf 60 Niemand mehr außerhalb des Arbeitshauses eine Unterstützung, vgl. die Nachweisungen für alle einzelnen Sammtgemeinden im XIIIth Annual Rep. p. 138 bis 144; von den 5475 Personen, die in diesem Armenjahre außerhalb der Arbeitshäuser in den 163 Unions unterstützt wurden, geschah es in einigen Unions in größerer Ausdehnung, z. B. bei 1144 Personen in Drogheda (woselbst nur 7690 im Arbeitshause erhalten wurden), bei 472 in Southdublin, bei 302 in Navan, bei 224 in Kenmare, bei 415 in Waterford u. s. w.

*) Wissen die Armen es nicht bestimmt, daß sie keine Geldunterstützung erhalten, so machen sie sich oft falsche Hoffnungen auf Erlangung einer solchen, und entschließen sich nicht selten zu spät für ihre Gesundheit und selbst ihr Leben, in ein Arbeitshaus zu gehen, vgl. Vth Annual Report p. 4.

zeitig auch als Lazarethe für Kranke, und als Erziehungsanstalten für
verlassene arme Kinder dienen.

Die Zahl der Kranken, welche in Irland die Wohlthat der
Armenpflege genießt, ist verhältnißmäßig groß, weil oft in Krankheitsfällen der im Allgemeinen geltende Grundsatz nicht streng festgehalten
wird, nach welchem die zu Unterstützenden vollständig von eigenen Mitteln entblößt (destitute) sein müssen [1]. In dem Maße aber, als die
Zahl der Hülfsbedürftigen überhaupt abnimmt, während Kranke mit
größerer Leichtigkeit in die Arbeitshäuser aufgenommen werden, muß
natürlich in den Arbeitshäusern das Verhältniß der aufgenommenen
Kranken zu den sämmtlichen Aufgenommenen steigen. Im Armenjahre
1859 auf 1860 betrug die Zahl der Kranken in den irischen Arbeitshäusern stets über den dritten Theil der sämmtlichen Personen, die in den
Arbeitshäusern eine Aufnahme gefunden hatten [2].

Die Kranken werden in den irischen Arbeitshäusern
gut verpflegt. Das Lazareth bildet stets einen besonderen Theil
der meistens sehr weitläufigen Baulichkeiten des Arbeitshaufes; und es
sind in demselben zur Behandlung der Kranken in der Regel zwei, in
manchen Arbeitshäusern sogar drei Ärzte angestellt, von denen mindestens einer in der Anstalt wohnen muß.

Alle Sammtgemeinden sind sodann in Bezirke für die Armenkrankenpflege eingetheilt, und ist für jeden derselben ein besonderer Armenarzt angestellt, und ein Lokal eingerichtet, in
welchem der Armenarzt die Besuche der armen Kranken annimmt,

---

1) Die Bestimmungen des irischen Armengesetzes sind durch die competenten Behörden dahin deklarirt worden, daß auch solche Arme, die einen Theil der Verpflegungskosten nach ihrer Herstellung zu tragen im Stande sein dürften, und streng
genommen nicht unter den Begriff der Hülflosen (Destitutes) fallen, bei schweren
Krankheiten in die Arbeitshäuser aufgenommen werden können. Die Lokalbehörden
haben von der ihnen dadurch gewährten Befugniß einen mehr und mehr umfassen-
den Gebrauch gemacht, und es wird von ihnen dann vielfach ein angemessener Theil
der Kosten im Arbeitshause als ein Darlehn angerechnet. Vgl. IXth Annual Report p. 13 §. 10 und p. 42 (Appendix A. II Nr. 8) und Xth Ann. Rep. p. 5.

2) In der 3ten Aprilwoche 1859 befanden sich in den irischen Arbeitshäusern
41,948 Personen, und unter ihnen 15,888 Kranke; in der 4ten Aprilwoche unter
44,059 Personen 15,513 Kranke. Die geringste Zahl der Kranken in den Arbeitshäusern belief sich auf 12,433, unter 33,970 in der 1sten Septemberwoche 1859 in
den Arbeitshäusern befindlichen Personen; die größte auf 16,405 Kranke, unter 45,958
in der zweiten Märzwoche 1860 in den Arbeitshäusern befindlichen Personen; vgl.
XIIIth Annual Rep. p. 8.

und ihnen die verordnete Medizin unentgeltlich verabreicht
(Dispensaries). Arme Kranke, die bettlägerig sind, besucht der Arzt in
ihren Wohnungen. Um zu bestimmen, welchen Kranken die Wohlthat
unentgeltlicher Behandlung und freier Medizin zu Theil werden soll, ist
für jeden Armenkrankenbezirk ein besonderes Komite aus den Steuerpflichtigen desselben gebildet [3]).

Das gesammte Armenkrankenwesen steht unter der obe-
ren Aufsicht von Medizinalbeamten, die der Centralarmenbehörde angehören; vergleiche über diese unten in §. 64 S. 272.

Die Kosten für Krankenpflege bilden einen sehr bedeutenden Theil der Ausgaben für die Armenpflege überhaupt [4]).

3) Diese gesetzlichen Vorschriften wurden durch die Medical Charities
Act (14 et 15 Victoria cap. 68) im Jahre 1852 erlassen; vgl. Nicholls Hist.
p. 362. Die Paragraphen 6—9 der Akte bestimmen: „The guardians are, whenever required by the commissioners, to divide unions into dispensary districts, having regard to extent and population; and are to appoint a dispensary committee, and provide necessary buildings, and such medicines and
appliances as may be required, for the medical relief of the poor. A committee
of management consisting of the dispensary committee, the ex-officio guardians,
and ratepayers of 30 l. annual value, are to appoint one or more medical officers, to afford advice and medical aid to such poor persons as may be sent by
any member of the dispensary committee, or by the relieving officer or warden."
Ein alphabetisches Namenregister aller einzelnen Dispensary Districts in Irland,
vergl. im XIIIth Annual Rep. p. 270—278; die einzelnen Unions und die in ihnen
gebildeten Dispensary Districts vgl. ebb. p. 218—261; daselbst sind auch die Veränderungen in allen einzelnen Distrikten im Armenjahre 1858 auf 1859 verzeichnet.
Es waren 1859 überhaupt vorhanden 717 Dispensary Districts, mit 1011 Dispen-
sarien oder Dispensary Stations (Stationen zum Dispensiren) innerhalb derselben;
und es fungirten an ihnen 773 Aerzte, 34 Apotheker und 35 Hebammen; vergl.
XIIIth Annual Report p. 263.

4) In dem mit dem 29sten September 1859 endenden Armenjahre wurden für
Armenkrankenpflege, abgesehen von den Verwahrungen in den Lazarethen (d. i. in
den Arbeitshäusern), veransgabt 99,336 £., und zwar davon speziell für Medizin
16,519 £., für ärztliches Salair 64,000 £. u. s. w.; vgl. XIIIth Annual Report
p. 263. Man bewilligte in diesem Jahre 160,267 Erlaubnißscheine zum Kranken-
besuche durch Aerzte (Visiting Tickets), und 616,134 Erlaubnißscheine für freie ärztliche Behandlung (Dispensary Tickets), vgl. ebb. p. 262. Es wurden veransgabt
in dem Armenjahre 1853: 88,440 £.; 1854: 83,707 £.; 1855: 89,388 £.; 1856:
90,285 £.; 1857: 90,460 £.; 1858: 92,725 £.; 1859: 99,336 £.; vgl. XIIIth Annual Rep. p. 16. Die Summe der für ärztliche Behandlung innerhalb und außerhalb
ihrer Wohnung ertheilten Erlaubnißscheine betrug 1853: 690,411; 1854: 665,025;
1855: 737,563; 1856: 741,237; 1857: 754,643; 1858: 735,578; 1859:
776,391; vgl. a. a. O. p. 16.

§. 61.
Die Unterstützung armer Kinder.

Einen anderen wichtigen Theil der Thätigkeit der Armenpflege, der vorherrschend durch Wohlthätigkeitsrücksichten hervorgerufen ist [1], bildet die Sorge für die Erziehung derjenigen armen Kinder, die entweder ganz verlassen sind, oder deren Eltern sich in den Arbeitshäusern befinden. In Irland werden arme Kinder nur in öffentlichen Anstalten erzogen. Das in Schottland fast ausschließlich angewendete System, derartige Kinder gegen Kostgeld in Familien unterzubringen [2], ist in Irland durch das Gesetz ausgeschlossen. Es fehlt im Lande an Familien, denen man glaubt, die armen Kinder mit Vertrauen übergeben zu können, sowie an den Schulen, die in Schottland in jedem Dorfe vorhanden sind und einen genügenden Unterricht für an Pächter (Farmers) gegen Kostgeld ausgegebene Kinder ermöglichen.

Die Centralarmenbehörde ist gesetzlich befugt, mehrere Sammtgemeinden (Unions) zu einem Schulbezirke (Schooldistrict) zu verbinden, um in demselben eine größere Erziehungsanstalt gründen, und durch sie für die Erziehung und den Unterricht der armen Kinder der verbundenen Sammtgemeinden in genügenderer Weise sorgen zu können [3]: sie hat aber in Folge des Widerstandes, der sich im Lande gegen die Einrichtung zeigte, bisher von ihrer Befugniß nur in sehr beschränkter Ausdehnung Gebrauch gemacht, wie wir das auch in England in Betreff der Bildung von Schulbistrikten gefunden haben [4]. Gegen die Bezirksschulen sind die Armenräthe der Sammtgemeinden insbesondere eingenommen wegen der vermehrten Kosten, die durch sie erwachsen. Sie heben hervor, daß bei Gründung von Bezirksschulen für die

---

1) Vgl. oben §. 59, S. 244.
2) Vgl. oben §. 41, S. 181.
3) Das Gesetz vom 8ten Juni 1847 (10 and 11 Victoria cap. 31) §. 24: „The commissioners are also empowered to hire or purchase, not exceeding 25 acres, for the purpose of erecting a school for the joint reception maintenance and education of the children of the North and South Dublin unions, the management of such school to be conducted by a board chosen from among the guardians of the two unions, in such manner as the commissioners shall by order direct. Other unions may also be formed into school districts in like manner, and for a like purpose."
4) Vgl. oben S. 32.

jenigen armen Kinder, deren Eltern in das Arbeitshaus aufgenommen
sind, in dem Arbeitshause der einzelnen Sammtgemeinde doch noch ein
Lehrer angestellt werden, und ein Schullokal eingerichtet bleiben müsse,
indem eine unbillige Härte darin liegen werde, solche Kinder von ihren
Eltern zu trennen, dadurch aber, daß die einzelne Sammtgemeinde
dann zu zwei Schulen beisteuern müsse, für sie mehr Kosten entstehen
würden, als etwa durch Bildung der größeren Distriktschule erspart werden könnten. Außer Acht ist hierbei gelassen, daß gerade die Trennung
der elternlosen verlassenen Kinder, deren Erziehung der Armenpflege
dauernd anheim fällt, von den Kindern, die nach kurzer Zeit die Arbeitshäuser mit ihren Eltern wieder verlassen, sehr wünschenswerth,
wenn nicht absolut nothwendig ist. Der stete und regellose Wechsel, der
durch das fortgesetzte Aufnehmen und das oft nach kurzer Frist wieder
erfolgende Ausscheiden einer großen Anzahl von Armen nebst ihren
Kindern, unter den gemeinsam im Arbeitshause unterrichteten Kindern stattfindet, muß unbedingt für den Unterricht und die gesammte
Erziehung aller Kinder im Arbeitshause von den nachtheiligsten Folgen
sein; die nur zu oft verwahrlosten, höchst mangelhaft oder gar nicht unterrichteten Kinder, welche mit ihren Eltern nur vorübergehend im Arbeitshause eine Aufnahme finden, müssen die vielleicht kaum begonnene
günstige Einwirkung der Lehrer auf die seit längerer Zeit aufgenommenen Kinder auf das traurigste gefährden; widmen die Lehrer ihre
Kräfte den neu aufgenommenen Kindern, so werden sie jene Kinder
verabsäumen müssen; wollen sie das vermeiden, so werden die neu eingetretenen von ihnen nicht genügend beschäftigten Kinder vielleicht noch
nachtheiliger auf die anderen Kinder einwirken. Gewiß muß es daher
beklagt werden, daß die Bildung von Schuldistrikten nicht in größerer
Zahl erfolgt ist, wenn man auch bereitwillig anerkennt, daß von der
irischen Centralarmenbehörde in den letzten Jahren für Verbesserung
der Schulen in den Arbeitshäusern Erfreuliches geleistet worden ist [5]).

In den Arbeitshäusern erhalten die Kinder nicht nur Unterricht in den Elementarkenntnissen, sondern werden auch
unterwiesen in der Ackerbestellung, im Gartenbau und in den
am meisten verbreiteten Handwerken, wie namentlich im
Schneider-, Schuster- Tischler-, Zimmer- und Bäckergewerbe [6]). Die

5) Über die Errichtung von Schuldistrikten und die denselben entgegenstehenden
Schwierigkeiten vgl. VIIIth Annual Report p. 18, und Xth p. 19.

6) Vgl. VIIth An. Rep. p. 7 folg., auch Nicholls Hist. p. 364 und 391.

Klagen, daß diese Unterweisungen oft sehr mangelhaft erfolgen, welche der Verfasser mehrfach vernahm, scheinen nicht unbegründet zu sein, doch wird es schwerlich ausführbar sein, daß in jedem einzelnen Arbeits-hause die verschiedensten Gesichtspunkte und Zwecke bei dem Unterrichte und der ganzen Erziehung gleichzeitig mit Glück verfolgt werden [7]).

Auf die Leitung des Elementarunterrichts in den Arbeitshäusern übt die Kommission für Nationalerzie-hung (Commissioners for National-education) viel-fach einen wohlthätigen Einfluß. In denjenigen Sammelge-meinden nämlich, deren Armenräthe sich bereit erklären, die von jener Kommission gestellten Bedingungen für ihre Unterstützung zu erfüllen, ordnet die Kommission den Unterricht in den Schulen der Arbeitshäuser, beaufsichtigt denselben durch ihre Beamten, liefert die für den Unterricht erforderlichen Schulbücher unentgeltlich, und bewilligt den Lehrern, die sich als tüchtig erweisen, bestimmte Prämien; wie denn auch die Mehr-zahl der in den Schulen der Arbeitshäuser angestellten Lehrer ihre Bil-dung in den von der Kommission für Nationalerziehung errichteten Se-minarien erhalten hat.

Eine wie große Bedeutung die Arbeitshäuser in Be-treff der Erziehung von armen Kindern haben, zeigt die Zahl der Kinder, die fortgesetzt in ihnen eine Aufnahme findet; in den vier Jahren von 1856 bis 1859 [8]) schwankte sie zwischen 28,000

---

7) Agricultural schools and industrial training sind neuerdings in allen Arbeitshäusern eingeführt; auf die Frage, wie es mit ihnen stehe, wurde im Jahre 1857 dem Verfasser mehrfach geantwortet: es sind gegenwärtig so wenige able-bodied poors im Arbeitshause, daß die älteren Knaben im Haushalte gebraucht werden, und keine Zeit zu jenen Unterweisungen übrig ist. Für die Unterweisung im Landbau fehlt es bei vielen Arbeitshäusern an dem dazu erforderlichen Lande, die Armenräthe sind meistens wenig geneigt, größere Grundstücke zu dem Zwecke für die Arbeitshäuser zu erwerben.

8) Es befanden sich in den irischen Arbeitshäusern:

am 25sten März 1856: 54,403 Kinder unter 15 Jahren
am 29sten Sept. 1856: 51,756 . . . .
am 25sten März 1857: 39,697 . . . .
am 29sten Sept. 1857: 41,461 . . . .
am 25sten März 1859: 28,248 . . . .
am 25sten Sept. 1859: 30,791 . . . .

Vgl. Xth Annual Report p. 108; XIth p. 232; XLIIth p. 176. Die Zahl der auf-genommenen Kinder hat bedeutend abgenommen, am 7ten April 1863 belief sie sich auf 22,654; vgl. Nicholls Hist. p. 390.

und 54,000; über die dabei im Allgemeinen erzielten Erfolge vergleiche
unten im §. 70 einige Bemerkungen.

§. 62.

2. Die Armenverbände (Area of Taxation).

Die gesetzliche Verpflichtung, Arme zu unterstützen,
liegt in Irland zunächst den Sammtgemeinden ob. So-
wohl nach der Absicht des zuerst eingebrachten Gesetzentwurfs, als auch
nach den Bestimmungen der später erlassenen irischen Armengesetze, gründet sie sich nicht auf irgend eine nähere Beziehung,
in welcher der Arme zu der Sammtgemeinde steht, sondern lediglich
darauf, daß in der Sammtgemeinde ein thatsächlich Bedürftiger und von eigenen Hülfsmitteln Entblößter (Destitute) Unterstützung von ihr nachsucht[1]).

In Irland bestehen keine Heimathsgesetze und keinerlei Befugnisse,
irgend welche Arme, die an einem Orte hülfsbedürftig geworden sind,
mit ihrem Unterstützungsgesuche an einen anderen Ort zu verweisen, oder
von diesen die Erstattung der für sie verwendeten Kosten zu erlangen.
Jeder Arme muß, sofern er wirklich hülfsbedürftig ist, von
der Sammtgemeinde, an welche er sich mit seinem Gesuche wendet, die erforderliche Unterstützung erhalten, und
zwar nach dem Gesetze, so lange es erforderlich ist, auf
Kosten der Sammtgemeinde, und ohne irgend welche Regreßansprüche an andere Sammtgemeinden. Wie denn andererseits auch keine Sammtgemeinde einen Armen außerhalb ihrer
Grenzen unterstützen darf[2]).

Die Urheber des irischen Armengesetzes beabsichtigten die Kosten
der Armenpflege innerhalb jeder Sammtgemeinde gleichmäßig auf alle

---

1) Vgl. die eben §. 59 Note 4 abgedruckten Worte des 1847 erlassenen Gesetzes (10 und 11 Victoria cap. 31) §. 1.

2) Die in England und Schottland häufig vorkommende Übersendung von Unterstützungen an Arme einer Gesammtgemeinde, die sich in anderen Sammtgemeinden
aufhalten, aus deren Ausweisung von dort zu verhüten (non resident relief; vergl.
10 Victoria c. 31 §. 9), ist somit in Irland ausdrücklich untersagt. Die irische
Armengesetzgebung kennt den Begriff der Heimath eines Armen an einem Orte, an
dem er sich nicht aufhält, (theoretisch) nicht, und es kann daher folgerichtig in
Irland von einer Ausweisung eines Armen in seine Heimath keine Rede sein; daß
faktisch sich dennoch diese Begriffe in gewisser Weise in Irland geltend machen, darüber vgl. unten §. 72.

Steuerpflichtigen in derselben zu vertheilen, also die Sammtgemeinden
für die alleinigen Armenverbände zu erklären, mit anderen Worten, sie
wollten die sogenannte Union-rating einführen. Um indessen die Zustimmung des Oberhauses zu dem danach abgefaßten und vom Unterhause bereits angenommenen Gesetzentwurfe zu erreichen, wurde, wie
oben S. 237 erörtert ist, auf Veranlassung des Herzogs von Wellington, der Gesetzentwurf dahin abgeändert, daß die Kosten für den persönlichen Unterhalt der Armen, ähnlich wie in England, von engeren
Ortsverbänden innerhalb der Sammtgemeinden zu tragen seien. Auch
der Herzog von Wellington wünschte, daß in Irland nicht mit den neuen
Organisationen die in England so lästig gewordenen Heimathsgesetze
eingeführt, und dadurch die aus ihnen entspringenden kostspieligen Prozesse hervorgerufen würden; er wollte aber, daß engere Verbände, als
die Sammtgemeinden, für ihre Armen zu sorgen hätten, und zwar Distrikte von keiner größeren Ausdehnung, als daß es den Steuerpflichtigen derselben möglich wäre, die Verhältnisse der Armen in ihnen zu
übersehen, und persönlich einen entscheidenden Einfluß auf diese und die
ihnen zu gewährenden Unterstützungen auszuüben*). Das Bestreben
der irischen Armengesetzgebung ist es in Folge dessen gewesen, dies zu
bewirken, soweit es ohne die Einführung einer förmlichen Heimathsgesetzgebung möglich schien.

Da die irischen Kirchspiele, wegen der Verschiedenheit ihres
Umfanges und ihrer durchschnittlich zu geringen Ausdehnung, sowie
wegen der häufig bei ihnen mangelnden Abrundung, nicht geeignet
waren, die engeren Ortsverbände zu bilden, so wurden
dazu die Wahlbezirke (Electoral-divisions) benutzt, in
welche man jede Sammtgemeinde behufs der Zusammensetzung der Armenräthe (boards of Guardians) zerlegte⁴).

Nachdem die ersten darüber erlassenen Gesetze manche Veränderungen erfahren haben, ist die Verpflichtung der Wahlbezirke nunmehr dahin festgestellt, daß ein jeder derselben die Kosten
für den persönlichen Unterhalt aller Armen zu tragen hat,
welche innerhalb der letzten drei Jahre ihren gewöhnlichen Aufenthalt (Residence) in ihm genommen, und daselbst während dieser Zeit mindestens 12 Monate ein
Grundstück besessen, oder eine Wohnung oder doch Schlaf-

3) Vgl. Nicholls Hist. p. 217—220.
4) Über die Konstituirung der Armenräthe s. §. 65.

stelle gehabt haben[4]). Die Unterhaltungskosten aller derjenigen Armen, welche unstät gelebt, oder doch nicht in einem Wahlbezirk der Sammtgemeinde, in welcher sie hülfsbedürftig geworden sind, einen Wohnsitz (Residence) im angegebenen Sinne des Gesetzes gewonnen haben, trägt die Sammtgemeinde als solche. Diese letztere bat auch, wie in England, die Ausgaben für den Bau und die Unterhaltung der Arbeitshäuser, sowie für die Besoldung der Armenbeamten, d. i. die sogenannten Establishment-charges, zu bestreiten. Demnach sind also die Kosten der Armenpflege in Irland, wie in England, und zwar nach ähnlichen Grundsätzen, zwischen einem engeren und einem weiteren Verbande, den Wahlbezirken und den Sammtgemeinden, getheilt[6]).

Auch in Irland hat man somit den Hauptzweck der Heimathsgesetze zu erreichen gesucht, der darin besteht, daß jeder engere Ortsverband die ihm angehörenden Armen versorgen soll. Man hat sich aber dabei nicht durch den vulgären Begriff der Ortsangehörigkeit leiten lassen. Der Geburt an einem Orte hat man gar keine Wirkung eingeräumt, nur der Wohnung oder dem Aufenthalte (Residence) an einem Orte, ist eine Wirkung, und diese obendrein nur innerhalb sehr enger Grenzen, beigelegt worden. Sobald der Arme die Sammtgemeinde verläßt, in der er einen Wohnsitz im Sinne des Gesetzes erworben hat, verliert die Ortsangehörigkeit jede Wirkung; der Arme muß sobann da unterhalten werden, wo er sich eben befindet.

Veranlassung zu dieser auffallenden Bestimmung hat der Wunsch

---

5) Das Gesetz vom 1sten August 1849 (12 aud 13 Victoria cap. 104) §. 11 „Provides that every person applying for relief, is to be deemed chargeable to the electoral division in which during the last three years he has been longest usually resident, whether by occupying a tenement or usually sleeping therein; — provided that if he have not been so usually resident for at least one of the said three years, the expense of his relief is to be borne by the union at large."

6) Die von den Sammtgemeinden zu leistenden Kosten betragen fast die Hälfte der Gesammtkosten der Armenpflege. Im Armenjahre 1859 betrugen, nach dem XIIIten Annual Report p. 161, die Establishment-charges 145,562 £., die Kosten für Unterhalt und Bekleidung der Union-paupers in den Arbeitshäusern 53,039 £., außerhalb derselben 117 £., zusammen 198,735 £., während überhaupt 413,712 £. (mit Ausschluß der Kosten für Krankenpflege in den Krankenhäusern) verausgabt wurden.

17

gegeben, die nachtheiligen Folgen der Heimathsgesetze, insbesondere die Mühe und die Kosten bei der Ermittelung der Heimath, und die daraus entspringende Erschwerung für die freie Bewegung der Arbeitskräfte zu vermeiden, und nur die wohlthätigen Wirkungen derselben festzuhalten, als welche man die Begründung eines greifbaren Interesses der Steuerpflichtigen an dem Wohlbefinden ihrer Arbeiter betrachtete. Um dies zu erreichen, und zugleich die Armenlast auf eine angemessene Weise zu vertheilen, war die zweckmäßige Abgrenzung der Armenverbände von entscheidender Wichtigkeit.

Bei der Bildung der Sammtgemeinden kam es zunächst darauf an, in jeder derselben die hinreichende Summe von Steuerkräften zu vereinigen, um sie fähig zu machen, ein wohl eingerichtetes Arbeitshaus ohne eine zu große Belastung der Steuerzahlenden herstellen zu können. Je umfangreicher ein Arbeitshaus ist, besto geringer sind verhältnißmäßig die Kosten für die Unterhaltung der Anstalt und für die Besoldung der Beamten, die sogenannten Establishment-charges, sowie dadurch auch die Verpflegungskosten für die einzelnen Armen sich verhältnißmäßig vermindern.

Ein weiterer leitender Gesichtspunkt bei der Bildung der Sammtgemeinden war es, daß man die geistigen Kräfte zur Bildung eines tüchtigen Armenrathes in dem Bereich der Sammtgemeinde finden wollte.

Dem gegenüber verbot die Rücksicht auf das Interesse der Armen, den Sammtgemeinden eine zu große Ausdehnung zu geben. Da die Armenunterstützung, abgesehen von einzelnen dringlichen Fällen, nur im Arbeitshause gewährt wird, und die Armen theils deswegen, theils um sich dem Armenrath vorzustellen, nach dem Arbeitshause kommen müssen, so dürfen die einzelnen Orte der Sammtgemeinde nicht zu entfernt vom Arbeitshause sein. Wie dies denn auch für die Mitglieder des Armenrathes von Wichtigkeit ist, damit der regelmäßige Besuch der Sitzungen des Armenrathes ihnen keine zu großen Opfer zumuthet.

Ein weiteres Moment, welches bei der Bildung der Sammtgemeinden leitete, war der Wunsch, in dem Umfange einer Sammtgemeinde zugleich den eines wirthschaftlichen Verbandes zu erfassen. Aus dieser Rücksicht wurde, soweit als es ausführbar schien, das herkömmliche Marktgebiet einer Stadt mit ihr zu einer Sammtgemeinde verbunden. Es schien an sich sachgemäß, den Verband für Verwaltungszwecke auf eine Gemeinschaft der Ver-

Interesse zu gründen, und war auch für die Armen, wie für die Mitglieder des Armenrathes, eine Erleichterung, wenn sich das Arbeitshaus an dem ohnehin oft von ihnen besuchten Marktplatz befand.

Ähnliche Rücksichten, nur in engerer Begrenzung, waren bei der Bildung der Wahlbezirke leitend, die zu engeren Armenverbänden benutzt wurden. Bei ihrer Abgrenzung kam es vorzüglich darauf an, sie nicht kleiner abzuschließen, als daß in ihnen geeignete Persönlichkeiten für das zu wählende Mitglied des Armenrathes sich vorfänden, sowie es auch für die gleichmäßigere Vertheilung der Armenlast wünschenswerth sein mußte, nicht zu kleine Wahlbezirke zu bilden. So groß durften aber diese Wahlbezirke nicht sein, daß die Entscheidung über ein Unterstützungsgesuch eines einzelnen Armen, den Steuerpflichtigen wenig erheblich hätte erscheinen können. Auch durfte es für dieselben nicht unmöglich werden, die persönlichen Verhältnisse der Bittsteller, sowie die ihrer Angehörigen genau kennen zu lernen und fortgesetzt zu beobachten.

Auch bei den Wahlbezirken suchte man die Grenzen eines wirthschaftlichen Verbandes, nemlich des Verbandes zwischen Lohnherren und Arbeitern, zur Grundlage einer Gemeinschaft für die Zwecke der Armenpflege zu machen. Insbesondere aus diesem Grunde hat man aus jeder Stadt in Irland einen Wahlbezirk gebildet, obwohl diese Bezirke in anderen Beziehungen vielfach als zu ausgedehnt erscheinen könnten; und nur Dublin ist wie in zwei Sammtgemeinden, so auch in zwei Wahlbezirke getheilt worden, deren jeder obendrein für sich über 100,000 Einwohner zählt [7]. Auf dem Lande sind aus Rücksicht auf denselben Punkt die Wahlbezirke oft kleiner abgegrenzt worden, als es vielleicht in anderen Beziehungen am vortheilhaftesten gewesen wäre; und namentlich gegen den Wunsch der größeren Grundbesitzer, der darauf hinauslief, den Umfang ihres Grundeigenthumes für einen besonderen Wahlbezirk (eine Domicilgemeinde) erklärt zu sehen, um nicht für die Mißgriffe anderer Grundbesitzer in der Behandlung ihrer Arbeiter und Pächter haften zu müssen.

Unmöglich konnte es gelingen, allen den von den verschiedensten Seiten gewünschten Rücksichten vollständig Rechnung zu tragen, und es traten, wie schon in der geschichtlichen Einleitung S. 243 erwähnt wurde,

---

7) Die Union Northdublin hatte 135,146 Einwohner nach der Zählung von 1851, die Union Southdublin aber 197,125 Einwohner, vergl. XLIIIb Ann. Rep. p. 186.

namentlich gegen die zuerst versuchte Abgrenzung der Sammtgemeinden viele Beschwerden hervor. Ob diese im Allgemeinen berechtigt waren, darüber werden, wie schon S. 213 in Note 12 erwähnt ist, noch jetzt in Irland sehr verschiedene Urtheile gefällt. Vielleicht hatte man den Gesichtspunkt, die Steuerlast möglichst gleichmäßig im Lande zu vertheilen, und manche arme Orte dadurch zu erleichtern, weiter verfolgt, als es zweckmäßig war. Auch scheinen die Localverhältnisse des südlichen Irlands der Centralarmenkommission bei der ersten Abgrenzung der Distrikte weniger genau bekannt gewesen zu sein, als die der nördlichen Landestheile, so daß sie wohl in Folge dessen die Sammtgemeinden und Wahlbezirke in jenen Gegenden verhältnißmäßig größer abgegrenzt hatte, als in diesen.

Auch nach der in Folge jener Beschwerden im Jahre 1851 vorgenommenen erheblichen Vermehrung der irischen Sammtgemeinden und Wahlbezirke ist die Bevölkerung derselben fast doppelt so groß, als die der Sammtgemeinden und Kirchspiele in England [8]).

Gegenwärtig bestehen nemlich in Irland 163 Sammtgemeinden, deren jede ihr Arbeitshaus hat, und 3439 Wahlbezirke [9]). Bei einer Gesammtbevölkerung von 6.552,065 Einwohnern nach dem Census vom Jahre 1851, umfaßt demnach durchschnittlich jede Sammtgemeinde 40,196 Einwohner, und zerfällt jede Sammtgemeinde durchschnittlich in 21 Wahlbezirke zu je 1905 Einwohnern [10]). Im Einzelnen findet aber eine sehr bedeutende Verschiedenheit in der Größe der einzelnen Sammtgemeinden und Wahlbezirke statt; die kleinste Bevölkerung findet sich in der Sammtgemeinde Ballivaghan, sie beträgt nach dem Census vom Jahre 1851 nur 8145 Einwohner; die größte von 197,125 Einwohnern in der von Southdublin [11]).

Über die große Bedeutung, welche es sowohl in principieller Beziehung, als mit Rücksicht auf ihre praktischen Folgen gehabt hat, daß

8) Vgl. über England oben S. 50.
9) Vgl. oben S. 243 und Nicholls Hist. p. 373. 384.
10) Nach dem neuen Census vom 5. April 1861 zählt Irland nur noch 5,764,543 Einwohner, s. Petermann Geographische Mittheilungen 1861 S. 452. Hiernach wohnen durchschnittlich in jeder Sammtgemeinde noch 35,365, und in jedem Wahlbezirk 1676 Menschen.
11) Vgl. das Verzeichniß der Sammtgemeinden für 1859 im XIIth Annual Report p. 196—198. Unter den aufgezählten befanden sich 59 Sammtgemeinden mit weniger als 30,000 Einwohnern; 67 mit zwischen 30 und 50,000 E.; 29 mit zwischen 50 und 100,000 E.; und 8 mit über 100,000 Einwohnern.

man die Wahlbezirke für engere Armenverbände erklärte, vergleiche die unten in §. 72 mitgetheilten Bemerkungen.

Bereits S. 250 wurde erläutert, daß jede Sammtgemeinke für die Armenkrankenpflege noch wieder in besondere Distrikte vertheilt ist, und in welcher Weise diese Eintheilung auf das Tragen der Kosten für die Armenkrankenpflege Einfluß übt; hier wiederholen wir nur, daß nach den Angaben aus dem Jahre 1859 die 163 Sammtgemeinden Irlands in 717 derartige Distrikte (Dispensary-districts) eingetheilt sind [12]), also jede Sammtgemeinde durchschnittlich vier bis fünf Krankenbistrikte von 8 bis 10,000 Einwohnern umfaßt, während im Einzelnen die Größe der verschiedenen Krankenpflege-distrikte sehr bedeutend von einander abweicht.

Die Mittel zur Bestreitung der Armenpflege werden durch eine Steuer vom Grund und Boden aufgebracht, und es ist nach Erlaß des Gesetzes vom 30sten Juni 1852 derselbe zu diesem Zweck von einer besonderen Behörde katastrirt worden [13]). Das in England befolgte System, die Abschätzung des Grundeigenthums den Lokalbehörden zu überlassen, welche sich dabei der Mittel zu bedienen haben, die der Verkehr selbst an die Hand giebt, und von denen namentlich die an dem betreffenden Orte gezahlten Pachtpreise zu berücksichtigen sind, hat man nach einem unmittelbar nach Erlaß des irischen Armengesetzes gemachten Versuch als nicht für Irland anwendbar angegeben. Als Grund für die angenommene Nichtanwendbarkeit des englischen Verfahrens in Irland wird angeführt, daß dasselbe das Vorhandensein eines Selbstregiments voraussetze, welches in Irland überhaupt noch nicht ausgebildet ist; und daß ferner die herkömmlichen Bedingungen der Verpachtung von Ländereien im Norden und Süden Irlands zu verschieden seien, um für beide Landestheile einen gemeinsamen Maßstab abzugeben [14]). In Folge dessen

12) Vgl. XIIIth Annual Rep. p. 161.

13) Das Gesetz 15 and 16 Victoria cap. 63 führt die Bezeichnung: „an act to amend the laws relating to the valuation of rateable property in Ireland", und wurde ergänzt durch ein Gesetz vom 21. Februar 1853 (16 and 17 Victoria c. 7).

14) Im Norden Irlands sind die Ackerpachten im Allgemeinen kürzer, ohne daß in den Pachtverträgen Näheres in Betreff der Pachtzeit festgesetzt wird. Bei einem Wechsel in der Person des Pächters ist es nicht üblich, die Pachtsumme zu erhöhen, und es gestattet die Sitte dem Pächter, sein Recht frei auf einen neuen Pächter zu übertragen, gegen dessen Persönlichkeit der Eigenthümer keine begründeten Einwendungen erheben kann, vgl. oben S. 213 Note 5. Sehr häufig bedingen sich

hat man sich denn zu einem Parzellarkataster entschlossen, und denselben in den Jahren 1852 bis 1857 mit einem Kostenaufwande von ungefähr 250,000 Pfund ausgeführt[14]). Die Kosten des Kata-

---

Pächter, indem sie ihre Pachtung Anderen überlassen, von ihnen eine gewisse Abstandungs-
summe aus, die dann eine Entschädigung gewährt für ihre Mühe und ihre Kapitalien,
die sie zur Verbesserung des Pachtgutes aufgewendet haben, und Pächter sind, indem
sie dies als ein ihnen zustehendes Recht betrachten, geneigt, zur Verbesserung ihrer
Pachtungen reelle Verwendungen zu machen, die sie sonst unterlassen würden. Allem
dings sind aber in Folge dieses Herkommens die von den Pächtern gezahlten Pachtsummen vielfach erheblich niedriger, als sie sich bei einer Verpachtung an den Meistbieten-
den herausstellen würden. Indem es nun vor der Aufnahme des Katasters in Irland
gesetzlich anerkannt war, daß die Lokalbehörden sich bei Einschätzung der Grundstücke
wegen der von ihnen zu zahlenden Steuer an die wirklich gezahlten Pachtsummen
halten sollten, so mußten diese nothwendig die Einschätzungen in den nördlichen Theilen ●
des Landes zu niedrig ausfallen. Ein hiervon sehr verschiedenes Verhältniß besteht
im Süden Irlands: daselbst ist die Gewohnheit sehr verbreitet, durch oft er-
neute Verpachtung kleiner Parzellen an ganz abhängige Pächter möglichst hohe
Pachtzinsen zu erzielen. Da nun auch in diesen Landestheilen bei den Steuertar-
schätzungen die wirklich gezahlten Pachtsummen gesetzlich zur Grundlage dienten, so
mußten die Steuereinschätzungen gegenüber von den durch Verpachtung aus den vorhandenen Grundstücken möglicherweise momentan zu erreichenden Einnahmen in den
südlichen Theilen Irlands höher ausfallen als in den nördlichen, und es somit nicht
befremden, daß gegen die vorgenommenen Einschätzungen aus den südlichen Theilen
des Landes Beschwerden verlautbarten. Allein abgesehen davon, daß die bestehenden
gesetzlichen Vorschriften leicht in der Weise hätten abgeändert werden können, daß
auf die besprochenen Verschiedenheiten des Herkommens bei Verpachtungen im Süden
und Norden eine angemessene Rücksicht zu nehmen sei, lagen auch bei der behaupteten Überbürdung des Südens vielfach Täuschungen zu Grunde. Gerade in Folge
der größeren Beständigkeit der Pachtverhältnisse im Norden des Landes und der unzweckmäßigen Verpachtungsweise im Süden werde der Grund und Boden im Norden wesentlich besser bebaut als im Süden, und werde im Norden bei den mäßigsten
Einschätzungen der Ertrag einer gleich großen Ackerfläche von gleicher Bodenbeschaf-
fenheit immer noch weit höher geschätzt als im Süden. Dieser Umstand veranlaßte
aber die Armenbehörden, in deren Händen die obere Leitung der Abschätzungen vor
Einführung des Katasters lag, eine Änderung der bestehenden gesetzlichen Bestimmungen nicht zu beantragen. Vergleiche die Aussagen von Edward Senior vor
dem Committee of the House of Commons on townland valuation in Ireland 14
—19 June 1844.

13) Vorarbeiten zu einem Kataster hatten schon vor 1852 begonnen, indem
man ein solches für die Grafschaftssteuern anfertigen wollte. Im Sommer 1857
war in 27 von den 32 Grafschaften, in welche Irland zerfällt, das Kataster zum
Abschluß gekommen, in den 5 andern Grafschaften stand die Vollendung des Katasters nahe bevor.

fters wurden dadurch sehr ermäßigt, daß bei seiner Feststellung eine neue von der Regierung veranstaltete sehr genaue Militärkarte von ganz Irland in der Weise benutzt werden konnte, daß man die einzelnen Parzellen nur in dieselbe eintrug, und obendrein noch mehr als den dritten Theil der Kosten des Katasters durch den Verkauf von Karten der katastrirten Güter an die Besitzer derselben gedeckt erhielt. Vor Ausführung der Katastrirung wurde das Grundeigenthum in Irland behufs der Armensteuer von den Lokalarmenbehörden unter der oberen Leitung der Centralarmenbehörde in Dublin eingeschätzt, und es bestand neben dieser Abschätzung eine andere für die Grafschaftssteuer (County-cess); seit Vollendung des Katasters dient dasselbe in Irland zur Grundlage für alle Steuern.

Anmerkung *). Nähere Angaben über das irische Kataster verdankt der Verfasser der Mittheilung der Katasterbeamten zu Dublin. Auch die Beamten der Armenpflege bezeugten ihm, daß die Abschätzungen innerhalb der Sammelgemeinden ziemlich gleichförmig ausgefallen seien und bisher wenig Beschwerden hervorgerufen hätten. Er sieht sich um so mehr veranlaßt, diese Angaben hier zu wiederzugeben, als die Aufnahme eines Parzellarkatasters mit einer Berechnung des Ertrages nach allgemeinen Grundsätzen (Bonitation des Grund und Bodens, Schätzung des Körnerertrages, der Wirthschaftskosten, Festsetzung von Normalgetreidepreisen u. s. w.) nach seiner Überzeugung nicht zu dauernd befriedigenden Resultaten führen kann **). Diese Überzeugung ist auch durch das, was er über das irische Parzellarkataster vernommen hat, keineswegs erschüttert worden, obwohl er einräumen muß, daß dieses Kataster mit einem verhältnißmäßig sehr geringen Kostenaufwand vollendet ist.

Nach Abzug der durch Verkauf der Karten erlösten Summe hat die Katastrirung einer geographischen Quadratmeile nicht mehr als zwischen 6 und 700 Thaler gekostet, während in der Rheinprovinz und Westphalen über 5000 Thaler dazu erforderlich waren.

Abgesehen hiervon, waren die Katastralerträge schon im Sommer 1857, obwohl das Kataster noch nicht ganz beendet war, vielfach zu niedrig ausgefallen, und stehen oft um ein Drittel unter dem wirklichen Werth ***). Dies kann auch nicht an-

*) Der Herausgeber fügt hier dem Vorstehenden in der Form einer Anmerkung eine vom Verfasser im Winter 1857 niedergeschriebene Ausführung wörtlich bei, da sie von allgemeinem Interesse sein dürfte; ihre Angaben zu ergänzen und fortzuführen fehlen ihm die Materialien.

**) Diese Ansicht hat Kries dargelegt in seiner Schrift: Vorschläge zur Regelung der Grundsteuer in Preußen. Berlin 1855 (Verlag von W. Hertz).

***) Unter Birken, die dies dem Verfasser versicherten, habei der Herausgeber in dessen Tagebüchern Mr. Horslay zu Killarney angeführt, der behauptete, es sei das der Fall, ganz abgesehen davon, daß man bei der Abschätzung auf die Steuern Rücksicht genommen und in Betracht deren den Arbeitertrag niedriger gestellt habe.

des sein, da das Grundeigenthum in den Jahren 1815 bis 1851 in Folge der Misernten, hohen Steuern und Subhastationen sehr beträchtlich im Werth gefallen war, seit 1851 aber in Folge des Aufschwunges der Kultur, der gesteigerten Getreidepreise, der Rückkehr des Vertrauens und des Einströmens fremder Kapitalien wieder sehr schnell und sehr erheblich gestiegen ist. Im Jahre 1845 vor dem Ausbruche der Kartoffelkrankheit wurde der Werth des Grundeigenthums durch die Armenbehörden auf 13,100,000 Pfund, im Jahre 1851 dagegen auf nur 11,500,000 Pfund geschätzt. Die seitdem wieder eingetretene Steigerung des Werths ist durch das Kataster nur in geringem Maße berücksichtigt, indem danach der Ertrag des Grundeigenthums im Jahre 1856 auf nicht höher als 11,700,000 Pfund festgestellt wurde*). Ein Kataster, welches während einer Reihe von Jahren ausgeführt wird, indeß die Güterpreise in dieser Zeit zuerst fallen und dann wieder steigen, kann und soll nicht allen Schwankungen der Güterpreise folgen, eben deswegen, weil die Erträge, welche von derselben Behörde doch nur successive ermittelt werden können, in dem ganzen Lande nach denselben Grundsätzen geschätzt werden sollen. Dazu ist die Steigerung im Werthe des Grundeigenthums keine gleichmäßige im ganzen Lande, sie tritt da zuerst und im größten Umfange ein, wo die fremden Kapitalien in der größten Ausdehnung hinströmen. Die Katastralerträge sind daher von Anfang an nicht Angaben der wirklichen Erträge, sondern nur Verhältnißzahlen. Sie müssen das leßtere in dem Maße mehr werden, je höher die Güterpreise bei dem fortwährenden Fortschritte der Kultur steigen. Revisionen können diese Beschaffenheit des Katasters und eben den Gründen nicht ändern, aus denen die Katastralerträge bei ihrer ersten Aufnahme den wirklichen Erträgen nicht gleichgestellt werden konnten. Es muß später sogar immer schwieriger werden, die wirklichen Erträge zur Ermittelung oder Berichtigung der Katastralerträge zu benüßen, da die der Berechnung zu Grunde gelegten Principien, insbesondere die Getreidepreise, später immer weniger passen, und man sich zu einer Änderung derselben (welche überdies die Revision zur Aufnahme eines neuen Katasters machen würde) schwer entschließt.

In Irland ist nach der Ansicht des Verfassers von den Revisionen nur so wenig gut zu erwarten, da dieselben alle 14 Jahre nur auf den Antrag der Grafschaftsversammlungen oder Armenräthe in der betreffenden Grafschaft oder Sammelgemeinde vorgenommen werden sollen (15 and 16 Victoria cap. 63 §. 34); also nur partiell und nicht regelmäßig und gleichzeitig im ganzen Lande stattfinden werden. Daß eine Grafschaft die Erhöhung z. B. der Normalpreise des Getreides bei ihren Schäßungen wünschen sollte, wenn dieselbe nicht auch in den übrigen Grafschaften eintritt, ist kaum zu erwarten.

Dies widerstreitet keineswegs den Angaben, daß das Kataster bis jeßt befriedigt habe, denn es dient gegenwärtig nur zu Erhebung lokaler Steuern (der Grafschafts- und Armensteuer), wo es nur auf die Gleichmäßigkeit der Abschäßung innerhalb dieser engeren Verbände ankommt. Diese kann bei einem eben aufgenommenen Kataster sehr wohl erreicht sein. Daß die Erträge in einer Grafschaft durchschnittlich zu niedrig abgeschäßt sind, wird so lange keinen Grund der Beschwerde

*) Im Jahre 1859 belief sich der gesammte Katastralertrag Irlands auf 12,713,620 £.; vgl. XLIIIth Annual Report p. 144.

abgeben, als keine Steuer von mehreren Grafschaften zugleich oder vom ganzen Lande nach dem Kataster erhoben wird.

Die Verhältnisse Irlands erklären indeß, warum man das englische System der lokalen Abschätzung nach den Pachtpreisen, mit jährlicher Revision und später nachfolgender Ausgleichung der Abschätzungen zwischen den verschiedenen Sammtgemeinden, nicht annahm oder vielmehr bald verließ, nachdem man dasselbe zuerst nachzuahmen versucht hatte. Die Abschätzungen durch Lokalbehörden werden anfangs wohl immer ziemlich unvollkommen ausfallen, und das in dem Grade mehr, als diese in solcher Aufgabe noch ungeübt und überhaupt noch nicht geschäftskundig sind. Die Abschätzungen können nur allmählich durch die jährlichen Revisionen und Reklamationen der Steuerpflichtigen, bei völliger Öffentlichkeit der Steuerrollen, berichtigend werden und insbesondere zunächst innerhalb der Sammtgemeinden ausgeglichen werden. Indeß ist dies Resultat im Laufe der Zeit doch auch mit ziemlicher Sicherheit zu erreichen. In Irland verlor man die Geduld, diesen Zeitpunkt abzuwarten, weil die Steuern nicht lange nach der Einführung der Armengesetze durch die Nothjahre bis zu einer erdrückenden Höhe getrieben wurden, und die Lokalbehörden eines festbegründeten Ansehens, sowie des Zutrauens der Unparteilichkeit entbehrten. Dazu kam die oben S. 261 in Rede erwähnte Verschiedenheit des Herkommens bei der Verpachtung im Norden und Süden Irlands. Da in den Nothjahren wiederholt eine allgemeine Hülfssteuer (Rate in aid) in ganz Irland auf Grundlage der von den Armenbehörden bewirkten Schätzungen ausgeschrieben wurde (in den Jahren 1849 und 1851, vergl. Nicholls History p. 359 u. 373), so war das Verlangen nach einer gleichmäßigen Abschätzung durch ganz Irland allerdings nicht ungegründet. Allein abgesehen davon, daß die Beschwerden über die Verschiedenheit der befolgten Grundsätze mehr scheinbar als gerechtfertigt waren, ist eine allgemeine und befriedigende Ausgleichung der Abschätzungen auf dem Gebiete eines ganzen Königreichs niemals schnell und am wenigsten zur Zeit einer gefährlichen Krise zu erreichen.

Während der Nothjahre haben die Steuern doch nach den damals vorhandenen, durch die Lokalbehörden unter Leitung der Armenkommissarien bewirkten Abschätzungen erhoben werden müssen, und nun das Kataster vollendet ist, sind die Steuern leicht geworden, und werden nur für die Lokalverbände ausgeschrieben.

Ob man in Irland mit den Ergebnissen des Katasters nach 20 bis 30 Jahren noch zufrieden sein wird, wagt der Verfasser zu bezweifeln; indeß kann darüber allerdings nur die Erfahrung endgültig entscheiden.

3. Behörden für die Armenpflege.

§. 69.
Die Armenbehörden im Allgemeinen.

Der Organismus der Behörden für die Armenpflege in Irland ist dem in England vollständig nachgebildet, nur hat man der irischen Centralarmenbehörde noch ausgedehntere Befugnisse gegeben, und ihr einen noch umfassenderen Wirkungskreis eingeräumt, als ihn die englische Centralarmenbehörde besitzt. Es wird daher, nachdem wir bereits die englischen Armenbehörden in den §§. 9—19 näher besprochen haben, hier genügen, wenn wir uns auf einige wenige Erläuterungen über das gegenwärtig befolgte System der irischen Armenverwaltung beschränken, und vorzüglich nur dessen Abweichungen von dem in England bestehenden hervorheben. Wir besprechen zuerst die Centralarmenbehörde, dann die Localarmenbehörden.

§. 64.
Die Centralarmenbehörde[1]).

An der Spitze der Armenpflege steht gegenwärtig in Irland, wie in England, eine selbstständige Kommission, die Poorlaw-Commission[2]); sie besitzt von der Königin ihre Vollmacht, und es werden von den fünf Mitgliedern (Poorlaw-Commissioners)[3]), die sie bilden, drei von der Königin, nach ihrem Ermessen (at pleasure) besonders dazu ernannt, während die zwei anderen durch ihre anderweitige amtliche Stellung (ex officio) zu Kommissionsmitgliedern berufen sind.

Kraft ihres Amtes sind Armenkommissarien der Erste und der Unter-Staatssekretär (Minister) des Lordlieutenants für Irland (des früheren Vicekönigs).

Besonders ernannt werden: ein Erster Kommissarius (Chief-Commissioner), der in der Kommission den Vorsitz führt; ein

---

1) Über die Organisation und Geschäftsordnung der Centralarmenbehörde geben nähere Auskunft: Report of Messrs Roowley and Stephenson to the Lords of the Treasury 4th of March 1854 und Letter from the Poorlaw Commissioners of Ireland to the Treasury. Session 1855. Mündliche Erläuterungen über die Thätigkeit der Kommission verdankt der Verfasser vorzüglich Mr. Edward Senior zu Dublin, Stellvertreter des Vorsitzenden der Kommission.

2) Anfänglich hatte das englische Kirchamt die Geschäfte der Centralarmenbehörde in Irland mitgeführt, durch Gesetz vom 22sten Juli 1847 (10 and 11 Victoria cap. 90) wurde eine besondere Behörde für Irland vorgeschrieben; das Gesetz erklärt es für „expedient that the control of the administration of the laws for the relief of the poor in Ireland should be wholly separated from the control of the administration of the laws for relief of the poor in England."

3) Das Gesetz über Einführung der Kommission nennt sie: „Commissioners for administering the Laws for Relief of the Poor in Ireland".

Zweiter Kommiffarius (Assistant-Commissioner), der in Abwesenheit des erften Kommiffarius deffen Stelle vertritt[1]); und ein Medizinal-Kommiffarius (Medical-Commissioner), unter deffen befonderer Auffiht das gefammte Armenkrankenwefen ftehl[5]).

Zur Unterftützung ift den Kommiffarien noch ein Sekretär (As-sistant-Secretary) beigegeben, der namentlich die auf Gefund-heitspolizei und Krankenwefen fich beziehenden Sachen bearbeitet.

Außerdem fteht unter den Kommiffarien ein zahlreiches Bureau, gebildet aus einem Chef (Chief-clerk), 30 ordentlichen und 39 außerordentlichen Beamten (Clerks). Die ordentlichen Mitglieder erhalten eine fefte Befoldung von 80 bis 250 Pfund, die außerordent-lichen dagegen ziehen nur Diäten (täglich 5 Schillinge).

Die wichtigeren Angelegenheiten, bei deren Entfcheidung die Anfichten der Regierung einzuholen find, müffen follegialifch be-handelt werden; eine Beftimmung, abweichend von der beim eng-lifchen Armenamte beftehenden, die man für nothwendig hielt, weil der irifchen Armenkommuiffion noch ausgedehntere Befugniffe als der eng-lifchen eingeräumt find, und fie fich nicht am Sitze der Reichsverwal-tung befindet. In Folge deffen verfammeln fich die Kommiffarien zwei-mal wöchentlich. Die laufenden Gefchäfte erledigt der Chief-Commissioner, oder in deffen Abwesenheit der Assistant-Com-missioner allein. Nur bei den auf das Krankenwefen und die Ge-fundheitspolizei bezüglichen Angelegenheiten wird der Medizinalkommif-farius zugezogen, oder es werden vielmehr faktifch die von ihm erlaffe-

---

4) Zum erften Chiefcommissioner wurde am 27ften Auguft 1847 Mr. Twie-leton ernannt, zum erften Assistantcommissioner Mr. Power; im Jahre 1849 legte Mr. Twieleton fein Amt nieder und Mr. Power wurde an feine Stelle be-rufen, während ein Inspector Mr. Hall zweiter Kommiffarius wurde, an deffen Stelle fodann 1852 Mr. C. Senior trat. Vgl. Nicholls Hist. p. 334. 363. 398. Die Ernennung der Commissioners erfolgt nur auf Wiberruf, ift faktifch aber eine lebenslängliche, die ohne erhebliche Gründe nicht zurückgenommen wird. Als einen eigenthümlichen Grund für die befondere fefte Stellung der Commissioners in Ir-land hob Mr. Senior dem Verfaffer gegenüber den Gegenfatz hervor, der im Lande zwifchen der Ariftokratie und der übrigen einheimifchen Bevölkerung beftehe, vermöge deffen die Maßnahmen der Regierung an letzterer leicht einen Rückhalt finde.

5) Die Medical Charities Act (14 und 15 Victoria cap. 68) in §. 1: „Pro-vide for the appointment of a medical commissioner, being a physician or surgeon of not less than thirteen years standing, to be united with the Poor-law Commissioners in the execution of the Act."

nen Defrete von einem der beiden anderen Kommissarien mitunterzeichnet.

Es wurde bereits bemerkt, daß die Armenkommissarien (Poor-
law-commissloners) für Irland alle Befugnisse besitzen, die
dem englischen Armenamt (Poorlaw-board) eingeräumt sind;
in folgenden Beziehungen steht ihnen aber ein noch weiterer Geschäftskreis und eine noch ausgedehntere Vollmacht zu:

1. Sie haben die Vollziehung der Bestimmungen über
das Krankenwesen und die Gesundheitspolizei zu leiten und
zu überwachen⁶); eine Aufgabe die in England großentheils der Ober-
behörde für die Gesundheitspolizei (Board of Health) obliegt.

2. Die Armenkommissarien haben ferner selbstständig, und wenn
sie es für nöthig halten, ohne Rücksicht auf die Zustimmung der Lokalbehörden, den Umfang und die Grenzen der Armenverbände,
sowohl der Sammtgemeinden und Wahlbezirke, als auch der Armen-
krankenbezirke, zu bestimmen, und können dieselben stets nach ihrem
Ermessen verändern⁷).

In den Jahren 1849 bis 1852 wurden auf Veranlassung eines
Parlamentsbeschlusses, wie oben S. 243 erwähnt, sehr bedeutende
Veränderungen in der Zahl und dem Umfange der Sammtgemeinden
und Wahlbezirke vorgenommen; Veränderungen, die wegen der durch
sie hervorgebrachten Regelung der Eigenthums- und Beitragsverhält-
nisse, für längere Zeit einen größeren Aufwand von Mühe und Arbeit
verursachten, indem jeder Bezirk, der einer bestehenden Sammtgemeinde zugelegt wurde, bei Schulden und dem Vermögen derselben
gegenüber, sein besonderes Konto erhielt, dem entsprechend seine Bei-

⁶) Diese Bestimmungen sind enthalten in der Medical Charities Act vom Jahre
1851 (14 and. 15 Victoria cap. 68), die sich dabei in §. 14 auf die Nuisances
Removal Act (11 and 12 Victoria cap. 123) und die Diseases Prevention Act (12
and 13 Victoria cap. 111) bezieht.

7) Engl. die Armenakte von 1838 (1 and 2 Victoria cap. 56) §. 18: „the
commissioners may divide the union into electoral divisions, and from time to
time alter the same; but in making or altering such electoral divisions, no
townland is to be divided." The Extension Act vom dem Juni 1847 (10 and
11 Victoria cap. 31) §. 17: „The commissioners empowered to dissolve or alter
unions without consent of the guardians, and to form such other unions therefrom as they shall deem expedient, and to adjust the claims and liabilities conse-
quent thereon;" und Medical Charities Act vom 1852 (14 and 15 Victoria c. 68)
§. 6: „The guardians are, whenever required by the commissioners, to divide
unions into dispensary districts, having regard to extent and population."

träge bis zur Ausgleichung dieser Verhältnisse berechnet werden. Seit dem Jahre 1851 sind zwar keine weiteren Veränderungen in der Abgrenzung der Armenverbände vorgenommen worden, es sind aber sehr häufig Anträge auf Abänderungen, namentlich in Betreff der Wahlbezirke, gestellt worden, die zwar sämmtlich abschläglich beschieden wurden, indessen doch die Zeit und Kräfte der Armenkommissarien sehr in Anspruch genommen haben, indem diese verpflichtet sind, derartige Anträge stets genau zu prüfen, und dies nicht ohne eingehende Untersuchungen über viele einschlagende Punkte möglich ist.

3. Den Armenkommissarien liegt es sodann unmittelbar ob, die Erbauung, Erweiterung und Instandhaltung aller Arbeitshäuser zu leiten [8]. Die Centralarmenverwaltung von Irland wird von Seiten des Gesetzes als die Eigenthümerin der sämmtlichen Arbeitshäuser und ähnlichen Anstalten des Landes aufgefaßt, die einen Werth von mehr als anderthalb Millionen Pfund haben; während in England diese Anstalten gesetzlich den durch die Armenräthe repräsentirten Sammtgemeinden gehören.

Obwohl gegenwärtig die Arbeitshäuser längst in allen irischen Sammtgemeinden erbaut und eingerichtet sind, so fehlt es doch den Armenkommissarien nicht an mannigfachen Geschäften in Beziehung auf sie. Nicht selten werden Abänderungen der Anstalten selbst, Anlagen von Kirchhöfen für sie [9], Erweiterungen der zu ihnen gehörenden

---

8) Vgl. die Armenakte von 1849 §§. 34. 35: „When a union is declared, every house of industry, workhouse, and foundling hospital within its limits, and supported wholly or in part by parliamentary grant etc., with all things thereto belonging, is to become vested in the Poorlaw commissioners, subject to the debts and encumbrances thereof — in trust for, and subject to, the powers and provisions of this Act. The commissioners may from time to time as they see fit, build or cause to be built a workhouse or workhouses for any union, or may hire any building or buildings to be used as a workhouse, and may enlarge and alter the same, in such manner as they deem most proper for carrying the provisions of the Act into execution, and may purchase or hire any land not exceeding twelve acres to be occupied with such workhouse, and may order the guardians to uphold and maintain, and to furnish and fit up the same, and provide means for setting the poor to work therein — for all such purposes the guardians are required to raise and levy the necessary sums as a poorrate, or to borrow the money and charge the same on the future poorrate, as the commissioners shall direct."

9) Extension Act (10 and 11 Vict. c. 31) §. 20: „provide for the purchase

Grundstücke, fortgesetzt aber Reparaturen der Gebäude und des Mobiliars der Arbeitshäuser erforderlich, und es liegt den Kommissarien ob, dies zu überwachen, alle Verträge in Beziehung darauf zu prüfen und zu genehmigen, sowie alle Prozesse darüber in ihrem Namen zu führen; u. s. w.

4. Eine bedeutend erschwerte Verwaltung verursacht den Kommissarien in Irland die Verschiedenheit der Konfessionen in der Bevölkerung der einzelnen Sammtgemeinden, von denen die eine die Mehrheit der Bevölkerung ausmacht, eine andere den herrschenden Theil derselben bildet [10]). Bei jedem Arbeitshause stellen die Kommissarien drei Kapläne an: einen für die der Staatskirche angehörenden Inwohner, einen für die Katholiken, und einen für die Dissenters [11]). In vielen Fällen haben sie zu bestimmen, ob ein Kind nach dem bestehenden Recht in der katholischen oder in der protestantischen Kirche zu erziehen ist.

5. Die irischen Armenkommissarien üben endlich eine viel weiter gehende Kontrole über die Armenräthe der Sammtgemeinden aus, als das Armenamt in England. Viele Beschlüsse der Armenräthe unterliegen der Genehmigung der Armenkommissarien, z. B. die Beschlüsse über Verfolgung eines Prozesses bei einem höheren Gerichte, Appellation an die Vierteljahressitzungen, und ähnliche. Dadurch, daß die Armenkommissarien hierzu ihre Genehmigung ertheilen oder verweigern können, wird die Armenkommission praktisch zu einer Art von Zwischeninstanz in den betreffenden Beschwerdefällen.

Am bezeichnendsten für die von der englischen verschiedene Stellung der Armenkommissarien, gegenüber von den Lokalbehörden, und am folgenreichsten ist die Befugniß der Armenkommissarien, die Armenräthe in Fällen der Pflichtversäumniß aufzulösen, und entweder neue Wahlen anzuordnen, oder wenn sie diese für erfolg-

---

of three additional acres of land to be used for a cemetery, or for the erection of fever wards, etc." Vgl. Nicholls Illst. p. 239.

10) Nach dem Census vom 1ten April 1861 beträgt in Irland die Zahl der Katholiken 4,490,583, der Protestanten 1,273,639 (darunter der anglikanischen Hochkirche Angehörige 678,661, Presbyterianer 528,992, Methodisten 44,532 u. s. w.), und der Juden 322. Vgl. Petermann Geograph. Mitthl. 1861 S. 432.

11) Extension Act (10 and 11 Victoria c. 83) §. 19: „enables the commissioners to provide a chapel, and to make such regulations as they deem expedient, for securing the religious worship of any denomination of christians in the workhouses."

los haben, die Verwaltung der Armenpflege in der Sammtgemeinde einstweilen durch einen besoldeten Beamten (Vice-
guardian) führen zu lassen[12]. Von dieser sehr weitgehenden
Befugniß, haben die Armenkommissarien in den Nothjahren Irlands
mehrfach Gebrauch gemacht, weil die Armenräthe sich weigerten, die
zur Beschaffung der erforderlichen Armenunterstützungen allerdings sehr
drückenden Armensteuern auszuschreiben, und es wurden namentlich im
Jahre 1847 von den Armenkommissarien deswegen 32, im Jahre 1848
5 Armenräthe (boards of guardians) aufgelöst[13]. Ist seit jener Zeit
auch eine derartige Maßregel nicht wieder vorgekommen, so kontroliren
doch die Armenkommissarien die Armenräthe fortgesetzt in sehr weitgehen-
der Weise, und nöthigen sie, daß stets die für die Armenpflege erforderlichen Summen bereit liegen, so daß eine schleunige Auflösung aus dem
früheren Grunde nicht unmittelbar nothwendig werden kann. Allwö-
chentlich müssen die Armenräthe den Armenkommissarien Bericht erstatten über den Betrag der ausgeschriebenen Steuern, die Zahl der im
Arbeitshause befindlichen Personen, und eine Reihe von anderen speciell
vorgeschriebenen Punkten.

Um diese, viel weiter als in England ausgedehnte Kontrole der
Armenkommissarien über die Armenräthe wirksam ausführen zu können,
ist den Armenkommissarien eine größere Anzahl von Inspektoren, als
in England, beigeordnet. Es sind deren, in Irland bei einer Bevölkerung von 6,552,055 Menschen (nach dem Census vom Jahre 1851,
und jetzt von nur 5,764,543 nach dem Census vom Jahre 1861), 16
angestellt, während in England, bei einer Bevölkerung von 18 Millionen (nach dem Census vom Jahre 1851, und jetzt von 20,001,725

12) The Poorrelief Act von 1838 §§. 25. 26: „If an election of guardians
does not take place, or of any of those elected shall neglect or refuse to act,
the commissioners may order a fresh election, and on failure thereof may appoint another to fill the place of any guardian so failing, until an
election of guardians takes place under the provisions of the Act. And if regular meetings of the guardians be not held, or if their duties be not effectually
discharged according to the intentions of this Act, the commissioners may
dissolve such board, and order a fresh election; and if the guardians then elected likewise fail, the commissioners may appoint paid
officers to carry out the provisions of the Act, and define their
duties, and regulate their salaries, which are to be paid out of the poorrates
of the union."

13) Vgl. Nicholls Hist. p. 300. 305. 341. 360.

nach dem Census von 1861), wie S. 69 erwähnt, nur 11 Inspektoren vorhanden sind. Die Stellung und die Vollmacht der Inspektoren ist in Irland dieselbe wie in England.

Außer diesen 16 zur Beaufsichtigung der Lokalarmenpflege im engeren Sinne thätigen Inspektoren, sind noch 5 Inspektoren ernannt für die Ueberwachung des Krankenwesens und der Gesundheitspolizei im Allgemeinen. Sie müssen praktische Ärzte oder Wundärzte sein, und haben das Recht, die Lokale für die Bezirkskrankenpflege zu besuchen, den Versammlungen der Ausschüsse der einzelnen Krankenpflegedistrikte beizuwohnen, und auf Anweisung der Armenkommissarien alle Hospitäler oder Krankenhäuser zu revidiren, welche Zuschüsse aus der Staatskasse erhalten[14]).

Zur Prüfung der Rechnungen der einzelnen Armenverbände sind außerdem in Irland 5 District-auditors (Bezirks-Rechnungsrevisoren) angestellt, die von den Armenkommissarien ernannt werden, und ihre Besoldung aus der Staatskasse erhalten; ihre Thätigkeit gilt für unbedingt nothwendig, um Unregelmäßigkeiten und Unordnungen in der Lokalverwaltung vorzubeugen. Über die Stellung der diesen ähnlichen Beamten in England ist oben S. 69 Näheres beigebracht worden[15]).

§. 65.
Die Lokalarmenbehörden.

Die Verwaltung der Ortsarmenpflege wird in Irland wie in England von dem Board of Guardians oder dem Armenrath geführt, einer für die einzelne Sammtgemeinde (Union)

---

14) Vergl. Medical Charities Act von 1852 (14 and 15 Victoria cap 68) §§. 4. 51 „The commissioners may appoint fit persons, being physicians or surgeons of not less than seven years standing, to be inspectors, but the medical commissioner and the inspectors are restricted from practising professionally;" §. 17: „Inspectors may visit dispensaries, and attend meetings of guardians; the commissioners are to report upon hospitals and infirmaries, etc."

15) Die Wirksamkeit der District auditors wurde dem Verfasser mehrfach sehr gerühmt, namentlich von Mr. G. Senior (vgl. oben S. 207); für seien in Irland, meinte er, ganz unentbehrlich, schon um zu verhüten, daß die für die Armenpflege aufgebrachten Gelder nicht mißbräuchlich verausgabt oder gar veruntreut würden; man dürfe nie außer Acht lassen, daß in Irland kein englisches Selfgovernment stattfinde, und die an ein solches nicht gewohnte Bevölkerung es auch nicht verstehe.

gebildeten Behörde, welche im Wesentlichen in beiden Ländern dieselbe Zusammensetzung und Stellung hat, nur daß die Befugnisse derselben in Irland weit beschränkter sind, wie dies die größere Machtfülle bedingt, welche, wie erörtert wurde, der irischen Centralarmenbehörde eingeräumt ist.

Dem Armenrath (Board of Guardians) liegt ob, die Aufnahme der Armen in das Arbeitshaus; die Beschaffung aller für die Armenpflege erforderlichen Geldmittel; ihre Verwendung für die Bedürfnisse des Arbeitshauses; die Bewilligung von Unterstützungen zur Auswanderung; die Anstellung der besoldeten Lokalarmenbeamten, wie namentlich ihres Sekretärs (Secretary), des Unterstützungsbeamten (Relieving officer), des Direktors des Arbeitshauses (Govornor), der Lehrer und Ärzte, sowie des Dienstpersonals im Arbeitshause; ferner die Unterbringung der im Arbeitshause herangewachsenen Knaben und Mädchen; u. s. w. Bei allen ihren Handlungen stehen die Armenräthe unter einer strengen Kontrole der Armenkommissäriell, welche alle Beschwerden der Armen gegen die Armenräthe durch die Inspektoren untersuchen lassen; die Einrichtung der Arbeitshäuser im Einzelnen bestimmen, und die verschiedenen Anstalten derselben fortgesetzt revidiren; die Armenräthe zur Beschaffung der erforderlichen Geldmittel und zum Ersatz ungesetzlicher Ausgaben anhalten; die Bewilligungen zur Beförderung der Auswanderung genehmigen, die besoldeten Lokalarmenbeamten im Fall ihrer Nachlässigkeit oder Unfähigkeit entlassen u. s. w.

Die Armenräthe bestehen in Irland wie in England aus gewählten Mitgliedern und solchen die in Folge einer anderen amtlichen Stellung (ex officio) Sitz und Stimme im Armenrathe haben.

Behufs der Wahl der Mitglieder des Armenrathes sind die Sammtgemeinden in Wahlbezirke (Electoral divisions) getheilt, von denen jeder in der Regel ein Mitglied des Armenrathes, in manchen Bezirken auch mehrere, zu wählen hat.

Kraft ihres Amtes (ex officio) sind die in den Sammtgemeinden angesessenen Friedensrichter, welche im Wesentlichen dieselbe Stellung haben wie in England, Mitglieder des

Armenrathes[1]). Doch ist bestimmt, daß die Zahl der Friedensrichter die der gewählten Mitglieder nicht übersteigen darf[2]). Sind mehr
Friedensrichter in einer Sammtgemeinde ansässig, als dieselbe Mitglieder in den Armenrath zu wählen hat, so wählen die Friedensrichter aus
sich eine der Zahl der gewählten Mitglieder gleich große in den Armenrath. Eine derartige Beschränkung der Zahl der ex-officio-Mitglieder
des Armenrathes hielt man in England nicht für nothwendig, weil nach
den dortigen Verhältnissen der Fall nicht leicht vorkommen kann, daß
die gewählten Mitglieder des Armenrathes die Minderzahl desselben bilden. Es wurde im §. 62 erörtert, daß die irischen Wahlbezirke (Electoral divisions) durchschnittlich größer sind, als die Kirchspiele, die in
England die Sprengel für die Wahlen der Armenräthe abgeben; schon
in Folge dessen ist in England die Zahl der in einer Sammtgemeinde
gewählten Mitglieder des Armenrathes verhältnißmäßig eine größere.
Da eine irische Sammtgemeinde im Durchschnitt 21 Wahlbezirke zählt,
vgl. oben S. 260, so besteht ein irischer Armenrath durchschnittlich aus
einigen 40 Mitgliedern; doch haben nicht wenige irische Armenräthe die
doppelte und eine noch größere Mitgliederzahl.

Um gültige Beschlüsse zu fassen, genügt gesetzlich in
allen Armenräthen die Anwesenheit von drei Mitgliedern.
Zur Behandlung der wichtigsten und die meiste Zeit in Anspruch neh-
menden Geschäfte, werden meistens aus den Armenräthen Ausschüsse bestellt, so namentlich zur Beaufsichtigung und Verwaltung
des Arbeitshauses (Visiting committee), und zur Verwaltung

---

1) In der Entscheidung §. 23: „Every justice of peace not being a sti-
pendiary magistrate or assistant-barrister or minister of any religious denomination, is an ex-officio guardian of the poor of the union in which
he resides, and after the board of guardians is duly constituted may act as a
member of the board, in like manner as an elected guardian. But when the
justices duly qualified and residing in the union exceed one-third the number of
elected guardians, they are at a meeting specially assembled for the purpose,
to appoint from among themselves a number nearest to but not exceeding one-
third of the elected guardians, etc."

2) Gesetz vom 6ten Juni 1847 (10 and 11 Victoria cap. 31) §. 16: „The
limitation of ex-officio guardians to one-third the number of elected guardians
is repealed; but it is at the same time provided, that the ex-officios shall
in no case exceed the number of the elected guardians." Vergl.
Nicholls Hist. p. 331.

der Finanzgeschäfte (Financial-committee); diese Ausschüsse
können keine selbstständigen Beschlüsse fassen, sondern haben nur dem
Plenum des Armenrathes Bericht zu erstatten. Der Armenrath selbst
hält regelmäßige Sitzungen, gewöhnlich in jeder Woche eine.

Die in den Armenrath gewählten Mitglieder gehören
in den ländlichen Gemeinden fast ausschließlich dem Stande
der Pächter (Farmers) an, die nach den Urtheilen, die der Verfasser im Lande vernommen hat, im Allgemeinen die für diese Stellung
erforderliche Umsicht und Fassungskraft besitzen, jedoch nicht immer für
völlig zuverlässig gelten *).

Wo die Verschiedenheit der Konfessionen keine Parteigegensätze her-
vorruft, sind die Wahlen in den Armenrath selten ein Gegenstand des
Kampfes, und es pflegt überhaupt nur in denjenigen Distrikten ein öfterer Wechsel in den Persönlichkeiten des Armenrathes statt zu finden,
wo die verschiedenen Parteien sich ziemlich gleich stehen, und eine schwan-
kende Majorität bei den Wahlen verschiedene Resultate gewährt.

Die nicht gewählten Mitglieder des Armenrathes aus
der Zahl der Friedensrichter, sind mit seltenen Ausnahmen größere Grundbesitzer. Von ihnen pflegen wenigstens einige
die Sitzungen des Armenrathes regelmäßig zu besuchen, und diese nehmen dann vielfach die allgemeine Leitung der Geschäfte in die Hand.
Die specielle Kontrole über die Armen des Distriktes, die Erforschung
ihrer persönlichen Verhältnisse, die Sorge dafür, daß die Verwandten
von Hülfsbedürftigen ihre Pflichten gegen sie erfüllen, sowie daß dem
einzelnen Wahlbezirk keine ihm nicht zufallenden Armen zur Last geschrieben werden u. s. w., wird in der Regel von den gewählten Mitgliedern
des Armenrathes ausgeübt; während größere Grundbesitzer auf dem
Lande, Fabrikanten und Kaufleute in den Städten, außer der allgemeinen Leitung der Geschäfte, die Verwaltung des Arbeitshauses, die
finanziellen Geschäfte, die Korrespondenz mit den Armenkommissarien,
die Anstellung der Beamten, zu übernehmen pflegen [4]).

---

3) Einzelne, z. B. Mr. Senior, klagen dem Verfasser gegenüber, daß es
den Guardians in Irland noch oft an Geschäftserfahrung fehle. Andere, z. B.
Mr. Horsley, wollten dies nicht einräumen; er meinte, er müsse ihnen das
Zeugniß geben, daß sie meistens gewandte, umsichtige Leute seien, wenn sie auch
oft nicht lesen könnten.

4) Nähere Mittheilungen hierüber verdankt der Verfasser insbesondere dem Mr.
Crawford.

Im Allgemeinen beherrschen die Grundbesitzer großentheils die Wahlen in den Armenrath, so daß sie bei einigem Eifer und Geschick fast überall auf dem Lande einen ganz entscheidenden Einfluß auf die Verwaltung der Armenpflege ausüben [5]).

Der Sekretär der Sammtgemeinde (Secretary) und die Unterbeamten des Armenraths, wie namentlich der Direktor des

_____

5) Nach den Mittheilungen, die darüber dem Verfasser insbesondere von Mr. O'Brien in Caemdlown bei Corf gemacht wurden, war der Hergang in Irland folgender: Unmittelbar nach Erlaß des Armengesetzes zeigte sich im Lande eine sehr verbreitete Opposition gegen die neue Armenverwaltung, und waren namentlich die größeren Grundbesitzer sehr gegen dieselbe eingenommen; in nicht wenigen Sammtgemeinden vermieden letztere es daher grundsätzlich, sich an den Armenräthen zu betheiligen. Als in den folgenden Jahren durch die wiederholten Mißernten der Kartoffeln die Noth in Irland stieg, wurde die ausgeschriebene Armensteuer in vielen Sammtgemeinden sehr drückend, und die gewählten Guardians, die ohnehin den Geschäften der Armenverwaltung wenig gewachsen waren, wußten sich in einer Reihe von Sammtgemeinden Armensteuern auszuschreiben. Die Armenkommissaire sahen sich dadurch gezwungen, einen bedeutenden Theil der Armenräthe aufzulösen und durch besoldete Guardians die Armenverwaltung auszuführen, wozu ihnen das Gesetz die Befugniß gewährte, vgl. oben S. 264. Das erzeugte allgemein große Unzufriedenheit, da obendrein die Armensteuern bald noch höher stiegen; man warf den besoldeten Viceguardians vor, daß sie die Armengelder unzweckmäßig verwandt hätten, und bei dem Mangel an Controlmittel vielen von ihnen mag das auch nicht selten der Fall gewesen sein. Als die Regierung darauf im Jahre 1849, zum Theil wohl veranlaßt durch die im Lande wachsende Unzufriedenheit, den Armenräthen die ihnen entzogene Verwaltung zurückgab, benahmen sich, durch Erfahrung belehrt, die großen Grundbesitzer wesentlich anders als früher; in den meisten Sammtgemeinden unterzogen sie sich endlich den Geschäften der Armenverwaltung, nahmen neben den zu Guardians gewählten Farmers an den Elpungen der Armenräthe Theil, schulten die Farmers in den ihnen fremden Geschäften ein und gewannen ihr Vertrauen, so daß sie wesentlich die Leitung der Armenräthe erlangten. Dies hat seitdem im Allgemeinen fortgedauert; eine Anzahl der größeren Grundbesitzer (kleine existiren in Irland überhaupt verhältnißmäßig nur wenige) besucht in den meisten Sammtgemeinden die Versammlungen der Armenräthe regelmäßig und übt auf ihre Beschlüsse einen entscheidenden Einfluß, während sich diese Grundbesitzer meistens um die Verwaltung der Arbeitshäuser wenig bekümmern und sie den an ihnen angestellten Beamten fast ganz überlassen, wie sie dies den gewählten Guardians in Betreff der Lokalrechnungen thun. Daß die größeren Grundbesitzer, wenn sie sich an der Verwaltung der Armenpflege ernstlich betheiligen, bei ihrer allgemeineren Bildung und der Stellung, die sie den Pächtern gegenüber in Irland einnehmen, auf dem Lande die Wahlen zu den Armenräthen meistens beherrschen, kann nicht befremden. Vgl. unten §. 66.

Arbeitshauses (Governor), die Unterstützungsbeamten
(Relieving-officers) und Steuereinnehmer (Collectors),
haben im Wesentlichen dieselbe Stellung und dieselben Amtspflichten,
wie die gleichbenannten Armenbeamten in England.

Jn Beziehung auf die Unterstützungsbeamten (Relieving-
officers) ist hervorzuheben, daß ihre Bedeutung eine geringere ist,
als in England, weil in Jrland die Unterstützung der Armen fast ausschließlich im Arbeitshause erfolgt. Jm Übrigen liegen ihnen ziemlich
dieselben Pflichten wie in England ob: die vorläufige Untersuchung der
Verhältnisse der sich meldenden Armen, die Aufsuchung und Verhaftung
von Personen, die ihre Familien verlassen haben, die Verabreichung der
nothwendigen Lebensbedürfnisse in dringenden Fällen, die Ausführung
von allerlei speciellen Befehlen des Armenrathes. Auch müssen sie bei
den Sitzungen des Armenrathes stets zugegen sein. Zu regelmäßigen
Besuchen von Almosenempfängern außerhalb des Arbeitshauses, sowie
von armen Kindern, die in Familien untergebracht sind, worin wir in
England eine ihrer Hauptbeschäftigungen fanden, ist ihnen in Jrland
nur selten eine Veranlassung gegeben. In Folge dessen sind die irischen
Armenräthe sehr geneigt die Unterstützungsbeamten als besoldete Beamten ganz abzuschaffen, und ihre Obliegenheiten unentgeltlich durch Einsassen versehen zu lassen, die für bestimmte Bezirke bestellt werden [6]).
Doch haben bisher die Armenkommissarien verlangt, daß in jeder
Sammtgemeinde mindestens ein Unterstützungsbeamter angestellt werde;
indem sie davon ausgingen, daß den Armen der reelle Schutz nicht entzogen werden dürfe, welcher nach der auch in England allgemein angenommenen Ansicht darin liegt, daß ein besoldeter Beamter, dessen
Entlassung von der Centralarmenbehörde abhängt, die specielle Pflicht
hat, die persönlichen Verhältnisse der Armen zu untersuchen und denselben in dringenden Fällen sofort Hülfe zu gewähren [7]). Schwerlich

6) Dies wurde dem Verfasser specieller von Mr. Clnoy zu Dublin und Mr.
Horslan zu Killarnay erörtert.

7) Daß man darin, daß die Commissioners einen Relieving-officer sofort entlassen können, wenn er nach ihrer Ansicht seine Pflichten nicht erfüllt, wirklich
Hülfsbedürftige vernachlässigt, oder saumselig in Einziehung von Nachrichten über
Arme ist, in Jrland wie in England einen Hauptschutz für die Armen findet, hob
z. B. Mr. Crawford dem Verfasser gegenüber hervor; und der Vorsitzende der
Armenkommission Mr. Power äußerte sich dahin, daß die Relieving-officers wie
die Governors von den Guardians unabhängige, von den Poorlaw-commissioners
abhängige, bei der Armensteuer nicht betheiligte Personen wären.

wird aber in Abrede zu stellen sein, daß ein einziger Unterstützungsbeamter für das weitläufige Gebiet einer Sammtgemeinde zur Erreichung dieses Zwecks nicht genügen kann, und daß die irischen Unterstützungsbeamten, die auf dem Lande fast ohne Ausnahme kleine Pächter (Farmers) sind, unmöglich dem Amte, für dessen Führung sie nur
eine Remuneration von 20 bis 25 Pfunden zu erhalten pflegen, ihre
ganze Zeit widmen können, und nach ihrer ganzen Stellung gewiß sehr
oft nicht bereit sein werden, die volle Verantwortlichkeit für selbstftän-
dige Schritte gegenüber von den Armenräthen zu übernehmen. In den
größeren Städten, wie namentlich in Dublin*), wo mehrere Unterstü-
zungsbeamten mit einer ausreichenden Besoldung angestellt sind, mag
den Armen jener durch sie erhoffte Schutz wirklich gewährt sein; die
Unterstützungsbeamten können sich hier den Pflichten ihres Amtes vollständig widmen, das nähere Zusammenwohnen der einzelnen Insassen
ihrer Sammtgemeinde erleichtert die Beziehungen zu denselben wesentlich, und eine von den Armenräthen unabhängige Stellung läßt eine
unparteiische Amtsführung hoffen.

Die Direktoren der Arbeitshäuser (Governors oder
Masters of the workhouse) sind größentheils tüchtige und ausreichend
besoldete Beamten, wie es die Wichtigkeit ihrer Stellung verlangt; sie
erhalten meistens ein Gehalt von etwa 50 Pfund neben freier Station,
in einzelnen Orten auch noch mehr, z. B. in Belfast 100 Pfund*).

4. Ergebnisse der gesetzlichen Armenpflege.

A. Die unmittelbaren Ergebnisse.

§. 66.

a. Betheiligung der Classen an der Armenverwaltung.

Um ein Urtheil über die irische Armengesetzgebung zu
gewinnen, ist es nothwendig die Ergebnisse derselben zu veranschaulichen. Wir unterscheiden dabei die unmittelbaren und die
mittelbaren Folgen derselben, oder die Frage, in wie weit es gelungen ist, die irische Armengesetzgebung zur Ausführung zu bringen,

---

8) In der Union Southdublin sind 6 Relieving-officers angestellt, ihr Gehalt beträgt 50 £., in Belfast 60 £.

9) In Arbeitshausdirektoren pflegen frühere Assistant-governors, gewesene
Sekretäre, auch wohl Schulmeister ernannt zu werden.

von der anderen, welchen Einfluß dies auf die Lage des ganzen Landes ausgeübt hat.

Was den ersten Punkt anbetrifft, so ist die vollständige Durchführung der Armenpflege im Sinne des Armengesetzes erst gelungen, nachdem die Nothjahre Irlands überstanden waren.

Unmittelbar nach Erlaß des Gesetzes, in den Jahren 1838 bis 1845, hatte man mit vielen nicht nur in der Größe der zu erfüllenden Aufgabe selbst, sondern auch in dem aktiven und passiven Widerstande der irischen Bevölkerung liegenden Schwierigkeiten zu kämpfen. Die größeren Grundbesitzer waren von Anfang an gegen das Armengesetz, das ihnen eine neue und erhebliche Last auferlegte, und entzogen den Armenbehörden bei der Ausführung des Armengesetzes schon deswegen ihre thätige Mitwirkung, noch mehr aber weil sie in den Bestimmungen des Armengesetzes ihren Einfluß und ihre Interessen nicht hinreichend berücksichtigt glaubten [1]. Sie stießen sich in Beziehung auf den letzten Punkt besonders daran, daß nach einer im Jahre 1847 modificirten Bestimmung des Armengesetzes in jedem Armenrathe die Zahl der nicht gewählten Mitglieder desselben, d. i. derer die vermöge ihrer Stellung als Friedensrichter an demselben Theil haben sollten, auf ein Drittel der Gesammtzahl desselben beschränkt war [2]; sowie daran, daß man bei der Bildung der Wahlbezirke, namentlich im Süden Irlands, nicht darauf Rücksicht genommen hatte, die Besitzungen der größeren Grundeigenthümer nach Möglichkeit zu besonderen Wahlbezirken zu vereinigen und abzuschließen [3]. Es behaupteten die größeren Grundeigenthümer vielfach, in Folge dessen der Mittel zu entbehren, die ihr Grundeigenthum treffenden Armensteuern durch zweckmäßige Maßregeln zu vermindern, einen entscheidenden Einfluß auf die Wahl der Mitglieder des Armenraths auszuüben, und in dem Armenrathe selbst mit dem ihrer Stellung, und ihrem Interesse an der Sache, entsprechenden Gewicht aufzutreten. Dazu kam noch, daß O'Connell, der in den ersten Jahren nach Einführung der gesetzlichen Armenpflege, noch einen großen Einfluß in Irland besaß, ein entschiedener Gegner des Gesetzes

---

1) Vgl. oben Note 5 auf S. 276.
2) Vgl. oben S. 274 Anmerk. 2.
3) Vgl. oben S. 243 und 259.

war [4]). Das Gesetz schien ihm dem Geiste und den Gefühlen des irischen Volkes zu widersprechen, und er bezeichnete die durch dasselbe angeordneten Einrichtungen als eine dem irischen Volke von englischen Beamten aufgenöthigte „englische Zwangsjacke". Dies veranlaßte auch in den Kreisen der Pächter (Farmers) vielfach einen Widerstand gegen das Gesetz; die obendrein, da sie bisher an der Gemeindeverwaltung in keiner Weise Theil gehabt hatten, wenn sie durch Wahl in den Armenrath berufen wurden, zu den von ihnen verlangten Geschäften ohne die Unterstützung der gebildeteren Stände großentheils geradezu unfähig waren.

Die Jahre 1846 bis 1849, in denen Mißernten, Hungersnoth und ansteckende Krankheiten Irland auf das entsetzlichste heimsuchten, steigerten die Schwierigkeiten für eine wirksame Durchführung der Armengesetze im höchsten Grade. Die Aufgaben, die zu lösen waren, erreichten einen Umfang, welcher die Kräfte der neu eingerichteten ordentlichen Armenbehörden, auch wenn sie überall in der besten Verfassung gewesen wären, bei weitem überstieg. Die zur Linderung der allgemeinen Noth ergriffenen Maßregeln waren zum Theil verfehlt, und die Armensteuern erreichten eine überaus drückende Höhe.

Viele Armenräthe der Sammtgemeinden verweigerten direkt ihre Mitwirkung an der Beschaffung der für die Armenpflege geforderten Summen, und schrieben keine neuen Armensteuern aus, so daß nicht weniger als 37 von den damals vorhandenen 130 Armenräthen aufgelöst werden mußten [5]). Eine Maßregel welche, mochte sie noch so unvermeidlich sein, doch natürlich die herrschende Mißstimmung sehr wesentlich vermehren mußte.

Da sich indessen die Regierung dadurch in der energischen Ausführung der gesetzlichen Bestimmungen nicht beirren ließ, dies nöthigenfalls durch von ihr an Stelle der Armenräthe ernannte besoldete Beamten that [6]), und sowohl Grundbesitzer als Pächter inne wurden, daß sie durch ihren Widerstand und ihre Entfernung von den Geschäften ihre Lasten lediglich vermehrten, indem sie noch die Besoldungen der von den Armenkommissionen für die Armenräthe ernannten Beamten (Vice-guardians) zu tragen hatten, und diese

4) Vgl. Nicholls IIIrt. p. 294.
5) Vgl. oben S. 271.
6) Vgl. oben S. 271.

außerdem bei mangelnder Lokalkenntniß unvermeidlich manche Mißgriffe
begingen, da die Regierung ferner auf die Wünsche der Grundbesitzer
Rücksicht nahm, viele Wahlbezirke ihrem Interesse gemäß umgestaltete [7],
und gestattete, daß die Hälfte der Armenräthe aus Friedensrichtern bestehe [8]), da endlich, nachdem die äußerste Noth überwunden war, auch
die Last der Armensteuern sich erheblich verminderte, so trat ein be-
merkenswerther Umschwung in der öffentlichen Stimmung
des Landes ein.

Die größeren Grundbesitzer entzogen sich nicht länger ihrer
natürlichen Aufgabe, betheiligten sich ihren Verhältnissen entsprechend
bei den Wahlen der Armenräthe, übernahmen in denselben die Leitung
der Geschäfte, und bemühten sich mit günstigem Erfolg das Vertrauen
der gewählten Mitglieder, welche auf dem Lande meistens
Pächter waren, zu gewinnen, und sie in der Handhabung der Geschäfte zu unterrichten [9]).

In Folge dessen hat, nachdem die Lokalarmenverwaltung überall wieder den Armenräthen (Boards of Guardians) zurück-
gegeben ist, dieselbe fast in allen Sammtgemeinden eine weit günstigere Gestalt gewonnen. Die Geschäftstüchtigkeit der Mitglieder der Armenräthe (Guardians), hat sich wesentlich mehr und mehr
entwickelt, die Sitzungen der Armenräthe werden regelmäßig abgehal-
ten, ihr Besuch ist in vielen Sammtgemeinden ein ziemlich regelmäßiger,
in fast allen widmen sich einzelne Einsassen mit Eifer und Tüchtigkeit
den dem Armenrath obliegenden Geschäften, und nach einem in Irland
sehr allgemein sich kundgebenden Urtheile fehlen diesen Bemühungen keineswegs die gehofften Erfolge.

§. 67.
b. Ausgaben für die Armenpflege.

Die Ausgaben für die Armenpflege haben in Irland
seit dem Jahre 1849, in welchem sie bis auf 2,177,651 Pfund
gestiegen waren, regelmäßig und sehr bedeutend abgenommen. Im Jahre 1859 beliefen sie sich, mit Einschluß der Ausgaben
für die Krankenpflege in den einzelnen Krankenpflegedistrikten (Dispen-

7) Vgl. oben S. 243.
8) Vgl. oben S. 274 Anmerk. 2.
9) Vgl. die oben S. 276 Note 5 angeführten Aeußerungen von Mr. O'Brien.

sary-districts), auf die vergleichsweise mäßige Summe von 513,048 Pfund [1]).

Von dieser Summe wurden im Jahre 1859 verwendet:

1. Für den Unterhalt der Armen in den Arbeitshäusern einschließlich der Bekleidung (In-maintenance and clothing): . . . . 294,202 £.

2. Für Unterstützungen außerhalb der Arbeitshäuser (Outdoor-relief): . . . . 3,239 £.

3. Für Besoldung und Rationen der Armenbeamten (Salaries and rations of officers): . . . . . 93,905 £.

4. Für verschiedene andere Ausgaben, insbesondere für Unterhaltung der Arbeitshäuser, sowie für Verzinsung und Tilgung der zu ihrem Bau aufgenommenen Darlehen (Other expenses): . . . . . 82,366 £.

5. [2]) Für Bezirkskrankenpflege (Medical charities expenditure): . . . . 99,336 £.

---

1) Die Ausgaben für die Armenpflege, d. h. für den Unterhalt der Armen, für die Besoldung der Armenbeamten und für den Bau sowie die Unterhaltung der Arbeitshäuser, betrugen:

im Armenjahre 1847 :   803,684 £.
  „   „   1848 : 1,835,631 £.
  „   „   1849 : 2,177,651 £.
  „   „   1850 : 1,430,108 £.
  „   „   1851 : 1,141,647 £.
  „   „   1852 :   883,267 £. nebst 35,000 (?) £. für Bezirkskrankenpflege, nach der Medical Charities Act (14 and 15 Victoria cap. 68), also zusammen 918,267 £.
  „   „   1853 :   785,718 £. nebst 88,440 £., also zusammen 874,158 £.
  „   „   1854 :   760,152 £.   „   89,707 £.,   „   „   849,859 £.
  „   „   1855 :   685,259 £.   „   89,388 £.,   „   „   774,647 £.
  „   „   1856 :   576,390 £.   „   90,336 £.,   „   „   . 666,626 £.
  „   „   1857 :   498,889 £.   „   90,460 £.,   „   „   589,349 £.
  „   „   1858 :   457,178 £.   „   92,725 £.,   „   „   549,903 £.
  „   „   1859 :   413,712 £.   „   89,336 £.,   „   „   513,048 £.

Vgl. hierüber Nicholls IIIst. p. 345. 363. 371. 376. 387. 394 und die Annual Reports IVth p. 9. Vth p. 13. VIth p. 11. VIIth p. 23. IXth p. 15. Xth p. 6. XIth p. 6. XIIIth p. 55. Und über die Medical Charities Expenditure vgl. Annual Report Xth p. 9 und XIIIth p. 18.

2) In den Jahren 1854 bis 1859 beliefen sich die im Texte für das Jahr 1859 angegebenen fünf Posten auf folgende Summen:

Ein das Jahr über Unterſtützter erhielt im Jahre 1859 durchſchnittlich etwa 10 Pfund. Wenn man die Zahl der im Jahre 1859 im Durchſchnitte täglich Unterſtützten, die ſich auf 40,369 beläuft (vgl. den folgenden §.), in die für Unterſtützungen im Jahre verwendete Summe, d. i. 413,712 Pfund dividirt, ſo ergeben ſich für einen Unterſtützten 10 Pfund 4 Schilling. Der Jahresbericht der iriſchen Armenkommiſſion für das Armenjahr 1859 auf 1860[*]) berechnet aber nur 9 Pfund 18 Schillinge 6 Denar (alſo 5 Schillinge weniger), indem er einige Poſten von der angeführten Ausgabeſumme abzieht, die nicht unmittelbar für Unterſtützung der Armen verwendet ſind.

Die Unterſtützungskoſten von jährlich faſt 10 Pfund für einen fortgeſetzt Unterſtützten, erſcheinen gegenüber den in England und Schottland dafür verwendeten Summen, ſehr hoch; es iſt aber dabei zu brachten, daß das Verhältniß derer, die in Arbeitshäuſern unterſtützt wurden, in Irland ein ganz anderes iſt als in jenen Ländern, und daß die Unterſtützung in Arbeitshäuſern eine weit umfaſſendere iſt, als ſie es außerhalb derſelben zu ſein pflegt, und daher nothwendig eine viel koſtſpieligere ſein muß. Die Armenkommiſſarien für Irland unterziehen in ihrem Jahresbericht für 1859 auf 1860 dieſen Punkt einer näheren Prüfung. In Schottland würden, bemerken ſie, ⅛ der Unterſtützten außerhalb der Arbeitshäuſer unterſtützt, in England ⅗, in Irland nur 1/30. Die Armenkommiſſion für Schottland habe 1858 zu zeigen geſucht[*]), daß die Unterſtützung außerhalb des Arbeitshauſes in Schottland nicht weniger betrage, als in einem großen Theile Englands, und in der Woche durch-

Poſten:	Nr. 1.	Nr. 2.	Nr. 3.	Nr. 4.	Nr. 5.
Im J. 1854	469,858	3715	127,417	165,162	50,707
" " 1855	432,842	4702	119,833	127,882	59,388
" " 1856	358,943	2245	112,203	103,999	90,236
" " 1857	392,685	2412	103,745	101,047	90,480
" " 1858	366,070	3135	97,568	90,407	92,725
" " 1859	934,202	3239	93,905	83,366	99,836

Vgl. Annual Report IXth p. 15. X[th] p. 8. XIth p. 6. XIIIth p. 5. Die Annual Reports liefern für alle einzelnen Sammlungsmaßen ſpecielle Angaben ihrer Armenausgaben, vgl. für 1859 den XIIIth Annual Rep. p. 144—151.

3) XIIIth Annual Report p. 6.

4) Vgl. oben S. 206 §. 45 Note LI.

schnittlich sich etwa auf 1½ Schilling belaufe; in Irland koste dagegen im Arbeitshause der Unterhalt allein in der Woche durchschnittlich 1 Schilling 11¾ Denar, und die Kleidung 3¼ Denar, zusammen 2¼ Schilling. Die 2¼ Schilling wöchentlich betrügen im Jahre bereits 5 Pfund 17 Schilling, rechne man, daß hierzu noch die Kosten kämen für Wohnung, Medizin, ärztliche Behandlung, für Unterricht der Kinder, sowie die Ausgaben für die Beamten der Armenpflege, so würde die für den einzelnen Unterstützten in Irland im Durchschnitte für das Jahr sich herausstellende Summe nicht befremden können. Die Unterstützung, die in Irland im Arbeitshause gewährt werde, sei eben eine vollständige, die in Schottland und England außerhalb desselben gegebene, eine sehr partielle [5]).

Vertheilt man die 1859 in Irland verausgabte Summe für Armenunterstützung auf die Gesammtbevölkerung des Landes, so ergiebt sich für das Jahr 1850 ein Steuerbeitrag von etwa 1½ Schillingen auf den Kopf [6]), wäh-

---

5) XIIIth Annual Report p. 6: „In Ireland the cost of workhouse maintenance and clothing alone amounts to 2 s. 3 d. per head per week, consisting of 1 s. 11¾ d. for food and 3¼ d. for clothing. It is manifest then, that the out-door relief both in England and Scotland, taken as a whole, is only partial relief: for the average weekly allowance, 1 s. 6 d. per head, is far below what is sufficient, according to the Irish Workhouse expenditure for food alone. The remainder of what is necessary to life is, in England and Scotland, supplied from the other resources of the recipients, viz.: their earnings, the assistance of their friends, or from private charity. The relief-system in Ireland, on the contrary, provides everything requisite for the entire subsistence and relief of the inmate, excluding rigidly all other resources. It provides not only food, clothing, lodging, bedding, fuel, and all other necessaries, but medical and surgical aid, medicine, medical comforts, and nursing for the sick; spiritual aid; and finally education for the young. When to these purposes are added the whole expense of the Poor Law machinery in collecting rates, conducting relief, and accounting for the expenditure, it is not surprising that the total annual cost schould be 9 L. 18 s. 6 d. per annum, or 3 s. 10 d. per week, for each person relieved."

6) Im XIIIth Annual Report p. 6 wird der Beitrag der Armensteuer nach dem Census vom Jahre 1851 für Irland auf 1½ Schilling, für Schottland auf 4 Schilling, für England auf 6 Schilling angegeben; es ist dabei aber nicht berücksichtigt, daß die im Jahre 1851 ermittelte Bevölkerung der drei Länder im Jahre 1859 eine bedeutende Veränderung erfahren hatte. Der Census vom 8ten April 1861 hat ergeben, daß von 1851 bis 1861 für Irland eine Verminderung der Bevölkerung um 12 Procent, für Schottland dagegen eine Vermehrung von 6, und für

renb nach bem jährlichen Rataftralertrage beß Grunb-
eigenthumeß ein Beitrag von ungefähr 10 Denaren vom Pfunbe,
b. i. von etwa 4½ Procent, gezahlt wurbe[1]. Die irifche Ar-
menfommiffion hat 1860 eine Rarte von Irland veröffentlicht, in ber
bie fehr verfchiebene Belaftung ber einzelnen Lanbeßtheile für Armen-
unterftihung burch befonbere Farben in anfchaulicher Weife bezeichnet
ift; von ben fünf Abtheilungen Irlanbß bie abgegrenzt finb[2], beträgt
in ber erften bie Armenfteuer weniger alß 3 Denare vom Pfunbe beß
Ralaftralertrageß, in ber zweiten zwifchen 3 unb 6 Denaren, in ber
britten zwifchen 6 unb 12, in ber vierten zwifchen 12 unb 15, unb in
ber fünften über 15 Denare, b. i. alfo in ber erften etwa 2, in ber
fünften über 6 Procent beß Ralaftralertrageß; bie Verfchiebenheit unter
ben einzelnen Sammtgemeinben ift aber eine noch viel größere[3].

<hr/>

England von 12 Procent eingetreten ift, vgl. Petermann Geograph. Mittheilungen
1861 S. 432. Bertheilt man nach ber am 8ten April 1861 ermittelten Bevölkerung Irlanbß von 5,764,543 Einwohnern, bie 1859 für Armenpflege veraußgabten
513,048 Pfunb, fo kommen auf ben einzelnen Einwohner etwas über 1¾ Schilling;
bie Bevölkerung beß Armenjahres 1859 wirb aber ber im April 1861 gefunbenen
Bevölkerungszahl nicht fern ftehen, unb eß werben bemnach 1¾ Schilling, alß auf
ben einzelnen Irlänber fallenb, angenommen werben können. In Englanb finb im
Jahre 1859 für Armenpflege veraußgabt 5,558,609 Pfunb, vgl. XIIIth Annual Report of the Poorlaw Board 1859—60. London 1860 p. 10; bie Zählung vom
8ten April 1861 ergab in Englanb 20,061,725 Einwohner; banach kommt fomit in Englanb ein Armenbeitrag von etwa 5½ Schilling auf bie Perfon. In Irlanb betrug,
nach bem Cenfuß von 1851 berechnet, ber jährliche Armenbeitrag für ben Kopf im
Jahre 1852: 2 Schill. 9 D.; 1853: 2 Sch. 6 D.; 1854: 2 Sch. 7 D.; 1855:
2 Sch. 4 D.; 1856: 2 Sch.; 1857: 1 Sch. 9 D.; 1858: 1 Sch. 8 D.; 1859:
1 Sch. 6 D. Ältere Vergleichungen Irlanbß mit Englanb unb Schottlanb f. bei
Nicholls Hist. p. 403.

7) Im XIIIth Annual Report p. 5 wirb ber burchfchnittliche Beitrag auf
8½ Denar für Armenfteuer unb noch nicht auf 2 Denare für Krankenpflege, alfo
zufammen ungefähr auf 10 Denare gerechnet. Im Jahre 1859 belief fich ber gefammte Ralaftralertrag in Irlanb auf 12,213,620 L., vgl. XIIIth Annual Rep.
p. 144.

8) Vgl. im XIIIth Ann. Rep. p. 5 unb bie zweite beigegebene Rarte; bie auf
ihr mit fünf verfchiebenen Farben colorirten Diftrikte liegen fo burch einanber, baß
fich ihre Lage mit Worten nicht veranfchaulichen läßt.

9) Die in jeber einzelnen Union gezahlte Poorrate ift für 1859 im XIIIth Annual Report p. 138—144 verzeichnet, unb zwar mit Unterfcheidung ber einzelnen Verwenbungen. Die gezahlten Beiträge ohne bie für Krankenpflege verwen-
beten Summen (bie fich noch auf etwa ¼ ber anberweitigen Verwenbungen belau-

§. 68.

c. Anzahl der unterstützten Armen.

Auch nachdem die Nothjahre Irlands überstanden waren, hat sich die Zahl der Unterstützten bis zum Jahre 1860 (soweit reichen die dem Herausgeber zu Gebote stehenden amtlichen Angaben) fortgesetzt vermindert[1].

Im Armenjahre 1859 auf 1860 betrug die Zahl derer die in den irischen Arbeitshäusern unterstützt wurden (Indoor-relief erhielten): 153,706; während außerhalb der Arbeitshäuser unterstützt wurden (Outdoor-relief erhielten): . . 5,425; im Ganzen wurden somit im Armenjahre 1859 auf 1860 unterstützt: . . . . 159,131 Personen.

Die Zahl der außerhalb des Arbeitshauses Unterstützten trat, wie schon oben S. 246 besprochen wurde, in den letzten Jahren in Irland völlig zurück. In den Arbeitshäusern

m) schwankten zwischen 3½ Denaren vom Pfunde in der Union Downpatrick und Union Lisburn, und 2 Schillingen 2½ Denaren (b. i. 26) Denaren) in der Union Kenmare. Sie betragen also in jenen beiden Sammtgemeinden etwa 1½ Procent vom Reinstralertrage, in dieser dagegen etwa 11 Procent.

1) Die Zahl der in den einzelnen Jahren von 1848 bis 1859 Unterstützten betrug:

Im Jahre	in den Arbeitshäusern	außer den Arbeitshäusern	im Ganzen
1848:	610,463	1,433,042	2,043,505
1849:	832,264	1,210,482	2,142,766
1850:	805,702	868,565	1,174,267
1851:	707,443	47,914	755,357
1852:	504,664	14,911	519,775
1853:	396,436	13,232	409,668
1854:	310,608	9,008	319,616
1855:	269,794	35,482	305,276
1856:	212,579	4,557	217,136
1857:	186,335	4,558	190,893
1858:	177,205	5,851	183,056
1859:	153,706	5,425	159,131

Vgl. Nicholls Hist. p. 395 und Annual Report IXth p. 15. X^th p. 6. XIIth p. 6 XIIIth p. 6.

wurden durchschnittlich im Laufe des Jahres 1859 an einem Tage 40,369 Personen unterstützt [2]), doch fiel und stieg die Zahl im Laufe des Jahres erheblich, war stets im Winter und Frühjahr bedeutend größer als im Sommer und Herbst [3]). In dem Arbeitshause aber blieb im Jahre 1859 der einzelne in dasselbe aufgenommene Arme, durchschnittlich 70 Tage, wiewohl auch darin in den einzelnen irischen Arbeitshäusern eine erhebliche Verschiedenheit statt fand [4]).

Die sämmtlichen in den irischen Arbeitshäusern befindlichen Personen gehörten im Armenjahre 1859 folgenden Klassen an [5]):

	im Halbjahre bis zum 2sten März.	im Halbjahre bis zum 2usten Sept.
1. Arbeitsfähige mit ihren Kindern (Able-bodied and their children):		
Verheirathete Männer	595	579
Verheirathete Weiber	595	579
Unverheirathete Männer	13,848	14,629
Unverheirathete Weiber	27,049	26,657
Uneheliche Kinder	7,336	8,985
Eheliche Kinder	7,626	8,591
2. Arbeitsunfähige:		
Verheirathete Männer	265	296
Verheirathete Weiber	265	296
Unverheirathete Männer	10,607	12,382
Unverheirathete Weiber	11,737	13,391
Uneheliche Kinder von Arbeitsunfähigen	341	382
Eheliche Kinder von Arbeitsunfähigen	929	1,077
Waisen und ohne ihre Eltern aufge-nommene Kinder	11,928	11,685
3. Geisteskranke	1,730	1,833
Zusammen	94,851	103,362

2) Vgl. XLII^te Ann. Rep. p. 141. Im J. 1858 durchschnittlich 45,781 Personen.

3) Im XLII^te Ann. Rep. p. 182—193 find die Zahlen der in den Arbeitshäusern Unterstützten für die einzelnen Wochen des Armenjahres 1859 auf 1860 verglichen; in der 4ten Aprilwoche 1859 belief sie sich auf 41,959; von da vermindert sich die Zahl bis zur 1sten Septemberwoche auf 31,970; stieg von da bis zur 4ten Decemberwoche 1859 wieder auf 41,528, und bis zur ersten Märzwoche 1860 auf 46,545.

4) Vgl. die Angaben für die einzelnen irischen Arbeitshäuser für das Jahr 1859 im XLII^te Ann. Rep. p. 170—175. Der durchschnittliche Aufenthalt im Arbeitshause schwankt zwischen 114 Tagen (in Killala) und 39 Tagen (in Kilmacthomas).

5) Vgl. XLII^te Annual Rep. p. 176.

Die Zahl der in den letzten Jahren in Irland Unterstützten erscheint verhältnißmäßig sehr klein. Vertheilt man
die 40,369 Personen, die im Jahre 1859 durchschnittlich an einem Tage
in den Arbeitshäusern Irlands unterstützt wurden, auf die Bevölkerung
des Landes, und rechnet sogar diese nach der Zählung vom Jahre 1861
auf nur 5,764,543 Einwohner, so ergeben sich etwa $\frac{7}{10}$ Procent der
irischen Bevölkerung, die im Jahre 1859 in den Arbeitshäusern Unterstützung erhielt. Fügt man zu den in den Arbeitshäusern Unterstützten noch die verhältnißmäßig unbedeutende Zahl derer hinzu, die außerhalb der Arbeitshäuser unterstützt wurden[6], so wird immer noch
kein volles Procent der Bevölkerung herauskommen, dem
eine Armenunterstützung zu Theil wurde.

Die irische Armenverwaltung hat diesen wichtigen Punkt, in ihrem
Bericht für das Armenjahr 1859 auf 1860, specieller in Erwägung gezogen[7]. Eine von ihr mitgetheilte Karte von Irland, auf der die einzelnen Distrikte des Landes mit verschiedenen Farben colorirt sind, je
nachdem in ihnen im Jahre 1859 weniger als 3 von 1000 Personen,
zwischen 3 und 5, zwischen 5 und 7, zwischen 7 und 10, und endlich
mehr als 10 von 1000 Personen gleichzeitig Unterstützung erhielten, veranschaulicht die Armenverhältnisse des Landes sehr wesentlich. Die geringste Zahl der Unterstützten findet sich im Nordwesten Irlands (in
Donegal, Londonderry, rc.), der auf der Karte mit gelber Farbe bedeckt
ist, die größte Zahl dagegen in den mit blauer Farbe colorirten Distrikten, wie in Dublin, Cork, Drogheda, Dunshaughlin, Edenderry,
Castlecomer, Killenny, Ballivaghan, rc.[8]). Eine andere Karte ist
außer der eben besprochenen von der Armenkommission zur Veranschaulichung der verschiedenen Ausdehnung der Armenkranken-Unterstützungen
in den einzelnen Theilen Irlands geliefert worden.

Die irische Armenkommission erklärt die verbreitete Meinung,

---

6) Vgl. oben §. 59 Note 7 S. 248.

7) In XIIIth Ann. Rep. p. 8 sq.

8) Diesen Berechnungen der Armenkommission liegt der Census von 1861 zu
Grunde, während die Bevölkerung nach dem, dem Herausgeber im einzelnen noch
nicht zugänglichen Census von 1861, bedeutende Abänderungen erfahren hat. Während im Durchschnitte die Bevölkerung Irlands von 1851 bis 1861 um 12 Procent
abnahm, ergab sich in der Stadt Belfast eine Vermehrung von 18,941 Einwohnern, in der Grafschaft Dublin um 5511 Einwohnern und in der Grafschaft Car-
rickfergus um 678 E., vgl. Petermann Geograph. Mittheil. 1861 S. 432.

nach welcher im Verhältniß zur Bevölkerung, in Irland
mehr Personen unterstützungsbedürftig seien, als in England und Schottland, für unbegründet und vollständig widerlegt durch die statistischen Nachweisungen der Armenkommissionen der
drei Länder *). Man müsse aber, hebt die Armenkommission hervor, um
die irischen Verhältnisse gegenüber denen Großbritanniens richtig zu beurtheilen, das verschiedene Verhältniß beachten, welches in beiden Ländern zwischen ländlicher und städtischer Bevölkerung bestehe. Nach dem
Census vom Jahre 1851 betrage in Großbritannien die ländliche Bevölkerung nur die Hälfte, in Irland vier Fünftel der Gesammtbevölkerung. Die städtische Bevölkerung sei überall in größerer Ausdehnung
der Armenunterstützung bedürftig, in einer Reihe irischer Wahlbezirke,
deren Bevölkerung eine durchweg städtische sei, steige der Procentsatz der
gleichzeitig Unterstützten auf 2½ Procent der Bevölkerung, nähere sich
also dem von Großbritannien ¹⁰). — Mag dies richtig sein, so können wir

9) XIIIᵗʰ Ann. Rep. p. 5: „In England the daily number of paupers in
receipt of relief is about 4½ per cent. of the population, and in Scotland somewhat exceeds 4 per cent., in Ireland the average daily
number is less than 1 per cent." und ibid. p. 8: „We believe that
the almost universally-received opinion, that there are more
persons in Ireland needing relief, in proportion to the population, than in England or Scotland, is not well-founded."
10) XIIIᵗʰ Ann. Rep. p. 8: „We find, on comparing the statistics of the town
electoral divisions with those of the rural divisions in Ireland, that the population and number of persons relieved stand in the following proportions: twenty
town electoral divisions, the largest in Ireland, give as the number relieved in
half a year from a population of 785,835 persons, 17,280 paupers, or 2⁷⁄₈ per
cent.; the rest of Ireland only 77,561 paupers, from a population of 5,766,120
persons, or 1⁷⁄₈ per cent. Similar comparisons carried out in England and Scotland would show, we believe, that town populations are generally more liable
to pauperism than rural populations. Now, according to the census of 1851, the
rural and town populations in Great Britain were in the following proportions:

rural population	10,403,189
civic population	10,556,288
Total	20,959,477.

In Ireland the proportions were:

rural population	5,332,709
civic population	1,218,676
Total	6,551,385.

It appears, therefore, that while in Great Britain the rural population is only
one-half the whole population, in Ireland, it is four-fifths of the whole; and

doch nicht umhin hier zu wiederholen, worauf schon oben auf S. 249 hingewiesen wurde, daß durch die massenhafte Auswanderung aus Irland [11], — indem man alle Hülfsbedürftigen, die im Lande keine Arbeit fanden, aus dem Lande zu entfernen suchte, oder sie selbst auswanderten, nachdem die anfänglich beförderte Neigung zur Auswanderung im Lande Wurzel geschlagen hatte, — eine Verminderung der Hülfsbedürftigen in Irland herbeigeführt ist, die als abnorm erscheinen muß, und daß erst nach Verlauf mehrerer Jahre, nachdem längere Zeit hindurch jene, wenn auch immermehr anfänglich vielleicht durch die Verhältnisse gebotene, gleichwohl an sich gewiß traurige massenhafte Auswanderung nicht mehr stattgefunden hat, ein richtiges Urtheil über die Erfolge der irischen Armenpflege an sich, und vor Allem über die Dauerhaftigkeit der jetzigen Zustände in Beziehung auf die Ausdehnung des Bedürfnisses der Armenunterstützung, gefällt werden kann.

Der durchschnittliche Aufwand für die Beköstigung eines Armen in den irischen Arbeitshäusern hängt natürlich von den Preisen der Lebensmittel, und zum Theil auch von der Zahl der gleichzeitig in ein Arbeitshaus Aufgenommenen ab. Er schwankt daher von Monat zu Monat, und von Jahr zu Jahr; doch haben sich diese Schwankungen in den Jahren 1849 bis 1859 innerhalb der Grenzen von 1 Schilling und 2 Schillingen 3 Denaren bewegt. Der niedrigste Satz von einem Schillinge genügte in den Jahren 1850 und 1851 [12], seitdem sind durch das Steigen der Preise und die Abnahme der Zahl der Aufgenommenen die Kosten stufenweise bis auf 2 Schillinge 3 Denare im Jahre 1859 gestiegen. In dem Winterhalbjahre bis zum 25ften März 1859 wurden in Irland im Durchschnitt wöchentlich auf den Kopf 2 Schillinge und 2½ Denare (und zwar davon 3¾ Denare für Kleidung), im Sommerhalbjahre 1859 bis zum 29ften Sep-

although the wages of agricultural labour are less in Ireland, the ordinary necessaries of life are very differently estimated in the rural districts in the two countries; and the cost of obtaining sufficient food, clothing, and lodging so much less in Ireland as to more than compensate for the difference in the daily wages. The possession or use of a plot of ground, however small, is also a resource possessed by a very much larger proportion of the labouring class in Ireland than in Great Britain; while fuel is obtainable over a large part of the surface of the country by labour alone, and without any other deduction from income."

11) Vgl. unten im §. 71 S. 299.
12) Vgl. Nicholls Hist. p. 397.

tember dagegen 2 Schillinge und 3 Denare (und davon 3⅓ Denare für Kleidung) verwendet [13]); während dabei in den Arbeitshäusern der einzelnen Sammtgemeinden die wöchentlichen Verwendungen zwischen 1 Schilling 2⅓ Denaren (Castleberg) und 3 Schillingen 3⅔ Denaren (Donaghmore) schwankten [14]).

Über den erforderlichen Lebensunterhalt der ärmsten irischen Arbeiterfamilien, sowohl darüber worin er besteht, als darüber wie viel eine einzelne Familie täglich verbraucht, als auch über die Geldsumme, die sie an den einzelnen Orten zur Beschaffung dieses Unterhaltes verwenden muß, sind von der irischen Armenkommission im Jahre 1860 in ihrem 13ten Jahresbericht S. 2s bis ss sehr specielle, aus den verschiedensten Kreisen der Beschäftigung und aus den verschiedensten Orten des Landes gesammelte Mittheilungen gemacht. An die Stelle der Kartoffeln mit Buttermilch als Hauptnahrungsmittel, welches sehr allgemein zu allen drei Mahlzeiten des Tages genossen wird, tritt, wenn ihr Preis steigt, Hafer und Maismehl; der Genuß von Brot, Thee, Häringen, Speck oder Eiern, ist fast an allen Orten eine Ausnahme, noch seltener findet man Butter, Milch oder Fleisch genossen. Die Geldsumme, für die eine Arbeiterfamilie ihre tägliche Nahrung erkauft, schwankt selbstverständlich mit den Marktpreisen, ist aber im Allgemeinen sehr niedrig. Im Frühjahr 1860 wird sie in vielen einzeln angeführten Fällen, für Mann, Weib und 3 bis 5 Kinder, wöchentlich zwischen 5 und 7 Schillingen berechnet, das ist täglich zwischen 7 und 10 preußischen Silbergroschen [15]).

§. 69.

d. Die Arbeitshäuser.

Werfen wir auf das Äußere der irischen Arbeitshäuser einen Blick, so finden wir in ihnen fast ohne Ausnahme weilläufige Gebäude, von denen die meisten fähig sind über 1500 Personen aufzunehmen, während nicht wenige für eine größere ja doppelt so große Anzahl eingerichtet sind. Erscheint dieser Umfang der Räumlichkeiten in den Arbeitshäusern für das augenblickliche Bedürfniß als zu groß,

---

13) Vgl. XIIIth Ann. Rep. p. 169 u. p. 175.

14) Vgl. die Tafel über die Verwendungen in den einzelnen Unions im XIIIth Ann. Rep. p. 170—175.

15) Vgl. das oben S. 207 über Schottland Angeführte, und die unten auf S. 305 eingerückten Bemerkungen über irischen Tagelohn.

indem in den letzten Jahren die Zahl der in ihnen Aufgenommenen
vielleicht kaum den vierten Theil deter betrug, die in ihnen Platz finden können ¹), so erscheint es doch durchaus als nicht rathsam, eine
Verminderung der irischen Arbeitshäuser eintreten zu lassen. Wie oben
auf S. 260 angegeben wurde, sind schon jetzt die Sprengel vieler einzelner irischer Arbeitshäuser sehr ausgedehnt; verminderte man nun die
Zahl der Arbeitshäuser, so würde unbedingt die Entfernung vieler Armen von den Arbeitshäusern eine allzu große werden, und dies müßte
um so nachtheiliger wirken, da die Armen in Irland fast ausschließlich
in Arbeitshäusern eine Unterstützung erhalten. Außerdem spricht auch
gegen eine Verminderung der einmal vorhandenen Arbeitshäuser, daß
unleugbar in Folge von Geschäftsstockungen oder Mißernten der Andrang zu den Arbeitshäusern leicht wieder ein weil größerer werden
kann, als er es in den letzten Jahren war, und daß obendrein ein
reichlich zugemessener Raum in den Arbeitshäusern, die ja auch als
Krankenanstalten und Hospitäler für Altersschwache oder sonst arbeitsunfähige Arme dienen, jedenfalls sehr erwünscht sein muß; wie es denn
namentlich nur dadurch möglich ist, Einzelnen, für die es zweckmäßig
erscheint, eine in gewisser Weise abgesonderte Lokalität einzuräumen.

Die große Mehrzahl der irischen Arbeitshäuser besteht aus Gebäuden, die bei Einführung der neuen Armengesetzgebung nach erfahrungsmäßig bewährten Plänen neu errichtet sind ²). Die in die Anstalt aufgenommenen Kinder und Kranken befinden sich meistens in getrennten
Nebengebäuden oder Flügeln; die Anstalt selbst zerfällt in Abtheilungen,
die nach dem Alter und Geschlecht der ihnen Überwiesenen gebildet sind;
jede von ihnen pflegt einen besonderen geräumigen mit Kies ausgeschüt-
teten Hofraum zum Aufenthalt im Freien zu haben; daneben sind vielfach bei den Anstalten Gärten und Ländereien vorhanden zur Beschäftigung und Erholung der Bewohner der Anstalt.

Die meisten Bedürfnisse für die Aufgenommenen wer-

1) Die irischen Arbeitshäuser dürften zusammen etwa 250,000 Personen aufnehmen können; in den einzelnen Wochen des Armenjahres 1859 schwankte die Zahl
der gleichzeitig in den Arbeitshäusern Aufgenommenen zwischen 33,796 in der vierten
Augustwoche 1859 und 46,345 in der ersten Märzwoche 1860) vgl. den XLIIᵗʰ Annual Rep. p. 182—193, wo die Zahlen der 1859 in den Arbeitshäusern Aufgenommenen für alle einzelnen Wochen verzeichnet sind.

2) Nur in einzelnen Orten hat man ältere Gebäude zu Arbeitshäusern eingerichtet, z. B. in Nord-Dublin.

den in den Arbeitshäusern bereitet, indem dadurch insbesondere eine Gelegenheit zur Beschäftigung der Arbeitsfähigen unter ihnen gewonnen und obendrein Manches billiger hergestellt wird. Die Zubereitung der Speisen, die Reinigung des Gebäudes, die Besorgung der Wäsche, nimmt ohnehin viele Kräfte in Anspruch. Außerdem wird das Brot für die Bewohner der Anstalten in ihren gebacken; werden in ihren die erforderlichen Kleider angefertigt, werden Schuhe ausgebessert, und sind nicht selten Webestühle aufgestellt, auf denen gröbere Stoffe gewebt werden, die in den Anstalten verbraucht werden können, indem man dabei im Auge hat, arbeitsfähigen Personen eine Fertigkeit zu lehren, durch welche sie sich ihren Unterhalt erwerben können, nachdem sie die Anstalten wieder verlassen haben[3]. Finden durch derartige Beschäftigungen nicht alle in den Anstalten Aufgenommenen Gelegenheit zu einer ihren Kräften entsprechenden Thätigkeit, so läßt man sie spinnen, stricken, Schiffstaue aufzupfen, und ähnliche Arbeiten vornehmen.

§. 70.
e. Erziehung.

Die Ergebnisse der Erziehung der armen Kinder in den Arbeitshäusern, gelten im Allgemeinen für günstig[1]. Angeführt wird dafür, daß die Kinder, welche die Anstalten verlassen, meistens mit Leichtigkeit untergebracht werden können, und vielfach schon vor dem Ende des 15ten Jahres, ehe ihre Ausbildung vollendet ist, außerhalb der Anstalten ein Unterkommen finden[2]. Die Mehrzahl der Knaben tritt bei Handwerksmeistern in die Lehre; die Meister kommen in die Anstalten und suchen sich die ihnen zusagenden Knaben aus, indem sie Knaben aus den Arbeitshäusern anderen außerhalb derselben aufgewachsenen vorziehen, weil sie schon einige Übung in manchen Handarbeiten gewonnen

---

3) Nur ausnahmsweise wird das neue Schuhwerk für die Bewohner der Anstalten in ihnen gefertigt; es soll sich das als unzweckmäßig gezeigt haben. Daß andere Handwerke regelmäßig in den Arbeitshäusern gelehrt würden, fand der Verfasser ungenau; man führte dagegen an, daß es an Gelegenheit fehle, Erzeugnisse anderer Handwerke in den Anstalten in genügend ausgedehnter Weise zu verwerben.

1) Über den Unterricht in den Arbeitshäusern vgl. oben §. 61 S. 253.

2) In einem Gutachten der irischen Poorlaw-Commission vom 23ten Januar 1860 im XLIIth Ann. Rep. p. 89 wird die Ansicht ausgeführt, daß es für die körperliche und geistige Entwickelung der Kinder zweckmäßig sei, vor vollem beim 12ten oder 13ten Jahre das Arbeitshaus zu verlassen!

haben *). Verhältnißmäßig wenig Knaben gehen zum Landbau über; wohl schon deswegen, weil sie nicht an eine so angestrengte Thätigkeit und eine so harte Lebensweise gewöhnt sind, wie die ist, welche die Pächter in der Regel von ihren Arbeitern verlangen *). Die Mädchen pflegen etwas länger in den Anstalten zu verbleiben; man sucht sie bei achtbaren Familien in Dienst zu bringen*), und es gelingt dies meistens, und wird dadurch erleichtert, daß sie in den Anstalten, außer den erlernten Schulkenntnissen, einige Übung in häuslichen Verrichtungen, sowie im Nähen und Stricken, erlangt haben*).

Daß namentlich an manchen Orten die Erfolge der Erziehung in den Arbeitshäusern weniger befriedigen, als man wünschen möchte, kann nicht hindern, den auf sie sehr allgemein mit Fleiß und Sachkenntniß gerichteten Bestrebungen die vollste Anerkennung zu Theil werden zu lassen *).

3) Selbstverständlich sind diese Verhältnisse an den einzelnen Orten verschieden; da, wo die Industrie sich hebt und es an Arbeitskräften fehlt, sucht man die Kinder auf, und die Handwerksmeister nehmen aus den Arbeitshäusern reifende Knaben unentgeltlich in die Lehre; an andern Orten muß man für sie ein Lehrgeld zahlen, wohl auch noch unterweilig zuschießen, um die Kinder unterzubringen. Das Gesagte wurde dem Verfasser bestätigt durch Mr. M'Cance zu Belfast.

4) Mr. Horslay sagte dem Verfasser gegenüber als einen weiteren Grund hinzu, daß die Kinder, die in den Anstalten erzogen würden, weniger kräftig seien, als die auf dem Lande aufgewachsenen, die fast den ganzen Tag in frischer Luft und ländlicher Arbeit verbrächten. Das Äußere der Kinder, welche der Verfasser in irischen Arbeitshäusern Gelegenheit hatte zu sehen, machte auf ihn einen günstigen Eindruck, die Kinder sahen im Allgemeinen frisch und gesund aus; die ihnen gereichte Nahrung erschien ihm als ausreichend und zweckmäßig.

5) In Fabriken die Mädchen unterzubringen, vermeidet man vielfach auch da, wo sie von Fabrikherren gesucht werden.

6) In einzelnen Anstalten wird ausnahmsweise an manchen Tagen den anstelligeren Mädchen auch feinere Handarbeit gelehrt, z. B. in Belfast.

7) Die Überfüllung der Schulen in den Arbeitshäusern, der Wechsel der Kinder in ihnen, die Verblendung des Unterrichts der Kinder, die nur vorübergehend in den Anstalten sich befinden, mit denen, die für die ganze Zeit ihrer Erziehung darin verbleiben (vgl. oben S. 253), sind große Erschwerungen. Die Gefahren, die darin liegen, in derartigen Anstalten Kindern eine Erziehung zu geben, die ihren späteren Verhältnissen nicht entspricht, werden auch in Irland vielfach empfunden; daneben klagen verschiedene Erörter dem Verfasser in ergreifender Weise, daß die Überfüllung ihrer Anstalten, und die allgemeine Mittelmäßigkeit der Mehrzahl der aufgenommenen Kinder, es ihnen unmöglich mache, sich der begabteren specieller anzunehmen und sie weiter zu fördern, die edelsten Kräfte verkümmern so nicht selten in der allgemeinen trägen Masse. Gewiß hat man daran festzuhalten, daß diese

Wir fügen als eine unmittelbare und zu dem nächsten
Zwecke der Armengesetzgebung gehörende Folge derselben hier schließlich noch die hinzu, daß in Irland das Betteln,
wenn auch nicht überall beseitigt, so doch in enge Grenzen zurückgedrängt, jedenfalls aber entbehrlich gemacht ist. Die
lange Gewöhnung des massenhaften Bettelns, die in Irland in einer
Ausdehnung bestand, wie vielleicht in keinem anderen Lande der Welt,
macht sowohl für die Armen als die Gebenden das völlige Aufhören
dieses Unwesens schwierig; und es gehört zur Erreichung des vorgesteck-
ten Zieles die Festigkeit, mit welcher die irischen Armenbehörden dasselbe
unermüdet verfolgen *).

Mit Fug und Recht kann man demnach sagen, daß gegenwärtig
in Irland die Armengesetze vollständig durchgeführt, und daß ihre nächsten Zwecke großentheils erreicht sind.

§. 71.

B. Einfluß der Armengesetze auf den gesammten Zustand
des Landes.

Ein so günstiges Zeugniß die gelungene Durchführung der irischen

Anstalten eben Armenschulen sind, und daß es sehr bedenklich ist, den armen Kindern auf Kosten der Steuerpflichtigen eine Erziehung zu geben, die weit über diejenige hinausgeht, welche arme Eltern, die selbst für ihre Kinder sorgen, ihnen
geben können; immer aber wird eine weitere Trennung der in den Anstalten vereinigten Kinder herbeigeführt werden müssen, auch werden besonders gestiftete Anstalten für einzelne ausgezeichnet begabte Kinder zu wünschen sein. Über den Versuch
Distriktsschulen zu gründen vgl. oben §. 61 S. 252. Ob es wirklich in Irland so
unmöglich ist, geeignete Familien zu finden, denen man arme Kinder zur Erziehung
übergeben kann, wie dem Verfasser gegenüber mehrfach behauptet wurde (vgl. oben
§. 61 S. 252), kann ein Ausländer am wenigsten beurtheilen. Die in Note 2
S. 293 angeführten Erörterungen der irischen Armencommissarien, nach denen es
wünschenswerth wäre, die Kinder bereits mit 12 oder 13 Jahren aus den Anstalten zu entfernen, möchten geeignet sein, ernste Bedenken gegen die Zweckmäßigkeit
der Erziehung der Kinder in den Arbeitshäusern hervorrufen. Zu den Orten, an
denen der Verfasser weniger günstige Äußerungen über die Resultate der Erziehung in
dem Arbeitshause vernahm, gehört Dublin; Mr. Otway räumte dem Verfasser
ein, daß daselbst gar oft die in die Lehre oder einen Dienst gegebenen Kinder in die
Anstalt zurückkehren, weil sie sich den Anweisungen ihrer Dienstherren nicht fügen,
oder überhaupt nicht angestrengt arbeiten wollen; Mr. Crawford äußerte, daß
Knaben nicht selten, ehe man sie fortgeben wolle, aus der Anstalt wegliefen, weil
sie die Gefangenschaft in der Anstalt nicht liebten; und Mr. Senior erklärte
geradezu, daß in Dublin die Erfolge nicht so günstig seien, wie in Belfast.

b) Vgl. IXth Ann. Rep. p. 14 sq.

Armengesetze auch ablegt für die Einsicht bei ihrer Abfassung und Anwendung, so hatte man doch bei dem Erlasse derselben noch ein anderes
und höheres Ziel im Auge, als die Sorge für die Armen allein.

Man wollte durch sie eine neue und bessere Ordnung der Dinge
in Irland anbahnen.

Eine Thatsache ist es nun, daß in den Verhältnissen
Irlands der gewaltigste, jede Hoffnung und Erwartung
übersteigende Umschwung begonnen hat. Die tiefliegenden
Ursachen seiner langjährigen und schweren Leiden sind in der Hauptsache
beseitigt, und Irland hat seit einigen Jahren einen vielversprechenden
Anfang auf der Bahn der Civilisation und der Entwickelung seiner Kräfte
gemacht.

Allerdings haben auch andere Maßregeln und Ereignisse hierbei mitgewirkt; vor allen Dingen jene furchtbaren
Nothjahre selbst, welche Irland heimsuchten.

Allein man darf es mit der größten Entschiedenheit aussprechen, daß ohne die Hülfe der gesetzlichen Armenpflege
jene Unglücksjahre Irland nur noch tiefer in den Abgrund
des Elends und der sittlichen Verwilderung gestürzt haben würden. Ohne die Armengesetze wäre es nicht möglich gewesen das Land
aus jenem Elend in bessere Verhältnisse hinüberzuführen, wie es nunmehr als gelungen betrachtet werden kann, wenn auch immerhin noch
Vieles unerreicht ist und noch manche Rückschläge möglicherweise eintreten können.

Wie wir früher erörtert haben, lag nach dem übereinstimmenden
Zeugniß älterer und neuerer Beobachter der irischen Zustände, eine der
vornehmsten Ursachen des allgemeinen Elends, in der Überzahl von
Pächtern kleiner Ackerparzellen, deren Umfang kaum genügte, um ihre
Inhaber bei günstigen Kartoffelernten kümmerlich zu ernähren, die aber
nicht groß genug waren, um für sie den Betrieb einer intelligenteren
Wirthschaft, und die Erwerbung einiger Mittel zur Übertragung von
Mißernten und anderen Unglücksfällen zu ermöglichen. Im Zusammenhang hiermit stand die Abneigung und großentheils auch das Un-
vermögen einer großen Zahl der Grundbesitzer, sich der Bewirthschaftung
ihres Grundeigenthums selbst zu unterziehen, oder unter Verwendung
von Geldmitteln größere Ackerwirthschaften aus den kleinen Parzellen
zu bilden, die geeignet gewesen wären betriebsameren Wirthen ein an-

gemessenes und einladendes Feld für eine verbesserte Landwirthschaft darzubieten.

Eine Folge dieser beiden Thatsachen war es, daß eine bedeutende Zahl von Arbeitskräften einen großen Theil des Jahres völlig unbenutzt blieb, und auch dann, wenn er benutzt wurde, eine unzureichende Beschäftigung und einen unzureichenden Lohn empfing.

Hieraus entsprang dann das allgemeine Bettelsystem, die Demoralisation der Arbeiter, die Unsicherheit der Person und des Eigenthums, und daraus wieder unmittelbar als Folge die Abneigung auswärtiger Unternehmer ihre Kapitalien und geistigen Kräfte auf einen so undankbaren Boden zu verwenden.

Dies ist jetzt wesentlich anders geworden. Die Sicherheit des Eigenthums und der Person ist überall in Irland hergestellt; jene Überzahl von kleinen Pächtern und Arbeitskräften ist verschwunden, das Grundeigenthum ist in nicht unbeträchtlicher Ausdehnung in größere Wirthschaften zusammengelegt; der Besitz desselben ist in bedeutendem Umfange an andere zahlungsfähigere und betriebsamere Eigenthümer übergangen; neue Kapitalien haben ihren Weg nach Irland gefunden. Die Arbeiter haben, abgesehen von einzelnen durch ganz besondere Verhältnisse sich ungünstiger gestaltenden Zeiten, im Allgemeinen nicht mehr Mangel an Beschäftigung, und erhalten bereits fast überall im Lande einen, wenn gleich nicht selten noch geringen, doch gestiegenen Lohn.

Ohne die Einführung einer geordneten Armenpflege wäre die Herstellung der Sicherheit für Person und Eigenthum, unter den Verhältnissen, wie sie in Irland vorlagen, eine ganz unlösbare Aufgabe gewesen. Wenn man dem Verzweifelnden nicht eine letzte Zufluchtsstätte eröffnet, wird es alle Zeit unmöglich sein, ihn von Verbrechen abzuhalten; wenn man es dem Armen nicht durch die That beweist, daß das Gesetz auch für ihn sorgt, wird es niemals gelingen, ihm eine innere Achtung vor demselben einzuflößen. Seit einer Reihe von Jahren sind nunmehr in Irland die Arbeitshäuser bereit Jeden aufzunehmen, der sich selbst nicht zu helfen weiß; sie gewähren ihm einen zwar in keiner Weise erwünschten, aber in der Noth doch mit Ergebung aufgesuchten Zufluchtsort.

Die einzige Thatsache, daß die Armenpflege in der Zeit der äußersten Noth Jahr und Tag Millionen von Armen das ihnen fehlende

Brot gereicht hat[1], überhebt uns jedes weiteren Nachweises über das was sie für Begründung der Ruhe und Ordnung gethan hat.

Darauf, daß gegenwärtig nicht mehr eine Überzahl kleiner Pächter und unbeschäftigter Arbeitskräfte vorhanden ist, haben allerdings der Mangel und die in seinem Gefolge ausbrechenden ansteckenden Krankheiten direkt einen traurigen Einfluß ausgeübt, einen weit größeren aber die massenhaften Auswanderungen.

Die Abnahme der Bevölkerung Irlands vom Jahre 1841 bis zum Jahre 1851 betrug 1,652,739 Menschen; und mit Rücksicht auf die Zunahme der Bevölkerung, die in dem dem Jahre 1841 vorausgehenden Decennium stattgefunden hatte, war wahrscheinlich von 1841 an, wo die letzte Volkszählung vorgenommen wurde, bis 1845, noch eine erhebliche Steigerung der Bevölkerung erfolgt, so daß sich die Verminderung der irischen Bevölkerung in den 6 Jahren von 1845 bis 1851 fast auf zwei Millionen belaufen haben dürfte[2].

Vom März des Jahres 1851 bis zum April 1861 hat sich die Bevölkerung Irlands wiederum um 757,842 Einwohner vermindert[3].

In den Jahren 1845 bis 1851 haben nun aber über 1,200,000

1) Man vergleiche oben S. 240, und die S. 246 f. zusammengestellten Zahlen.
2) Über die Bevölkerung Irlands in früherer Zeit vgl. oben S. 216 Anm. 2; sie betrug: nach dem Census vom April 1821: 6,801,827.
 .   .   .   .   .   1831: 7,767,401.
 .   .   .   .   .   1841: 8,175,124.
 .   .   .   .   .   1851: 6,522,386.
 .   .   .   .   .   1861: 5,764,543.
Über das Ergebniß des Census vom 8ten April 1861 vergl. Petermann Geograph. Mittheilungen 1861 S. 432. Nachdem die Censuscommission für Irland vom Jahre 1851 die Bevölkerungszahlen der Jahre 1841 und 1851 angegeben und die Differenz der beiden Zählungen berechnet hat (in: „6th part of the Report on the census of Ireland for 1851, published in 1855"), fügt sie hinzu: „But this being merely the difference between the number of people in 1841 and 1851, without making any allowance for a natural and ordinary increase of population, conveys but very inadequately the effect of the visitation of famine and pestilence . . . We find that the population of 31th March 1851, would probably have numbered 9,018,799, instead of 6,522,385; and that consequently the loss of population between 1841 and 1851 may be computed at the enormous amount of 2,466,414 persons." Vgl. Nicholls Hist. p. 387.
3) Vgl. die in Anmerkung 2 angegebenen Resultate der beiden letzten Zählungen.

Personen Irland verlassen, um in anderen Ländern ihren Lebensunterhalt zu finden[4]); und sind ihnen 1,230,986 vom März des Jahres 1851 bis zum April des Jahres 1861 nachgefolgt[5]); so daß innerhalb funfzehn Jahren von 1845 bis 1861 fast drittehalb Millionen Irländer ausgewandert sind, also mehr als der vierte Theil (ja mehr als $^7/_{22}$) der im Jahre 1841 in Irland vorhandenen Bevölkerung.

Diese massenhafte Auswanderung[6]) hat zum nicht geringen Theil ihren Ursprung in der Armengesetzgebung, die sie zugleich zu regeln und zu leiten suchte. Befördert hat die Armengesetzgebung die Auswanderung direkt und indirekt. Direkt, indem sie die Sammtgemeinden ermächtigte arbeitsfähigen Armen Mittel zur Auswanderung zu bewilligen[7]). Dies ist in einem nicht

---

4) Daß vom Jahre 1841 bis zum März 1851 rund 1,200,000 aus Irland ausgewandert seien, findet der Herausgeber vom Verfasser angemerkt aus dem ihm zugänglichen „XVIth general report of the emigration-commissioners pro 1856 p. 10". Nach der selben Quelle wären vom März 1851 bis zum December 1854 rund 800,000 Personen ausgewandert. In den 7 Jahren von 1846 bis 1852 betrug die Auswanderung 1,475,161 Personen, und zwar

 im Jahre 1846 : 129,851 Personen,
 • • 1847 bis 1850: 833,693 •
 • • 1851   : 267,357 •
 • • 1852   : 244,261 •

Vgl. Nicholls Hist. p. 327 u. 346.

5) Nach dem Census vom 1sten April 1861 wanderten von 1851 bis 1861 aus Irland aus: 1,230,986 (während in demselben Zeitraume aus England 640,210 und aus Schottland 123,627 Einwohner auswanderten), vgl. Petermann Geogr. Mitth. 1861 S. 432. Nach der in Anmerkung 4 angeführten Mittheilung wären von dieser Zahl: 800,000, d. h. zwei Drittheile, in den ersten vier Jahren, somit 430,986 in den sechs Jahren von 1855 bis zum Schluß von 1860 ausgewandert.

6) Die meisten Auswanderer sind nach Amerika gegangen, vgl. „XVIth general report of the emigration-commissioners pro 1856 p. 10"; und zwar insbesondere nach den Vereinigten Staaten. Von den 833,693 Personen, die von 1847 bis 1850 auswanderten, gingen mit Ausschluß von 210,504 (die nach Canada, Neubraunschweig u. s. w. wanderten) alle nach Nordamerika, vgl. Nicholls Hist. p. 346, im Jahre 1852 landeten von den 244,261 Auswanderern nicht weniger als 118,131 zu Newyork, vgl. ebendas.

7) Die darüber erlassenen gesetzlichen Bestimmungen sind in dem Gesetz vom 28sten August 1844 (6 and 7 Victoria c. 92) §. 18: „Two-thirds of the guardians of any union, subject to the regulations of the commissioners, may assist any poor person who has been in the workhouse for three months, to emigrate to a British colony, and may charge the expense on the

unbedeutenden Umfange geschehen, und man ist dabei Willens gewesen
die Auswanderung nur bei solchen Personen zu unterstützen, von denen
man die Überzeugung gewonnen hätte [8]), daß ihre Kräfte in der Heimath
nicht gesucht würden, und daß sie muthmaßlich im Stande sein dürften
in ihrem neuen Vaterlande sich ihren Unterhalt zu erwerben. Ob man
dies in allen Fällen festgehalten hat, und sich nicht durch den Wunsch,
die Überzahl der armen irischen Bevölkerung zu vermindern, zu einer
weiter gehenden Beförderung der Auswanderung hat verleiten lassen,
zum Beispiel, indem man eine große Anzahl von Waisenmädchen nach
den englischen Kolonien sendete [9]), ist für jeden, der nicht in der Mitte
der damaligen Verhältnisse gelebt hat, nicht zu entscheiden.

In den Jahren von 1647 bis 1855 sind über 112,500 Pfund aus
Armenfonds zur Beförderung der Auswanderung verausgabt worden [10]);

union, or on the electoral division to which such poor person has been chargeable; but the entire amount of such expense is not in any one year to exceed
sixpence in the pound on the net annual value of the rateable property of the
union or the electoral division respectively"; in Akte vom 4ten Juni 1847 (10
and 11 Victoria c. 31) §. 14; „The provisions of 6th and 7th Victoria cap. 92
§. 10, for the emigration of persons who have been three months in a workhouse,
extended to poor persons not in a workhouse, or who have been there less than
three months"; und in Akte vom 1sten August 1849 (12 and 13 Victoria c. 104)
§§. 26—28: „With consent of the commissioners the rates may be applied, or
loans may be raised on security of the rates, for defraying the expenses of emigration; but viceguardians are not so to apply or borrow without
the consent of the ratepayers, and the amount borrowed is no
case to exceed 11s. 8d in the pound of the yearly value of the
rateable property chargeable with the same. The money borrowed
is to be applied under direction of the commissioners, in defraying the expenses
connected with the emigration to British colonies, of poor persons resident within
the union or electoral division, on the rates where of the same shall have been
respectively charged."

8) Im Jahre 1844 wurde bestimmt, daß Armen nur nach einem 3 Monate langen Aufenthalte im Arbeitshause eine Unterstützung zur Auswanderung aus Armenfonds gewährt werden solle; 1847 wurde aber diese Beschränkung aufgehoben; vgl.
die Gesetzesstellen in der Anmerkung 7.

9) Vom Mai 1848 bis zum April 1850 wurden 4175 Waisenmädchen aus den
Arbeitshäusern Irlands auf öffentliche Kosten nach den englischen Kolonien verschifft;
und zwar 2253 nach Sydney, 1255 nach Port-Philip, 606 nach Adelaide, 61
nach dem Vorgebirge der guten Hoffnung; vgl. Nicholls Hist. p. 353. 354 u. 370.

10) Derwendet wurden von
1847 bis zum 29sten September 1848:   2,776 £.   vgl. Nicholls Hist. p. 354.
1848 .   .   .   .   1849: 16,260 £.   vgl. ibid. p. 370.

eine Summe, die gering erscheint im Vergleich zu den in diesen Jahren durch Privatpersonen für Auswanderung verwendeten Mitteln, die aber dennoch einen großen Einfluß auf die Vermehrung der Auswanderung geübt hat, indem dadurch gerade Personen ins Ausland befördert wurden, die von ihren Verwandten in der Heimath keine Unterstützung erhalten konnten, und von denen nicht wenige in den folgenden Jahren ihre zurückgebliebenen armen Verwandten zur Nachfolge veranlaßten, indem sie ihnen zu diesem Zwecke sehr bedeutende Summen übersendeten.

Indirekt hat die Armengesetzgebung die Auswanderung befördert, indem sie Grundbesitzer und Arbeiter veranlaßte in der Auswanderung ein Mittel zur Verbesserung ihrer Verhältnisse zu suchen.

Die Grundbesitzer wurden zu der Ansicht gebracht, daß es für sie vortheilhafter sei mit Aufwendung von eigenen Kosten eine unbeschäftigte und nothleidende Bevölkerung in das Ausland senden zu helfen, als dieselbe in den Arbeitshäusern unterhalten zu müssen. Im Jahre 1843 wurde gesetzlich angeordnet, daß, wenn die Grundbesitzer zwei Drittel der zur Auswanderung erforderlichen Kosten trügen, die Sammtgemeinden das fehlende Drittel zuschießen dürften [11]); im Jahre 1849 bestimmt, daß Grundbesitzer, sowie andere beliebige Personen, sich mit den Sammtgemeinden dahin einigen dürften, daß sie die zur Auswanderung erforderlichen Summen unter der Bedingung vorstreckten, daß sie dieselben allmählich aus der Armenkasse zurückerhielten [12]). Auch gewährte die englische Regierung den Auswanderern vielfach eine wohlfeilere Überfahrt nach den englischen Kolonien und versprach sich der Ausgewanderten daselbst annehmen zu wollen.

Die Arbeiter aber lernten bald, nachdem ihnen das Betteln und müssige Umhertreiben unmöglich gemacht war, den Weg ins Ausland dem in das Arbeitshaus vorziehen; und diejenigen von ihnen, die in

---

1849 bis zum 29ten September 1850: 16,000 L. (?)

1850	.	.	.	1851 :	21,075 L.	vgl. Nicholls Hist. p. 373.
1851	.	.	.	1852 :	14,041 L.	vgl. ibid. p. 392.
1852	.	.	.	1853 :	12,865 L.	vgl. ibid. p. 392.
1853	.	.	.	1854 :	22,651 L.	vgl. ibid. p. 403.
1854	.	.	.	1855 :	6,859 L.	vgl. ibid. p. 403.

Zusammen von 1847 bis 1855: 112,527 L.

11) In der Akte vom 8ten Juni 1847 (10 and 11 Victoria c. 31) §. 13.
12) In der Akte vom 1sten August 1849 (12 and 13 Victoria c. 104) §. 26. vgl. oben in Note 7.

Auslande eine bessere Existenz gefunden hatten, veranlaßten durch ihr Beispiel und durch überraschend große Unterstützungen[13]), eine sehr bedeutende Anzahl Arbeiter zur Auswanderung.

Einen wesentlichen Einfluß die übergroße Zahl von Pächtern ganz kleiner Ackerparzellen zu verringern, also die nach den Kulturverhältnissen Irlands zuweit ausgedehnte, mit den schlimmsten Folgen verbundene Zersplitterung des Grund und Bodens zu beseitigen, haben zwei unbedingt harte Bestimmungen der Armengesetzgebung gehabt, die man aber vielleicht nicht missen konnte, wenn das Versäumniß von Jahrhunderten in einigen Jahren nachgeholt werden sollte. Die Armengesetze bestimmen nämlich:

1. daß für Besitzungen von einem jährlichen Pachtwerth unter 4 Pfunden, und in einigen größeren Städten unter 6 Pfunden, nicht der Pächter, sondern der Grundeigenthümer die Armensteuer zu zahlen habe[14]); und

2. daß Inhaber, also auch Pächter, von mehr als einem Viertel Acker Landes (d. i. von mehr als einem halben preußischen Morgen) keine Armenunterstützung erhalten dürfen[15]).

Die letzte Bestimmung nöthigte die Pächter kleiner Parzellen, die der Unterstützung bedurften, ihr Pachtverhältniß aufzulösen, um eine

---

13) Die Summen, welche von Ausgewanderten ihren zurückgebliebenen Verwandten und Freunden nach wenigen Jahren übersendet werden, um ihnen die Nachfolge zu ermöglichen, sind nach den vom Verfasser aus dem (dem Herausgeber nur zugänglichen) „XVIth general report of the emigration-commissioners p. 13" so erwiesenen Angaben so bedeutend, daß es schwer hält, sie zu erklären. Nach ihnen kamen in den 8 Jahren von 1848 bis 1855, als in dieser Weise überschickt, 12 Millionen Pfund zur Kenntniß der irischen Behörden, während sich außerdem bedeutende Summen ihrer Kontrole entzogen. Nicholls Hist. p. 392 giebt nur an, daß die Sendungen der Ausgewanderten sehr bedeutend gewesen seien, und daß z. B. im J. 1853 geschickt worden 2158 £., um 877 Zurückgebliebene nach Amerika, 221 £., um 31 Zurückgebliebene nach Australien nachkommen zu lassen, und 136 £., um 449 Personen bei ihrer Übersiedelung nach England und Schottland zu unterstützen.

14) Die Akte vom 24sten August 1843 (6 and 7 Victoria cap. 92) §. 1 bestimmt: „that where the property rated is not of greater value than 4 l., or in certain boroughs named than 8 l., the rate on such property shall be made on the immediate leasor." Nicholls Hist. p. 291.

15) In Akte vom 8ten Juni 1847 (10 and 11 Victoria cap. 31) §. 10 ist bestimmt: „Occupiers of more than a quarter of an acre of land are not to be deemed destitute, nor to be relieved out of the poorrates." Nicholls Hist. p. 331.

Unterstützung erlangen zu können; die erste veranlaßte die Grundbesitzer
jede Gelegenheit, und namentlich diejenige, die sich ihnen in Folge der
zweiten Bestimmung darbot, zu benutzen, um kleine verpachtete Parzellen einzuziehen und sie zu größeren Wirthschaftshöfen zusammenzulegen;
und das ist in einer sehr bedeutenden Ausdehnung geschehen, und damit ein Hauptgebrechen, an welchem die irischen Zustände litten, wesentlich vermindert worden [16]).

Im Zusammenhang hiermit steht es, daß durch die Armengesetzgebung nachlässige und unfähige Grundbesitzer veranlaßt wurden ihr
Besitzthum tüchtigeren Kräften zu überlassen. Die Armengesetzgebung
machte sie für die Folgen ihrer Versäumnisse und Mißgriffe in der Form
der Armensteuer verantwortlich, die in den Nothjahren mitunter auf die
Höhe des vollen Reinertrages des Grundeigenthumes stieg [17]). Die
Armensteuer neben den wiederholten Mißernten zu tragen, wurde vielen
Grundbesitzern zu schwer. In Folge dessen ist in bedeutendem Umfange
ein Wechsel in den Besitzern des Grund und Bodens erfolgt; an die
Stelle von auswärtslebenden und dabei verschuldeten Grundbesitzern,
die von ihren weitläufigen Besitzungen durch Verpachtung derselben in
kleinen Parzellen eine höhere Rente hatten ziehen wollen, ohne Verwendungen für dieselben zu machen, sind vielfach unternehmende zah-
lungsfähige Männer getreten, welche minder ausgebebuite Flächen entweder selbst bewirthschaften, oder durch Kapitalanlagen in größere Pachthöfe verwandeln [18]). Erleichtert ist der Wechsel im Besitz des Grund-

16) Aus den (dem Herausgeber unzugänglichen) Returns of agricultural produce in Ireland 1855 p. XII hat der Verfasser folgende Angaben nollci: Die Zahl
der selbständig bewirthschaftenden Stellen (Tenements oder Holdings) von der Ausdehnung eines englischen Acre und unter 15 Acre hat sich in den Jahren 1841 bis
1855 von rund 560,000 auf rund 260,000 vermindert, hat also um rund 300,000
abgenommen. Dagegen ist in derselben Zeit die Zahl der Stellen von 15 bis zu
30 Acre von rund 80,000 auf rund 135,000, also um rund 55,000 gestiegen,
und hat sich gleichzeitig die Zahl der Pachthöfe, die über 30 Acre brauchen, von
rund 48,000 auf rund 154,000, also um rund 106,000 vermehrt. Die Zahl der
größeren Stellen hat sich also im Ganzen um 161,000 vermehrt; außerdem aber
ist in diesem Zeitraum die Gesammtfläche des bestellten Landes um fast 2 Millionen
Acres gewachsen, indem das bestellte Land sich im Jahre 1841 auf rund 13,460,000
Acres, im Jahre 1855 auf rund 15,300,000 Acres belief.

17) So wurde z. B. in Killarney, wie Mr. Horsley dem Verfasser nach-
wies, eine Armensteuer erhoben, die mehr betrug als der Reinertrag.

18) Aus einer Abhandlung von John Bode: Irlands recovery. London J.
W. Parker and son 448 Westrand. 1855. die über den Aufschwung, den Irland

eigenthums noch durch manche gesetzliche Maßnahmen, wie namentlich durch die Einführung einer besonderen Behörde, des **Encumbered Estates Court**, deren Aufgabe es ist die Übertragung des verschuldeten Grundeigenthums unter beschleunigten minder kostspieligen Formen zu bewirken, und dafür Sorge zu tragen, daß dies in rechtskräftiger Weise geschieht.

Nachdem der Anlegung von englischem und schottischem Kapital in Irland erst einmal die Bahn gebrochen war, hat dasselbe auch zu anderen Unternehmungen, insbesondere zu Eisenbahnbauten und neuen Fabrikanlagen, sowie zu ausgedehnterem Betrieb des Handels, der Bergwerke, der Fischerei u. f. w., seinen Weg dorthin gefunden.

Ferner haben die höheren Getreidepreise, die seit dem Jahre 1852 eintraten, den Ackerbau lohnender gemacht, und dadurch einen kräftigeren Betrieb desselben befördert.

Durch alle diese Umstände ist aber die Nachfrage nach Arbeitskräften in einer Weise vermehrt worden, daß sogar an manchen Orten zeitweise ein Mangel an denselben fühlbar wird; und es ist in Folge dessen der Arbeitslohn im Lande gestiegen, und meistens Geldlohn an die Stelle der früheren Vergütung der geleisteten Arbeit durch Naturalien getreten. Das Steigen des Arbeitslohnes bestimmt zu ermitteln, ist an sich schwierig, besonders aber, wenn es sich um ein Land wie Irland handelt, in welchem die Verhältnisse

---

seit 1850 genommen hat, lehrreiche aus amtlichen Quellen geschöpfte Mittheilungen veröffentlicht, notirte der Verfasser folgende Angaben: In den 5 Jahren von 1849 bis 1854 wurden von den Kommissärien für verschuldetes Grundeigenthum (Encumbered Estates Commissioners) an 2 Millionen Acres, oder fast $\frac{1}{10}$ des ganzen Landes, für ungefähr 14 Millionen Pfund verkauft, und von letzterer Summe an 11 Millionen Pfund an die Gläubiger zur Befriedigung ihrer Forderungen ausgezahlt. Für manche Gegenden Irlands und namentlich für diejenigen, die sich vor dem Jahre 1849 in der traurigsten Lage befanden, ist das Verhältniß des zu ihnen verkauften Ackers zu dem gesammten vorhandenen Acker ein noch weit größeres gewesen. Beispielsweise wurden in den bezeichneten Jahren in den an der Westküste Irlands gelegenen Grafschaften Galway und Mayo, die in der Kultur besonders zurückstanden, an 570,000 Acres, d. i. ungefähr ein Fünftel ihres gesammten Ackerlandes, für eine Summe von rund 1,650,000 Pfund an zahlbare Käufer veräußert. In den angeführten 5 Jahren vermehrte sich die Zahl der Grundeigenthümer um das Fünffache, und unter den neuen Erwerbern bestand der dritte Theil aus Schotten und Engländern; mehr als die Hälfte der neuen Eigenthümer erwarb Besitzungen, deren Werth nicht 2000 Pfund überstieg; und es beförderten somit diese Verkäufe die Bildung eines die eigene Scholle bebauenden Bauernstandes.

der einzelnen Gegenden und Orte sehr von einander abweichen. Es ist oben auf S. 217 angeführt worden, wie im Jahre 1836 das Tagelohn eines ländlichen Arbeiters, als zwischen 6 Denaren und einem Schilling (d. i. zwischen 5 bis 10 preußischen Silbergroschen) stehend, angegeben werde. Für das Frühjahr 1860 erhellt aus einer ganzen Reihe von Fällen, die von der Armenkommission nach Mittheilungen einzelner Inspektoren veröffentlicht sind, ein Tagelohn ländlicher Arbeiter von einem Schillinge, auch in einigen Fällen von 1¼ Schilling des Tages[19]). Hiernach dürfte wohl fast eine Verdoppelung des ländlichen Tagelohnes in den letzten Jahren eingetreten sein.

So haben sich denn in der That die irischen Zustände wesentlich verändert; die Hauptquellen des Elends sind verschlossen, und man darf mit gutem Grund hoffen, daß solche Nothjahre, wie sie das Land heimgesucht haben, niemals wiederkehren werden, und daß eine feste Grundlage für eine dauernd glückliche Entwickelung der Kräfte des Landes gewonnen ist.

Daß die Armengesetzgebung an diesem Umschwunge der Verhältnisse Irlands einen wesentlichen Antheil hat, stellt kein Irländer in Abrede. Bereits im September des Jahres 1853 konnte Sir George Nicholls dem Minister berichten, daß er in Irland von Personen, die ihn nicht kannten, das Lob der Armengesetze mit dem gewichtigen Ausrufe vernommen habe: was hätten wir ohne sie in der Zeit der Noth thun sollen[20]).

Die öffentliche Meinung über die Wohlthätigkeit oder Unvermeidlichkeit der Armengesetzgebung hat sich seit der Zeit ihrer Einführung wesentlich geändert. Freilich zahlen auch heute noch die Meisten ungern Armensteuern; indeß räumt man im Allgemeinen ein, daß diese gegenwärtig erträglich sind und verkennt ihren Nutzen keineswegs[21]).

19) Vgl. XIIIth Annual Report p. 83 sq.

20) Vgl. in Nicholls Hist. p. 400: „The Poor Law appears to be now thoroughly naturalised in Ireland. Your lordship would have been delighted to have heard et spoken of as I have done, and that by persons who did not know me, and who praised it as having been the salvation of the country, exclaiming: what should we have done without it."

21) Von den zahlreichen Aeußerungen, die der Verfasser in dieser Beziehung in Irland im Sommer 1857 vernahm und von denen er verschiedene in seinem Tagebuch aufgezeichnet hat, führt der Herausgeber nur folgende an: Mr. Mc Gann

Die Pächter (Farmers) und kleineren Gewerbtreibenden sind sogar durch die regelmäßige Armensteuer minder belastet, als zu der Zeit,
wo sie von Bettlerschaaren umlagert wurden und gezwungen waren, ihnen in ungeordneter Weise Almosen zu geben. Dabei hat der allgemeine Aufschwung des Landes auch ihre Kräfte unleugbar gestärkt.

Die katholische Geistlichkeit ist von Anfang an der Armengesetzgebung geneigt-gewesen; sie kannte die traurige Lage des irischen
Volkes zu genau, und wurde von ihr zu unmittelbar berührt, um nicht
nach Kräften die Herbeiführung besserer Zustände zu befördern.

Die ausgedehnte Macht der Centralarmenbehörde gegenüber von den aus Landeseinsassen gebildeten Lokalarmenbehörden,
und die in einer Weise stattfindende Abhängigkeit der letzteren, wie man
sie in England oder gar in Schottland unerträglich finden würde, erscheint in Irland als durch die Verhältnisse geboten;
man unterwirft sich dem Beamtenregiment, wie es durch die Stellung
der Centralarmenbehörde in Irland geschaffen ist. Erleichtert wurde
dies dadurch, daß die Beamten der Armenbehörden im Allgemeinen
eine vermittelnde Stellung einnehmen zwischen den ihrer großen Mehr-

---

zu Belfast äußerte: „Die Armengesetze sind eine sehr wohlthätige Maßregel, die
wesentlich dazu beigetragen hat, die Zustände in Irland zu verbessern, vor Allem
sind hierdurch die Wohlhabenderen veranlaßt worden, sich der arbeitenden Klasse anzunehmen." Mr. C. E. Crawford zu Dublin meinte: „Irland könne nie wieder in eine ähnliche Lage kommen wie früher, denn die Klasse der Bevölkerung,
welche sein Elend ausgemacht habe, sei nun völlig verschwunden, die kleinen Cot-
ters, welche von einem halben Acre Land lebten und keine Arbeit hatten noch suchten; Auswanderung und Hunger hätten sie völlig hinweggeschwemmt; ihre Hütten
wären abgebrochen, man wisse kaum noch, wo sie einst standen. Die vorhandenen
Arbeiter hätten nunmehr das ganze Jahr über Arbeit bei höherem Lohne. Jeder
erkenne jetzt die Wohlthaten des Armengesetzes an, die katholische Geistlichkeit nicht
minder als andere Bewohner Irlands; ein Widerstand gegen die Armengesetze sei
bei keiner Klasse der Bevölkerung mehr zu finden." Mr. Clway zu Dublin:
„Die katholische Geistlichkeit ist dem Gesetz im Ganzen geneigt, und ihr Einfluß
sehr wichtig; an einzelnen Streitpunkten fühlt es freilich auch ihr gegenüber nicht.
Von allen Theilen werden die Poorlawcommissioners als eine Nothwendigkeit anerkannt, und als unentbehrlich, so lange das Armengesetz besteht; jeder Theil ist
gelegentlich in der Minorität, und nur die Poorlawcommission gewährt ihm dann
Schutz gegen Ungerechtigkeit und erhält das Armengesetz auch da aufrecht, wo es
desselben bedarf. Das hindert aber nicht, daß Grundbesitzer und Pächter das Armengesetz selbst, wenn es möglich wäre, gern los sein möchten; Jedermann betrachtet Steuern als ein nothwendiges Übel."

zahl nach protestantischen Grundherren und der von ihnen abhängigen katholischen Bevölkerung. Die Grundherren gehören meistens zur Torypartei; die Mehrzahl der Beamten der Armenverwaltung, die von einem Whigministerium eingeführt wurde, ist der Parteirichtung der Whigs zugethan; und es findet in Folge dessen die irische Bevölkerung und die katholische Kirche in den Armenbehörden oft eine Stütze gegen die vielfach starren und einseitigen Ansichten der Grundherren, während diese natürlich auch wiederum des Schutzes der Gesetze und der Unterstützung der Regierung gegenüber der Masse der armen Bevölkerung vielfach bedürftig sind.

So können wir es denn ohne Rückhalt aussprechen: die Armengesetze sind gegenwärtig in Irland eingebürgert, und ihrem wesentlichen Inhalte nach fast allgemein als den Verhältnissen des Landes entsprechend und für dasselbe wohlthätig anerkannt, wenn auch Einzelne sie minder günstig beurtheilen, und gar manche Wünsche gegen nicht wenige Bestimmungen derselben verlautbaren, die aber großentheils einander so widersprechen, daß sie dadurch nothwendig weniger schwer ins Gewicht fallen.

§. 72.

6. Über die Folgen des Nichtbestehens eines Heimathsrechtes in Irland und die Vertheilung der Armensteuer.

Als [1]) eine der praktisch wichtigsten und schwierigsten Fragen, die in England in den letzten Jahren auf das eifrigste verhandelt wurde, besprachen wir oben in den §§. 25—32, die, ob die Heimathsgesetze daselbst abgeschafft werden sollten; und es hing mit ihr die nicht minder wichtige, und ebenso schwer zu beantwortende weitere Frage zusammen, ob und in welcher Weise eine Ausgleichung der mit sehr verschiedener Schwere auf den einzelnen Kirchspielen lastenden Armensteuer herbeigeführt werden sollte.

In Irland besteht nun kein Heimathsrecht, dagegen sind daselbst auch die Ansichten derer, welche in England die Heimathsgesetze abschaffen wollen, in Beziehung auf die Vertheilung der Aus-

---

1) Der Herausgeber bemerkt, daß sich die den §. 72 bildenden Sätze von dem Verfasser für den Druck so niedergeschrieben vorfanden, wie er sie hier, abgesehen von einigen Nachhülfen, wiedergiebt.

gaben für die Armenpflege, nicht vollständig zur Ausführung gekommen.

Wie oben in §. 28 erörtert wurde, wollen die Gegner der Heimathsgesetze in England, wie es namentlich der von Baines im Jahre
1854 vorgelegte Gesetzentwurf auf das deutlichste zeigt, sämmtliche Lasten der Armenpflege durch eine gleichmäßig vertheilte Grundsteuer von
den Sammtgemeinden aufbringen lassen, d. i. die sogenannte Union-
rating vollständig zur Geltung bringen. Dies System hat man nun
in Irland nicht eingeführt.

Bei der großen Bedeutung dieser Fragen in theoretischer und praktischer Beziehung ist es erforderlich, auf dieselben hier nochmals zurück-
zukommen. Sehen wir zuerst, welche Folgen das Nichtvorhandensein eines Heimathsrechtes in Irland hat, und dann, welche
Gründe bestimmend gewesen sind, die anscheinend mit der
Nichteinführung eines Heimathsrechts in Zusammenhang
stehende Vertheilung der Armensteuern nicht eintreten zu
lassen.

Die Abschaffung der Heimathsgesetze ist in England insbesondere
aus dem Bedenken unterblieben, daß dies zu einer Überbürdung einzelner Sammtgemeinden, und namentlich der Städte, führen werde.
Man befürchtete, daß die Armen, die ohnehin schon geneigt sind, nach
den großen Städten zu ziehen, bei der Hinwegräumung der letzten ihnen
entgegenstehenden Schranke, um so stärker dahin strömen, ja durch allerlei Mittel von anderen Sammtgemeinden dazu bewogen werden möchten, indem sie trachten würden, sich auf diese Weise der sie treffenden
Armenunterstützungen zu entledigen. Man besorgte, daß in Folge dessen
die Armenlast in den größeren Städten in dem Grade steigen würde,
daß sie nicht mehr im Stande wären, die Armenlast allein zu tragen.
Der Staat würde, glaubte man, dann genöthigt sein, die Last theilweise oder ganz zu übernehmen, und das würde die beklagenswerthe-
sten Folgen haben. Ja man besorgte, daß die unbedingte Verpflichtung der Sammtgemeinden, jeden sich meldenden Armen aufzunehmen
und dauernd zu unterhalten, sowie das unbeschränkte Recht jedes Arbeiters sich dahin zu wenden, wo es ihm behagt, die Wirkungen einer
Prämie auf eine harte und lieblose, sowie die einer Strafe auf eine men-
schenfreundliche Armenpflege haben müsse.

In Irland sind nun bisher die Besorgnisse, nach welchen einzelne Sammtgemeinden dahin streben würden,

sich ihrer Armen dadurch zu entledigen, daß sie dieselben durch unfreundliche Behandlung oder andere Mittel zu einer Übersiedelung in eine andere Sammtgemeinde bestimmten, von den Beamten der Sammtgemeinden nicht, oder doch nur in ganz einzelnen Fällen wahrgenommen worden. Auch führten die Armenräthe der größeren Städte, soweit der Verfasser Gelegenheit hatte, sich danach zu erkundigen, über diesen Punkt keine Beschwerde. Man äußerte sich dem Verfasser gegenüber dahin, daß auch überhaupt eine solche Einwirkung schwer ausführbar sein möchte, und auch würde beobachtet und bestraft werden können, wenn sie stattfände.

Daß die Armen und die Arbeiter im Allgemeinen die Neigung hätten nach den größeren Städten zu ziehen, bestritt man nicht. Insbesondere in den Nothjahren seien allerdings sehr viele Arme nach den Städten, namentlich nach den Hafenstädten, wie Belfast, Dublin, Cork u. s. w. gekommen, um von dort nach dem Auslande zu gehen, und nicht wenige von ihnen wären dann außer Stande gewesen, ihre Reise sogleich oder überhaupt fortzusetzen, so daß sie von den Städten eine Unterstützung hätten empfangen müssen. Auch jetzt noch gebe wohl der Umstand, daß die Arbeitshäuser der Sammtgemeinden in der Regel in den Städten sich befänden, und die Armen aus den ländlichen Wahlbezirken der Sammtgemeinde sich nach der Stadt begeben müssen, um ihre Unterstützungsgesuche anzubringen, bisweilen Veranlassung, daß dieselben in den Städten blieben, auch wenn sie mit ihrem Unterstützungsgesuch vorerst abgewiesen würden. Indeß wollte man nicht einräumen, daß das Nichtvorhandensein eines Heimathsrechtes oder der Ausweisungsbefugnisse hierauf einen Einfluß übe. In England und Schottland, wo ein Heimathsrecht bestände, zeige sich obendrein dieselbe Erscheinung und zum Theil in noch stärkerem Grade. -

Auf die Gegenbemerkung, daß das Heimathsrecht doch mindestens auf die Vertheilung der Armenlast einen Einfluß üben müsse, und die Hafenstädte, im Fall ein solches bestände, nicht die Kosten für die Unterhaltung der aus anderen Sammtgemeinden in sie strömenden Armen zu bestreiten haben würden, erwiderte man dem Verfasser, daß dieß zwar nicht zu bestreiten, indeß doch ein zu geringer Nachtheil sei, um deswegen die Übelstände des Heimathsrechtes auf sich zu nehmen. Das Heimathsrecht sei ein Nachtheil für das ganze Land, indem es die freie Bewegung der Arbeiter hemme, und deren Energie für sich zu sorgen lähme. Jener Nachtheil treffe dagegen nur einzelne Orte, die andererseits wieder grade aus ihrer Lage eigenthümliche Vortheile zögen *).

2) Der Herausgeber muß hier aus dem vom Verfasser im Sommer 1857 in Irland geführten Tagebuche anmerken, daß ihm damals in Irland doch auch gar manche Personen die Ansicht aussprachen, daß die Einführung eines Law of settlement and removal wünschenswerth sei, und sehr viele die großen Übelstände erkannten, die mit dessen Nichtvorhandensein verbunden wären. So äußerte z. B. Mr. H. J. Mc Cance zu Belfast, daß der Mangel eines Law of settlement and removal die größte Ungerechtigkeit sei; und auch dessen Bruder Mr. F. Mc Cance, Chairman of the board of guardians zu Belfast, hielt ein solches Gesetz für wünschenswerth, wenn er sich auch minder stark über dessen Mangel aussprach und erklärte, daß es ihm nicht bekannt geworden wäre, daß Kunstgriffe angewendet würden, um einen Armen zu bewegen, in einen anderen Wahlbezirk zu ziehen, oder seinen Wohnsitz zu verändern, damit er der Union statt dem Wahlbezirk zur Last falle. Mr. G. S. Crawford, Armeninspektor zu Dublin, räumte dem Verfasser ein, daß die Guardians in Dublin ein Law of settlement wünschten und sich über den gegenwärtigen Zustand beschwerten; sie behaupteten, daß die Armen massenhaft nach der Stadt zögen; dahin wirke, meinte er, insbesondere auch, daß die Kost in Dublin besser sei als in dessen Umgegend. Auch Crawford fügte aber hinzu, daß er nicht wisse, daß eine Einwirkung auf die Armen von Seiten der Lokalbehörden versucht werden wäre, um sie in eine andere Union, oder in eine andere Electoral-division zu bringen; und meinte, daß die durch die vorhandenen gesetzlichen Bestimmungen begründeten nicht abzuleugnenden Übelstände doch immer geringer seien als die mit einem Law of settlement verbundenen. Eine ähnliche Ansicht vertrat Mr. G. G. Cirdy zu Dublin: „Der Mangel eines Law of settlement habe freilich seine üblen Folgen, freilich strömten die Armen vom Lande in die Städte, wie sa die unverhältnißmäßig hohe Armensteuer in den Städten während der Rothjahre zeige, aber die Übelstände eines Law of settlement seien noch größer, sie träfen das ganze Land und die ganze Bevölkerung, jene nur einzelne Örtlichkeiten u. s. w." Mr. Horelay, Armeninspektor zu Killarney, äußerte: „Die großen Städte haben allerdings Ursache, sich über den Mangel eines Law of settlement zu beschweren, denn sie müssen nun verhältnißmäßig größere Unterstützungen an Casual Poors u. s. w. verabreichen; insbesondere in den Hungerjahren ist dies in ausgedehnter Weise der Fall gewesen, indem die kleinen Häusler u. s. w. familienweise ihren bisherigen Wohnsitz verließen, um in den Städten Unterstützung zu suchen." Auf dem Lande und in den kleinen Städten, meinte er, „möge sich die Wirkung davon, daß kein Law of settlement bestehe, ziemlich ausgleichen;" auch er erklärte nichts gehört zu haben von Versuchen, die Armen zu bewegen, daß sie in eine andere Union zögen; und war schließlich gegen die Einführung eines Law of settlement. Mr. O'Brien zu Cork führte aus seiner Praxis dem Verfasser Beispiele an, in denen aus dem Mangel eines Law of settlement Härten

Wenn kein Heimathsrecht besteht, wenn also nicht irgend ein dauerndes Verhältniß der Armen zu einer bestimmten Gemeinde, sondern allein die Thatsache einer Bedürftigkeit der Grund ist, um dessentwillen die Gesetze die Unterstützung eines Armen anordnen; wenn diese ferner überall da erfolgen muß, wo sie wahrgenommen wird, so läge es nahe zu glauben, es sei am folgerichtigsten die Kosten dieser vom Staate vorgeschriebenen Sorge auch aus der Staatskasse zu bestreiten. Der Grund, daß einem wirklich Bedürftigen Hülfe zu Theil werden muß, ist ein ganz allgemeiner, und wenn die Pflicht zu helfen vorhanden ist, so scheint sie jeden Bürger gleichmäßig zu treffen. In wiefern nun der Umstand, daß die Hülfsbedürftigkeit einer Person an einem bestimmten Orte wahrgenommen wird, ein Motiv abgeben könne, diesem Orte, oder vielmehr einem willkührlich abgegrenzten Bezirke, die Kosten seines Unterhaltes durch das Gesetz allein aufzuerlegen, vermag der Verfasser nicht abzusehen.

Nach dem Gesetz der Liebe ist allerdings der zuerst Angesprochene auch zuerst, und soweit seine Kräfte reichen, allein verpflichtet, zu helfen. Allein dies Motiv hat seine Gültigkeit nur im Reiche des freien Willens, leidet keine Anwendung auf eine Zwangspflicht, die der Staat auferlegt, wie dies grade eine genaue Betrachtung des Gesetzes, da wo es gilt, lehrt.

Kann der Staat aber die zuerst angesprochene Person nicht vor anderen verpflichten, warum den zuerst angesprochenen Ort, oder vielmehr einen von ihm beliebig abgegrenzten Bezirk?

In Irland, wo die Armenpflege nicht nur vom Staate angeordnet ist, sondern der Hauptsache nach auch nach seiner Vorschrift, und durch seine Beamten ausgeführt wird, schiene es besonders nahe zu liegen, dieselbe gänzlich zu einem Gegenstande der Staatsverwaltung zu machen. Die in allen Sammtgemeinden vorhandenen Arbeitshäuser, könnte man glauben, machten als Prüfungsmittel der Bedürftigkeit die Personal- und Lokalkenntniß der Einsassen entbehrlich, und es wäre nur nöthig die in vielen Sammtgemeinden zeitweise schon getroffene Maßregel, besoldete Beamte (Vice-guardians) an die Stelle der Armenräthe zu setzen, allgemein und dauernd einzuführen.

Dennoch ist man in Irland thatsächlich von der Staats-

armenpflege sehr weit entfernt, und die Überzeugungen der
mit der Armenpflege am meisten beschäftigten und am innigsten vertrauten Personen sind hier noch viel entschiedener als in England gegen
eine solche Gestaltung derselben und, was insbesondere den Kostenpunkt
betrifft, gegen jede Annäherung an dieselbe. Man stimmt nicht
nur mit den englischen Staatsmännern überein, welche die Staatsarmenpflege für identisch mit dem Staatsbankerott und der Demoralisation des gesammten Arbeiterstandes halten [3]), sondern ist sogar überzeugt, daß schon die gleichmäßige Vertheilung der gesammten Armenkosten auf das ganze Gebiet einer Sammtgemeinde, jeder sparsamen Verwaltung und jeder wohlthätigen Sorge für die Arbeiter, ehe sie in das
Arbeiterhaus kommen, und nachdem sie dasselbe verlassen haben, ein
Ende machen würde. Man hält die Localisirung der Armenlast, welche jede Vermehrung derselben um einige wenige Arme für den
Verband schon als etwas nicht Unerhebliches erscheinen läßt, für ganz
unentbehrlich. Nicht der besoldete Unterstützungsbeamte (Relieving-
officer), sondern das Mitglied des Armenrathes (der Guardian) für
den einzelnen Wahlbezirk der Sammtgemeinde, d. i. für die Domicilgemeinde, sei es, welches die persönlichen Verhältnisse der Armen aus
diesem Wahlbezirk am genauesten kenne und am sorgsamsten untersuche.
Der Eifer und die Mittel der Beamten reichten für Lösung von Aufgaben dieser Art nicht weit; das Interesse der aus den einzelnen Wahlbezirken in den Armenrath gewählten Mitglieder desselben, die selbst Armensteuerpflichtige sind, sei dagegen stets rege. Diese seien unermüd-
lich, nachzuforschen, ob dem einzelnen Hülfesuchenden nicht irgend welche
eigene Mittel zu Gebote ständen, oder Verwandte ihm das Nothwendige
gewähren könnten; wer der Vater eines unehelichen Kindes sei, oder wo
das Haupt einer verlassenen Familie sich aufhalte. Allerdings sei es von
großer Wichtigkeit, daß zur Anstellung solcher Untersuchungen die Hülfe
besoldeter Unterbeamten nicht fehle, da Manches bei ihnen beschwerlich
oder an sich unangenehm sei, allein der Eifer und die Anregung müsse
alle Zeit von den Betheiligten ausgehen, sonst würde er nimmermehr
vorhanden sein. Noch wichtiger sei es, daß die Steuerpflichtigen ein lebhaftes Interesse daran hätten, die in ihrem
Wahlbezirk befindlichen Armen zu beschäftigen, und auch

---

3) Vgl. oben §. 30 S. 126.

nach Möglichkeit dafür zu sorgen, daß die ins Arbeitshaus aufgenommenen Arbeitsfähigen in dem Bezirk Verdienst oder ein anderweitiges Unterkommen fänden. Die Beschränkung der Unterstützungspflicht auf die Wahlbezirke, und die Abgrenzung derselben nach den Besitzverhältnissen, habe einen großen Einfluß darauf gehabt, daß die Steuerpflichtigen die Auswanderung beförderten, und daß die Grundbesitzer mit Eifer danach trachteten, die überschüssige Bevölkerung von ihrem Grundeigenthum zu entfernen, sowie in zu kleinen Parzellen verpachtete Äcker in größere Landgüter zusammen zu ziehen.

Auf diese Wirkungen der lokalen Fixirung der Ausgaben für Armenpflege legte ein Mitglied der Centralarmenbehörde in Irland ein so großes Gewicht, daß er sich dem Verfasser gegenüber sogar gegen jede Begrenzung der Verpflichtung des Wahlbezirkes wie der Sammtgemeinde in Beziehung auf die Höhe der von ihr zu tragenden Armensteuer erklärte[4]. Die Gewährung eines Zuschusses aus Staatsmitteln, oder durch die Besteuerung eines größeren Verbandes (Rate in aid[5]), im Falle die Armensteuerlast des Lokalverbandes eine bestimmte Höhe erreicht habe, werde die Armenverwaltung des Lokalverbandes sofort nachlässig machen; schon die Aussicht darauf würde die Energie und Wachsamkeit derselben lähmen. Selbst wenn die Armensteuer in einem Wahlbezirk. durch die Masse der in ihm wohnenden (resident) Armen, oder in einer Sammtgemeinde durch die durch vielleicht ganz zufällige Umstände in ihr zusammenströmenden Armen, bis zu einer Höhe von 20 Schillingen auf das Pfund, d. i. mit anderen Worten: auf hundert Procent des Katastralertrages steigen sollte, würde es nach dieser Ansicht nicht zweckmäßig sein, den Lokalarmenverbänden einen gesetzlichen Anspruch auf Hülfe von außen einzuräumen; denn ein solcher Zustand bringe, wenn er vorübergehend eintrete, sein eigenes Heilmittel mit sich, während man durch die Bewilligung eines solchen Zuschusses den anomalen Zustand in diesen Bezirken zu einem dauernden machen werde. Das Eintreten eines solchen Falles ist aber in Irland keine bloße Voraussetzung; er ist vielmehr in den Nothjahren wiederholt vorgekom-

4) Der vom Verfasser bezeichnete Beamte ist Mr. Edward Senior zu Dublin.
5) Vgl. oben S. 48.

men! Die Ansicht jenes Beamten der Centralarmenbehörde ist daher nicht etwa nur eine theoretische, sondern eine in der Praxis festgehaltene oder vielmehr aus ihr hervorgegangene. Auch stimmt mit ihr die gegenwärtige Lage der irischen Gesetzgebung überein; diese spricht die Verpflichtung zur Armenunterstützung sowohl für die Wahlbezirke als für die Sammtgemeinden unbedingt aus, ohne ihnen für den Fall, daß dieselbe ihnen eine, wie wir glauben würden, unerträgliche Last aufbürden sollte, irgend welche anderweitige Hülfe zuzusichern oder auch nur in Aussicht zu stellen.

Doch erfordert die Treue der Darstellung, hierbei anzuführen, daß thatsächlich eine solche Hülfe in der Zeit der größten Noth in Irland gewährt worden ist. Wiederholt wurde damals zur Unterstützung der überbürdeten, und in nicht geringem Umfange zahlungsunfähig gewordenen Sammtgemeinden, eine Hülfssteuer (Rate in aid) ausgeschrieben, doch wurde die Verwendung der dadurch erhobenen Summe lediglich in das Ermessen der Verwaltungsbehörden gestellt, und die Beihülfe den Sammtgemeinden großentheils nur darlehnsweise gewährt; und es ist zur Würdigung der vorher mitgetheilten Ansichten nothwendig darauf Rücksicht zu nehmen, daß jene anomalen Zustände einer Anzahl von Sammtgemeinden und Wahlbezirken wirklich nur vorübergehend gewesen sind[6]).

Die Armensteuer war in den letzten Jahren in Irland im innern mäßig, und nach der Behauptung vieler Engländer sogar leichter als in England und Schottland zu tragen, außerdem aber ist sie in erträglicher Weise vertheilt, jedenfalls viel gleichmäßiger und angemessener als in England, wo die Heimathsgesetze gelten. Dies ist vornehmlich dem Umstande beizumessen, daß die Sammtgemeinden und insbesondere die engeren Armenverbände (die Wahlbezirke) größer und unter Berücksichtigung der vorhandenen wirthschaftlichen Verhältnisse neu gebildet sind. Die Städte machen in Irland fast sämmtlich nur einen engeren Armenverband aus; die gemeinsamen Ausgaben der Sammtgemeinden werden ferner nicht, wie in England, nach dem Durchschnitte der Ausgaben, sondern nach dem Verhältniß des Katastralreinertrages des Grundeigenthums auf die engeren Armenverbände vertheilt. Die Ursachen, welche in England praktisch die Ungleichheit der Besteuerung so drückend machen, sind in Irland nicht vorhanden.

---

6) Vgl. Nicholls Hist. p. 359 und 375.

Wenn dessen ungeachtet die Städte immer noch gegen die ländlichen Bezirke nach den Procenten des Katastralreinertrages als hoch besteuert erscheinen, so fällt diese Ungleichheit minder schwer ins Gewicht, weil eine gleich hohe Procentsteuer vom Ertrage des Grundeigenthums, den Städter nach seinem Vermögen oder Einkommen nicht so schwer belastet, als den ländlichen Grundbesitzer oder Pächter, indem der Reinertrag des Grundstücks zu dem Reineinkommen des Besitzers oder Miethers der Regel nach in der Stadt in einem viel kleineren Verhältniß steht, als auf dem Lande. Der höhere Procentsatz der Armensteuer in der Stadt ist daher bis zu einem gewissen Grade nur eine Ausgleichung dafür, daß die Mittel für die Armenpflege allein durch eine Grundsteuer, und nicht auch theilweise durch eine Personalsteuer aufgebracht werden.

Überhaupt ist es für die Würdigung der von englischen Staatsmännern ausgesprochenen Ansichten erforderlich, stets zu berücksichtigen, daß dieselben fast durchweg auf praktischen Erwägungen und Erfahrungen beruhen, so oft und gern sie ·in die Form abstrakter Grundsätze eingekleidet werden. Bei der oft sehr schroffen Hinstellung allgemeiner Grundsätze, wird stillschweigend stets die Voraussetzung gemacht, daß die Anwendung derselben gleichwohl auf praktischen Gründen beruhet, und daß daher thatsächlich Abweichungen von denselben in Folge besonderer Umstände nicht nur zulässig, sondern auch geboten sein können. Hinter jedem Gesetz steht selbstverständlich der Vorbehalt, daß nicht nur das Parlament, sondern auch die Regierung im Vertrauen auf dessen nachträgliche Zustimmung, die Macht und die Pflicht habe, dasselbe unter außerordentlichen Umständen zu suspendiren, oder denselben gemäß abzuändern. Die Geschichte Englands liefert hierfür zahlreiche Beweise. Aus diesem Grunde stört es den Engländer weniger als uns Deutsche, wenn ein Gesetz Forderungen hinstellt oder Verpflichtungen auferlegt, die unter besonderen Umständen zu großen Härten und selbst zu Ungerechtigkeiten führen können. Für unsere Auffassung erscheint, das kann der Verfasser nicht umhin auszusprechen, die unbedingte Verpflichtung einer jeden Sammtgemeinde, alle an sie sich wendenden Armen, und zwar denkbarer Weise die von ganz Irland, England und Schottland zusammengenommen, unterstützen zu müssen, ohne ein Mittel zu besitzen, sie zu entfernen, allerdings als eine Ungerechtigkeit.

Capitel IV.

Die Hauptgesichtspunkte der Armengesetzgebung *).

§. 73.

Einleitung.

Die Bestimmungen der Armengesetze in England, Schottland und Irland sind so verschieden, daß gewiß jeder ernste Beobachter derselben, der nicht den Vereinigten Königreichen angehört, sich gedrungen fühlen muß, diese Abweichungen zum Gegenstande einer näheren Erwägung zu machen.

Wir haben zwar zu erörtern versucht, daß diese Verschiedenheit ihre nächste Ursache in der Verschiedenheit der geschichtlichen Entwickelung der drei Königreiche und ihrer Landesverhältnisse hat; und den meisten Engländern scheint diese Erklärung im Wesentlichen zu genügen. Wenn in Schottland die Armenpflege noch in einer nahen Beziehung zur Kirche steht, diese dagegen in England bis auf einen Schein reducirt, in Irland völlig gelöst ist; wenn in Schottland die Arbeitsfähigen keinen Anspruch auf Unterstützung haben, dagegen in England und Irland die Sorge für diese fast als die wichtigste Aufgabe erscheint, und dem ganzen befolgten System seinen Namen und Charakter gegeben hat (Workhouse-system); wenn in Schottland die Localbehörden fast unabhängig, in Irland dagegen die Centralarmenverwaltung fast allmächtig auftritt; wenn das Heimathsrecht in Schottland unangefochten besteht, in England gegen alle heftigen Angriffe sich behauptet hat, in Irland dagegen bei der neuen Organisation der gesetzlichen Armenpflege nicht eingeführt ist, — so befriedigt die Antwort, daß die große Verschiedenheit der

---

*) Der Herausgeber bemerkt, daß die diese Capitel bildenden §§. 73 — 78 vom Verfasser druckfertig hinterlassen sind, und er sich daher bei ihnen auf einige unbedeutende Nachhülfen zu beschränken hatte.

Verhältnisse in den drei Ländern diese Abweichungen bedinge, und sich im einen das eine, im anderen das andere besser bewähre, die meisten Engländer; auf Beantwortung der Frage, was das an sich Bessere sei, sind sie selten geneigt viele Kräfte zu verschwenden. Wir Deutschen pflegen uns bei jener Antwort nicht zu beruhigen; wir sind geneigt, vorauszusetzen, daß Abweichungen der Gesetzgebung, welche sich bis auf die Hauptgrundsätze erstrecken, durch die Verschiedenheit der Verhältnisse zwar veranlaßt sein mögen, indeß nicht darauf allein beruhen werden; daß dieselben vielmehr auf einen Gegensatz der Standpunkte hinweisen, von denen durch die Verhältnisse begünstigt, der eine hier, der andere dort mehr zur Geltung gekommen ist.

Eine solche Erscheinung kann nicht auffallen, denn es sind nicht nur in dem Parlamente der Vereinigten Königreiche in der Regel die entgegengesetzten Standpunkte vertreten, und es gewinnt durch die thatsächlichen Verhältnisse besser unterstützt, bald dieser, bald jener den Sieg: auch in demselben Menschen finden oft die entgegengesetzten Standpunkte ihren Anklang, und unter verschiedenen äußeren Eindrücken ist er geneigt, bald diesem, bald jenem eine größere Anerkennung einzuräumen. Die gesellschaftlichen Verhältnisse sind verwickelter, als sie dem scheinatisirenden Verstande erscheinen, und der letzte ist überall nicht fähig, alle Momente desselben zugleich in ihrer vollen Bedeutung zu erfassen. Dieser Anerkennung kann sich Jeder, der aufrichtig die Wahrheit sucht, in vielen Fällen nicht entziehen, wo dasselbe Problem unter verschiedenen Verhältnissen auftritt.

Dennoch bleibt es ein Bedürfniß und eine Aufgabe des menschlichen, insbesondere aber des deutschen Geistes, nach den verborgenen Gesetzen zu forschen, welche die in den Thatsachen bemerkbaren und auch sein eigenes Denken spaltenden Widersprüche zu einer höheren Einheit auflösen.

Diesem Bedürfniß ein Genüge zu thun, glaubt auch der Verfasser dieser Schrift hier versuchen zu müssen.

§. 74.
Die Aufgabe der Kirche bei der Armenpflege.

Die wichtigste von allen Fragen und die alle übrigen einschließende, welche für den Engländer freilich längst entschieden ist, in Deutschland jedoch als eine noch nicht endgültig beantwortete auch in die Ge-

setzgebung Schwankungen bringt, ist die, ob sich der Staat überhaupt der Armenpflege annehmen soll, oder ob er dieselbe vielmehr der Kirche zu überlassen, oder endlich, ob
er mit ihr zu einer gemeinsamen Verwaltung sich zu vereinigen hat?

Daß die Kirche jedenfalls auch die Aufgabe habe, sich
der Armen anzunehmen, wird Niemand in Zweifel ziehen, der
ihr überhaupt noch das Recht der Existenz einräumt. Gegen Arme mild-
thätig zu sein, ist eine von unserer christlichen Religion auf das Ein-
dringlichste gebotene Pflicht, deren Ausübung und Leitung daher auch
der Kirche nicht fremd sein darf. Auch hat sie sich dieser Pflicht von der
ersten Zeit ihres Bestehens an bis zur Reformation stets mit besonderem
Eifer angenommen.

Erst seit der Zeit, daß der Staat hierbei als ihr Concurrent auf-
getreten ist, sind Zweifel, wir wollen nicht sagen über das Ob, wohl
aber über das Wie ihres Berufes entstanden.

Da der Staat seit dieser Zeit die Armenpflege fast überall in den
Kreis seiner Wirksamkeit gezogen hat, und nach den Lehren der Erfah-
rung wenig Aussicht ist, daß er sich dieser Aufgabe je wieder gänzlich
werde entschlagen können, auf der anderen Seite aber die Kirche ihren
Beruf doch auch nie ganz vergessen kann, so hat die Ansicht vielfach
Beifall und Verbreitung, ja selbst Eingang in die Gesetzgebung gefunden, daß die Kirche sich mit dem Staate zu gemeinsamer
Wirksamkeit vereinigen sollte[1]). Es wird dabei wohl auf das
Beispiel Schottlands und die dort erreichten günstigen Resultate hingewiesen. Wir haben indeß oben[2]) gesehen, daß die Armenpflege in
Schottland im Jahre 1845 eine wesentliche Umgestaltung erfahren hat,
in Folge deren der Einfluß der Kirche sehr vermindert ist. In Schottland selbst ist der frühere Zustand allgemein nicht mehr für ausreichend
befunden worden. Das gegenwärtig dort hergestellte Verhältniß zwischen Kirche und Staat hält der Verfasser für andere Länder nur in so
weit für nachahmungswerth, als in ihm theilweise eine Trennung der
unter der Verwaltung der Kirche und der unter Verwaltung des Staats
stehenden Mittel anerkannt ist, mit anderen Worten, in so fern man den

---

1) So hat z. B. vor einigen Jahren in Anhalt-Dessau ein Gesetz den Eintritt der Geistlichen in die Lokalarmenbehörden angeordnet.

2) Vgl. S. 167.

kirchlichen Behörden die Einnahmen aus den kirchlichen Sammlungen zu völlig freier Verfügung überlassen hat³).

Die Bestellung gemeinsamer Behörden für die Armenpflege, und die Vermischung der beiden Theilen zufließenden Mittel, sollte die Kirche nach der Überzeugung des Verfassers ganz ablehnen, da sie bei einer solchen Vereinigung ihre eigenthümliche Aufgabe nicht erfüllen kann. Denn wenn Geistliche, Mitglieder weltlicher Behörden sind, welche die Armenpflege nach den Gesetzen des Staates verwalten, und einen Theil, und zwar gewiß bald den weit überwiegenden der dazu erforderlichen Mittel durch Steuern aufbringen, können sie dabei aus äußeren, wie aus inneren Gründen, nur als Beamten des Staats, und nicht als Diener der Kirche thätig sein. Aus äußeren schon deswegen nicht, weil sich die Geistlichen in der Ortsarmenbehörde stets in der Minderheit befinden werden, und es ihnen auf die Dauer um so weniger gelingen wird, ihren eigenthümlichen Standpunkt zur Geltung zu bringen, je treuer und offener sie diesen wahrzunehmen sich bemühen. Aus inneren Gründen nicht, weil der Staat bei jeder Verwaltung, welche durch seine Gesetze hergestellt ist, und auf der Grundlage der Steuern beruht, nicht umhin kann, für dieselbe Grundsätze aufzustellen, die seinem Princip und Wesen entsprechen. Dies ist aber ein von dem der Kirche durchaus verschiedenes. Der Staat nimmt sich des Einzelnen nur an als eines Gliedes der Gemeinschaft, weil und in so weit dies zugleich dem Interesse der Gesammtheit entspricht; die Kirche sorgt für den Einzelnen um seiner selbst willen, als einer Persönlichkeit, die das Ebenbild Gottes ist oder vielmehr sein soll. Der Staat hat die äußere Existenz seiner Angehörigen, die Entfaltung ihrer Kräfte und Fähigkeiten zum Gegenstand seiner Vorsorge; in das Gebiet ihres Herzens und Willens, soweit es nicht äußerlich zur Erscheinung kommt, kann er nicht dringen, und soll es durch seine Mittel auch nicht versuchen. Dagegen ist das Reich des Unsichtbaren recht eigentlich das Gebiet der Kirche, und alle äußerlichen Handlungen, sowie alle äußerlichen Mittel sind für sie nur von einem Werth, insofern sie Offenbarungen des inneren Wesens sind, oder andererseits zum Herzen dringen. Der Staat erwirkt die Befolgung seiner Anordnungen nöthigenfalls durch Zwang; die Kirche kennt nur freien Gehorsam. Mit

einem Worte, der Staat hat bei der Armenpflege Polizei, die Kirche
Barmherzigkeit zu üben.

Je mehr sich jeder Theil von der ihm gesetzten Aufgabe bei der
Armenpflege entfernt, desto gewisser verwickelt er sich in Schwierigkeiten und Gefahren. Die Verbindung beider zu gemeinsamer Thätigkeit durch gemeinsame Organe und Mittel muß es beiden unmöglich
machen, ihren Standpunkt folgerichtig geltend zu machen. Im Allgemeinen wird indeß die Kirche als die dem Staate gegenüber schwä-
chere stets dabei unterliegen.

Veranschaulichen wir uns dies an Beispielen: Der Staat kann
den Lokalbehörden, welchen er gestattet, zum Zweck der Armenpflege
Steuern auszuschreiben, nicht völlig freie Hand lassen, wie sie diese
Mittel verwenden wollen. Er muß allgemeine Vorschriften darüber
erlassen, und zwar solche, deren Beobachtung durch eine obere Aufsichtsbehörde kontrolirt werden kann. Er muß äußere Merkmale festsetzen, wonach zu beurtheilen ist, wem gegeben werden soll und wieviel. Sein Ziel ist dabei zunächst das äußere der Erhaltung des Lebens der Armen und der Verhütung von Verbrechen. Auf die Frage,
wem zu geben sei, hat er nur die Antwort: dem wirklich Mangel Leidenden und von anderen Hülfsmitteln Entblößten. Auf die innere
Herzensstellung des Armen kann er keine Rücksicht nehmen. Das
„wieviel" muß er — mit Rücksicht auf die Grenzen seiner Mittel und
die Möglichkeit der Kontrole — auf die Erreichung jenes äußeren Zieles: Erhaltung der Existenz des Armen und Verhütung von Verbrechen, beschränken. Je sorgfältiger er sich bemüht, mindestens dieses
Ziel wirklich zu erreichen, desto klarer wird er auch die Nothwendigkeit
erkennen, hierbei stehen zu bleiben. Vorschriften wie die: daß dem
Armen nur das zum Lebensunterhalte unbedingt Nothwendige verabreicht werden solle, und daß die Armenbehörde sich nicht darauf ein-
lassen dürfe. Schulden, sei es auch nur die rückständige Miethe, ganz
oder theilweise zu bezahlen, noch verpfändete Habe einzulösen, selbst
nicht Handwerksgeräth und dergleichen; noch etwas zur Errichtung
eines Geschäftes zu borgen: überhaupt die Feststellung des Gesichts-
punktes, daß die Unterstützung niemals gegeben werden dürfe, um
einer gänzlichen Verarmung vorzubeugen, sondern nur, um den Armen augenblicklich gegen physischen Mangel zu schützen, ist im Hinblick
auf die schon ohnehin drückende Last der Armensteuer, und die Unum-
gänglichkeit sicherer Haltpunkte für die Kontrole, bei der Staatsar-

Armenpflege—gewiß vollständig gerechtfertigt. Ja man kann sagen, daß die Erfahrungen in England solche Beschränkungen als unvermeidlich nachgewiesen haben⁴). Allein für eine Armenpflege, welche die Vorschriften und Ziele der Religion im Auge hat, für eine Armenpflege, wie die Kirche sie üben soll, passen sie gewiß nicht. Die christliche Religion befiehlt ausdrücklich, sich nicht von dem zu wenden, der uns abborgen will; die Aufgabe der christlichen Mildthätigkeit ist es ohne Zweifel, den Bedrängten, wofern dies überhaupt möglich ist, vor dem Versinken in den Zustand gänzlicher Verarmung zu bewahren. Auf der anderen Seite ist es die vornehmste Aufgabe der Kirche, welche die Pflicht der Mildthätigkeit übt, dafür zu sorgen, daß der Arme durch ihre Hülfe von den inneren Gebrechen geheilt wird, an denen er leidet. Nur insofern sie dafür wirken kann, und bei den Armen selbst Bereitwilligkeit findet, sich ihrer Zucht zu unterwerfen, ist sie überhaupt berechtigt, ihm äußerlich beizustehen.

Allein um eine solche den Vorschriften der Religion entsprechende Armenpflege üben zu können, muß die Kirche in den Organen, welche mit den Armen in unmittelbarem persönlichen Verkehr stehen, freie Hand haben. Sie muß dem, welchem zu helfen ist, und der sich innerlich reinigen lassen will, so viel geben können, als zur Erreichung dieses Zwecks erforderlich ist. Sie muß dem, welcher ihre Zucht ablehnt, auch ihre Hülfe verweigern können. Sie muß gewiß sein, oder doch die Hoffnung haben dürfen, für ihre Gaben Dank und Gehorsam zu ernten. Das sind Dinge, die sich der Kontrole einer oberen den Persönlichkeiten fern stehenden Aufsichtsbehörde, durchaus entziehen. Eben deswegen darf die Kirche auch nur über die Mittel verfügen, welche ihr mit Vertrauen und zum Zweck der Erfüllung ihrer Aufgabe freiwillig in die Hand gelegt werden.

Wenn die Gaben der Barmherzigkeit keine Staatskontrole dulden, so dürfen sie auch nicht durch Zwang und Steuern, sondern nur durch freiwillige Opfer beschafft werden.

Eine Vereinigung von Staat und Kirche zu gemeinsamer Armenpflege durch gemeinsame Behörden, beruht daher auf einer gänzlichen

4) Die im Text angeführten Beschränkungen sind von der Centralarmenbehörde in London allen englischen Lokalbehörden für die Armenpflege bei Bewilligung von Unterstützungen außerhalb der Arbeitshäuser anferlegt; vgl. das Circularverschlß (Generalordre) vom 14ten Dezember 1852, im VIte Annual Report des Poorlaw board für 1852 p. 24 folg.

21

Verkennung der eigenthümlichen Aufgabe einer jeden von beiden Anstalten. Dieselben können nicht zugleich und nicht durch dieselben Mittel, noch auch auf demselben Wege erreicht werden.

§. 75.
Die Aufgabe des Staates bei der Armenpflege.

Hat die Kirche die Pflicht sich der Armenpflege anzunehmen, und
zwar unabhängig vom Staat sowohl in Beziehung auf die Grundsätze,
die sie befolgt, als mit Rücksicht auf die Mittel, über die sie verfügt,
und die Organe deren sie sich bedient, so drängt sich die F r a g e auf,
ob neben einer wohlorganisirten kirchlichen Armenpflege
eine Staatsarmenpflege überhaupt noch nothwendig, oder
auch nur zweckmäßig sein würde?

Wir antworten darauf: ohne allen Zweifel. Aus eben dem
Grunde, weshalb eine Vereinigung von Kirche und Staat zu einer gemeinsamen Armenpflege nicht zulässig ist: weil Kirche und Staat bei
der Armenpflege eigenthümliche und verschiedene Zwecke
zu verfolgen haben, kann keine der beiden Anstalten durch
Erfüllung ihrer Aufgabe der anderen die entsprechende
Pflicht abnehmen.

Der Zweck des Staats bei der Armenpflege ist, das
Leben seiner Angehörigen vor dem Mangel zu schützen,
ähnlich wie er dasselbe aus Feuer- oder Wassersgefahr zu retten sucht.
Dabei bestimmt ihn zugleich die Absicht, dadurch, daß er Hülflose vor
Elend und Verzweiflung bewahrt, dieselben von Verbrechen und Störung der öffentlichen Ordnung abzuhalten, was ohne Zweifel im allgemeinen Interesse liegt.

Diese Zwecke sind nicht sicher zu erreichen, wenn der
Staat die Armenpflege der Kirche allein überläßt. Auch
dann nicht, wenn diese ihrer Aufgabe vollständig genügt. Die Kirche.
wird durch ihre Thätigkeit die Arbeitshäuser so wenig entbehrlich machen,
als die Gefängnisse, aus dem doppelten Grunde, weil nicht alle Armen ihre Zucht leiden, noch alle Reichen ihrer Hand genügende Opfer
anvertrauen.

- Die Aufgabe des Staates würde durch das Bestehen einer geordneten kirchlichen Armenpflege ohne Zweifel ungemein erleichtert werden. Er würde nicht nur für eine geringere Zahl von Armen zu sorgen
haben, sondern auch diesen gegenüber seine Grundsätze folgerichtiger

einhalten können. Wäre die Kirche im Stande die Werke der Barmherzigkeit in genügendem Umfange und auf die richtige Art zu thun, so
würde Niemand Anstoß daran nehmen, wenn der Staat sich bei der
Armenpflege auf die Beobachtung der polizeilichen Gesichtspunkte beschränkte.

Wir werden in den folgenden Paragraphen Gelegenheit haben, dies
an einigen praktischen Beispielen näher zu erläutern.

Wenn aber auch eine wohlgeordnete kirchliche Armenpflege bestände,
so würde der Staat der Armenpflege in diesen Grenzen sich nicht entziehen können, da nicht alle Staatsangehörige gehorsame Glieder der
Kirche sind. So wie die Dinge jetzt liegen, bestehen indeß für den
Staat noch andere Gründe die Armenpflege zu übernehmen; oder vielmehr er ist gegenwärtig gezwungen dieselbe wenigstens theilweise in einem Sinne und Umfange zu verwalten, welche seiner wahren Aufgabe
fremd sind.

Eine kirchliche Armenpflege, die ihre Aufgabe erfüllte, besteht gegenwärtig in keinem Lande. Zu einer geordneten und erfolgreichen
Verwaltung derselben fehlt es der Kirche theils an der erforderlichen Einheit, theils an den Organen, theils endlich an den hinreichenden Mitteln. Da sie hiernach nicht im Stande ist die Werke der Barmherzigkeit
in einem irgend genügenden Umfange und auf die richtige Weise zu
üben, kann der Staat nicht vermeiden bei seiner Armenpflege auch
auf die Gesichtspunkte der Barmherzigkeit wenigstens einige Rücksicht zu
nehmen. Er ist um so mehr gezwungen dies zu thun, je weniger allgemein jetzt das Bedürfniß oder vielmehr die Nothwendigkeit einer kirchlichen Armenpflege neben der Staatsarmenpflege anerkannt wird, jemehr daher die öffentliche Meinung selbst der Staatsarmenpflege von
dem aufbürdet, was die kirchliche zu lösen hätte. Die praktische Staats-
gesetzgebung kann gegenwärtig, so sehr sie auch durch die Erfahrung
von den Übeln und selbst gefährlichen Folgen jeder Überschreitung ihrer
eigentlichen Aufgabe belehrt ist, kaum umhin, sich dennoch in Konflikte
zu begeben, die bei dem Bestehen einer ihrer Aufgabe völlig genügenden kirchlichen Armenpflege zu vermeiden sein würden. Dies ist die
tiefste Wurzel der Schwierigkeiten, welche die praktische Armengesetzgebung zu überwinden hat. Es liegt aber außerhalb der Macht des
Staatsmannes sie ganz zu beseitigen; denn er kann weder die fehlende
kirchliche Armenpflege organisiren, noch auch die über die wahre Aufgabe der Staatsarmenpflege fehlgreifende öffentliche Meinung ganz un-

21 *

beachtet lassen. Verringert wird die Schwierigkeit für die Gesetzgebung werden, wenn es gelingt, die öffentliche Meinung aufzuklären, und sie daran zu gewöhnen, die Ursache der bei der Staatsarmenpflege bemerkten Übelstände da zu suchen, wo sie wirklich liegt, das ist in dem Mangel einer wohlgeordneten kirchlichen Armenpflege.

Nach der Überzeugung des Verfassers sind die bei der Armengesetzgebung sich erhebenden großen Schwierigkeiten Proteste und Warnungen dagegen, daß man sich nicht über den Beruf der Kirche, und ihre gegenwärtige Unfähigkeit demselben zu genügen, täusche. Hiergegen Abhülfe zu suchen ist aber nicht Aufgabe des Staates und der Gesetzgebung, sondern der Kirche.

§. 76.
Die Grundsätze für die Staatsarmenpflege.

Nachdem der Verfasser die Stellung der Kirche und des Staates zur Armenpflege erörtert und ihr Verhältniß zu einander bezeichnet hat, bleibt es ihm übrig die einzelnen Probleme, welche die Gesetzgebung bei der Regelung der Staatsarmenpflege zu lösen hat, und welche wir in England, Schottland und Irland verschieden behandelt finden, näher ins Auge zu fassen, und zu versuchen den höhern Standpunkt zu erklimmen, von welchem aus diese Verschiedenheit nur als eine durch die Umstände bedingte oder vielleicht auch nicht überall gerechtfertigte mannigfache Entfaltung desselben einheitlichen Gesetzes erscheint.

Zuerst tritt uns in Beziehung auf den Umfang der Armenpflege die Frage entgegen: Soll dieselbe, wie in Schottland, auf Arbeitsunfähige beschränkt, oder auch auf Arbeitsfähige ausgedehnt werden?

Die Antwort ergiebt sich aus den früheren Erörterungen von selbst. Vom polizeilichen Gesichtspunkte aus ist die Unterstützung Arbeitsfähiger, wenn sie in Noth und Hülflosigkeit gerathen, eben so sehr und noch dringender geboten, als die der Arbeitsunfähigen; denn die Erhaltung leistungsfähiger Mitglieder liegt noch mehr im Interesse der Gesammtheit, als die von Altersschwachen und Gebrechlichen; zugleich ist von dem starken Arm, welchen die Verzweifelung führt, für die Störung der Sicherheit und Ordnung mehr zu besorgen, als von der gebrochenen Kraft. Die Frage hat eben nur da entstehen können, wo die Staatsarmenpflege vorherrschend in der Hand der Kirche lag; ihre schließliche Beantwortung im Sinne des Staates wird nun auch in Schottland in dem Maße mehr unvermeidlich, als die Armenpflege daselbst unaufhaltsam den kirchlichen Charakter mehr und mehr abstreift. Ohne Zweifel würden auch in Schottland hierüber schon früher andere Ansichten Raum gewonnen haben, wenn nicht eine unrichtige Behandlung der arbeitsfähigen Armen in England dieses in den ersten Decennien dieses Jahrhunderts in so große Gefahr gebracht, und dadurch für die Verwaltung in Schottland ein Motiv mehr gegeben hätte, sich der Unterstützung Arbeitsfähiger überhaupt zu entziehen.

Eine zweite Frage, welche mit der so eben erörterten in naher Beziehung steht, ist die: ob und in wie weit die Armen nur in den Arbeitshäusern oder auch außerhalb derselben unterstützt werden sollen?

Daß Arbeitsfähige ohne Gefahr nur innerhalb der Arbeitshäuser, und wenn diese in vorübergehenden Krisen nicht ausreichen, um alle Hülfsbedürftigen zu fassen, mindestens nur nach analogen Grundsätzen — durch bloße Verabreichung des zum Lebensunterhalt schlechthin Rothwendigen gegen Verrichtung einer nicht eben bequemen Arbeit — unterstützt werden können, hat schon die in England gemachte Erfahrung zur Genüge gelehrt. Daß aber auch eine möglichst weite Beschränkung der Unterstützung von Arbeitsunfähigen auf die Arbeitshäuser für die Staatsarmenpflege sich empfiehlt, scheint dem Verfasser das Beispiel Irlands in einleuchtender Weise darzuthun. Dasselbe beweist, daß die Beschränkung der Unterstützung auf das Arbeitshaus in viel größerer Ausdehnung möglich ist, als man bisher glaubte; und in Betreff der Kosten der Unterstützung im Arbeitshause ist zu beachten, daß diese im Arbeitshause in ausgedehnterer Weise erfolgt, als es bei Unterstützungen außerhalb desselben der Fall zu sein pflegt, so daß daher die Unterstützung außerhalb des Arbeitshauses oft nur scheinbar wohlfeiler ist, als die in demselben [1].

Bestände eine kirchliche Armenpflege neben der Staatsarmenpflege, und sorgte diese für solche Arme, die ohne eine erkennbare Verschuldung in ihrem früheren Leben in Noth gerathen sind, durch milde Gaben ohne lästige Bedingungen, aber nicht ohne heilsame Erinnerungen und Beaufsichtigung, so würde die Wahrheit ohne

[1] Vergl. die oben S. 266 in Note 1 angeführten Angaben.

Schwierigkeit Anerkennung finden, daß in der Mehrzahl der Fälle die
Noth nicht ohne eine vorausgehende ursächliche Schuld, mindestens in
Folge mangelnder Voraussicht und Vorsorge, eintritt. Man würde
ferner nicht verkennen, daß, wenn der Staat für Alle, die im Alter
oder durch Unfälle in Noth gerathen, auf eine ihren Neigungen nicht
widerstrebende Weise, wie namentlich durch ausreichende Almosen,
Vorsorge trifft, das Bestreben der Arbeiter gelähmt wird, in den
Tagen des Verdienstes selbst hierauf Rücksicht zu nehmen.

Der Mangel einer kirchlichen Armenpflege erschwert die Anerkennung dieser Wahrheit, oder doch ein folgerichtiges Verfahren von
Seiten des Staates in Gemäßheit derselben; allein er hebt diese Wahrheit nicht auf, und vermehrt nicht die Kräfte und Leistungsfähigkeit
des Staates über die ihm seiner Natur nach angewiesenen Schranken
der Wirksamkeit hinaus. Der Staat hat keine Mittel zwischen ver-
schuldeter und unverschuldeter, verschämter und unverschämter Armuth zu unterscheiden; sind aber die einer sittlichen Zucht zugänglichen
und durch das Wort lenksamen Armen, gleich den übrigen, auf die
Hülfe des Staates allein angewiesen, so erhalten die polizeilichen
Maßregeln desselben ihnen gegenüber und darum leicht überhaupt den
Anschein der Härte; die Ursache davon liegt dann aber nicht in den
Fehlern der staatlichen Anordnungen, sondern in dem Mangel der
kirchlichen, welche jene ergänzen sollten.

Für den Staat besteht die dringendste Veranlassung, es den Arbeitern möglichst zu erleichtern, für die Tage des Alters und vorübergehender Unfälle selbst Vorsorge zu treffen, sowie sie auf das Kräftigste
anzuspornen sich der dazu dargebotenen Mittel auch zu bedienen. Dies
kann nicht geschehen, wenn er für die Arbeitsfähigen auf eine Weise
sorgt, die ihnen mehr gewährt, als sie vielleicht durch Anstrengung
der eigenen Kräfte zu erreichen vermögen.

Der Verfasser ist daher überzeugt, daß das Arbeitshaussystem überall so weit ausgedehnt werden sollte,
als es die gebührende Rücksicht auf den Stand und die Aufklärung
der öffentlichen Meinung gestattet.

In ähnlicher Weise ist auch eine dritte Frage zu beantworten: wie nämlich für arme Kinder am zweckmäßigsten gesorgt wird.

Ohne Zweifel wäre es recht eigentlich eine Aufgabe für die Kirche
die verlassenen armen Kinder in geeigneten Familien unterzubringen,

und ihre angemessene Erziehung in denselben zu überwachen. Fällt dem Staate die Sorge für dieselben anheim, so wird er, dem viel weniger Mittel zu Gebote stehen Familien kennen zu lernen, und auf die Erziehung der Kinder in ihnen Einfluß zu gewinnen, sich wahrscheinlich zuletzt genöthigt finden, den kostspieligeren und mißlicheren Weg der Anstalten zu wählen, wenn er das Schicksal der Kinder nicht dem Zufall und dem Eigennutz Preis geben will. So wie gegenwärtig die Dinge an den meisten Orten liegen, hält der Verfasser die Errichtung besonderer Erziehungsanstalten für arme elternlose oder verlassene Kinder für wünschenswerth, und es scheint ihm daher eine Aufgabe der Gesetzgebung die aus dem Kostenpunkt hiergegen entspringende Abneigung der Armenverbände zu beseitigen.

§. 77.
Die Vertheilung der Armenlast.

In einem geschickt geschriebenen Leitartikel der Times vom 18ten Juni 1857 wurde der Versuch zu einer angemessenen Ausgleichung der Armensteuer in England zu gelangen, mit den fruchtlosen Bemühungen eine Durchfahrt durch das nördliche Eismeer zu finden, verglichen. Fast jeder englische Staatsmann, der sich mit der Armenfrage näher beschäftigt habe, sei anfänglich dem Plan einer solchen Ausgleichung geneigt gewesen, und hätte Schritte dazu thun wollen. Alle hätten sich jedoch allmählich überzeugt, daß man bei dem ersten Schritt — der Übernahme aller Kosten auf die Sammtgemeinde (Union-rating) — nicht stehen bleiben könne; daß der letzte Schritt dagegen — die Übernahme der Kosten auf die Staatskasse (National-rate) — eine Verkehrtheit sei, die um jeden Preis vermieden werden müsse; und so habe denn ein Staatsmann nach dem anderen seine Ausgleichungspläne fallen gelassen [1].

---

1) In dem angeführten Artikel der Times werden insbesondere die im Jahre 1857 vielfach erneuerten Anträge auf eine Ausgleichung der Armensteuer in London besprochen, und es wird hervorgehoben, daß der gegenwärtige Zustand doch mehr für sich habe, als man in der Regel voraussetze. Jedenfalls könne die Frage nicht allein mit Rücksicht auf die Interessen der Steuerpflichtigen entschieden werden. Wenn der Verfasser das auch einräumt, so ist er doch überzeugt, daß die in England und namentlich auch in London bestehenden Zustände einer Verbesserung bedürfen, hält aber dabei die Forderung, ganz London zu einem Armenverband zu vereinigen, für unbegründet.

Diesen Sätzen liegt das Anerkenntniß zu Grunde, daß eine Ausgleichung der Armensteuer viel Scheinbares für sich habe, daß aber die Konsequenz der für die ersten Abänderungen geltend gemachten Gründe, dahin führt, die Kosten der Armenpflege der Staatskasse aufzubürden, was aus klar vorliegenden Gründen unstatthaft sei [2]).

Welches sind nun die scheinbaren Gründe für die Ausgleichung der Armenlast, deren Konsequenz auf die Staatssteuer führt, und worin liegt der Irrthum derselben? Hat man überhaupt keine andere Wahl, als entweder bis zur Staatsarmensteuer vorzuschreiten, oder die Dinge unverändert so fortbestehen zu lassen, wie sie aus der Vergangenheit überliefert sind?

Die Gründe, aus denen ein natürliches Gerechtigkeitsgefühl eine Ausgleichung der Armensteuer verlangt, und in konsequenter Entwickelung bis zu der Forderung einer gleichmäßigen Staatsarmensteuer fortschreitet, sind, nach des Verfassers Ansicht, folgende:

Die Rücksichten der allgemeinen Wohlfahrt, insbesondere der öffentlichen Sicherheit und Ordnung, desgleichen die der Mildthätigkeit, welche den Staat bestimmt haben die öffentliche Armenpflege anzuordnen, sind, wie schon früher bemerkt wurde, allgemeiner Natur; aus ihnen lassen sich haltbare Gründe den einen Staatsbürger vor dem anderen wesentlich höher zu belasten, anscheinend nicht herleiten. Jede Lokalisirung der Armenlast hat aber, wie die Erfahrung nur zu sprechend lehrt, und schon die flüchtigste Erwägung erkennen läßt, eine ungleiche Vertheilung derselben zur unvermeidlichen Folge. Dazu ist obendrein eine angemessene Abgrenzung der Lokalarmenverbände ohne Härten und Verletzungen berechtigter Interessen kaum ausführbar, und verwickelt ferner in das dornenvolle Gebiet der Heimathsgesetzgebung, oder mindestens der Gesetzgebung über die Ortsangehörigkeit (Residence) der Armen. Allen diesen Schwierigkeiten entgeht man durch die Übernahme der Armenkosten auf die Staatskasse; sie allein macht eine gleichmäßige Vertheilung der Last auf alle Staatsbürger möglich, und gewährt zugleich dem Staat das volle Recht die Verwaltung überall nach den selben Grundsätzen zu führen.

Daß dennoch diese Auffassung nicht der wirklichen Lage der Dinge entspricht, lehrt vielleicht am eindringlichsten das Beispiel der Armengesetzgebung in Irland. Wenn irgendwo, so lag es

2) Vgl. hierüber das oben in den §§. 52 folg. Angeführte.

dort nahe von einer Lokalisirung der Armenlast Abstand
zu nehmen, und so alle die mit ihr unzweifelhaft verbundenen Schwierigkeiten zu vermeiden. In Irland war bereits die Entscheidung der
wichtigsten Verwaltungsangelegenheiten in die Hände besoldeter Beamten gelegt; die Unterstützung der Armen wurde daselbst von Anfang an auf die Arbeitshäuser beschränkt, und historische Gründe für die
Lokalisirung der Armenlast waren nicht vorhanden; das neue Gebäude
der Armenpflege wurde auf einem völlig nivellirten Boden errichtet.

Wir haben auch angeführt [3]), daß die Urheber des irischen Armengesetzes durchaus geneigt waren mindestens den ersten Schritt auf
der von der Times bezeichneten Bahn zu thun, und die Sammtgemeinden zu den alleinigen Armenverbänden zu machen.

Dennoch sind in Irland, wie in England, nicht nur alle
mit dem Gegenstand vertrauten Männer ganz entschieden
gegen die Einführung einer allgemeinen Staatsarmensteuer [4]), sondern gerade in Irland haben die höher stehenden Beamten der Armenverwaltung sich am allgemeinsten und entschiedensten von
der Unzulässigkeit schon jenes ersten Schrittes (der Erklärung, daß die
Sammtgemeinden die alleinigen Armenverbände bilden sollten, oder
der s. g. Union-rating) überzeugt; nicht nur im Hinblick auf die weiteren Konsequenzen dieses Schrittes, sondern in Erwägung seiner unmittelbar nachtheiligen Folgen.

Die bezeichneten Männer standen dabei in keiner Weise unter dem
Einflusse irgend eines persönlichen Interesses, oder einer vorgefaßten
Meinung; diese beiden Momente würden sie, ihrer Stellung nach, eher
einem vollständigen Staatsregimente, und einer durchweg gleichmäßigen Vertheilung der Armenlast, geneigt gemacht haben. Es war einzig und allein das Gewicht der ihnen vor Augen stehenden Thatsachen,
welches ihre Ansichten bestimmt hat.

Es ist die Offenkundigkeit des großen Einflusses, den
die wohlhabenderen Stände, unmittelbar durch ihre Theilnahme an der Armenverwaltung, und in noch höherem Grade
mittelbar durch ihre Sorge für das Wohlergeben der arbeitenden Klassen, auf die Verminderung der Ausgaben und, was noch
wichtiger ist, auf die materiellen und sittlichen Zustände des

---

3) Vgl. oben S. 237 und 256.
- 4) Vgl. oben S. 312.

Arbeiterstammes üben können, welche jeden anderen scheinbar
noch so wohl begründeten Einwand niederschlägt.

Die mächtige Triebfeder des eigenen Interesses, welche
in dem Organismus des wirthschaftlichen Lebens zwar keineswegs die
allein wirksame sein soll, aber jedenfalls ihre berechtigte Stelle hat,
kann nicht entbehrt werden, um die Wohlhabenderen zu bestimmen, das Gute wirklich zu thun, welches zu vollbringen sie die Macht
und darum auch die Pflicht haben. Sie wird dadurch in Bewegung gesetzt, daß man die Wohlhabenden zu Armensteuerpflichtigen macht, und sie als solche die Folgen dessen tragen läßt,
was sie auf einem Gebiet thun oder unterlassen, welches ihrem Gesichts-
und Wirkungskreise entspricht.

Irrt sich der Verfasser nicht, so ist es auch hier der dem Staate
als solchem fremde Gesichtspunkt der Mildthätigkeit bei der Armenpflege,
welcher die Schwierigkeiten bei der Vertheilung der Armenlast vorzüglich veranlaßt, und die Motive, sowie die leitenden Gesichtspunkte, für
die Lokalisirung derselben verdunkelt. Den allgemein gehaltenen Beschwerden über die Ungerechtigkeit einer ungleichen Vertheilung der Armenlast liegt, wie der Verfasser glaubt, mehr oder weniger klar die
Ansicht zu Grunde, daß der Staat, wenn er seinen Bürgern anbefohle
barmherzig zu sein, jedenfalls nicht befugt sei zu diesem Zweck dem einen größere Opfer anzusinnen, als dem anderen. Die Wahrheit ist,
daß der Staat überhaupt kein Recht hat Barmherzigkeit anzubefehlen.

Betrachtet man die Armenpflege dagegen als eine polizeiliche Maßregel, so ist es keineswegs schwierig die Lokalisirung ihrer Kosten zu begründen. Nimmt doch Niemand daran Anstoß, daß die Einwohner
eines Ortes oder Bezirkes die zunächst für ihre Sicherheit wachenden
Polizeibeamten aus ihren Mitteln bezahlen. Man würde noch weniger
Zweifel an der Gerechtigkeit einer solchen Anordnung hegen, wenn es
sich nachweisen ließe, daß die Einwohner eines jeden Bezirkes durch ihre
eigene Aufmerksamkeit und Sorge wesentlich dazu beitragen können, die
der öffentlichen Sicherheit gefährlichen Personen zu entfernen, oder sogar in ordentliche Arbeiter umzuwandeln. Gerade dieser Fall liegt nun
aber bei der Armenpflege vor.

Von dieser Ansicht aus, lassen sich denn auch bestimmte Gesichtspunkte für die Vertheilung oder Ausgleichung der Armenlast gewinnen, und der Verfasser hält daher den Versuch, durch

dieses Eismeer eine Durchfahrt zu finden, keineswegs für einen völlig
vergeblichen.

Zunächst scheint es ihm nach den in Irland gemachten Erfahrungen, und den bei der Erläuterung derselben angeführten Gründen klar, daß der erste Schritt zu einer der Gerechtigkeit
und den Zwecken der Armenpflege möglichst entsprechenden Vertheilung der Armenlaß, nicht darin zu suchen ist
daß man alle Kosten der Armenpflege so ausgedehnten
Armenverbänden auferlegt, wie es die englischen Sammtgemeinden (Unions) sind. Vielmehr muß unter allen Umständen ein Theil derselben, und zwar die Kosten für den persönlichen Unterhalt der einheimischen (resident) Armen, von einem
engeren Verbande getragen werden.

Die Grenzen des engeren Verbandes sind, soweit dies
ausführbar ist, danach abzumessen, daß sie mit denen des Einflusses
der wohlhabenden Klassen auf die Armen zusammenfallen. Insbesondere sollte der engere Armenverband die durch die gewöhnlichen Ver-
kehrsverhältnisse verbundenen Arbeiter und Lohnherren möglichst zusam-
menfassen, sowie denn auch das rein nachbarliche Verhältniß, welches
überall die Gemeinschaft unendlich vieler Interessen bedingt, die sorgfältigste Berücksichtigung verdient. Fernere Momente der Erwägung
sind, daß innerhalb des Verbandes die erforderlichen materiellen und
geistigen Kräfte zur Führung einer guten Verwaltung gefunden werden
müssen. Gleichzeitig darf aber der Umfang dieser engeren Armenverbände die Grenzen des Beobachtungs- und Wirkungskreises einzelner
Personen oder doch eines Kollegiums nicht überschreiten, denn es handelt sich darum den Grundsatz der Verantwortlichkeit für die Erfüllung
obliegender Pflichten in anschaulicher und greifbarer Weise auszuprä-
gen, so daß er zur Pflichterfüllung anspornt ohne zu entmuthigen *).

<hr>

5) Soll der Verfasser durch Zahlen veranschaulichen, welcher Umfang ihm für
die engern Armenverbände, die Domicilgemeinden, als der im Allgemeinen angemessene erscheint, so möchte er für ländliche Verhältnisse eine Bevölkerung von
2 bis 3000 Seelen als die durchschnittlich zusammenzufassende bezeichnen; doch versteht es sich, daß die Beachtung der im Text angegebenen organischen Verhältnisse
von größerm Gewicht ist, als die Einhaltung des genannten Zahlenmaßes. Dies
macht sich insbesondere bei der Regelung der städtischen Verhältnisse geltend. Die
Städte sind, wofern sie nicht schon eine sehr große Ausdehnung erlangt haben, oder,
wie es mitunter allerdings der Fall ist, aus verschiedenen Ortschaften und Bestand-

In dieser Beziehung scheinen dem Verfasser die Verhältnisse Englands einer Reform bedürftig und fähig, ohne daß es nöthig wäre sich dabei gefährlichen Konsequenzen auszusetzen. Wenn die englischen Kirchspiele seit länger als dreihundert Jahren fast unverändert die engeren Armenverbände gebildet haben, während in den wirthschaftlichen Verhältnissen inzwischen die gewaltigsten Umgestaltungen eingetreten sind, so können die Grenzen der engeren Armenverbände denen der Macht und des Einflusses, oder der moralischen Verantwortlichkeit nicht mehr überall entsprechen.

In einem solchen Falle hält der Verfasser den Staat eben sowohl für berechtigt, als für verpflichtet, die Übereinstimmung dieser Grenzen, soweit dies praktisch ausführbar ist, herzustellen. Aus einer solchen Verbesserung der Localarmenverbände erwachsen keinerlei bedenkliche Konsequenzen; am wenigsten würde sie als ein erster Schritt zur Staatsarmensteuer angesehen werden können, da vielmehr das Princip der Lokalbesteuerung dadurch nur eine neue Bestätigung erhielte.

Wenn der Verfasser in solcher Weise engere Verbände nach den Lehren der Erfahrung, wie nach den Ergebnissen einer auf die wahren Grundlagen der Armenpflege zurückgehenden Erwägung, für die unerläßliche Bedingung eines wohlthätigen Erfolges derselben hält, so zeigen doch auch Theorie und Praxis, daß es weder nothwendig ist, noch auch zweckmäßig wäre, die ganze Last der erforderlichen Armenausgaben diesen engeren Verbän-

ihrilen zusammengewachsen sind, der Regel nach sowohl in Beziehung auf die Verhältnisse zwischen Arbeitern und Lohnherrn, wie die zwischen Käufern und Verkäufern, als endlich mit Rücksicht auf die Gemeinschaft der nachbarlichen Interessen, ein wirthschaftlicher Verband. In den meisten Fällen wird es daher angemessen sein, sie auch zu einem Armenverband zu machen, wie dies in Irland geschehen ist, wenn schon die Zahl der ärmeren Einwohner als Gegenstand der Thätigkeit für ein Kollegium sehr groß erscheint. Die räumliche Nähe, die vielfacheren Mittel der Kommunikation und die Einheit der Verwaltung selbst, erweitern hier die Grenzen eines wirksamen Einflusses ungemein. Doch wird auch in den Städten eine Theilung in mehrere engere Armenverbände gewiß dann vorzuziehen sein, wenn die verschiedenen Stadttheile sich nach ihrer gewerblichen Thätigkeit und ihrem sonstigen Charakter erheblich von einander unterscheiden, und insbesondere wenn auch die arbeitenden Klassen in denselben in abweichenden Lebensverhältnissen stehen, und Wohnungsüberfüllungen aus einem Stadttheile in den andern nicht häufig vorkommen. Die sehr großen Städte würden hiernach wohl meistens in mehrere engere Armenverbände zu theilen sein.

ben aufzulegen. Die Bildung derselben hat nur den Zweck, das eigene Interesse der Steuerpflichtigen in fühlbarer Weise an die Erfolge der Armenpflege und das Wohlbefinden der arbeitenden Klassen zu knüpfen. Soweit es unbeschadet dieses Zweckes geschehen kann, ist eine Ausgleichung der Armenlast, oder die Vertheilung derselben auf größere Verbände höchst wünschenswerth. Die Bürde wird leichter, und es kann in Folge dessen auch mehr geleistet werden. Wie dies zu erreichen sei, lehrt das Beispiel Englands auf eine sehr beachtenswerthe Weise. Die Unterscheidung der Gesammtkosten der Armenpflege in die Kosten für den persönlichen Unterhalt der Armen, und in die Kosten für Einrichtung und Unterhaltung der Anstalten, sowie für die Besoldung der Beamten, bei Übertragung der letzteren auf größere Verbände, ist ein glücklicher Griff der neueren englischen Armengesetzgebung.

Für die Abgrenzung der weiteren Armenverbände hält der Verfasser die in England, und noch folgerichtiger in Irland beobachteten Grundsätze: das natürliche Marktgebiet einer Stadt, die einen wirklichen Mittelpunkt für den Verkehr bildet, zu einer Sammtgemeinde zu vereinigen, neben der Rücksicht in derselben genügende geistige und materielle Kräfte für die Errichtung und Verwaltung der erforderlichen Anstalten zu finden, und endlich die Entfernungen sowohl für die Armen wie für die Mitglieder der Verwaltung nicht zu groß zu machen, für durchaus angemessen und hinreichend.

Das Beispiel Englands lehrt ferner, daß einzelne Ausgaben für Armenpflege, wie die Besoldung nicht nur der höheren Armenbeamten, sondern auch der Armenärzte, der Lehrer an den Armenanstalten, u. s. w., ohne Gefahr auf die Staatskasse übernommen werden können[6]).

Der Verfasser kann endlich auch nicht umhin, sich dahin auszusprechen, daß die Zusage einer Beihülfe zu den Armenkosten aus allgemeinen Fonds (Rate in aid) für den Fall, daß die Armenlast in einzelnen Kreisen durch besondere Umstände eine ungewöhnliche Höhe erreichen sollte, ihm zu sehr in den Forderungen der Gerechtigkeit begründet zu sein scheint, als

---

6) Der Verfasser erinnert hierbei daran, daß der Staat gegenwärtig einen Theil der Kosten für die Polizei in London trägt, und sich bereit erklärt hat, auch für die Verbesserung der Grafschaftspolizei unter gewissen Bedingungen eine Beihülfe zu gewähren.

daß er durch die Besorgniß den Eifer der Lokalbehörden, durch eine solche Zusage abzukühlen, sich bestimmen lassen könnte dieselbe vorzuenthalten. Der angedeuteten Besorgniß würde wohl dadurch begegnet werden können, daß für diesen Ausnahmefall die Lokalbehörde einer strengeren Aufsicht des helfend hinzutretenden Verbandes unterworfen und verpflichtet würde mindestens auch einen Theil der · größeren Last zu tragen, oder die empfangene Beihülfe später zurückzuzahlen.

§. 78.
Schlußbetrachtung über die Heimathsgesetze.

Ein hochgestellter Beamter der irischen Armenverwaltung äußerte gegen den Verfasser, daß schwerlich ein mit dem Gegenstand vertrauter Mann sich gegenwärtig noch für die Beibehaltung der Heimathsgesetze aussprechen werde; und der Verfasser hat bei der Darstellung der irischen Armenpflege berichtet, daß viele der von Andersdenkenden befürchteten nachtheiligen Folgen einer Aufhebung oder vielmehr des Nichtvorhandenseins der Heimathsgesetze, bisher in Irland nicht bemerkbar geworden sind. Dennoch glaubt er behaupten zu müssen, daß die in Irland gemachten Erfahrungen noch nicht zur endgültigen Entscheidung der Sache genügen. Sind Jahrhunderte dazu nöthig gewesen, um alle Nachtheile einer unzweckmäßigen Heimathsgesetzgebung klar hervortreten zu lassen, so ist ein Zeitraum von noch nicht zwei Decennien schwerlich ausreichend, um die Folgen einer von Grund aus verschiedenen Gesetzgebung vollständig an den Tag zu bringen. Dabei stehen alle Verhältnisse in Irland noch unter dem Einflusse der gewaltigen Katastrophe, welche dasselbe vor wenigen Jahren getroffen hat, so daß die gegenwärtigen Zustände noch in vieler Beziehung als Ausnahmezustände zu betrachten, und nur mit großer Vorsicht als Beispiel für einen regelmäßigen Verlauf der Dinge benutzt werden können [1]).

___

[1]) Der Verfasser fügt hinzu, daß doch auch in Irland in den Zeiten der Hungersnoth in großer Ausdehnung das eingetreten ist, was die Bertheidiger der Heimathsgesetze in England im Falle ihrer Aufhebung besorgten. Die Armen sind damals massenhaft nach den Städten, besonders den Hafenstädten, gegangen, zum Theil um von dort auszuwandern, zum Theil um dort in den Arbeitshäusern Aufnahme zu finden. Sie sind dann oft mindestens eine Zeit lang der Armenkasse zur Last gefallen, und die Armensteuer hat namentlich dadurch in manchen Städten eine wahr-

Außerdem ist zu beachten, daß man doch auch in Irland die Nothwendigkeit empfunden hat, den Begriff der Ortsangehörigkeit (Residence) der Armen näher zu bestimmen. Es ist dies nur eine Anerkennung der Wahrheit, daß der Einzelne dem Staat ordnungsmäßig
nicht allein unmittelbar, sondern auch und vielleicht überwiegend durch
das Band einer engeren Gemeinschaft, wie Genossenschaft, Stand,
Ortsgemeinde u. s. w., angehören soll, und daher mit einem Theile seiner Pflichten und Ansprüche zunächst an diese zu weisen ist.

Man hat in Irland den Versuch gemacht, den wesentlichen Zweck der Heimathsgesetze ohne die Nachtheile
derselben zu erreichen, oder mit anderen Worten, man hat sich
bemüht, die Ortsangehörigkeit festzustellen, ohne der freien Bewegung
der Arbeiter irgend welche Fesseln anzulegen. Es ist dies jedenfalls
ein sehr wichtiges und merkwürdiges Experiment, auf
dessen Erfolg Alle, die es mit der Sache ernst meinen, ihre Aufmerksamkeit zu richten haben. Der Verfasser kann indessen nicht
glauben, daß dieser ein überall günstiger sein werde.
Es erscheint ihm zu künstlich und widernatürlich, einen Begriff der
Ortsangehörigkeit der Einwohner aufzustellen, der nur für den Ort
selbst als verpflichteten, nicht für die Einwohner desselben als Berechtigte, eine Bedeutung hat. Er kann es ferner nicht für das wahre Ziel
der Gesetzgebung halten, es zu einem für den Arbeiter gleichgültigen
Gegenstande zu machen, ob er einem Orte oder einer Gemeinde, als
ihr Mitglied angehöre oder nicht. Er glaubt vielmehr, daß die unbe-
dingten Gegner der Heimathsgesetze in dem Bestreben einem Arbeiter
keine Hindernisse bei dem Aufsuchen von Beschäftigung zu bereiten, die
nicht minder große Gefahr zu sehr aus dem Auge verloren haben, die
darin liegt ihn zu einem zwecklosen Umherstreifen einzuladen.

Der Verfasser kann die oben im §. 29 entwickelten, von einsich-
gen Männern gegen die Aufhebung der Heimathsgesetze geltend gemachten Bedenken nicht für überall unbegründet halten; bis jetzt scheinen
ihm dieselben weder durch die Erfahrung, noch die gegen sie hervorge-
hobenen Gründe widerlegt zu sein. Er glaubt seiner Seits, daß es
richtiger ist, dem Arbeiter die Erwerbung einer Heimath oder eines gesicherten Wohnsitzes zu erleichtern, und ihm überall erreichbar zu machen.

___

haft erdrückende Höhe erreicht. Ob die in den letzten Jahren in Irland sehr mäßige Armensteuer dauernd und namentlich in den größeren Städten so bleiben wird,
muß die Zukunft lehren. Vgl. oben §. 77.

wenn er Fleiß und Sparsamkeit anwendet. Zu einer Vereinfachung und Verbesserung der Heimathsgesetzgebung ist ohne Zweifel noch viel Raum, und ist insbesondere die englische Heimathsgesetzgebung in eine solche Verwickelung gerathen, daß sie kaum noch haltbar sein dürfte. Die völlige Aufhebung des Begriffs der Heimath dürfte aber für den Arbeiter ähnliche Nachtheile haben, wie die Zusicherung eines sorgenfreien und in Beziehung auf Freiheit und Bequemlichkeit uneingeengten Alters, gleichviel ob er in der Jugend gearbeitet und gespart, oder das Gegentheil davon gethan habe.

Die Ausweisung Armer aus einem Orte, in welchem sie keine Heimathsrechte gewonnen haben, mag oft als eine Härte erscheinen, und wird dies ohne Zweifel um so häufiger auch sein, je unzweckmäßiger das Heimathsrecht in einem einzelnen Lande geordnet ist. Allein hieraus folgt noch nicht, daß es unausführbar sei, das Heimathsrecht so zu gestalten, daß es dem fleißigen und sparsamen Arbeiter gestattet ist, sich an dem ihm erwünschten Orte aufzuhalten, und da einen gesicherten Wohnsitz zu erwerben, wo er dauernde Beschäftigung findet, während hingegen die Ausweisung als eine verdiente Strafe gegen Fahrlässigkeit und Vergeudung, sowie gegen Müssiggang und Ungeschick in Anwendung kommt.

Die schottische Heimathsgesetzgebung, nach welcher Geburt und fünfjähriger Aufenthalt, während dessen der Arbeiter selbstständig sich seinen Unterhalt erworben hat, Heimathsrecht gewährt, erscheint dem Verfasser aus diesem Grunde nicht nur einfacher und gesunder als die englische, sondern dem Principe nach auch richtiger als die irische Bestimmung über Ortsangehörigkeit (Residence), bei Verneidung des Begriffes von Heimath (Settlement) und der damit zusammenhängenden Befugniß fremde Arme nach ihrer Heimath zu schicken.

Der Verfasser erkennt indeß gern an, daß die Erfahrung weiser ist, als das Nachdenken einzelner Menschen, und daß die scheinbarsten Gründe der Theorie oft durch die Praxis schlagend widerlegt werden. Er kann deshalb den in Irland gemachten Versuch, die Armenpflege ohne den Begriff der Heimath durchzuführen, nur als einen sehr dankenswerthen bezeichnen, der die aufmerksamste Beachtung verdient, wenn er gleich nicht im Stande ist denselben als einen durch den Erfolg bereits gekrönten, oder auch nur als einen Erfolg versprechenden, zur Nachahmung zu empfehlen.

Nachträge.

22

Zu S. 3 Note *. Außer dem IIIrn Report (s. S. 133 Anmerk. 2) wurde dem Herausgeber später auch der Twelfth Annual Report of the Poor-Law-Board 1859—1860. London 1860, zugänglich; aus ihm liefert er hier einige Nachträge.

Zu S. 9 Num. 15. Der Durchschnittspreis des Quarter Weizen betrug 1840: 68 Sch. 8 D.; 1841: 65 Sch. 3 D.; 1842: 64 Sch.; 1843: 54 Sch. 4 D.; 1844: 51 Sch. 5 D.; 1845: 49 Sch. 2 D.; 1846: 53 Sch. 3 D.; 1847: 59 Sch.; 1848: 64 Sch. 6 D.; 1849: 49 Sch. 1 D.; 1850: 42 Sch. 7 D.; 1851: 39 Sch. 11 D.; 1852: 39 Sch. 4 D.; 1853: 42 Sch.; 1854: 61 Sch. 7 D.; 1855: 70 Sch.; 1856: 75 Sch. 4 D.; 1857: 65 Sch. 3 D.; 1858: 53 Sch. 9½ D.; 1859: 42 Sch. 9½ D. Vgl. XIIth Rap. p. 14. 50. 157.

Zu S. 16 Num. 1. Im Jahre 1860 wird die Zahl der Kirchspiele in England und Wales auf 14,698 angegeben, und in den Extraparochial-Places eine Bevölkerung von 18,039 Einwohnern nach dem Census von 1851, vgl. XIIth Rap. p. 47. Nach dem Census vom 1sten April 1861 ist die Bevölkerung Englands auf 20,061,725 Einwohner gestiegen, s. Petermann Geogr. Mitth. 1861 S. 431, und zählt also ein Kirchspiel im Durchschnitt jetzt 1363 Einwohner.

Zu S. 30 Num. 5. Im Jahre 1859 wurden nur 95 Personen mit 490 £. von den Kirchspielen, und 10 P. mit 93 £. aus Gemeindefonds bei der Auswanderung unterstützt, vgl. XIIth Rap. p. 19. 303. 304.

Zu S. 32 Num. 7. In den 6 District-Schools wurden 1859 durchschnittlich 2682 Kinder unterrichtet, vgl. XIIth Rap. p. 16; über die dafür verwendeten Kosten s. XIIth Rap. p. 53. 306.

Zu S. 33. In den Arbeitshäusern wurden 1859 durchschnittlich 26,513 Kinder, und außerdem 4351 Kinder in besonderen Armenschulen der Sammtgemeinden und Kirchspiele unterrichtet; die Zuschüsse des Staats zu diesen Schulen und den Distriktsschulen betrugen 31,116 £.; vgl. XIIth Rep. p. 18. 290—302.

Zu S. 34 Num. 10. Die Ausgaben für ärztliche Hülfe betrugen 1858: 230,507 £.; 1859: 238,124 £.; vgl. XIIth Rap. p. 51.

Zu S. 34 Num. 11. Die Zahl der armen Irren belief sich 1859 auf 50,318; von ihnen befanden sich 34,483 in den Anstalten der Grafschaften, 2076 in Privatanstalten, 7963 in den Arbeitshäusern, und waren 5798 anderweitig untergebracht. Vgl. XIIth Rap. p. 17. 266—289.

Zu S. 36 Z. 1: lies „wird demnach"

22 *

Ju S. 37. In England erfolgen alle 10 Jahre Volkszählun-
gen: 1841. 1851. 1861. Das englische Armenamt legt nun bei seinen
Berechnungen die letzte Volkszählung zu Grunde, und nimmt für die
einzelnen zwischen den Zählungsjahren liegenden Jahre eine verhältnißmäßig vermehrte Volksmenge an. Sie berechnet im XIIth Rep. p. 10
die Bevölkerung von England und Wales:

. . . .	für 1841 auf 15,911,757 C.	für 1851 auf 17,927,609 C.
. . . .	» 1842 » 15,981,000 »	» 1852 » 18,205,000 »
. . . .	» 1843 » 16,191,000 »	» 1853 » 18,402,000 »
für 1834 auf 14,372,000 C.	» 1844 » 16,410,000 »	» 1854 » 18,617,000 »
» 1835 » 14,564,000 »	» 1845 » 16,029,000 »	» 1855 » 18,840,000 »
» 1836 » 14,758,000 »	» 1846 » 16,851,000 »	» 1856 » 19,043,000 »
» 1837 » 14,955,000 »	» 1847 » 17,078,000 »	» 1857 » 19,207,000 »
» 1838 » 15,155,000 »	» 1848 » 17,304,000 »	» 1858 » 19,444,000 »
» 1839 » 15,357,000 »	» 1849 » 17,534,000 »	» 1859 » 19,578,000 »
» 1840 » 15,562,000 »	» 1850 » 17,765,000 »	

Die hier für 1859 angenommene Volkszahl wird ziemlich zutreffen, da
im Jahre 1861 die Zählung vom 1ten April 20,061,725 Einwohner
ergeben hat, s. Petermann Geographische Mittheilungen 1861 S. 432.

Die Zahl der an einem Tage Unterstützten berechnet das
Armenamt für das Jahr 1858 auf 908,886, für 1859 auf 605,446
Personen; in jenem Jahre zu 4,7 Procent, in diesem zu 4,4 Procent
der von ihm für diese Jahre angenommenen Gesammtbevölkerung, s.
XIIth Ann. Rep. p. 14.

Zu S. 39. Nach den im Jahre 1860 von dem englischen Armenamte aufgestellten Berechnungen im XIIth Annual Report p. 192 (vgl.
XIth Ann. Rep. p. 196) wurden in England und Wales unterstützt:

Am	1sten Jan. 1858	18ten Juli 1858	1sten Jan. 1859	18ten Juli 1859	1sten Jan. 1860
Von einer Gesammtbevölkerung von:	18,974,000	19,047,000	19,220,000	19,334,000	19,460,000
wurden unterstützt:	940,552	871,482	862,078	811,619	844,87
In den Arbeitshäusern zusammen:	135,650	110,070	124,578	103,207	117,30
Darunter Arbeitsfähige: Männer	7,071	3,576	6,389	3,136	5,73
» » » Weiber	16,382	11,051	13,769	9,844	12,86
» » » Kinder	21,047	14,631	16,679	12,149	15,24

Am	1ten Jan. 1858	1ten Jan. 1859	1ten Jan. 1859	1ten Juli 1859	1ten Jan. 1860
Nichtarbeitsfähige: Männer	27,373	22,726	27,307	22,887	26,888
» » : Weiber	21,898	19,453	20,031	19,011	20,005
» » : Kinder	33,132	29,753	29,039	27,305	27,427
Irre: ...	7,555	7,591	8,451	8,235	8,148
Vagabunden: ...	1,593	1,189	1,273	1,270	909
Außerhalb der Arbeitshäuser zusammen:	805,528	711,996	738,046	708,873	728,085
Darunter Arbeitsfähige: Männer	40,262	24,298	26,811	23,180	27,120
» » : Weiber	107,067	87,224	90,509	85,116	88,409
» » : Kinder	257,958	213,326	220,691	203,580	211,407
Nichtarbeitsfähige: Männer	101,601	97,171	99,865	97,024	100,460
» » : Weiber	231,329	224,906	227,521	225,839	238,180
» » : Kinder	63,067	49,426	50,267	48,137	48,787
Irre: ...	13,420	13,765	21,501	22,110	23,023
Vagabunden:	823	880	880	997	839
Extra:	626	584	545	551	519.

Die Bevölkerung ist hier für die unter Armenräthen stehenden englischen Armenverbände berechnet, deren Zahl an den drei ersten Terminen 642, an den beiden letzten 645 (respective 646) betrug, vgl. unten den Nachtrag zu S. 50. Mit Einschluß der nicht unter Armenräthen stehenden, dabei nicht eingerechneten Distrikte, giebt das Armenamt die Zahl der in England Unterstützten an,

für den 1ten Juli 1858 zu 825,596 Personen.

» » 1ten Jan. 1859 » 567,543 »

» » 1ten Juli 1859 » 817,082 »

» » 1ten Jan. 1860 » 850,896 »

Vgl. XIIth Annual Report p. 12 und 13.

Zu S. 40 Anm. **. Über den Wechsel in der Zahl der Unterstützten in den einzelnen Wochen des Jahres, stelle ich aus XIIth Ann. Rep. p. 201. 218. 235 und 252 folgende Angaben zusammen: (Es worden unterhalb

Im Jahr:	1847	1858	1859
In der 1sten Januarwoche:	881,795	933,468	853,791
„ „ 2ten „	890,432	955,821	858,143
„ „ 3ten „	900,455|	965,890	865,878
„ „ 4ten „	908,510	973,818	869,549
„ „ 5ten „	920,608	976,773	871,491
„ „ 1sten Februarwoche:	952,731	981,647	872,890
„ „ 2ten „	953,340	983,121	874,965
„ „ 3ten „	936,914	977,312	876,165
„ „ 4ten „	921,489	977,464	873,091
„ „ 1sten Märzwoche:	897,088	969,383	866,736
„ „ 2ten „	904,225	1,003,304	860,779
„ „ 3ten „	900,157	987,121	857,809
„ „ 4ten „	897,374	962,201	855,753
„ „ 1sten Aprilwoche:	878,495	918,374	837,115
„ „ 2ten „	873,097	908,143	831,240
„ „ 3ten „	870,111	904,772	827,881
„ „ 4ten „	864,051	894,597	823,849
„ „ 5ten „	860,376	881,162	823,130
„ „ 1sten Maiwoche:	855,678	872,878	823,981
„ „ 2ten „	852,789	868,232	821,317
„ „ 3ten „	846,299	860,533	819,563
„ „ 4ten „	842,441	855,531	814,544
„ „ 1sten Juniwoche:	836,694	850,670	813,610
„ „ 2ten „	832,187	844,498	809,133
„ „ 3ten „	830,732	638,707	804,563
„ „ 4ten „	829,381	833,472	802,307
„ „ 1sten Juliwoche:	818,595	822,034	794,681
„ „ 2ten „	817,831	819,544	788,615
„ „ 3ten „	815,825	819,172	787,621
„ „ 4ten „	814,517	817,785	786,826
„ „ 5ten „	812,892	814,853	784,488
„ „ 1sten Augustwoche:	810,306	810,455	781,370
„ „ 2ten „	808,011	807,798	779,608
„ „ 3ten „	807,419	807,354	778,379
„ „ 4ten „	805,509	807,055	778,161
„ „ 1sten Septemberwoche:	807,132	807,617	779,254
„ „ 2ten „	809,505	807,979	778,493
„ „ 3ten „	813,478	808,561	781,381
„ „ 4ten „	816,195	811,362	783,465
„ „ 1sten Oktoberwoche:	804,578	802,107	776,441
„ „ 2ten „	809,175	802,807	771,313
„ „ 3ten „	817,331	807,678	774,097

Im Jahre:	1857	1858	1859
In der 4ten Octoberwoche:	822,805	811,649	777,627
„ „ 5ten „	828,759	811,894	782,603
„ „ 1sten Novemberwoche:	835,424	817,669	766,662
„ „ 2ten „	845,635	822,482	791,715
„ „ 3ten „	857,084	828,163	796,545
„ „ 4ten „	880,487	837,291	800,467
„ „ 1sten Decemberwoche:	897,627	844,757	804,782
„ „ 2ten „	914,336	848,701	809,482
„ „ 3ten „	926,521	853,608	815,757
„ „ 4ten „	936,815	857,908	826,773.

Zu S. 41 lin. 17. Die Zahl der arbeitsfähigen Armen, die unterstützt wurden, betrug durchschnittlich für einen Tag des Jahres 1857: ... 140,075,

„ „ 1858: ... 153,769,

„ „ 1859: ... 135,754. Vgl XIIth Ann. Rep. p. 14.

Zu S. 42. Die Gesammtkosten für Armenpflege betrugen:

	Im Jahre 1856.	Im Jahre 1857.	Im Jahre 1858.	Im Jahre 1859.
1. Für Unterstützung innerhalb der Arbeitshäuser: .	1,139,902 £.	1,088,558 £.	1,067,803 £.	954,509 £.
2. Für Unterstützung außerhalb der Arbeitshäuser .	3,389,534 £.	3,152,378 £.	3,117,274 £.	3,023,199 £.
3. Für Unterstützung Irrer in Irrenhäusern und Privatanstalten: .	. . . .	377,859 £.	397,636 £.	413,357 £.
4. Für Tilgung und Verzinsung der zum Bau der Arbeitshäuser aufgenommenen Darlehne:	209,876 £.	217,198 £.	208,605 £.	194,579 £.
5. Für Besoldung von Beamten . .	838,147 £.	837,629 £.	838,441 £.	838,206 £.
6. Für anderes mit der Armenpflege unmittelbar verbundene Gegenstände:	783,884 £.	485,437 £.	454,593 £.	434,639 £.
Zusammen:	6,004,844 £.	5,898,737 £.	5,876,642 £.	5,858,689 £.

Vgl. XIIth Annual Rep. p. 9. 50 und 56.

344 Nachträge.

Ju S. 44 lin. 9. Vgl. die vorstehenden Angaben über die Jahre 1858 und 1859.

Ju S. 45. Die Armensteuer betrug auf den Kopf der Bevölkerung durchschnittlich im Armenjahre 1857: 6 Schill. 1½ Denare; 1858: 6 Schill. ¼ Denar; 1859: 5 Schill. 8½ Denare; oder im Durchschnitt der 25 Jahre von 1834 bis 1859: 6 Schill. ¼ Denar. Vgl. XIIth Ann. Rep. p. 10. Hierbei ist die Bevölkerung Englands in der S. 342 angegebenen Weise, ohne Rücksicht auf die Resultate der Volkszählung von 1861, berechnet.

Ju S. 50. Nach der am 25sten März 1859 angeordneten Abzweigung der Hartlepool-Union, von der allzu übervölkerten Stockton-Union (vgl. XIIth Ann. Rep. p. 19 und 312), war am 1sten Januar 1860 die Zahl der von Armenräthen verwalteten Armenverbände auf 646 gestiegen, vgl. XIIth Ann. Rep. p. 13. Ganz England und Wales zerfiel nach XIIth Ann. Report p. 47 im Jahre 1860 in Betreff der Armenpflege:

a) in 588 Unions mit Armenräthen nach der
Armenakte; diese umfassen . . . . . . 14,052 Kirchspiele;
b) in 22 größere Kirchspiele mit Armenräthen
nach der Armenakte; d. i. . . . . , . . 22 »
c) in 21 Unions mit Armenräthen nach verschiedenen Lokalakten; sie umfassen . . . 320 »
d) in 15 größere Kirchspiele mit Armenräthen
nach verschiedenen Lokalakten; d. i. . . . 15 »
e) in 12 Unions, verwaltet nach der s. g. Gilbert's Act; sie umfassen . . . . . . 199 »
f) in 2 einzelne Kirchspiele, verwaltet nach der
Gilbert's Act; d. i. . . . . 2 »
g) in 88 Kirchspiele, verwaltet nach dem Armengesetz der Königin Elisabeth (43 Elisab.
c. 2); d. i. . . . . 88 »

Zusammen 14,698 Kirchspiele.

Die unter den vier ersten Buchstaben aufgezählten Kirchspiele bildeten jene 646 von Armenräthen verwalteten Armenverbände. Die Bevölkerung der 14,698 Kirchspiele belief sich nach dem Census von 1851, zusammen auf 17,909,570 Einwohner, zu denen noch 18,039 in den Extraparochial Places kamen, s. XIIth Ann. Rep. p. 47. Die Ergebnisse der Zählung von 1861, deren Gesammtresultate oben S. 340

zu S. 37 nachgetragen sind, vermag ich für die einzelnen Klassen von Armenverbänden noch nicht anzugeben.

In S. 51. Am 1ten Januar 1860 war die für die Errichtung von Arbeitshäusern verwendete Summe auf 5,204,866 £, angewachsen, vgl. XIIth Ann. Rep. p. 305 und 306.

Zu S. 53. Die Kosten für den Unterhalt der Irremovable Paupers, die früher nicht in den Rechnungen der Armenverbände specificirt wurden, und über deren Betrag auf S. 53 muthmaßliche Schätzungen mitgetheilt sind, hat das XIIth Annual Report p. 12. 129. 140 und 150 näher zu ermitteln gesucht. Die Unions, welche specielle Berechnungen darüber lieferten, umfassen ungefähr ⅓ der gesammten Bevölkerung von England; für sie entwirft das Report folgende Tabelle:

Armen- jahr.	Bevölkerung nach dem Census von 1861.	a) Unterhalt der Irremovable Pau- pers.	b) Unterhalt der übrigen Armen.	In Procenten beträgt die Ziffer von a, von denen von b.
1855	15,723,899	793,648 £.	3,891,091 £.	20,77
1856	15,743,735	829,966 £.	3,898,844 £.	21,39
1857	15,634,573	813,145 £.	3,752,145 £.	21,65
1858	15,676,753	846,562 £.	3,689,953 £.	22,89
1859	15,544,653	792,713 £.	3,401,015 £.	23,31

In der zweiten Hälfte des Armenjahres 1858 betrugen die Unterhaltskosten für die Irremovable Paupers 30½% Procent von den Unterhaltskosten für alle Armen, und in der zweiten Hälfte des Armenjahres 1859 beliefen sie sich auf 30⅚ Procent.

Zu S. 60 Num. 3. Gegenwärtig ist C. P. Villiers Präsident des Armenamtes.

Zu S. 79 Num. 3. Aus den Mittheilungen im XIIth Annual Report p. 25 ergiebt sich, daß im Jahre 1860 vorhanden waren:
653 Selecdäte (Clerks) der Unions,
1356 Unterstützungsbeamten (Relieving-Officers).
713 Direktoren der Arbeitshäuser,
gegen 5000 Einnehmer (Collectors of Poorrates).
653 Rendanten (Treasurers) der Unions.

Zu S. 89 Zeile 10. Zu den angeführten 49 District-auditors treten noch 5 andere für die Kirchspiele, deren Armenräthe durch besondere Statute angeordnet sind. Über die Thätigkeit der District-auditors vgl. XIIth Rep. p. 24 folg.

Zu S. 138 Absatz 2. Das der Armensteuer unterworfene Grundeigenthum in England wurde für die Armensteuer im Jahre 1856 auf 71,840,271 L. abgeschätzt, vgl. XIIth Ann. Rep. p. 10. 48. — Im XIIth Annual Report (datirt vom 24ten Mai 1860) für das Armenjahr 1859 auf 1860, p. 7 wird eine Zusammenstellung der in England und Wales für die Armenpflege verwendeten Summen gegeben. Von 1813 bis 1834 betrugen sie 143,110,817 L., d. i. jährlich im Durchschnitt eine Summe von 6,505,037 L. Nach Erlaß der Armenakte von 1835 bis 1859 betrugen sie zusammen 129,226,833 L., oder im Durchschnitt jährlich 5,169,073 L., und zwar mit Einrechnung von 600,000 L., die seit 1834 im Durchschnitte jährlich für die neu errichteten Union-workhouses, und von 200,000 L., die jährlich für die Besoldung der Beamten der Sammtgemeinden (Unions) verausgabt wurden.

Die Last dieser Summen wurde aber im Laufe dieses Zeitraumes für die Einzelnen dadurch eine wesentlich leichtere, daß innerhalb desselben die Bevölkerung Englands bedeutend stieg. Das Report p. 8 berechnet die durchschnittliche jährliche Bevölkerung Englands von 1813 bis 1834 auf 12,853,000 Einwohner, und kamen damals durchschnittlich auf den Kopf 10 Schill. 4 Denare. Vom Jahre 1835 bis 1859 betrug die Bevölkerung im Durchschnitte 17,087,297 Einwohner, und kamen somit durchschnittlich auf den Kopf 6 Schilling ½ Denar. (Hierbei ist noch unberücksichtigt gelassen, daß 1859 die Bevölkerung Englands noch höher gestiegen war, als das Report mit Rücksicht auf die verhältnißmäßige Vermehrung der Bevölkerung in den früheren Jahren angenommen hat, wie die Zählung von 1861 ergiebt, vgl. oben S. 310).

Eine noch wirksamere Erleichterung für das Tragen der Armensteuer ist herbeigeführt durch das bedeutende Wachsthum des gesammten Vermögens in England. Im Jahre 1815 wurde der Werth des Grundvermögens für die Grundsteuer geschätzt („the annual value of real property assessed to the property tax") . auf 51,898,423 L. Die Armensteuer der 3 Jahre 1814, 1815 und 1816 betrug durchschnittlich auf ein Jahr 5,812,755 L., d. i. 2 Schillinge 3 Denare auf das Pfund der Grundsteuertaxe („in the pound on the property tax assessment"); im Jahre 1857 dagegen belief sich der Werth des Grundvermögens (der „real property") auf 103,496,253 L.; die Armensteuerunterstützung der 3 Jahre 1856, 1857 und 1858

betrug durchschnittlich auf ein Jahr 5,778,662 £., b. i. 1 Schilling 1⅛
Denare auf das Pfund, also halb so viel als früher. Vgl. XIIth Au-
nual. Rep. p. 8.

Zu S. 151 Anmerf. Nach der Beendung des Druckes des zweiten Capitels
wurde dem Herausgeber noch das Fourteenth Annual Report of the
Board of Supervision for the Relief of the Poor in Scotland.
Edinb. 1859, zugänglich.

Zu S. 176 Anm. 2. Ein Verzeichniß der schottischen Kirchspiele für 1859
vgl. im XIVth Ann. Rep. p. 23 folg., und Angaben über die in allen einzelnen
Kirchspielen 1859 unterstützten Armen a. a. O. p. 120—165.

Zu S. 177 Anm. 5. Über die Bevölkerung der einzelnen schottischen Kirchspiele vgl. XIVth Ann Rep. p. 120 folg. Als Gesammtbevölkerung Schottlands
hat die Zählung vom Jahre 1861 ergeben 3,061,251 E., vgl. Petermanns Geographische Mittheilungen 1861 p. 432; es würde also durchschnittlich jedes der
283 schottischen Kirchspiele jetzt 3466 Einwohner haben.

Zu S. 181 Anm. 1 vgl. S. 204 Anm. 4 und die Nachträge zu der letzteren
Stelle.

Zu S. 181 Anm. 2. Im XIVth Ann. Rep. p. XVII wird für den 14ten Mai
1859 die Zahl der Registered Poor auf 78,503 angegeben, und für den 1sten Juli
1859 die der Casual Poor auf 2675. Im Armenjahr 1859 wurden 97,809 Registered Poor, und 37,789 Casual Poor, zusammen 135,598 Arme unterstützt, vgl.
a. a. O. p. XVII.

Zu S. 152 Zeile 17. Die Zahl der unterstützten geisteskranken
Armen betrug in dem mit dem 11ten Mai 1859 endenden Armenjahre
5815, vgl. XIVth Ann. Rep. p. XVII. Es waren im Laufe des Jahres aus der Pflege entlassen oder gestorben 945, befanden sich in Privatwohnungen 1765, waren dagegen in Armenhäusern (Poorhouses)
und Irrenhäusern (Asylums) 3205 untergebracht, vergl. XIVth Ann.
Rep. p. 165. Im Jahre 1859 betrugen die Gesammtkosten für diese Geisteskranken 79,286 Pfund, vgl. a. a. O.

Zu S. 153 Absatz 2. Im Jahre 1859 ist in Schottland eine neue
Medical Act aus dem Jahre 1858 in Wirksamkeit getreten. Das
XIVth Ann. Rep. p. VIII—XIV erstattet Bericht über ihre Ausführung
und Erfolge im Jahre 1859. Zum Schluß des Absatzes vgl. S. 205
Amn. 5 und die Zusätze zur letzteren Stelle.

Zu S. 183 Anm. 7. Im Jahre 1859 wurden 85,691 £. für Armenkrankenpflege verausgabt, vgl. XIVth Ann. Rep. p. XII.

Zu S. 184 Anm. 10. Im Jahre 1859 besanden sich unter den 97,809 Re-
gistered-poor: 47,770 Dependents, und unter 37,789 Unregistered-poor: 30,111
Dependents, vgl. XIVth Ann. Rep. p. XVIII und p. 162.

Zu S. 187 Anm. 16. Das XIVth Ann. Rep. p. VII und p. 206—208 veröffentlicht den Rechnungsabschluß des Jahres 1858 über die für Errichtung von

Armenhäusern aufgenommenen Darlehne, die Poorhouse - Building - Debt. Zum
Beispiel waren für das Armenhaus Barony 31,509 £. aufgenommen worden, betrug die am 14ten Mai 1858 davon noch restirende Summe 10,183 £., und warden darauf bis zum 14ten Mai 1859 abgezahlt 896 £., während in demselben Jahre
die dafür gezahlten Zinsen sich auf 453 £. beliefen. Von in Glasgow für das Armenhaus aufgenommenen 12,500 £. waren am 14ten Mai 1859 die letzten 2500 £.
zurückgezahlt worden.

Zu S. 188 Num. 17 vgl. S. 207 Anm. 11 und den Zusatz zur letzteren Stelle.

Zu S. 189 Num. 3. Im Jahre 1859 hat sich die Zahl der Kirchspiele, die
sich zur Einführung einer Armensteuer entschlossen hat, um 7 vermehrt; in 745
Kirchspielen Schottlands wurde Armensteuer gezahlt, dagegen nicht in 138 Kirchspielen, vgl. XIVth Ann. Rep. p. V.

Zu S. 130 Num. 0. Von den 745 Kirchspielen, die Armendiener zählten, that-
ten es nach dem 1sten Modus mit Klassification 142, ohne Klassification 544;
nach dem 2ten Modus 10; nach dem 3ten Modus 21; nach altem Herkommen 28;
vgl. XIVth Ann. Rep. p. V.

Zu S. 191 Num. 8. Die Kirchencollecte in denjenigen Kirchspielen, die
eine Armensteuer eingeführt haben, ergab im Jahre 1859 im Ganzen 10,948 £.;
von diesen wurden 9068 £. für Armenunterstützungen verwendet, und zwar in den
großen Mehrzahl der Kirchspiele durch die Kirchencollegien (Kirk - sessions), in einigen wenigen durch den Armenrath (Parochial - Board), vergl. Angaben über die
einzelnen Kirchspiele im XIVth Ann. Rep. p. 166 — 183. Die Kirchencollegien be-
dienten sich der betreffenden Summen meistens, um zeitweise in Geldverlegenheit ge-
rathene Personen so zu unterstützen, daß sie nicht der öffentlichen Armenunterstützung
verfielen, und errichteten dies in vielen Fällen, vgl. XIVth Ann. Rep. p. XXVI.

Zu S. 204 Num. 4. Das XIVth Ann. Rep. p. 198 — 205 verzeichnet im
Jahre 1859 in Schottland 33 vollständig eingerichtete und 16 im Bau begriffene
Armenhäuser. Nachdem letztere vollendet sind, haben, wie XIVth Ann. Rep. p. VI
angiebt, 719 schottische Kirchspiele mit einer Bevölkerung von 1,411,074 Einwohnern Armenhäuser, während noch 194 andere Kirchspiele, mit einer Bevölkerung
von 674,635 Einwohnern, contractmäßig jene Armenhäuser mit benutzen

Zu S. 205 Anm. 6. Im Jahre 1859 nahmen 860 schottische Kirchspiele, mit
einer Bevölkerung von 2,489,817 Einwohnern, an dem Staatszuschuß von 10,000 £.
für Krankenpflege Antheil, indem sie sich den dafür vorgeschriebenen Bedingungen
unterwarfen; bei 223 Kirchspielen mit 398,925 Einwohnern war dies nicht der Fall.
Die den einzelnen Kirchspielen gezahlten Summen verzeichnet das XIVth Ann. Rep.
p. XII und 184 — 197.

Zu S. 205 Num. 6. Im Jahre 1859 wurden 26,891 £. für Armenkrankenpflege verausgabt, dies beträgt 3 ¼⁰ Pfennige auf den Kopf der Bevölkerung Schottlands nach der Zählung von 1851, vgl. XIVth Ann. Rep. p. XII folg.

Zu S. 200. Die gesammten Armenkosten für 1859 beliefen sich
auf 657,365 £., d. i. auf 4 Schill. 6½ Pfennig auf den Kopf der Bevölkerung nach der Zählung von 1851. Die angeführte Summe vertheilt sich in der Weise, daß verwendet wurden: für die in die Listen

eingetragenen Kranken: 512,751 L.; für die gelegentlich Armen: 25,752
L.; für Armenkrankenpflege: 25,691 L.; für Verwaltungskosten: 67,166
L.; für Prozeßkosten: 9,753 L.; und für Baulichkeiten: 16,250 L. Vgl.
XIVth Ann. Rep. p. XV.

Zu S. 207 Num. 8. Im Jahre 1859 war die durchschnittliche Unterstützung
für einen auf der Liste stehenden Armen auf 5 L. 4 Schill. 10 Pfennige gestiegen;
vgl. XIVth Ann. Rep. p. XVI.

Zu S. 207 Num. 11. Die in dieser Anmerkung aus dem XIIIth Annual Report mitgetheilte Vergleichung der Armenunterstützung in Schottland mit der in einigen Theilen Englands, wird im XIVth Annual Report p. XXII einer nochmaligen näheren Erwägung unterzogen, und eingeräumt, daß bei der früheren Vergleichung manche Punkte nicht genügend beachtet worden wären; jede Vergleichung beider Länder sei bei der verschiedenen Art der Unterstützung der Armen in ihnen und
der dabei eingeführten sehr abweichenden Rechnungsführung in hohem Grade mißlich.

Zu S. 208 Num. 12 vgl. XIVth Ann. Rep. p. XXVII und p. 33—37.

Die Parlamentsbeschlüsse vom 1ten August 1862 zu Gunsten der englischen Baumwollenbistrikte.

Die durch den nordamerikanischen Bürgerkrieg verhinderte Ausfuhr von Baumwolle, und das in Folge dessen eingetretene fortgesetzte Steigen der Baumwollenpreise, hat in den Orten Englands, in denen die Baumwollenfabrikation massenhaft betrieben wird, eine mit jeder Woche zunehmende Verminderung und theilweise Einstellung der Baumwollenarbeit bewirkt, und dadurch unter den unvollständig oder gar nicht beschäftigten Arbeitern große Noth erzeugt. Im Juli machten sich Anforderungen aus den englischen Baumwollendistrikten geltend, daß außerordentliche Maßregeln zur Unterstützung der bedrängten Ortschaften ergriffen werden möchten, verschiedene wohlthätige Sammlungen wurden veranstaltet, und der Präsident des englischen Armenamtes Mr. Villiers, fand sich veranlaßt am 22sten Juli im Unterhause gesetzliche Maßnahmen zu beantragen, in Folge deren in stürmischer Eile, da der Schluß des Parlaments erfolgen sollte, am 1ten August ein das englische Armenrecht modificirendes Gesetz angenommen wurde, dessen hier nachträglich noch Erwähnung geschehen soll.

Die englische Baumwollenindustrie hat ihren Sitz in Lancashire und Cheshire. Diese beiden Grafschaften bilden in Betreff der Armenpflege unter der Bezeichnung North-Western die 5te Division von England und Wales; Lancashire besteht aus 28 Unions (Sammelgemeinden) mit 2,056,185 Einwohnern nach der Zählung vom Jahre 1851, Cheshire aus 11 Unions mit 420,074 Einwohnern; beide zusammen umfassen 921 Kirchspiele, vgl. den 1860 ausgegebenen XIIth Annual Report of the Poor Law Board p. 276. Die über 20 Jahre alten Manufakturarbeiter betragen in Lancashire 22,6 Procent der Bevölkerung, in Cheshire 16 Procent; während sie in der 9ten englischen Armenabtheilung (der Division York), die nach der Zählung von

1851, 1,601,217 Einwohner in sich schließt, 17¼ Procent bilden, in den übrigen 8 Armenabtheilungen (Divisions) Englands zwischen 2¹⁄₁₀ und 7¹⁄₁₀ Procent schwanken, und in ganz England und Wales (mit einer Bevölkerung von 17,669,448 Einwohnern nach der Zählung von 1851) 8¹⁄₁₀ Procent betragen. Vgl. XIIth Ann. Report p. 105. 276.

Nach den am 30ˢᵗᵉⁿ Juli 1862 vom Präsidenten des englischen Armenamtes im Unterhause gemachten Mittheilungen (vgl. The Times vom 31ˢᵗᵉⁿ Juli p. 8), sind es 19 Unions der angeführten Grafschaften Lancashire und Cheshire, in denen die Baumwollenfabrikation insbesondere betrieben wird, und tritt die Noth jetzt namentlich in 12 derselben hervor („There were 19 Unions in the cotton trade, but in seven of these unions the distress was not likely to be severely felt"). Diese 12 Unions zählen 136,611 mit Baumwollenfabrikation beschäftigte Arbeiter in einem Alter über 20 Jahre, und 91,086 Arbeiter in einem Alter unter 20 Jahren, im Ganzen also 227,730 Arbeiter, die mit der Baumwollenfabrikation beschäftigt sind. Hierzu kommen noch 136,644 von ihnen abhängige Personen (Weiber, Kinder u. s. w.), so daß in Summa 364,374 Personen in diesen 12 Unions von der Baumwollenfabrikation ihren Unterhalt erhalten; oder, da die Gesammtbevölkerung dieser 12 Unions sich auf 1,106,839 Einwohner beläuft, etwa der dritte Theil der Bevölkerung derselben.

Mr. Hibbert erörterte in derselben Unterhaussitzung (Times vom 31ˢᵗᵉⁿ Juli p. 8), daß von den 28 Unions der Grafschaft Lancashire mit zusammen 454 Kirchspielen, die Union Blackburn mit 24 Kirchspielen (und einer Bevölkerung von 90,738 Einwohnern nach dem Census von 1851, vgl. XIIth Ann. Rep. p. 291), und die Union Preston mit 28 Kirchspielen (und einer Bevölkerung von 96,545 Einwohnern nach dem Census von 1851, vgl. XIIth Ann. Rep. p. 298), am härtesten durch den Mangel an Baumwolle heimgesucht würden. In 14 anderen Unions der Grafschaft Lancashire litten die Arbeiter bisher noch nicht in so hohem Grade Noth, doch überwöge auch in ihnen die Baumwollenfabrikation („then there followed the semidressed unions, 14 in number, which were principally engaged in the cotton trade"); während die Bevölkerung der übrigen 12 Unions von Lancashire sich mit Landbau beschäftige („the remaining 12 unions were agricultural unions").

Um die im Laufe des Juni eingetretene Abnahme in der Beschäftigung der englischen Baumwollenarbeiter darzuthun, die im Juli in

traurigster Weise fortgeschritten ist, und, wie leider feststeht, in den
nächsten Monaten sich noch weiter steigern wird, führt Mr. Villiers in
der Unterhaussitzung vom 22sten Juli (Times vom 23sten Juli p. 7) an,
daß beispielsweise durch Armenunterstützung unterhalten wurden:
in der Union Ashton-under-Lyne (mit 119,199 Einwohnern nach dem
Census von 1851, vgl. XIIth Ann. Rep. p. 290)

in der letzten Maiwoche: 8,400 Personen

dagegen in der letzten Juniwoche: 9,600 «

in Union Blackburn (mit 90,738 Einwohnern)

in der letzten Maiwoche: 10,600 «

in der letzten Juniwoche: 11,500 «

in Union Manchester (mit 156,986 Einwohnern)

in der letzten Maiwoche: 12,700 «

in der letzten Juniwoche: 14,200 «

in Union Preston (mit 96,545 Einwohnern)

in der letzten Maiwoche: 11,800 «

in der letzten Juniwoche: 12,100 «

in Union Stockport (mit 90,174 Einwohnern)

in der letzten Maiwoche: 5,400 »

in der letzten Juniwoche: 6,000 « [1]).

Dafür aber, daß nicht nur eine Vermehrung der Unterstützten, sondern
auch eine der zur Unterstützung verwendeten Summen erfolgt ist, theilt
Mr. Villiers mit, daß für Armenunterstützung verausgabt wurden:

in Blackburn im Jahre 1861: . . . . . 14,475 £.

im gegenwärtigen Jahre bereits: 37,507 £.

in Preston im Jahre 1861: . . . . . . 16,651 £.

im gegenwärtigen Jahre bereits: 66,612 £.

in Stockport im Jahre 1861: . . . . . 11,204 £.

im gegenwärtigen Jahre bereits: 27,300 £.

Dabei ist aber noch sehr zu beachten, wie Mr. Villiers hervorhebt,
daß die Zahlen der gegenwärtig Unterstützten, sowie die Summen, die
bisher für Unterstützung verwendet worden sind, keinen genügenden

---

[1] Mr. Hibbert bemerkt: „The in-door pauperism (d. i. die Zahl der im Arbeitshause Unterstützten) had increased at Blackburn 358 per cent above what it
was at Midsummer of 1861; and at Preston the increase was nearly the same.
The out-door relief (d. i. die Zahl der außerhalb des Arbeitshauses Unterstützten)
had risen 399 per cent. at Blackburn, and 474 at Preston." Times vom 31sten
Juli p. 8.

Maßstab abgeben für die Zahl der unbeschäftigten Arbeiter, indem
z. B. in Burnley 13,000 Arbeiter sich vorfänden, von denen 10,000
unbeschäftigt wären, ohne bisher (Redner sagt dies am 22sten Juli) eine
Unterstützung aus der Armenkasse erhalten zu haben. Um zu erklären,
von welchen Mitteln die 13,000 Arbeiter in Burnley in der letzten Zeit
gelebt haben, führt Mr. Villiers an, daß sie im laufenden Jahre 4507 £.
aus den Sparkassen, 3700 £. aus den Baugesellschaften entnommen,
und 458 £. an freiwilligen Unterstützungen erhalten hätten, während
ihnen vom 25sten März bis zum 1sten Juli aus der Armenkasse nur 728 £.
gezahlt worden wären. Leider seien aber jetzt auch bereits die in früheren günstigen Zeiten aufgesparten Mittel der meisten dieser Arbeiter
fast völlig erschöpft, und sie würden, wenn sich nicht bald neue Arbeit
für sie fände, in kurzer Zeit großentheils der Armenunterstützung anheim fallen. Da nun aber ähnliche Verhältnisse in den meisten Baum-
wollenorten stattfänden, so würden sich bald massenhaft ähnliche Erscheinungen zeigen, und dann erst die Größe des vorhandenen Elends
erdrückend zu Tage treten.

Nach dem geltenden englischen Armenrecht, welches oben auf S. 48
besprochen wurde, sind es die einzelnen Kirchspiele, die für ihre Unterstützungsbedürftigen zu sorgen haben, und es durch die von den Armensteuerpflichtigen (Rate-payers) des Kirchspiels erhobene Armensteuer
thun müssen, für deren Aufbringung die oben auf S. 132 dargelegten
Grundsätze maßgebend sind; nur für eine gewisse Klasse von Unterstützungsbedürftigen, die irremovable Paupers, treten an Stelle der
einzelnen Kirchspiele die Unions (Sammtgemeinden), d. i. es haben für
diese die Armensteuerpflichtigen aller zu einer Union verbundenen Kirchspiele, die erforderlichen Summen durch die Armensteuer aufzubringen,
vgl. darüber oben S. 49. 50 (mit Zusatz auf S. 315) und 117. Daß nun
bei der gegenwärtig durch den Mangel an Baumwolle entstandenen Arbeiternoth in Lancashire und Chestshire, wenn sie längere Zeit fortdauert,
wie das nicht zu bezweifeln ist, viele einzelne Kirchspiele außer Stand
sein werden, die zur Unterstützung und Erhaltung ihrer arbeitslosen Arbeiter erforderlichen Summen durch die Armensteuer aufzubringen, wird mit
Ausnahme von ganz Einzelnen, die noch einen näheren Nachweis dafür
verlangen, als er bisher erbracht worden ist, allgemein eingeräumt; wie
aber unter diesen Verhältnissen den Hülfsbedürftigen dann am zweckmäßigsten zu helfen ist, da wohlthätige Beiträge, mögen sie immerhin

reichlich fließen, bei der Größe der Noth nicht ausreichen können, ist eine sehr verschieden beantwortete Frage.

Drei hierfür gemachte Vorschläge sind näher in Erwägung gekommen: Einige forderten eine ausgedehnte Unterstützung der bedrängten Kirchspiele aus Staatsfonds; Andere verlangten, daß den einzelnen bedrängten Kirchspielen durch ein Gesetz gestattet würde Darlehne zur Bestreitung der gegenwärtig ihnen obliegenden Unterstützung ihrer Armen aufzunehmen, die später von jedem Kirchspiele aus seiner Armensteuer zu verzinsen und binnen einer gewissen Frist zurückzuzahlen wären; noch Andere endlich wollten zur Unterstützung eines bedrängten Kirchspieles die anderen Kirchspiele der Union heranziehen, der das Kirchspiel angehört, oder eventuell, wenn die Union zu belastet würde, die anderen Unions der Grafschaft (County), in der die Union liegt.

Der erste Vorschlag fand den geringsten Anklang; die Ausführung des zweiten beantragten im Unterhause viele einzelne bedrängte Kirchspiele; den dritten Vorschlag acceptirte das Gouvernement, und der Präsident des Armenamtes, Mr. Villiers, legte ihn einer am 22ten Juli im Unterhause eingebrachten Bill zu Grunde. Mr. Villiers blieb aber am 30ten Juli, bei der dritten Lesung derselben im Unterhause mit 88 gegen 95 Stimmen in der Minorität; und brachte, indem das Ministerium den Wünschen der Majorität des Unterhauses nachgab, am 31ten Juli eine den zweiten und dritten Vorschlag combinirende Bill ins Unterhaus, die in einigen Punkten amendirt, und hierauf von beiden Häusern angenommen wurde.

A. Fassen wir zuerst den Vorschlag des Präsidenten des Armenamtes, benachbarte Kirchspiele zur Unterstützung eines bedrängten Kirchspieles heranzuziehen, näher ins Auge.

Er lehnt sich an eine Bestimmung der Armenakte der Königin Elisabeth, die sogenannte Rate-in-aid-Clause (Hülfssteuer-Klausel), nach welcher, wenn die Bewohner eines Kirchspieles nicht im Stande sind ("are not able") die für ihre Unterstützungsbedürftigen erforderlichen Summen aufzubringen, und zwei Friedensrichter dies bezeugen, einige benachbarte Kirchspiele, oder das Hundert ("Hundred"), oder endlich die ganze Grafschaft ("County"), in denen das Kirchspiel liegt, zu einer Hülfssteuer ("Rate in aid") herangezogen werden können *). Da indeß die Alte der Königin Elisabeth weder besagt, bis zu welcher Höhe die Besteuerung eines Kirchspieles für Armenunterstützung gestiegen sein muß, ehe es für außer Stand (not able) gelten soll seine Hülfsbedürftigen selbstständig zu unterstützen, noch auch näher angiebt, in welchem Verhältniß eventuell andere Kirchspiele des Hunderts und der Grafschaft zur Unterstützung herangezogen werden können, und dadurch den zwei Friedensrichtern, die die Leistungs-unfähigkeit des verpflichteten Kirchspieles feststellen sollen, eine vage und ganz unbestimmte Macht eingeräumt wird, deren Ausübung ihnen eine schwere Verantwortung zuziehen muß, so ist die Rate-in-aid-Klausel auch in früheren Zeiten nur in einigen wenigen Fällen ange-wendet worden, und gilt in England allgemein nicht mehr für prak-tisch *). Allerdings sprach der Präsident des Armenamtes am 15ᵗᵐ Juli 1862 im Unterhause, als er aufgefordert wurde zu erwirken, daß be-drängten Kirchspielen gestattet würde Darlehne aufzunehmen, um ihren Pflichten gegenüber ihren unterstützungsbedürftigen Baumwollenarbei-tern genügen zu können, die Ansicht aus, daß die Rate-in-aid-Klau-sel des Elisabethinischen Armengesetzes die geeignete Hülfe für die be-drängten Kirchspiele gewähre, da sie, wie man sich unlängst bei einem Fall in Coventry überzeugt habe, noch völlig zu Recht beständig sei, doch erklärte er gleichzeitig, daß die Regierung beabsichtige jene Klausel wieder in Kraft setzen zu lassen, und er specielle Anträge deswegen stel-len würde. Am 22ᵗᵉ Juli 1562 brachte hierauf Mr. Villiers eine so-genannte Union-relief-aid-bill im Hause ein. Er führte bei dieser Gelegenheit aus, daß ein specielles Gesetz in Betreff der Elisa-bethinischen Rate-in-aid-Klausel erforderlich sei, weil verschiedene Ge-richtshöfe sie nicht mehr als praktisch hätten gelten lassen wollen, und überhaupt die Anwendung der Klausel mit Schwierigkeiten verbunden

2) Die Armenakte der Königin Elisabeth (43 Elisab. cap. 2) ordnet im §. 2 an: wenn „the inhabitants of any parish are not able to levy among themselves sufficient sums of money for the purposes afore-said", dann können eine oder mehrere Kirchspiele in dem Hundred werden „taxed, rated and assessed to pay such sum and sums of money to the church-wardens and overseers of the said parish, for the said purposes, as the said ju-stices (b. i. „as two justices of the peace") shall think fit, according to the intent of this law". Und wenn diese Kirchspiele und wenn auch das Hundred ihnen als „not able" erscheinal, so soll die „County" zu gleichem Zwecke herange-zogen werden. Vgl. Nicholls History of the English Poorlaw 1 p. 190.

3) Vgl. Aries oben S. 88 und 114.

23 *

fei, die eine nähere gesetzliche Feststellung als wünschenswerth erscheinen
ließen [4]). Sein Vorschlag ging im Einzelnen dahin, in dem neuen
Gesetz auszusprechen, daß für ein Kirchspiel eine Hülfssteuer
von den Kirchspielen der Union, der es angehört, aufgebracht
werden solle, wenn die nothwendig werdende Armensteuer desselben die in ihm in den drei letzten Jahren
durchschnittlich entrichtete um zwei Drittheile übersteige,
und daß im Fall die Armensteuer in einer Union jene Grenze über-
schreite, die sämmtlichen Unions der Grafschaft, in der sie belegen sind,
in gleicher Weise beizusteuern hätten [5]); außerdem aber wollte er, daß das

---

4) Mr. Müllers erklärt: „The circumstances, which should give effect to
that clause, would no doubt be extreme, but they had arisen at different times,
and although it was said that it was difficult to carry the law into effect, and that it had not always been successful, when attempted to be enfor-
ced, still the law existed, and it might, if all the requirements of the statute
were complied with, give effect to what was intended, viz. that the property of
any particular parish should be insufficient to support the poor the liability
should be shared by the neighbouring property, or, at all events, by some property in the county." „But it seemed to be necessary to give vi-
tality to the principle which was found in the Act of Elizabeth, inasmuch
as there appeared to be some difficulty in applying it. At such
a time as the present the Government could not incur the risk of some parishes
becoming perfectly insolvent and unable to give adequate support to their poor,
for it was just possible that some ingenuity might be exercised to prevent the
law, as he had described it, from being carried into effect. Orders were
constantly made under the rate-in-aid-clause, but they were
as constantly quashed in the higher courts, and hence the necessity
for some new legislation." Times vom 28sten Juli p. 7.

5) Müllers äußerte am 22sten Juli: „The bill which he proposed to introduce would, among other things, carry into effect that which was provided by
the law as it now existed — viz., that when any parish or parishes should be
overburdened with poor, and the charge should be in excess of the ability to
meet it, such parish or parishes should be entitled to claim assistance from the
common fund of the union. He proposed that, when the charge upon
any parish should exceed be two-thirds the average expenditure which during the three preceding years had been in-
curred for the support of the poor, such parish should have
a claim upon the common fund of the union, and the guardians
should order provision to be made for a contribution from the neighbouring parishes." „He believed, having carefully examined the returns of the value of
the property in the different unions in the north, that the provision he had described would prove quite sufficient to meet all the necessities of the case. It

vorgeschlagene Gesetz nur bis zum 1sten März 1863 in Wirksamkeit trete,
da es auf außerordentliche Verhältnisse berechnet sei, deren Vorhandensein das Parlament zu beurtheilen habe, welches ja in der Lage sei
eventuell die Wirksamkeit des Gesetzes nach Ablauf der bezeichneten Frist
zu verlängern [6]).

Der Gesetzesvorschlag des Präsidenten des Armenamtes fand im
Unterhause heftigen Widerspruch. Die gewichtigsten Fragen, welche
die Debatte beschäftigten, waren: genügt die vorgeschlagene
Hülfssteuer (Rate in aid), um den nothleidenden Baumwollen-
arbeitern die erforderliche Unterstützung zu gewähren, und werden
durch sie nicht in einer dem gegenwärtig geltenden Armenrecht widersprechenden, zugleich unzweckmäßigen und
obendrein ungerechten Weise andere Kirchspiele und Personen zu Armenunterstützungen statt der dazu Verpflichteten herangezogen?

Mr. Villiers suchte zu zeigen, daß die von ihm vorgeschlagene
Hülfssteuer den bedrängten Kirchspielen ausreichende Summen gewähren würde. In der Unterhaussitzung vom 30sten Juli (vgl. Times vom
31sten Juli p. 8) bemerkte er in Beziehung hierauf: Das jährliche Einkommen von dem der Armensteuer unterworfenen Vermögen der Grafschaft Lancashire belaufe sich nach der Schätzung vom Jahre 1856 auf

---

was hardly possible that any union could fall into distress in consequence of
the relief granted to particular parishes, but it might be well to contemplate
things in their worst aspect, and to provide for the most extreme case, such as
that of a union itself becoming distressed from more than one parish or township having been thrown upon it. Some difference of opinion might exist as to
the source, from which funds should be drawn in order to relieve a union in distress. Pursuing the analogy of the old statute, which extended the charge from
a smaller to a greater area, one would naturally conclude that a distressed union
should seek relief from the county itself. No simpler remedy could be found
than to charge the excessive expenditure upon the county rate, just as other items
of expenditure, such as those for the prosecution of prisoners and for lunatic
asylums, were now charged upon that fund. In Lancashire, however, there were
peculiar objections to that plan, for a considerable number of the most impor-
tant places in the county were not subject to the county rate at all." „It was,
therefore, provided in the Bill he proposed to introduce that, should
the expenditure of the Union exceed a certain amount, he
should have the power of calling upon the other Unions for
contributions in aid." Times vom 23sten Juli p. 7.

6) Times vom 24sten Juli p. 7.

7,298,511 Pfund, sei aber seitdem bedeutend gewachsen („since which time the value must have greatly increased")[7]. Das jährliche Einkommen von dem der Armensteuer unterworfenen Vermögen in den 12 gegenwärtig besonders Noth leidenden Unions (über die oben auf S. 351 Näheres mitgetheilt worden ist) betrage 2,629,176 Pfund nach der Schätzung von 1856. Erhöbe man vom Pfund dieser Summe eine Armensteuer von 6 Schillingen (d. i. von 30 Procent des Jahreseinkommens des der Armensteuer unterworfenen Vermögens), so ergebe das 788,752 Pfund. Nehme man nun an, daß die übrigen Unions der Grafschaft Lancashire nur noch 75,000 Pfund zuschössen, so erhielte man eine Summe von 861,000 Pfund zur Verwendung; und mit dieser Summe würden die Nothleidenden, wenn man ihre Zahl auf etwa 332,000 veranschlage[8], wohl das Jahr über hinreichend unterstützt werden können. Mr. Cobden fragte hierauf: wie es möglich sei 332,000 Personen das Jahr über mit 861,000 Pfund zu erhalten, wo ja nur etwa drittehalb Pfund auf die Person kämen (Times vom 31sten Juli p. 8)? Worauf Mr. Villiers (Times a. a. O.) erwiderte, daß die fraglichen Personen nicht ausschließlich von dieser Unterstützung leben sollten. Manche würden andere Arbeit finden, und der Baumwollenmangel, wie zu hoffen stehe, gegen die Mitte des Oktober durch aus Indien zu erwartende Zufuhren von Baumwolle vermindert, und dadurch wenigstens wieder eine theilweise Beschäftigung für die Baumwollenarbeiter möglich werden[9]. Außerdem kämen den Nothleidenden doch auch manche andere Unterstützungen zu Gute, namentlich in Folge wohlthätiger Sammlungen u. s. w.

Daß die Berechnung des Mr. Villiers über die zur Unterstützung der arbeitslosen Baumwollenarbeiter nothwendigen Summen, zu niedrig gegriffen ist, wird schwerlich einem Zweifel unterliegen können; von verschiedenen Rednern wurden ihm gegenüber auch weit höhere Summen als erforderlich herausgerechnet, z. B. von Mr. Potter in einer am 24sten Juli gehaltenen Rede (Times vom 25sten Juli p. 6), der dabei

---

7) Lord Palmerston äußerte am 31sten Juli: „I believe, it is nearer 10,000,000 or 11,000,000 L." Times vom 31sten Juli p. 8.

8) Vergl. die oben S. 351 mitgetheilten von Villiers aufgestellten Berechnungen, die eine größere Zahl annehmen.

9) Vergl. Mittheilungen von Mr. Crawford und Mr. J. B. Smith, in der Parlamentssitzung vom 31sten Juli (Times p. 8), über Baumwollenzufuhren aus Indien.

davon ausging, daß im verflossenen Jahre in England ein Fabrikarbeiter durchschnittlich in der Woche 10½ Schilling verdient habe, vielfach aber sogar 12 Schillinge, wie dies z. B. in der Union Gloſſop,
der er angehöre, und welche 5000 Fabrikarbeiter zähle, der Fall gewesen sei [10]). Gewiß richtig wurde von mehreren Rednern Mr. Villiers
gegenüber, als sehr beachtenswerth geltend gemacht, daß durch das
Daniederliegen der Baumwollenfabrikation ja keineswegs nur die Baum-
wollenfabrikarbeiter betroffen würden, sondern auch die Fabrikbesitzer
und eine bedeutende Anzahl anderer Personen in den bedrängten Kirchspielen, von denen die Armensteuer aufzubringen sei, und daß man
daher fehlgehe, wenn man bei der Berechnung der Leistungsfähigkeit
der bedrängten Distrikte die früheren Verhältnisse als noch bestehend zu
Grunde lege [11]).

10) Über die zum Unterhalt eines Arbeiters in England, Schottland und Irland als erforderlich erachteten Summen vgl. die oben S. 185, 201, 293 und 290
zusammengestellten Angaben, und über die Höhe des Tagelohns eben S. 303. General Lindsay erwähnt am 31sten Juli einer Maßregel, nach der „the operatives
and their families would receive about 1 schilling per week from the boards of
guardians." Times vom 31sten Juli p. 8.

11) Mr. Gibbert bemerkt am 22sten Juli: „Already there was a difficulty in
raising the rates from the smaller shopkeepers and the better class of operatives,
and, if the tradespeople had nothing coming in and were giving credit to their
customers, the plan of borrowing money upon the rates would have been a more
effectual one than that suggested. To show that a case had been made out for
legislation he quoted from Mr. Farnall's statement respecting Stockport, where
that gentleman said that 50 per cent. might be deducted from the
estimated rates because the shopkeepers were unable to pay."
Times vom 23sten Juli p. 7. Colonel W. Patten äußert am 23sten Juli: „A very
large proportion of the rates in Lancashire was payable by parties who were
very little above the line of demarcation between the ratepayers and the rate-re-
ceivers. That large class of ratepayers was, perhaps, even
more seriously affected at the present moment than the rate-
receivers themselves. They had suddenly and unexpectedly had their
whole resources taken away from them. They depended on the custom of the
operatives in the neighbourhood in which they lived; and, that being taken away,
they were not only deprived of their usual means of existence, but they were
also called on to pay increased rates without any other means." Times vom
23sten Juli p. 6. Und Mr. Villiers selbst erklärt am 24sten Juli bei einer anderen
Gelegenheit: „H. said, that the rates were very low in some of those parishes;
but in this he overlooked altogether the circumstances of the district. These rates were paid very largely by the working men themselves. Perhaps H. would
be surprised to hear, that in Oldham two-thirds of the ratepayers were operati-

Vielleicht noch gewichtiger, als die gegen die genügende Ergiebig-
keit der von Mr. Villiers vorgeschlagenen Rate-in-aid vorgebrachten
Argumente, dürften diejenigen sein, die dafür geltend gemacht wurden,
daß erstens durch sie, statt der zur Unterstützung Verpflichteten, andere Personen in einer den Principien des bisher geltenden englischen
Armenrechts widersprechenden Weise, herangezogen würden, und daß
zweitens die in Folge dessen eintretende Vertheilung der Armenbeiträge vielfach eine sehr ungleiche und ungerechte sein dürfte.

Was den ersten Punkt anlangt, so ruht bisher die englische Armenunterstützung wesentlich auf dem Kirchspiel; das armensteuerpflichtige Einkommen der Kirchspielsinsassen haftet für die Unterstützung der
Hülfsbedürftigen im Kirchspiele; nur für gewisse Hülfsbedürftige tritt
statt dessen das armensteuerpflichtige Vermögen aller zu einer Union
verbundenen Kirchspiele ein. Man ist der Ansicht, daß nur dadurch
eine sparsame sorgfältige Armenverwaltung zu erreichen ist, daß sie durch
die zur Unterstützung Verpflichteten (die Rate-payers) in engeren Kreisen erfolgt, so daß die Betheiligten die einzelnen Personen und deren
Verhältnisse speciell übersehen und überwachen können, und ihr eigenes
Interesse sie veranlaßt dies zu thun, vgl. oben bei Aries S. 331. Daß
nicht alle englischen Kirchspiele dem Zweck, zu dessen Errichtung man
sich ihrer bei der Armenpflege bedient, entsprechend abgegrenzte Sprengel sind, unterliegt keinem Zweifel, vgl. oben S. 332. Bestritten dagegen wird von den meisten Seiten, daß es zweckmäßig sei, dem von
Manchen ausgesprochenen Ansinnen nachzukommen, und in Betreff der

ves, and that in other places the proportion was one-fourth and one-third. Where
were those people to find the means of paying the rates? Then there were the
small shopkeepers. What were they to do when their customers no longer received wages? The operatives even now were very much in debt to the shopkeepers, who had been giving them credit for the last two months. This total
suspension of the cotton trade stopped the whole machinery by which rates
were raised, because it was the very source of the rates in those districts. The mistake into which people fell was as to the rateable value of
property there. If the inhabitants had no means of paying rates you must
evidently make a great reduction in the rateable value, and
hon. members would, therefore, not be surprised to hear, that
in Stockport the estimate was, that 50 per cent must be deducted
on account of noncollection." Times vom 25sten Juli p. 7. Vergl. auch
Colonel W. Patten am 1sten Juli: „And if 250,000 operatives were unemployed,
you must add to that number requiring relief a large proportion belonging to other
trades and following other employments." Times vom 31sten Juli p. 8.

Unterstützungspflicht ganz allgemein die Union an die Stelle der einzelnen in ihr befindlichen Kirchspiele treten zu lassen, somit eine s. g. Union-
rating einzuführen. Die Bedenken, die dem entgegenstehen, und das
Festhalten an der Kirchspielssteuer (Parochial-rate) anrathen, sind
oben auf S. 131, 149 u. 329 erörtert. Bei der Villiers'schen Rate-in-
aid-Bill handelt es sich nun aber nicht um das Aufgeben der geltenden
Kirchspielssteuer, und eine allgemeine Einführung einer Union-rating
statt ihrer, wofür sich ja offenbar reelle Gründe anführen lassen, wie
namentlich die zu geringe Ausdehnung und unzweckmäßige Zusammensetzung vieler englischen Kirchspiele, sondern um ein Durcheinanderwer-
fen zwei verschiedener Principien. Während gegenwärtig die Union
nur verpflichtet ist für bestimmte Personen und bestimmte Einrichtungen
regelmäßig und ausschließlich zu sorgen, das Kirchspiel alle übrigen
Unterstützungen zu leisten hat, Union und Kirchspiel also in bestimmten
abgesonderten Kreisen neben einander zu Unterstützungen verpflichtet
sind, soll hinfüro die Union, abgesehen von ihrer jetzigen Sphäre, auch
da eintreten, wo die zu erhebende Kirchspiels-Rate für ein einzelnes
Kirchspiel in einem einzelnen Falle als zu hoch erscheint, hier sollen also
die Unterstützungen für die selben ihrer Bedürftigen aus der Parochial-
Rate und aus der Union-Rate beschafft werden. Noch mehr: wo die
Union, oder was dasselbe ist, wo die Summe aller Kirchspiele der
Union, durch die Armensteuer zu stark belastet erscheint, sollen alle
Kirchspiele der Grafschaft, in der die Union liegt, mit ihrer Armensteuer helfend eintreten; es sollen hier also, weil in einem Kirchspiele
die Armensteuer vermeintlich eine zu große Höhe erreicht hat, nicht mehr
die Armensteuerpflichtigen desselben verpflichtet sein die Unterstützungsbedürftigen in dem Kirchspiele zu unterstützen, sondern die sämmtlichen
Armensteuerpflichtigen der ganzen Grafschaft, in der jenes Kirchspiel
liegt, in Lancashire also z. B. die von 454 Kirchspielen. Führt somit
die von Villiers vorgeschlagene Heranziehung sämmtlicher Armensteuerpflichtigen der Union, zu einer Vermischung der Kirchspielsarmensteuer
(Parochial-rate) mit einer Union-rate, so führt das eventuell von
ihm für weitere Fälle vorgeschlagene Heranziehen der sämmtlichen Kirchspiele der Grafschaft, zu einer Vermischung mit einer Steuer, die ein so
ausgedehnter Kreis aufbringt, daß eine solche Steuer faktisch die Nachtheile einer in England allgemein gefürchteten Staatsarmensteuer (National-rate) in sich schließt, und nun durch ihre Erhebung sich obendrein noch eine Inconsequenz zu Schulden kommen läßt, indem man für

Tragung eines den ganzen Staat betreffenden Unglücks nicht den ganzen Staat, sondern einen beliebigen Theil desselben belastet[1c]. Ueber
die Nachtheile einer Staatsarmensteuer vgl. oben S. 125. 148. 149. 327.

Unter dem Deckmantel einer erläuternden Feststellung der unprak-
tischen Elisabethinischen Rate-in-aid-Klausel untergräbt die Villiers'sche
Bill das ganze bestehende englische Armenrecht in seinen Grundprin-
cipien. Indem die Elisabethinische Armenakte anordnete, daß eine
Rate-in-aid für den Fall eintreten solle, wenn die Bewohner eines
Kirchspieles außer Stande („not able") wären, ihre Pflichten gegen
ihre unterstützungsbedürftigen Kirchspielsgenossen zu erfüllen, dachte sie
an eine völlige Unfähigkeit, an ein absolutes Erschöpfsein derselben,
also an einen Zustand, der ihr durch zwei ehrenwerthe Friedensrichter
leicht constatirt werden zu können schien, nicht aber an eine nur in dem
Grade erhöhte Steuerlast in einem Kirchspiele, wie sie die Villiers'sche
Bill als für eine Rate-in-aid genügend festsetzen wollte.

Mr. Villiers bemühte sich bei der Vertheidigung seiner Bill im
Unterhause auf alle Weise darzuthun, daß die von ihm vorgeschlagene
Bestimmung, nach welcher ein Kirchspiel berechtigt sein soll eine Hülfssteuer von den übrigen Kirchspielen seiner Union und eventuell seiner
Grafschaft zu verlangen, wenn seine Armensteuer zwei Drittel derjenigen überschreitet, die durchschnittlich in den letzten drei Jahren in ihm
aufgebracht worden ist, — nichts sei, als eine nähere Feststellung dessen, was die Elisabethinische Armenakte angeordnet habe; es solle dadurch, meinte er, lediglich die Grenze festgesetzt werden, bei welcher ein
Kirchspiel für unfähig zu erachten sei, seine Armen zu unterstützen, und
wo daher die Hülfe der Union einzutreten habe; Neues enthalte sein
Vorschlag in keiner Weise, er befolge durchaus das von der Elisabethi-

---

12) Die einzelnen Grafschaften in England haben an der Verwaltung ihre
Armenpflege keinen Theil, und ihre große Ausdehnung und ganze Zusammensetzung
macht sie auch in keiner Weise dazu geeignet. Von den beiden Grafschaften Lancashire und Cheshire schließt jene eine weit größere Anzahl von Kirchspielen in sich,
die von der Baumwollenfabrikation lebt; werden nun in beiden Grafschaften für
ihre durch den Baumwollenmangel bedrängten Kirchspiele die ackerbauenden Kirchspiele zu einer Hülfssteuer herangezogen, so kann eine sehr verschieden hohe Hülfssteuer in zwei benachbarten Kirchspielen, die sich in ganz gleichen Verhältnissen befinden, und an der Verwaltung der Armenpflege in den bedrängten Baumwollen-
kirchspielen in keiner Weise betheiligt sind, lediglich dadurch hervorgerufen werden,
daß sie in verschiedenen Grafschaften liegen.

nischen Akte aufgestellte Princip[13]). — Von verschiedenen Parlaments-
mitgliedern, besonders aber von Mr. Bouverie, früherem Präsidenten
des englischen Armenamtes, und Mr. Henley, wurde ihm hierin auf
das entschiedenste widersprochen, und ausgeführt, daß die Klausel des
Elisabethinischen Gesetzes eine Rate-in-aid ausschließlich für den Fall
angeordnet habe, daß ein Kirchspiel absolut unfähig und außer Stand
sei, seine Armen zu unterstützen; daß das Vorhandensein eines solchen
ganz außerordentlichen Zustandes aber nicht im entferntesten dadurch
erwiesen werde, daß in einem Kirchspiel die Armensteuer die Summe
um zwei Drittheile übersteige, die in den letzten drei Jahren von ihm
als Armensteuer gezahlt worden ist, zumal wenn diese eine so geringe
gewesen sei, wie es in den meisten Kirchspielen von Lancashire während
der letzten Jahre der Fall war! Das heiße nimmermehr eine Grenze
für die Leistungsunfähigkeit eines Kirchspieles im Sinne der Elisabethinischen Armenakte ziehen, sondern sei ein völliges Aufgeben ihres
Grundprincipes, nach welchem ja eben ein jedes Kirchspiel verpflichtet
sei, seine Unterstützungsbedürftigen selbst zu unterstützen. Ehe man einen solchen Schritt thue, und die Hauptsätze des altbewährten englischen Armenrechts verlasse, würde es doch einer ganz anderen Prüfung
der obwaltenden Verhältnisse bedürfen, als sie bisher erfolgt sei; der
gegenwärtige Moment würde dafür überhaupt gewiß nicht der geeignete sein; in das geltende in sich harmonisch zusammenhängende System
des Armenrechtes, könne man aber unmöglich hochwichtige, ihm völlig
widersprechende Elemente hinein bringen wollen, wie zum Beispiel, indem man über die Armensteuern aller Kirchspiele einer Grafschaft faktisch den Armenrath (Board of Guardians) einer einzelnen Union der
Grafschaft verfügen lasse, statt dies an Vertreter der ganzen Grafschaft
zu überweisen. Die Folge solcher übereilter Schritte würde eine allge-

---

13) Vergl. die oben S. 356 in Anmerkung 5 aus Villiers' Rede vom 24sten
Juli angeführten Worte; am 24sten Juli bemerkte er ferner: „As he had stated on
a former occasion, the policy of this Bill was, that there were particular townships where the rates might increase so largely, that they might be unable to maintain their poor. You might talk of the great value of the
property there, but what was the remedy for such a state of things? Well, then,
what was proposed was to fix a limit at which you might assume
that a township would be unable to support its own poor, and then
go the Union Fund. There was nothing new in this proposal; it followed the principle recognized by the old law, and he submitted that
it was also effective for the object in view." Times v. 25sten Juli p. 7 Spalte 4.

meine Verwirrung in der Armenverwaltung sein, und vor Allem die unglücklichsten Resultate für die unterstützten Kirchspiele herbeiführten, denen dadurch eine Hülfe habe zu Theil werden sollen; man möge doch die ernste Verantwortlichkeit bedenken, die man im Begriff stehe zu übernehmen, und von der beabsichtigten Maßregel abstehen 14).

14) Mr. Bouverie am 7ten Juli: „The President of the Poor Law Board had recommended to the House a variation of the old law relating to rates in aid, but it seemed much more nearly to approach to that system of national rates which had been viewed with dread and alarm by all who had contemplated with any care the consequences of such a proposal. He should also observe that his right hon. friend did not appear to have laid any ground whatever for the great change which he was about to introduce into the law." „He had made no statement, that the pressure of the poor-rates in those districts was excessive --, he had adduced no facts to show that the burden thrown upon the rateable property in these parishes and Unions had attained proportions which could not longer be tolerated, or that it was likely to do so. He had not even asserted, that there had been applications from the districts to which he had referred in favour of some such change as this. He was very desirous to know, whether or not it was true, that those who had the best means of knowledge — those who were engaged in administering the Poor Law in these particular districts — had appealed either to that House or to his right hon. friend, urging the necessity of adopting some extraordinary measures to enable them to meet the pressure upon the rates in any other way than that sanctioned by the existing law. The principle of the Poor Law, embodied in the statute of Elizabeth, under which we had lived for 300 years, was that the whole of the local means of the district or parish must be exhausted before it could apply for rates in aid. Now, was there any evidence whatever, not merely of such exhaustion having been actually arrived at, but of there having been anything like an approach to that state of things? His right hon. friend had not laid before them one single fact to justify them in drawing such a conclusion. He would undertake to show by figures, that the present rates in those districts, where the pressure was so great, were nothing like the amount of the rates in many districts in the south of England, where high rates were the usual condition of things. His right hon. friend had referred to three places: Blackburn, Preston, and Stockport. There was no doubt, that the rates in those districts had largely increased, but it must be borne in mind that the normal state of those parishes was one of almost complete absence of pauperism, trade having been so flourishing and employment so abundant, that the poor-rates had been but very trifling." „He rather thought his right hon. friend admitted, that there was no case now, but believed that possibly something might arise during the recess which might render necessary a recourse to a rate in aid, but no ground had been laid for that statement nor any probability shown of the an-

Wie weit die angebliche nähere Feststellung des Sinnes der Rate-
in-aid-Klausel durch die Villiers'sche Bill vom 22. Juli, das Grundprin-

---

haustion of the ordinary resources of the poor-rate or the inability of the property of the district to bear the burden that would be cast upon it. The right
hon. gentleman had proposed, that any parish whose expenditure should exceed
by two-thirds the amount of its ordinary expenditure should have the assistance
of the whole Union. He (Mr. Bouverie) had always been rather fa-
vourable to an Union rate, but this was not the time nor was
this the occasion to make the change. The right hon. gentleman next said,
that were the expenditure of the Union should exceed by more than a certain
proportion the average of three years, he proposed the whole county should be
rated in aid of the Union. That meant, that those who had the administration of the poor-rates in a particular district, upon
whom there was a pressure for increased expenditure, should put their
hands not into their own pockets, for the relief of distress,
which was the principle of the poor law, but into the pockets
of others resident in all the parishes of the enormously wealthy county of Lancashire. No proposal could be more likely to encourage profusion and extravagance than that. If there was to be a county
rate, the funds should be distributed by the county representatives, but according to the plan suggested, the guardians of the distressed
union, when they had lost nearly all interest in restricting expenditure, were to
come upon all the other parishes of the county, and the inevitable results of such
an arrangement must be profusion and extravagance, which would not only be
injurious to the ratepayers, but against the real interests and well-being of the
poor themselves. It was for the interest of the working classes,
that no encouragement should be held out to them to come
upon the poor-rates, except in cases of absolute necessity.
The law provided, that the poor-rate should stand between the labouring man
and absolute destitution, and any attempt to keep those suffering people in the
same position which they had hitherto occupied and to encourage them to look to
the public funds for their maintenance could end but in one catastrophe, produ-
cing an amount of misery and discontent far exceeding anything that could arise
under the wise and prudent administration of the ordinary law." Times p. 73 fen
Juli p. 7. Am 24sten Juli äußerte Mr. Henin: „It had said truly, that the sa-
fest course to pursue would be to adhere as closely as possible to the principles
of the law that had been in existence in this country during the last 300 years.
He believed that there were great difficulties in carrying out that law, and therefore the Government had acted wisely in coming forward to give facilities for enforcing and to make clear that which from disuse had become obscure and impossible to put in force. He would consider this Bill, having regard to the principles of the old law; and how far did it go to carry out those principles? The
words of the old statute of Elizabeth were, when the parishes

cip der Armenakte vom Jahre 1601 verläßt, nach welchem jedes Kirchspiel seine Armen zu unterstützen hat, erhält auf das einleuchtendste aus
der Rede, mit der Lord Palmerston jene Bill im Unterhause am 30sten
Juli vertheidigte, unmittelbar ehe sie in der Fassung, in der sie vorgelegt war, verworfen wurde. Palmerston erörtert in seiner Rede
nicht, daß die einzelnen Kirchspiele unfähig („not able") sind, ihre Armen zu unterstützen, wenn ihre Armensteuer die bisher von ihnen gezahlte um zwei Drittheile übersteigt, sondern daß die Grafschaft Lancashire sicher und unzweifelhaft im Stande („able") sei, die erforderliche ihr durch die Bill zugewiesene Hülfssteuer aufzubringen [15].

Abgesehen davon, daß die von Mr. Villiers vorgeschlagene legale
Interpretation der Elisabethinischen Rate-in-aid-Klausel den Grund-
principien des englischen Armenrechtes widerspricht, würde ihre Anwendung zweitens eine sehr ungleiche und ungerechte Belastung einzelner Kirchspiele herbeiführen, da der gewählte Maßstab, nach welchem
bemessen werden soll, ob einem Kirchspiel eine Hülfssteuer zu Theil werden soll oder nicht, in keiner Weise ein fester ist, und es von rein zufälligen Umständen abhängen würde, ob das einzelne Kirchspiel bei
einer höheren oder geringeren Armensteuer eine Hülfssteuer erhielte, beziehungsweise ob es bei einer höheren oder geringeren Armensteuer der
Verpflichtung verfiele eine Hülfssteuer für andere Kirchspiele zu zahlen. — Nur wenige Worte zur Erläuterung dieses wichtigen Punktes:
Indem die Villiers'sche Bill von der im einzelnen Kirchspiel in den letzten
drei Jahren gezahlten Armensteuer ausgeht, und für jedes Kirchspiel
eine Hülfssteuer eintreten läßt, sobald diese um zwei Drittel höher steigt,
läßt sie bei einem Kirchspiele, in welchem in den letzten drei Jahren
eine geringe Armensteuer gezahlt wurde, eine um zwei Drittel gestiegene
Armensteuer, die immer noch eine niedrige sein wird, als genügend

---

were not able. But when he saw such a definition of inability
to pay as an excess of two-thirds over the average amount of rates, he was
astonished. Did the Government mean, that in a parish where the poor-rates
had only been 1 scill., in one particular week, when the rate rose to 1 scill. 8 den.,
than the principle of a rate in aid was to come into operation?... If that were
not done, it was obvious, the power would be abused, and rates would be swol-
len at a particular time in order to obtain the assistance of neighbouring districts."
Times vom 26sten Juli p. 6.

15) Palmerston am 30sten Juli: „It is amply proved, that the county
is able to do so. That it is able, is a fact so clear and so well known, that
no human being has been able to deny it." Times v. 31sten Juli p. 8 Spalte 5.

gelten, um ihm eine Hülfssteuer zu gewähren, während sie einem Kirchspiel mit sehr hoher dreijähriger Armensteuer, welches vielleicht jetzt
schon eine weit höhere drückendere Armensteuer zahlt als jenes nach ein-
getretener Steigerung, erst dann eine Hülfssteuer gewährt, wenn seine
bisherige Armensteuer sich noch um zwei Drittel culminirt, also vielleicht
eine für das Kirchspiel unerschwingliche Summe übersteigen hat! Aber
nicht nur in Betreff der zu unterstützenden Kirchspiele müssen sich Unbil-
ligkeiten aller Art zeigen, auch bei denen muß es eintreten, die zu Hülfs-
steuern herangezogen werden. In einem Kirchspiel hat bisher eine niedrige Armensteuer bestanden, im anderen eine hohe; die Armensteuer
im ersten steigt um zwei Drittel, und das andere Kirchspiel, welches
vielleicht bereits eine höhere Armensteuer zahlt, muß ihm eine Hülfssteuer gewähren! Endlich übt nothwendig die Lage in einer oder einer
anderen Union, in einer oder einer anderen Grafschaft, auf das Jah-
len und Empfangen von Hülfssteuer für die einzelnen Kirchspiele einen
so großen Einfluß, daß dadurch jede gesunde Armenverwaltung der
Kirchspiele gefährdet werden muß [16]).

In Betreff der ganzen Elisabethinischen Rate-in-aid benachbarter
Kirchspiele, bemerkte Cobben gewiß sehr richtig, daß, wenn sie unter

16) Mr. Beverle führte im Unterhause am 2sten Juli aus, daß die Armensteuer
in den letzten Jahren in den meisten Kirchspielen der Baumwollendistrikte eine viel nie-
drigere gewesen sei, als in manchen anderen Theilen Englands, so daß, wenn in ihnen
die Armensteuer um zwei Drittheile der durchschnittlich in den letzten drei Jahren gezahlten Summe stiege, sie vielfach immer noch nicht die Höhe erreiche, die sie in anderen
Gegenden bereits erreicht hätte: „with respect to Blackburn, he found that if
the expenditure went on for a year at the present maximum, tho rates
would reach 3 selll. 7 dou. in the pound, while at Proston it
would bo 4 selll. 7 dou., and at Stockport 3 selll. 2! dou. These
might appear heavy rates but for the sake of comparison he would refer to the
state of affairs in other districts: in the Newbury Union in Berkshire tho poor-
rate was now 3 scil. 6½ den., in Colchester Union it was 4 scil. 2½ den., in the
Risbridge Union in Suffolk it was 3 selll. 4½ den., and in Petworth Union in
Sussex it was 4 selll. 10¼ den. in the pound etc." Times vom 23sten Juli p. 7.
Mr. Gruley am 24sten Juli: „Under the clause extending relief from the parish
to the union it was quite possible that additional burdens would bo thrown upon
parishes which might at that same moment be paying higher rates than tho parish you were going to relieve. On the face of tho Bill that might easily hap-
pen. Some parishes, it had been stated, now paid 4 selll. in the pound; and as
tho Bill was drawn those places might be called on to contribute towards the
relief of a parish where tho rate, having been 1 scil., was increased to 1 scil.
8 dou." Times vom 2sten Juli p. 6 Spalte 6.

den Verhältnissen, die zur Zeit der Königin Elisabeth in England bestanden, eine praktische Bedeutung gehabt haben möge, sie doch den
gegenwärtigen Zuständen Englands, vor Allem aber denen in Lancashire und Cheshire nicht entspreche[17]. Bei einfachen Lebensverhältnissen
eines fast ausschließlich Ackerbau und Viehzucht treibenden Landes, liegt
es nahe, wenn plötzlich ein Unglücksfall ein einzelnes Kirchspiel vorübergehend in die äußerste Noth versetzt, eine Beihülfe der benachbarten Kirchspiele vorzuschreiben. Bei einem complicirten Fabrikbetrieb,
wo in Folge allgemeiner Handelskrisen oder Stockungen im Fabrikbetrieb, wie gegenwärtig in Lancashire, gleichzeitig hunderttausende von
Menschen in einer Reihe von benachbarten Kirchspielen brotlos werden,
ist ein Heranziehen benachbarter Kirchspiele nimmermehr das geeignete
Hülfsmittel. Die Dimensionen sind in allen Beziehungen zu groß geworden; wie es nicht mehr möglich ist, daß zwei Friedensrichter nach
der Vorschrift der Elisabethinischen Armenakte feststellen, ob ein Kirchspiel außer Stand ist seine Hülfsbedürftigen zu unterstützen, so sind in
einem solchen Fall auch so gewaltige Unterstützungssummen erforderlich,
daß ihre Anbringung die herangezogenen benachbarten Kirchspiele und
Unions erdrücken, oder doch in ihnen bei öfterer Wiederkehr jede geordnete Armenverwaltung stören würde.

Ein Wendepunkt in der Behandlung der Villiers'schen Vorlage wurde
in der Unterhaussitzung des 21sten Juli durch eine Rede des Lord Stanley herbeigeführt. Nachdem derselbe aus theoretischen und praktischen
Gründen sich gegen eine Rate-in-aid erklärt, und für die Baumwollen-
kirchspiele die Befugniß gefordert hatte, Darlehne zur Unterstützung ihrer unbeschäftigten Arbeiter aufnehmen zu können, schlug er vor, das
Haus möge, wenn es den bedrängten Kirchspielen eine Rate-in-aid
gewähren wolle, es unter der Beschränkung thun, daß es ihnen gestatte ein Darlehn von einer gewissen Höhe aufzunehmen, und erst wenn
das geschehen sei, eine Rate-in-aid zu beanspruchen. Den bedrängten Kirchspielen aber wollte Stanley das Recht, sich dieser Hülfsmittel zu bedienen, nicht, wie Mr. Villiers bean-

17) Gedtra sagt am 24sten Juli: „The right hon. gentleman, possessing ex-
tensive knowledge in reference to agricultural districts, does not comprehend the
state of things in Lancashire and Cheshire. He says: Go back to the 43d of
Elisabeth, and I say: you might as well go back to the legislation of the Ro-
mans, which would be just as applicable to the present case." Times v. 24sten
Juli p. 1.

tragt hatte, in dem Falle einräumen, wenn die Armensteuer in einem Kirchspiele den dreijährigen Durchschnitt
derselben um zwei Drittel überstiegen habe, sondern wenn
sie einen gewissen Procentsatz des für die Armensteuer
eingeschätzten jährlichen Einkommens erreicht hätte, da
dadurch, daß in der Villiers'schen Bill die dreijährige Höhe der Armensteuer im einzelnen Kirchspiele bei der Gestattung einer Hülfssteuer zu
Grunde gelegt würde, grade den Kirchspielen, die bisher eine höhere
Armensteuer gezahlt hätten, also in ungünstigeren Finanzverhältnissen
sich befänden, die Erlangung einer Hülfssteuer in gewiß unzweckmäßiger Weise erschwert würde [1]).

Sofort fand der Vorschlag Stanley's die Bewilligung einer Dar-
lehnsbefugniß mit der einer Rate-in-aid in eine Bill aufzunehmen, Anklang im Unterhause; nicht minder sein Gedanke, ihr Eintreten davon
abhängig zu machen, daß in einem Kirchspiele die Armensteuer bis zu
einem gewissen Procentsatz des für die Armensteuer eingeschätzten jährlichen Einkommens gestiegen sei. Letzteres wurde namentlich sogleich
von Mr. Henley als eine wesentliche Verbesserung der Villiers'schen Bill
anerkannt, indem er meinte, es würde angemessen sein jene Hülfsmittel den Kirchspielen zu gewähren, in welchen die Armensteuer auf 5
oder 7 Schillinge vom Pfunde (d. i. bis auf 25 oder 35 Procent des

---

[1]) Lord Stanley sagt: „Now, for his own part, he believed that the parishes of Lancashire would much rather run into debt, with the certainty of paying
it off in a few years, than go to their neighbours for assistance. But this
objection, whatever its value might be, might easily be met by com-
bining a borrowing power and a rate in aid in one Bill; in this
way: they might enact that the borrowing power should not come into operation
till the rates had reached a certain sum in the pound, and then they might
enact, that the rate in aid should not come into operation till the borrowing
power had also been exercised to certain extent. He did not exactly un-
derstand why, in the first clause of the Bill, the point at which the
rate in aid was to come into play, was to be determined by a
fluctuating and not by a fixed cost. He did not see, why the rate in aid
should come into play, when the expenditure exceeded by two-thirds the average cost
of the relief of the poor for the three preceding years. He should have thought
it a simpler and better plan to say, it should come into play, when the charge
had reached a certain fixed percentage; because a fluctuating test would make
the coming of the rate in aid into play to depend on what might be the accidental circumstances of whether a parish had more or less prospered in the
previous years." Times vom 25sten Juli p. 6.

24

eingeschätzten Jahreseinkommens) gestiegen sei[19]). Und Mr. Bouverie, der im Unterhause am entschiedensten der Villiers'schen Bill entgegentrat, erklärte darauf, mindestens diese Abänderung in Betreff des Eintretens der in der Bill vorgeschlagenen Rate-in-aid sei ganz unerläßlich[20]). Mehrere Redner stimmten ihm hierin bei, und am 30sten Juli theilte Mr. Hibbert dem Hause mit, daß ihm eine Reihe von bedrängten Kirchspielen Petitionen übersandt hätte, die dahin gingen einem Kirchspiele, in welchem die Armensteuer die Höhe von 3 Schilling vom Pfunde (d. i. von 15 Procent) erreicht habe, die Aufnahme eines Darlehns zu gestatten[21]). Andere Redner, und namentlich Mr. Villiers, widersprachen[22]); nachdem aber am 30sten Juli die Villiers'sche Bill im Unterhause mit einer Minorität von 7 Stimmen gefallen war, erklärte sich Mr. Villiers auf den Wunsch verschiedener Unterhausmitglieder bereit eine den Ansichten der Mehrheit des Parlaments entsprechend abgeänderte Bill vorzulegen[23]).

Die hierauf von Mr. Villiers am 31sten August eingebrachte abgeänderte Bill schlug vor, den bedrängten Kirchspielen die Wahl zu lassen zwischen der Aufnahme eines Darlehnes und einer Rate-in-aid, beides aber davon abhängig zu machen, daß die Armensteuer in dem bedrängten Kirchspiele die Höhe von 5 Schilling vom Pfunde, d. i. von 25 Procent des für die Armensteuer eingeschätz-

19) Mr. Henley am 24sten Juli: „The noble lord had very justly said, that there should be some fixed amount, — say 5 sell. or 7 scil. in the pound, after which the rate in aid might be called in to assist. If that were not done, it was obvious the power would be abused, etc." Times vom 25sten Juli p. 6.

20) Mr. Bouverie am 24sten Juli: „In Cheshire and also in Lancashire, there were a great number of parishes, where the rates were ridiculously low: 1 den., 2 den., 3 den., 4 den., and 6 den. in the pound. There were something like 80 per cent. of the Cheshire parishes rated at under 6 den. in the pound, and one-half of them were rated at something under 1 sell. in the pound; and if the rates were raised to 1 scill. or 1 scill. 8 den. in such cases, they would reach the point, where they would come on their neighbours for assistance. He thought it absolutely necessary, that a clause should be introduced requiring the rate should be 5 or 6 scill. in the pound, before parishes could come on their neighbours for assistance." Times vom 25sten Juli p. 7.

21) Vgl. Times vom 31sten Juli p. 8.

22) Vgl. Times a. a. O.

23) Vgl. Times a. a. O.

ten jährlichen Einkommens, erreicht habe[24]). — Vom Colonel W. Patten wurde die vorgeschlagene Grenze für eine so hohe erklärt, daß damit die Befugniß sich der dargebotenen Hülfsmittel zu bedienen zu sehr erschwert sei; er verlangte 4 statt 5 Schilling vom Pfunde als genügend[25]). Verschiedene andere Redner, wie Mr. Hibbert, Sir H. Willoughby, Lord Cavendish und Mr. Cobden behaupteten, daß das Höchste, was man annehmen könne, 3 Schillinge (15 Procent) seien[26]). Nach längeren gegenseitigen Erörterungen gab Mr. Villiers hierin nach, und es wurde eine danach abgeänderte Fassung der Bill vom Hause angenommen[27]).

B. Ein anderer Vorschlag, der im englischen Parlament zur Linderung der Noth der durch den Baumwollenmangel bedrängten Kirchspiele gemacht wurde, war, wie wir sahen, daß ihnen gestattet werden solle Darlehne zur Unterstützung ihrer hülfsbedürftigen Angehörigen aufzunehmen.

Viele bedrängte Kirchspiele richteten an das Parlament das Ansuchen ihnen dies zu gewähren[28]); schon am 15ten Juli kam dies im Unterhause zur Sprache, und bei den Debatten über die vom Gouvernement am 22ten Juli im Unterhause eingebrachte Union-relief-aid-Bill, die in besprochener Weise durch eine Rate-in-aid helfen wollte, fand diese Ansicht viele Vertreter, so namentlich in Colonel W. Patten (vgl. die Times vom 23ten Juli p. 7, vom 25ten Juli p. 6, und vom 31ten Juli p. 8), in Mr. Hibbert (vgl. Times vom 23ten Juli p. 7 und vom 31ten Juli p. 8), Lord Stanley (vgl. Times vom 25ten Juli p. 6), Marquis of Hartington (vgl. Times vom 25ten Juli p. 7), Mr. Cobden (vgl. Times vom 25ten Juli p. 7 und vom 31ten Juli p. 8) und Mr. Puller (vgl. Times vom 31ten Juli p. 8). Sie führten aus: durch Aufnahme von

24) Vgl. Times vom 18ten August p. 4.
25) Vgl. Times a. a. O.
26) Vgl. Times a. a. O.
27) Vgl. Times a. a. O.
28) Mr. Hibbert äußerte schon am 22ten Juli: „The Blackburn Board of Guardians at their last weekly meeting had unanimously resolved a memorial praying not a rate in aid but a loan of money." Times vom 23ten Juli p. 7; und Colonel Patten am 22ten Juli: „The principle of a rate in aid was embodied in the Bill, the other principle, that of rising a loan on the rate, might find greater favour in the manufacturing districts." Times vom 23ten Juli p. 7, und am 30ten Juli überreichte er darauf bezügliche Petitionen vor Unions aus Lancashire, vgl. Times vom 31sten Juli p. 8.

Darlehnen werde leichter und vollſtändiger das erforderliche Kapital zu erreichen ſein, als auf irgend einem anderen Wege; vor Allem aber machten ſie geltend, daß jeder ehrenwerthe Mann lieber ſich ſelbſt helfe, als daß er ſich die Hülfe eines Anderen erbitte, und daß eben dieſe ehrenwerthe Geſinnung viele bedrängte Kirchſpiele zu dem Anſuchen führte, man ſolle ihnen geſtatten Darlehne aufzunehmen und nicht benachbarte Kirchſpiele mit einer Hülfsſteuer zu ihren Gunſten beſchweren **). (Sob-

---

29) Mr. Gibbert am 23ſten Juli: „Those who were interested in Lancashire did not ask for new powers to be employed immediately, but they asked that Parliament should not separate, without giving additional powers to be employed in case of need. Whatever those powers might be, it was certain that Lancashire had not desire to call upon the national purse, the men of that county wishing to preserve in this time of trial the independence, which had been so long their pride and boast." Times vom 23ſten Juli p. 7. Lord Stanley am 24ſten Juli: „He thought it unfortunate, that the Bill contained no provision to enable parishes or unions to do that, which he believed in many instances they would be willing and able to do, namely, when their immediate resources were exhausted, to draw upon their own future resources, instead of throwing themselves upon the help and charity of others. He knew of only two objections, that could be made to giving parishes or unions the power of borrowing. The one was, that the power might be prematurely exercised; that they might borrow before they had sufficiently drawn upon their present resources, and that the money so raised might be recklessly and lavishly expended. The Poor Law Board, however, would have the remedy for that in its own hands, because nothing could be easier, than to provide in the case of the borrowing power, as in the case of the rate in aid, that it should not come into operation until the rates had reached a certain amount. The second objection was, that if they gave a parish a power of obtaining assistance from the neighbouring parishes, then the borrowing power would be useless, because it would prefer coming upon its neighbours to mortgaging its own future resources. Now, for his own part, he believed that the parishes of Lancashire would much rather run into debt, with the certainty of paying it off in a few years, than go to their neighbours for assistance." Times vom 25ſten Juli p. 6; Marquis of Harlington am 24ſten Juli: „The local ratepayers had no desire to shift their own proper burdens to other shoulders; and if loans were raised, their repayment would devolve upon those ratepayers." Times vom 25ſten Juli p. 7; Mr. Cobben am 31ſten Juli: „The objection raised against a loan was, that Boards of Guardians would thus tax posterity, and probably waste their resources. But they would be quite as liable to waste the money. If they obtained it by going to the county for a rate in aid. If they were em-

ben fah fogar in dem Recht ein Darlehn aufzunehmen, eine natürliche
Freiheit eines Kirchfpieles, die nicht befchränkt werden dürfe.

Die gegen derartige Darlehne fprechenden Gründe wurden von
anderer Seite im Unterhaufe nicht unerwähnt gelaffen: die Verpflichteten entzögen fich auf diefem Wege nur allzu leicht der ihnen obliegenden Verpflichtung die Hülfsbebürftigen in ihrem Kirchfpiele zu unter-
ftüßen, und wälzten fie auf eine fpätere Zeit; was fie felbft als Ar-
menfteuer-Zahleube (Rate-payers) für die Unterftüßungsbebürftigen
ihres Kirchfpieles aufzubringen hätten, bürdeten fie nicht den Armen-
fteuer-Zahlenden anderer Diftrifte, wohl aber denen fpäterer Jahre in
ihrem eigenen Kirchfpiele auf. Jeder habe feinen eigenen Pflichten gerecht zu werden, nicht das Brot feiner Nachfolger vorweg zu effen; diefe
würden an ihren eigenen Laften genug zu tragen haben, und es fei
ungerecht, ihnen außerdem noch die der Gegenwart aufzubürden, die
bei diefem Verfahren obenbrein noch durch Zinfen und allerlei Unfoften
erhöht würden [30]).

powered to borrow upon the security of their own rates, repayment of the loan
being fixed at the end of seven or ten years, the consciousness that they themselves would probably have to pay the money would act as a check upon them,
and you would have a better guarantee for careful expenditure, than if they had
a rate in aid from other districts." Times vom 31ften Juli p. 8 Spalte 3.

30) Mr. Bewerrie am 22ften Juli: „There was but one proposal,
that could be more objectionable than that of the Bill, and that was
the suggestion of a loan. Upon that subject they had experience to guide
them. During the Irish famine in 1847 recourse was had to loans, and the experience of that time was not such as to encourage them to support the proposal." Times vom 23ften Juli p. 7, und derfelbe am 24ften Juli: „He must say,
that a loan was the very last resource to which recourse ought to be had. He
submitted, that the idea of a loan should not be entertained for a moment.
Where was the money to be got? Did the hon. member propose, that it should
be advanced by Parliament, as in the case of Ireland? He protested on the part
of the taxpayers against any such proposal as that." Times vom 25ften Juli
p. 7; Mr. Henley am 24ften Juli: „Now, it was always very easy to
shove the burden from off your own shoulders to the shoulders of other people, but, as a general principle, he was not fond
of borrowing." Times vom 25ften Juli p. 8 Spalte 6; Mr. Alderman Sid-
ney am 24ften Juli: „He objected to the principle of a loan upon
the security of the rates, as unjust towards future ratepayers.',
Times vom 25ften Juli p. 8; Lord Palmerſton am 30ften Juli: „The question
for the House to determine under the recommittal of the Bill is, whether they
will adhere to the principle of a rate in aid, as proposed by the Government,

Bei Erörterung der Frage, ob bedrängten Kirchspielen die Befugniß eingeräumt werden solle, Darlehne aufzunehmen, wurde von denen, die sich dagegen erklärten, ein besonderes Gewicht darauf gelegt, daß die Aufnahme von Darlehnen für Armenunterstützung von Seiten der Kirchspiele, denn bisherigen englischen Armenrecht vollständig fremd sei, und das Parlament, indem es dies gestattete, ein neues Princip in das englische Armenrecht einführen würde, was es gewiß nicht ohne die dringendste Veranlassung Willens sein werde zu thun [31]). Wohl wurde von Anderen dagegen bemerkt, daß auch früher vielfach Darlehne aufgenommen seien, um Arbeitshäuser zu errichten, sowie in einzelnen Fällen um die Auswanderung Arbeitsloser zu unterstützen [32]);

---

or whether they will recommit the Bill for the purpose of introducing into it, jointly or separately, the principle of raising money by loan. It is a very plausible thing to propose to raise money by loan, it is the easiest way of getting money if you shut your eyes to the subsequent repayment; but I should wish the House to recollect, that it would be introducing a totally new principle into the Poor Law. There is no argument, that I have yet heard in the course of this debate in favour of that proposal, which would not apply to any period of distress in any part of the country. All the arguments I have heard used in favour of raising money by loans, would apply now equally to other parts of the country, where the rates are higher even than the maximum proposed by my right hon. friend as the starting point for the extension of the rate, and which would be the starting point for the borrowing of the loans. There are parishes in other parts of the country, where the rates are already higher than that limit. I believe there can be no worse principle in political or domestic economy, than to borrow money to pay current expenses, and that is what we are now asked to do. We are asked to enable these parishes to incur debt for the purpose of meeting current expenses. Is that necessary? If it could be said, that there was no other mode of meeting the emergency, you might be asked to ignore the general principle in order to provide for a particular case; but it is demonstrable, that the wealth of Lancashire and Cheshire is amply sufficient for any demand, which a rate in aid would make upon it." Times vom 31sten Juli p. 8 Spalte 5.

31) Mr. Henley am 30sten Juli: „With the imperfect information before it, it would be unwise of the House to introduce into the Poor Law an entirely new principle: that of borrowing money for the relief of the poor." Times vom 31sten Juli p. 8, und besonders die am Schluße der vorigen Anmerkung mitgetheilte Aeußerung Palmerstons.

32) Mr. Hibbert am 24sten Juli: „He preferred the principle of a loan on the security of the rates, and that principle was not new. It was already applicable to the building of workhouses and the assistance of poor

offenbar ist es aber unzuläſſig ſich auf jene früheren Darlehne zu berufen, da ſie für Kirchſpiele und Unions zu dauernden Anlagen oder zu einer dauernden Verbeſſerung ihrer Inſtände, nicht zur Beſtreitung laufender Ausgaben und Bedürfniſſe erfolgten, wie letzteres bei Darlehnen der Kirchſpiele zur Unterſtützung ihrer momentan arbeitsloſen Armen der Fall ſein würde.

Faſſen wir die Gefahren, die mit der Aufnahme von Darlehnen durch Kirchſpiele zum Zweck der Armenunterſtützung verbunden ſind, näher ins Auge, ſo werden ſie weſentlich vermindert oder erhöhet durch die Bedingungen, unter denen es geſtattet iſt ſie abzuſchließen; die Höhe des aufzunehmenden Kapitales, ſein Zinsfuß, die Friſten, in denen es zurückgezahlt werden muß, und ähnliche Einzelheilen üben hier unleugbar den größten Einfluß aus. Befremden muß es daher, wie wenig eingehend dieſe hochwichtigen Punkte bei der Entſcheidung der Frage im Unterhauſe zur Erörterung kamen. Es wurde beſprochen, ob ein Kirchſpiel ein Darlehn ſolle aufnehmen dürfen, wenn ſeine jährliche Armenſteuer 7, 6, 5, 4 oder 3 Schillinge vom Pfunde überſteigt; der Eine wünſchte eine Rückzahlungsfriſt von 5, der Andere von 7, der Dritte von 10 Jahren; alle weiteren einſchlagenden Punkte blieben aber vollſtändig unerörtert. Das Haus war auf die ganze Frage nicht näher vorbereitet [33]. Lord Palmerſton forderte vor der Abſtimmung über die von ſeinem Miniſterium eingebrachte Villiers'ſche Bill, das Haus auf, ihr ſeine Zuſtimmung zu ertheilen; er erklärte dabei, daß das Haus, wenn es die Bill verwürfe, das wichtige Princip des engliſchen Armenrechtes außer Kraft ſetze, nach welchem Darlehne von Kirchſpielen zur Unterſtützung ihrer Armen unſtatthaft ſeien, und ſprach zugleich in den ſchroffſten Ausdrücken ſeine Anſicht aus, daß ſolche Darlehne verwerflich wären [34]. Dennoch verwarf das Unterhaus die Bill, und Palmerſton verſtand ſich noch am 30ſten Juli, unmittelbar nachdem er mit ſeiner Anſicht in der Minorität geblieben war, dazu, daß vom Armenamt ein nach den ſoeben ausgeſprochenen Wünſchen der Majorität des Hauſes umgearbeiteter neuer Geſetzesentwurf am folgenden Tag vorgelegt werde. Die hierauf am 31ſten Juli von Mr. Villiers dem Unterhauſe gemachte Vorlage, die am 1ſten Auguſt vom Hauſe ange-

persons to emigrate." Times vom 25ſten Juli p. 7. Über derartige Darlehne vgl. eben S. 30, 51. 187, 343 und 347.

33) Vgl. S. 373, Anm. 31.
34) Vgl. S. 373, Anm. 30.

nommen wurde, enthält für bedräugte Kirchspiele die Gewährung Darlehne von erforderlicher Höhe zur Unterstützung ihrer Armen aufzunehmen, und bestimmt nur, daß sie innerhalb 7 Jahren von den Kirchspielen
in gleichen jährlichen Raten zurückzuzahlen sind, ohne irgend weitere
Bedingungen in Betreff derselben vorzuschreiben [36]).

Sowohl um die Gewährung einer Rate-in-aid, als um die Zulassung von Darlehnen für die durch den Baumwollenmangel bedrängten Kirchspiele zu rechtfertigen, beriefen sich während der ganzen darüber gepflogenen Unterhausdebatte die Vertheidiger der Maßregel vielfach darauf, daß es sich um eine Ausnahmemaßregel handele; und
daß man bei einem Ausnahmefall von dem sonst geltenden Armenrecht
ohne Gefahr absehen, ja die Principien desselben bei Seite setzen könne.
Der Präsident des Armenamtes vertheidigte seine am 22sten Juli eingebrachte Bill, die eine Rate-in-aid eintreten lassen wollte, wenn die
Armensteuer in einem Kirchspiel um zwei Drittel ihre bisherige dreijährige durchschnittliche Höhe übersteigt, damit, daß sie nur „exceptional" sei. Lord Stanley, indem er den Vorschlag machte eine Rate-
in-aid in Verbindung mit der Aufnahme eines Darlehnes zu gewähren, wenn die Armensteuer in einem Kirchspiel einen gewissen Procentsatz des jährlichen Einkommens überschreitet, tröstete sich damit, daß
das Alles „exceptional" sein solle (vgl. Times vom 25sten Juli p. 6),
und Mr. Cobden führte in einer Rede am 21sten Juli (vgl. Times vom
25sten Juli p. 6) des Breiten aus, daß der gegenwärtig eingetretene
ein ganz besonderer Ausnahmefall sei, der in dieser Weise, wo eine
civilisirt-sein-wollende Nation die Ausfuhr der Baumwolle hindere,
nicht wieder vorkommen werde. Unbedingt richtig ist die Entgegnung

35) Mr. Villiers am 31sten Juli: „He said, that in conformity with what
seemed to be the wish of the House yesterday, he had prepared a proviso
to be added to Clause 3 (of the Union-relief-aid-Bill), enabling Boards
of Guardians to borrow, as an alternative to seeking contribution in aid
from other Unions. The proviso was as follows: Provided that, instead of making such application as aforesaid, the said guardians may, by resolution passed
at a meeting held after special notice in writing sent to every elected and ex-
officio guardian of the union, apply to the Poor-Law-Board for authority to
borrow a sum of money sufficient to meet such excess; and
the Poor-Law-Board may, if they think fit, issue their order accordingly; and
thereupon the said guardians may borrow such sum, and shall charge the common fund of the union with the repayment of the same, by equal annual
instalments not exceeding seven, together with the interest, from time
to time, to accrue thereon." Times vom 1sten August p. 6.

des Mr. Bouverie: der specielle Grund der gegenwärtigen Baumwol-
lenfabrikationsstockung und Arbeiternoth in Lancashire sei allerdings
exceptionell, Fabrikationsstockungen und durch sie hervorgerufene Ar-
beiternöthe dagegen seien nichts weniger als exceptionell[36]). Darin,
daß der Grund, der einem Armenverbande die Ausübung der ihm obliegenden Unterstützungspflichten erschwert oder unmöglich macht, ein
ganz singulärer ist, der nie wiederkehrt, liegt keine Veranlassung die
Last der Unterstützung Anderen aufzubürden, auch nicht darin, daß der
verpflichtete Verband sich nur jetzt ausnahmsweise in einer bedrängten
Lage befindet; die exceptionelle Uebertragung der Verpflichtung auf
Andere kann nur dadurch gerechtfertigt werden, daß der Verband seine
Pflicht überhaupt nicht erfüllen kann (not able is), oder es wenigstens
nicht im Stande ist ohne unverhältnißmäßige seine fernere Existenz gefähr-
dende Opfer. Wenn verschiedene Parlamentsmitglieder und namentlich
Mr. Bouverie, im Laufe der vom 22ten Juli bis zum 1ten August gepflogenen Parlamentsverhandlungen fortgesetzt behaupteten, daß überhaupt der Beweis nicht geführt sei, daß die einzelnen Kirchspiele der
Baumwollendistrikte gegenwärtig außer Stand seien ihre hülfsbedürftigen Arbeiter zu unterstützen; so haben sie, und hat insbesondere Mr.
Bouverie, den Ausführungen des Präsidenten des Armenamtes gegenüber unbedingt recht; die Ausführungen desselben sind entschieden ungenügend, man vermißt bei ihnen die gründlichen Ermittelungen und
Darlegungen, die man bei ähnlichen Gelegenheiten gewohnt ist in Eng-

---

361 Mr. Bouverie am 24sten Juli: „It was said, that the circumstances
were exceptional. That was always the plea of the spendthrift, who wanted to
raise money to meet a present emergency. No doubt the cause of the present distress was exceptional, but manufacturing distress
was not exceptional. The distress of 1842 was far more general, than
that which now existed in some districts in the north, etc." Times vom 25sten
Juli p. 7. Die Entgegnung des Mr. Villiers lautet: „This was not, as Mr. Bouverie had said, an ordinary, but an extraordinary case of manufacturing distress.
It was exceptional in every way. As Mr. Cobden said, it was like a country district the soil of which had been struck with sterility; masses of men who
had been in the habit of deriving their means of livelihood from the cotton ma-
nufacture were now deprived of employment altogether. Under these circumstances, it was ridiculous to say that this was only an ordinary depression of trade
or an ordinary crisis; and in considering how they should mitigate the sufferings
of the people, they ought not to be too strict and too rigid in their plans of
relief so long as they were careful not to aggravate the evil." Times v. 25sten
Juli p. 7 Spalte 4.

land zu finden, und so oft Veranlassung hat zu bewundern³⁷). Daraus, daß aber jener Beweis von Mr. Villiers nicht erbracht ist, folgt
nicht entfernt, daß die bedrängten Kirchspiele der Baumwollendistrikte
im Stande sein würden ihren Arbeitern in den nächsten Monaten die
erforderlichen Unterstützungen auf regelmäßigem Wege zu gewähren,
oder wenigstens dies zu thun ohne dadurch ihre Verhältnisse auf längere Zeit zu zerrütten; und die allgemeine Meinung, daß sie das nicht
seien³⁸), wird hier schwerlich irren. Zur Entschuldigung von Mr. Villiers muß dienen, daß ihn die im Juli in Lancashire überhand nehmende Noth überrascht hat, wie denn sein ganzes Auftreten im Unterhause und seine Gesetzesvorlagen dies bekunden³⁹); es ist nur schwer

37) Mr. Healey sagt am 31sten Juli: „It was quite clear, that the House was almost without any information necessary for legislation." Times vom 31sten Juli p. 8. Ein Bericht des Mr. Farnall über die Zustände in Preston war die einzige spezielle Information, die dem Unterhause vorgelegt wurde („the report of Mr. Farnall on Preston, was the only Parliamentary information" Mr. Gennerie in den Times vom 25sten Juli p. 7), und dieser war bereits im Mai abgefaßt. Während sonst in ähnlichen Fällen dem Parlament spezielle Vernehmungen Sachverständiger aus allen Landestheilen vorgelegt werden, die zum Theil durch Parlaments-kommissionen veranstaltet sind, und wie nichts Anderes einen Einblick in die verhandenen Zustände verschaffen, werden hier die Parlamentsverhandlungen mit solcher Hast betrieben, daß die meisten Parlamentsmitglieder nicht einmal mit ihren Wählern irgend eine Rücksprache nehmen konnten. Mr. Cobben bemerkte am 31sten Juli: „this morning he had received from Rochdale a telegram: the Bill is at present only a mockery, and is valueless to us! Was it not monstrous to postpone this question till the last three of four days of the Session, not even allowing Boards of Guardians time to meet together and make known their wishes in the form of a letter, but obliging them to telegraph to their representatives what they wanted done." Times vom 31sten Juli p. 8.

38) Fast sämmtliche Redner, die in der Debatte über die Unterstützungsbill das Wort ergriffen, erkennen die Größe der Noth und die Nothwendigkeit außerordentlicher Hülfe an, z. B. Mr. A. Egerton am 22sten Juli: „In the course of the next few months in Lancashire would be an absolute dearth of employment in the cotton districts, and nothing could well be worse, than such a prospect." Times vom 23sten Juli p. 7. Mr. Gilpin am 22sten Juli: „The sufferings hitherto endured by the poor operatives were bad enough, but they were nothing as compared with the probable amount of poverty and destitution, which would come upon Lancashire during the winter." ibid. Vgl. besonders die S. 35 mitgetheilten Ausführungen.

39) Am 31sten Juli äußerte Mr. Villiers selbst: „He thought the Government were not to be blamed for not having brought the subject earlier before the House, as it was only within the last three weeks, that there had been a

zu begreifen, daß ein Präsident des englischen Armenamtes durch die, wenn auch im Einzelnen unberechenbaren, doch im Allgemeinen nicht so entfernt liegenden Einwirkungen des nordamerikanischen Krieges auf die englischen Fabrikdistrikte, in solcher Weise überrascht werden konnte!

Daß gegen die Maßnahmen, die das Unterhaus am 1ten August beschlossen hat, mancherlei nicht unerhebliche Bedenken sich geltend machen, wird einzuräumen sein, noch weniger sich aber bestreiten lassen, daß sie wesentlich zweckmäßiger sind, als diejenigen, die Mr. Villiers am 22sten Juli vorgeschlagen hatte. Daß die Bewilligung einer Rate-in-aid dadurch minder gefährlich und weniger ungerecht geworden ist, daß sie nur eintreten soll, wenn die Armensteuer in einem Kirchspiele 3 Schilling vom Pfunde, d. i. 15 Procent vom eingeschätzten jährlichen Einkommen, überstiegen hat, liegt auf der Hand⁴⁰); und es wird auch nichts Reelles dagegen einzuwenden sein, einem Kirchspiel, das durch ein großes plötzlich auftretendes Ereigniß in die Lage gebracht wurde, seine Hülfsbedürftigen nicht, oder nur mit unverhältnißmäßigen Opfern unterstützen zu können, die Erlaubniß zu ertheilen, ein für seine Verhältnisse nicht zu großes Darlehn unter günstigen Bedingungen aufzunehmen, wenn es einleuchtet, daß seine gegenwärtige Bedrängniß nur von kürzerer Dauer ist, und später die Mittel zur Zurückzahlung des Darlehns reichlich vorhanden sein werden.

C. Es bleibt noch der dritte Vorschlag zu erörtern, der im Unterhause gemacht wurde, um die Noth der durch den Baumwollenmangel bedrängten Kirchspiele zu lindern: eine Hülfe aus allgemeinen Staatsfonds.

Da dieser Vorschlag aber in keiner Weise eine Zustimmung fand, so werden hier einige Worte über ihn genügen.

Vertreten wurde der Vorschlag in der Unterhaussitzung vom 24sten

---

great aggravation of the distress." Times vom 31sten Juli p. 8, und am 25sten Juli: „It was not easy to devise a measure proper for the occasion, which it was almost necessary to prepare in something like haste, owing to the approaching termination of the Session." Times vom 25sten Juli p. 7.

40) Wenn Mr. Cobden am 28sten Juli (Times vom 25sten Juli p. 7) gegen Anwendung eines gleichen Procentsatzes einwendet, daß von ackerbauenden und fabricirenden Kirchspielen ein und derselbe Procentsatz als Armensteuer verschieden schwer ertragen werde, so ist zu bedenken, daß auf die Verschiedenheit der Verhältnisse auch bei Einschätzung des Einkommens für die Armensteuer bereits Rücksicht genommen ist, und es unmöglich ist, einen absolut gleichen Maßstab anzulegen.

Juli durch Mr. Potter[41]). Den Aeußerungen deſſelben ſtellte Mr. Bouverie[42]) die unbedingt richtige Bemerkung entgegen, daß die Möglichkeit
für das Beſtehen des in England zum Ruhm des Landes geſetzlich an-
erkannten Rechtes der arbeitsfähigen Perſonen auf Armenunterſtützung,
darauf beruhe, daß diejenigen, welche die Armenunterſtützung zu be-
ſchaffen haben, auch ſelbſt die Armenpflege verwalten.

Es iſt von Aries oben S. 331 ſpeciell dies hochwichtige Grund-
princip der ganzen engliſchen Armenpflege dargelegt, aber auch darauf
hingewieſen worden, wie auch bereits in England beſtimmte Leiſtungen
zum Zweck der Armenpflege vom Staate dauernd übernommen worden
ſeien, wie der Staat ſich mehrfach zu außerordentlichen Zuſchüſſen gezwungen geſehen habe, und wie bei einer zweckmäßigen Armengeſetzgebung
Alles darauf ankommen dürfte zu beſtimmen, in welcher Weiſe bei Be-
ſchaffung der für die Armenpflege erforderlich werdenden Mittel die engeren Armenverbände (in England die Kirchſpiele), die weiteren Armenverbände (in England die Unions), und der Staat ſich zu ergänzen
haben. Beſchließt das Parlament, daß die Graffſchaft Lancaſhire, d. i.
eine Provinz die über 2 Millionen Menſchen zählt, den bedrängten Kirchſpielen oder Unions innerhalb derſelben eine Rate-in-aid gewähren ſoll,
ſo iſt das ſoeben als hochwichtig angeführte Princip in nicht weſentlich
anderer Weiſe bei Seite geſetzt, als wenn es eine Staatsſubſidie be-

41) Mr. Potter: „It was the duty of the Government to do all they could,
to prevent 300,000 of the best artisans in Great Britain from sinking in pauperism. On more than one occasion they had suspended the Bank Charter Act
for the benefit of the capitalist class, and he thought, they could not do less,
than propose an ample grant for the support of the destitute
operatives in Lancashire." Times vom 25ſten Juli p. 6.
42) Mr. Bouverie am 24ſten Juli: „The third suggestion was, that
there should be a Parliamentary grant, and it had been stated that
100,000 l. a month would do. That proposal meant, that the public should be
taxed for the purpose of meeting the distress in Lancashire. In Scotland there
was no Poor Law, except a provision for the sick, the infirm, and the disabled.
It was the glory of England, that she was the only country
in the world, where the able-bodied had a right to relief.
That right was so hostile to the maintenance of property, that, unless it were
guarded in difficult times with the greatest care and vigour, it was not impossible that the poverty of the country might eat up the property. There was
but one security against such a contingency, viz. that the owners
of property were the persons, who administered the relief
of the poor." Times vom 25ſten Juli p. 7.

schließt. In einem Heranziehen von Kirchspielen, die nicht speciell an
der Armenverwaltung der bedrängten Kirchspiele betheiligt waren, zu
einer Hülfssteuer, liegt eine Gefahr und eine Unbilligkeit; verwalten
größere Armenverbände in gewisser Weise eine Armenpflege in ihrem
Bereich, so wird man sie auch in gewisser Weise zu einer Unterstützung
heranziehen können; treten größere Nothstände ein, und ist eine ausgedehntere Hülfe nothwendig, als sie von den die Armenpflege verwal-
tenden Kirchspielen gewährt werden kann, so wird auch der Staat einzutreten haben. Daß die einzelnen engeren Armenverbände oder daß
die Sammtgemeinden (Unions), sich nicht auf Kosten des Staates bereichern, und die bei der Verwaltung der Armenpflege unbedingt nothwendige sorgsame Sparsamkeit nicht schwindet, wird dadurch zu erreichen sein, daß die Hülfe des weiteren Verbandes und beziehungsweise
des Staates nur eintritt, wenn bereits die engeren Verbände in beden-
tend gesteigertem Maße Unterstützungen gewähren, dann aber auch die
Armenverwaltung der unterstützten engeren Verbände einer specielleren
Controle der sie unterstützenden unterworfen wird, vgl. Aries §. 77,
S. 334. Daß es möglich sei die angedeutete Grenze ein für allemal in
bestimmter fester Weise zu ziehen, so daß einfach nach ihrer Ueberschreitung die weiteren Verbände, und beziehungsweise der Staat, helfend
einzutreten hätten, wird sich nicht behaupten lassen. Die gesetzgebende
Gewalt des Staats wird die Grenze im einzelnen Fall unter specieller
Erwägung der obwaltenden Verhältnisse zu bestimmen haben; ob in
Lancashire ein Steigen der Armensteuer im einzelnen Kirchspiele auf
15 Procent des jährlichen Einkommens, eine den vorhandenen Verhältnissen entsprechende, zu soweit erhöhte Anstrengung der eigenen Kräfte
für die eigenen Hülfsbedürftigen ist, daß nach Ueberschreitung dieser
Grenze eine Hülfe aus weiteren Kreisen einzutreten hätte, liegt außer
dem Bereich der Beurtheilung eines Ausländers, wenn er auch geneigt
sein möchte mit Rücksicht auf die anerkannt niedrige Einschätzung des
Einkommens für die Armensteuer in England, einen höheren Procentsatz für angemessener zu halten.

Fassen wir schließlich die Hauptbestimmungen des Gesetzes
vom 1ten August hier kurz zusammen; sie besagen:

Steigt in der Zeit bis zum 1ten März 1863 in einem Kirchspiele
der englischen Baumwollendistrikte die Armensteuer über 3 Schillinge
vom Pfunde, das ist über 15 Procent von dem für die Armensteuer
eingeschätzten jährlichen Einkommen, so hat das Kirchspiel die Wahl,

entweder ein vermittelst seiner Armensteuer zu verzinsendes und innerhalb sieben Jahren zurückzuzahlendes Darlehn aufzunehmen, oder von
den anderen Kirchspielen der Union, beziehungsweise der Grafschaft, der
es angehört, eine Hülfssteuer zu verlangen.

Es schien dem Herausgeber zweckmäßig hier am Schlusse des Buches den Inhalt der Parlamentsverhandlungen, die der Annahme des
angeführten Gesetzes vorausgingen, specieller zu besprechen, da sie die
wichtigsten Fragen des englischen Armenrechtes berühren, und die Nothstände der Baumwollenarbeiter im gegenwärtigen Augenblick das allgemeinste Interesse in Anspruch nehmen.

www.ingramcontent.com/pod-product-compliance
Lightning Source LLC
Chambersburg PA
CBHW030859270326
41929CB00008B/484